대항해시대의 국가지도자 이순신

서울대학교 행정대학원 국가리더십연구센터 국가리더십연구총서 1

대항해시대의 국가지도자 이순신

초판 1쇄 발행 2015년 8월 30일
초판 2쇄 발행 2015년 12월 30일

편저자 김병섭
펴낸곳 서울대학교출판문화원
펴낸이 성낙인

책임편집 최유식
디자인 장혜원

출판등록 제15-3호

주소 (08826) 서울 관악구 관악로 1
대표전화 02-880-5252 | 팩스 02-888-4148
마케팅팀(주문상담) 02-889-4424, 02-880-7995
이메일 snubook@snu.ac.kr
홈페이지 www.snupress.com

ISBN 978-89-521-1638-3 94350
978-89-521-1641-3(세트)

서울대학교 행정대학원 국가리더십연구센터
국가리더십연구총서 1

대항해시대의 국가지도자

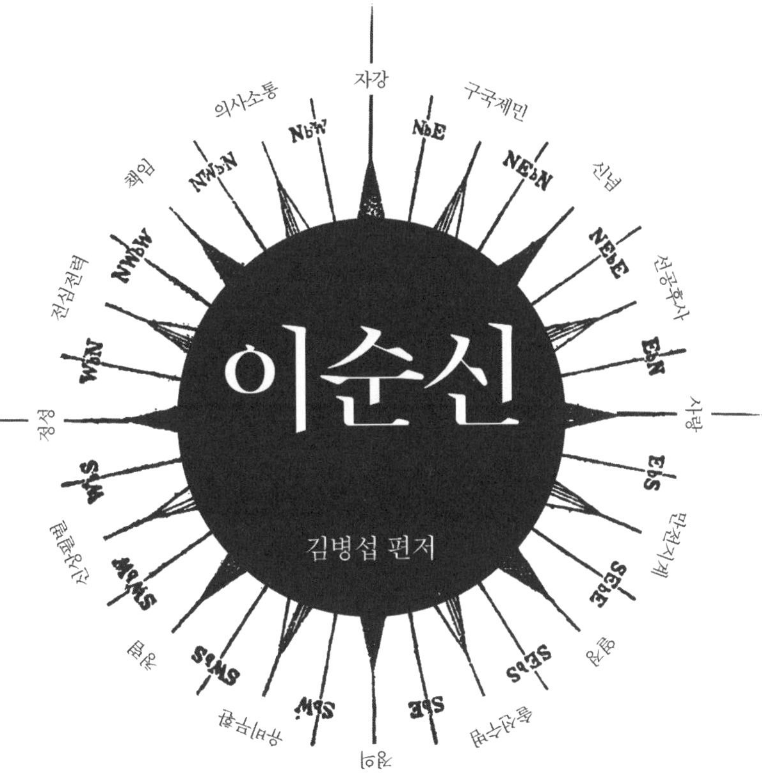

이순신

김병섭 편저

서울대학교출판문화원

머리말

어떻게 하면,
국민들이 바라는 나라를 만들 수 있을까?

어떻게 하면,
전 세계가 부러워하는 국가를 만들 수 있을까?

어떻게 하면,
그런 모범적인 국가를 만들 수 있을까?

서울대학교 행정대학원 국가리더십연구센터는 우리나라가 이러한 '모범국가'로 발전하고 성숙하는 데 기여하기 위해서 2013년 3월 설립되었다. 어떤 조직, 어떤 사회, 어떤 국가의 흥망과 성쇠는 지도자에 달려 있다고 해도 과언이 아니다. 한 나라가 모범국가로 발전하는 과정의 핵심도 국가의 지도자다. 국가지도자의 비전과 역량에 따라 모범국가로 나아가기도 하고, 형편없는 국가로 머물러 있거나 또는 추락하기도 한다. 그들이 무엇을 시대적 과제로 인지하고 어떠한 국가적 비전을 설정하며, 이것을 달성하는 과정에서 어떻게 국민의 지지를 확보하면서 동시에 여러 가지 어려움과 저항을 극복하는지에 따라 모범국가로 나아갈 수도 있고 그렇지 않을 수도 있다. 그것도 한 세대가 아니라 세대를 이어 가면서 국가지도자들이 각 시대의 국가적 과제를 어떻게 설정하고 이를 추진하는지가 중요하다. 다음, 그리고 그 다음 세대를 책임지는 국가의 지도자들이 계속해서 보다 나은 국가에 대한 비전을 설계하고 이를 잘 성취할 수 있는 지혜를 가진다면, 우리나라는 그야말로 전 세계가 부러워하는 모범국가로 우뚝 설 수 있을 것이다.

국가리더십연구센터는 바로 그러한 지혜의 원천이 역사에 있다고 보고, 역사 속 국가의 지도자들이 어떤 국가를 비전으로 설계하였고, 이것을 달성하는 과정에서 여러 가지 어려움과 저항을 어떻게 극복할 수 있었는지를 잘 학습하고 이를 미래의 지도자들에게 전수하고자 한다. 그래서 정부와 사회 곳곳에 아직도 고치고 바꾸어야 할 것이 허다하지만 지금부터 70년 뒤에는 우리가 광복 70년 동안 이룩해 왔던 것보다 더 많은 발전을 이룩하고, 그로부터 다시 70년 뒤에는 그야말로 전 세계가 부러워하는 모범국가로 우뚝 서는 데 기여하고자 한다.

이를 위한 첫 번째 사업으로 이순신 장군을 공부하게 되었다. 장군을 학습의 첫 번째 대상으로 삼은 이유는 그가 국민 모두가 공감하는 역사적 지도자이기도 하지만, 우리 시대 가장 큰 과제인 남북분단 및 통일과 밀접히 관련되어 있기 때문이다. 장군이 아니었다면, 어쩌면 우리는 400년 전에 이미 한반도 분할의 비극을 맛보았을지 모른다. 국왕과 대신들의 자강책도 없고, 잘 훈련된 군사나 충성스러운 신하도 없는, 그런 절체절명의 한반도 분할 위기에서 나라를 구한 사람은 이순신 장군이었다. 우리 시대 앞에 놓인 분단의 난제를 극복하고 통일을 이룩하기 위해서는 분할의 위기를 극복한 그의 리더십이 더욱 절실히 요구되고 있다.

장군을 공부의 대상으로 삼은 두 번째 이유는 국가의 신뢰 위기 때문이다. 세월호 사고로 국민의 생명을 책임지는 국가의 무능이 드러나고,

계속되는 방위산업 부패로 국민의 안전을 책임지는 군, 특히 지휘부에 대한 신뢰는 바닥을 치고 있다. 임진왜란 당시 백성은 도망가고, 어렵게 모은 군사들은 곤궁한 백성들의 재물을 강탈하였다. 거의 모든 민초들이 국가기관을 피하고 돌아 서 있는 그런 신뢰위기의 상태에서 이순신 장군은 백성과 부하의 믿음을 얻고 전쟁을 승리로 이끌었다. 신뢰의 위기를 극복한 그의 리더십은 시대 앞에 놓인 불신과 불만의 난제를 극복하고 공동체의 번영을 이룩하기 위해서 절실히 요구되고 있다.

장군을 연구하는 세 번째 이유는 국가리더십연구센터가 지향하는 전 세계가 부러워하는 모범국가 건설과 관련이 있다. 국민이 바라는 나라, 전 세계가 부러워하는 나라는 전 세계와 맞닿아 있고 또 전 세계로 열려 있는 나라다. 15~16세기 대항해시대가 열리던 때, 조선의 많은 국가지도자들은 국내 문제에 집착하였지만 이순신 장군은 바다 바깥을 보고 전쟁을 승리로 이끌었다. 시대의 변화를 읽고 미래를 대비한 그의 리더십이 우리나라를 모범국가로 만드는 데 절실히 요구되고 있다.

이순신 장군은 어떻게 한반도의 비극을 극복하고, 도도하게 밀려오는 대항해시대의 세계사적 파고를 슬기롭게 헤쳐 나가는 리더십을 발휘할 수 있었는가? 이러한 의문을 푸는 데, 이미 이순신 장군 연구에 내공이 쌓인 많은 분들이 도움을 주었다. 40여 년 전부터 장군을 평생의 스승으로 만나게 된 기쁨에 자주 전율하고 있다는 김종대 국회공직자윤리위원장을 포함하여, 구태훈, 한명기, 한문종, 제장명, 기타지마 만지, 송복, 임원빈 교수(장별 순서) 등 그야말로 자타가 인정하는 권위자들이, 매주 서울대학교 행정대학원에 와서, 이순신에 관한 그동안의 학습과 지식을, 미래의 국가지도자들에게, 아낌없이 내어 놓고 토론에 임해 주었다. 그리고 출판에도 기꺼이 함께 해 주었다. 임채원 국가리더십연구센터 연구원은 글로벌 시대 지도자이면서 동시에 성리학을 체득한 정돈된 인격자로 이순신을 재조명하는 등 이 사업의 시작부터 끝까지 정성을 다해서 실무를 맡아 주었다. 이 모든 분들에게 깊은 감사의 말씀을 드리는 바이다.

아울러 국가리더십연구센터가 그 설립목표를 위해서 활동하도록 지원해 준 전임 김준기 행정대학원장(현 국회예산정책처장)과 현 김동욱 행정대학원장에게도 감사의 말씀을 드린다. 그리고 또 국가리더십연구센터에서 발간하는 책들을 시리즈로 발간해 주는 서울대학교출판문화원에게도 감사의 말씀을 올리는 바이다.

김병섭

차례

제1부
왜 이순신인가?

제1장 대항해시대의 국가지도자 이순신
/ 김병섭

제1장

대항해시대의 국가지도자 이순신

이순신 장군은
대항해시대 국가의 비극을 막고
영광의 가능성을 제시한 지도자다.
한반도의 아픈 역사는 어떻게 전개되어 왔으며,
이순신은 어떻게 이 비극을 극복하고,
대항해시대의 영광을 시사할 수 있었는가?

김병섭(서울대학교 행정대학원 교수)

1. 열강의 분쟁과 한반도의 아픈 역사

1) 중국방공식별구역 확대와 한반도 긴장

한반도를 둘러싼 동북아정세가 예사롭지 않다. 새로운 강대국으로 부상한 중국이 영향력을 확대하려는 진출 전략과 일본을 중심으로 하여 이를 봉쇄하려는 미국의 '아시아 중시정책(Pivot to Asia)'이 충돌하고 있는 가운데, 중국이 2013년 11월 23일 방공식별구역 확대를 선포하여 이 지역의 군사적 긴장감이 고조되고 있다. 미국과 일본이 이의 무력화를 시도하며 방공식별구역에 전투기를 진입시키고, 중국도 이에 대응하여 전투기를 발진시키면서 물리적 충돌로 비화할 가능성이 커지고 있다. 즉, 〈그림 1〉에서 보는 바와 같이, 중국은 일본의 방공식별구역과 겹치는 지역에 전

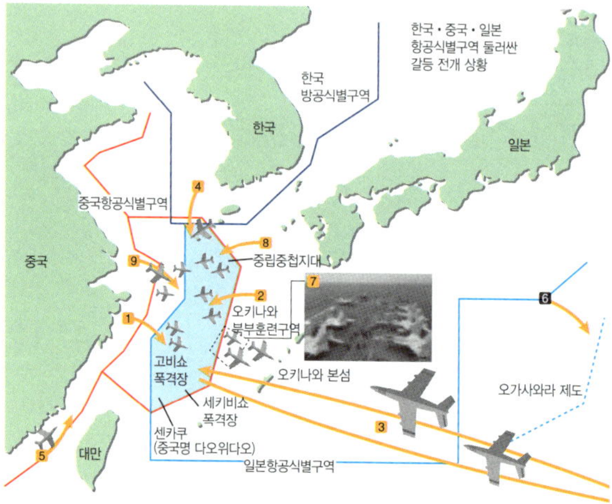

〈그림 1〉 중국의 방공식별 구역 확대에 따른 동북아 분쟁
출처: 경향신문, 2013.11.29.

투기 2대를 발진시켰고(①), 일본도 이에 맞서 전투기를 대응 발진시켰다(②).

미국도 11월 26일 B-52 폭격기를 이 지역에서 2시간 넘게 훈련비행을 실시하여 새로운 방공식별구역을 인정하지 않는다는 것을 분명히 하였고(③) 우리나라도 이어도 상공을 사전 협의 없이 비행하였다(④). 27일 일본은 오가사와라 제도를 포함하는 항공식별구역 확대를 검토하였으며 같은 날 미국과 일본은 연합함대 훈련을 실시하였다(⑥, ⑦).

이러한 열강의 분쟁에 따라, 우리나라는 북핵과 일제 과거사 문제를 해결하기 위해서는 중국과 전략적 동반자관계를 유지해야 하고, 그렇다고 전통적인 미국과의 안보·경제적 파트너 관계도 소홀히 할 수 없는, 그야말로 어느 누구와도 확실하게 손잡을 수도 그렇다고 등질 수도 없는 딜레마에 빠져 있다. 절대 강국과의 짝을 지을 수도, 그렇다고 모든 나라와 균형외교를 할 수도 없는 어려움 앞에 서 있다.

그렇다고 '강 건너 불구경'식으로 대응할 수도 없다. 2013년 11월 29일 우리 정부가 이어도를 포함하는 방공식별구역(KADIZ: Korean Air

Defense Identification Zone) 확대를 결정하면서, 확대된 중국의 방공식별구역과 겹치는 등, 불구경은 생각조차 하기 어렵게 되었다.

오히려 확대 설정한 우리의 방공식별구역을 불구경식으로 대응하는 주변 국가들의 대응이 문제다. KBS의 2014년 10월 16일 보도에 의하면, KADIZ 확장 이후 2014년 10월 초까지 중국은 확장 구역을 85회, 기존 구역을 3회 모두 88회 침범했다. 일본은 같은 기간 신규 확장된 구역에 388회, 기존 구역을 2회 침범했다. 러시아도 2014년 24회 우리 KADIZ를 침범(확장구역 1회)했다. 이렇게 주변 강대국들의 많은 침범에도 불구하고, 우리 측의 대응은 지극히 소극적이다. 우리 공군기가 출격해 대응한 사례는 중국에 대해서 2회, 러시아에 3회이고, 일본은 전무한 것으로 나타났다. 이러한 무기력은 고고도미사일 방어체계(THAAD: Terminal High Altitude Area Defense)나 중국어선의 불법 조업 등의 대응에서도 나타나고 있다. 중국 어선들이 우리 어장에서 불법 조업을 하고 어구까지 싹쓸이해 가는 일이 반복적으로 나타나고 있지만, 우리나라가 힘이 없는데 어떻게 하나[1]는 한숨만 들린다. 무기력한, 아니 무기력할 수밖에 없는 우리 정부의 대응은 한반도 분할의 아픈 역사를 떠올리게 한다.

2) 한반도 분할의 역사

현재 우리가 직면하고 있는 딜레마적 국제관계 및 안보 상황은 구한말의 그것을 떠올리게 한다. 대한제국 시기, 미국 중국 영국 일본 러시아 등의 열강이 벌이는 복잡한 이해충돌의 소용돌이 속에서, 우리나라는 자주 독립을 달성하기 위해 때로는 각국 간 세력의 균형을 유지하는 균세외교를, 그리고 영일동맹과 노불선언을 계기로 열강 간 대립구도가 형성될 때는

1 SBS 2014. 11월 17일 뉴스; 노컷뉴스 2014. 11월 25일 뉴스, http://m.nocutnews.co.kr/news/4331608.

중립외교를 적극 추진하였다. 그러나 균세외교는 열강 중 어느 한 나라도 주목을 하지 않았고, 중립정책은 일본의 강력한 반대와 러시아의 남하를 봉쇄하려는 미국의 일본 지지로 성공을 거두지 못하였다. 자위력이 뒷받침되지 않는 외교정책은, 한반도 분할이라는 안을 거쳐 일본의 식민지로, 그리고 결국에는 한반도 분할의 비극으로 귀결되고 말았다.

임오군란(1882)과 갑신정변(1884)을 스스로 해결하지 못한 조선은 제국주의 열강의 직접적인 세력다툼 무대가 되었다. 이 과정에서, 우리의 의사와 전혀 관련이 없는 한반도 분할안이 1894년 영국에 의해서 제안되었다. 아시아에 대한 패권을 위해 러 · 불동맹 세력을 견제하고자 했던 영국은 청나라와 일본을 동맹체제로 묶어 두고자 하였다. 영 · 청 · 일 동맹을 형성하기 위해서 청 · 일전쟁(1894~1895)을 막아야 했고, 이를 위해 청나라와 일본의 조선분할을 제안했던 것이다. 즉 서울 이남은 일본이, 그리고 이북은 청이 점령하는 '한국에 대한 일 · 청의 공동점령안'이었다. 이 안은 러시아, 독일, 프랑스, 이탈리아 4개국 정부의 승인을 받았으나 일본의 반대로 실현되지 못했다.[2] 우리나라 땅을 가지고, 분할도 해 보고 동맹도 해 보는 제국주의자들 간 협상의 자리에 우리는 말할 기회도 가지지 못했다.

이러한 비극은 2년 뒤에도 반복되었다. 일본이 러시아에 제안하여 1896년 6월 모스크바의정서가 체결되는데, 이는 열강에 의한 한반도 분할이 합의된 최초의 문서였다. 그러나 이 의정서는 러시아 외무대신의 반대로 더 이상 진전되지 못하였다. 1897년 수립된 대한제국이 러시아를 가장 중요한 외교상대로 삼고 있었고, 만주도 러시아가 점령하고 있던 상황이라 아쉬울 것이 없었기 때문이다. 그러다 1903년 일본의 만 · 한교환론(만주는 러시아, 대한제국은 일본이 지배하는 안)이 힘을 얻자, 한반도 전체

2 이완범, 『한반도 분할의 역사(임진왜란에서 6 · 25전쟁까지)』, 한국학중앙연구원, 2013, 105쪽.

를 일본에 넘길 수 없다는 판단 아래 이번에는 러시아가 39도선을 분할하는 안을 제시하지만 일본의 거절로 더 이상 진전되지 못하였다.[3] 남의 땅을 가지고 서로 맞바꾸기를 시도하고, 또 한반도를 분할하는 기준선도 38도선, 39도선, 대동강선 등 마음대로 줄긋기를 하고 있었지만, 그 어느 자리에도 우리는 없었다.

청일전쟁과 러일전쟁의 승리를 토대로 한반도를 독점적으로 지배하려는 일본에 대하여 고종은 러시아 혹은 미국에 의지해 독립을 유지하려고 눈물겨운 노력을 기울였지만, 이들 나라들은 오히려 친일정책을 펼치고 일본의 한국병합을 허용 또는 지지했다. 그리고 대한제국은 1910년 멸망하게 되었다.

이렇게 한반도를 찬탈한 일본은 제2차 세계대전의 패전국이 된다. 그러나 그럼에도 불구하고, 국토분할의 멍에는 패전국 일본이 지는 것이 아니라 엉뚱하게도 우리나라가 지게 되었다. 한반도가 일본 본토를 대신하여 분할의 먹이가 된 것이다.[4]

지금 이 순간에도 여전히 우리 민족의 삶을 전방위적으로 옥죄고 있는 이 비극의 38선을 누가 왜 어떻게 긋게 되었을까? 군사적 편의설[5]은 일본의 항복을 집행하는 과정에서 미 · 소 간 군사적 충돌을 피하기 위한 방편으로 설정되었다고 한다. 한반도에 대한 준비부족 상태에서 일본이 항복을 하면서 편의적으로 결정된 것이라는 미국 정부의 준비부족론도 비슷한 맥락의 설명이다.[6]

이용희는 이러한 설명은 강대국의 책임을 줄이기 위한 변명에 불과하다면서 미국이 소련의 한반도 전체 점령을 방지하고 한국을 자신들의

---

3 위의 책.

4 와다 하루키(和田春樹), 『남북분단의 기원과 상호공존의 길』, 한국행정연구원, 1998.

5 김인곤, 「남북분단의 경위」, 『한국정치학회보』 19, 1985, 265~282쪽.

6 U.S. Senate, *The United States and the Korean Problems, Documents, 1943-1953*, Prepared for Committee on Foreign Relations, Washington DC. USGPO, 1953.

세력권으로 만들려는 정치적 목적에서 38선을 제시하였고 소련도 정치적 계산 하에서 이를 수락하였다는 정치적 목적설을 제시한다.[7]

이에 반해 일본유도설은 일본이 한반도에 강력한 단일국가가 탄생하는 것을 바라지 않아서 분할을 유도했다고 본다.[8] 고시로(Koshiro)는 이를 보다 분명하게 설명하고 있다. 즉 일본은 전쟁에서 승산이 없어지자 전후를 대비하는 전략을 모색하게 되는데, 그것은 동북아에서 일본이 누렸던 기득권을 송두리째 미국에 넘겨줘 미국이 지배적인 헤게모니를 행사하게 되면 재기를 할 수 없기 때문에, 소련과 미국 양국이 경쟁하는 구도를 형성해야 한다는 것이었다. 즉 일본은, 한국이 독립 노선을 둘러싸고 분열되어 있는 것, 그리고 이 같은 분열이 국제 관계와 맞물려 어떤 결과를 낳을 것인지까지 치밀하게 계산에 넣고, 소련이 한반도에 진주한 다음에야 항복을 하여 한반도에 미국과 소련이 서로 경쟁할 수 있는 구도를 형성하였으며, 결과적으로 한반도에 분단을 초래하게 되었다는 것이다.[9]

이러한 설명들은 각각 분단의 책임 주체를 달리하고 있지만 강대국들이 우리 땅의 분할을, 그것이 계획된 것이든 아니든 간에, 자신들의 이익에 따라 결정했다는 것을 의미한다. 그 어느 설명을 보더라도 우리는 우리 땅 한반도의 분할 과정을 무기력하게 지켜볼 수밖에 없었다는 것을 보여 주고 있다.

3) 임진왜란과 한반도 분할 시도

이것이 외세에 의해서 한반도 분할이 시도된 첫 번째 역사는 아니다. 역

7 이용희, 「삼팔선 획정 신고: 소련 대일참전사에 연하여」, 『아세아학보』 1, 1965.

8 김기조, 『한반도 38선 분할의 역사』, 한국학술정보, 2006.

9 Koshiro, Yukiko, "Eurasian Eclipse: Japan's End Game in World War II," *The American Historical Review* 109(2): 417~444, 2004.

사상 처음은 남과 북이 38선으로 갈라지기 전 약 350년 전 임진왜란 때다. 우리가 한반도 비극의 역사 중에서 특별히 임진왜란에 주목하는 것도 바로 이런 까닭 때문이다. 우리가 이순신을 국가의 지도자로 주목하는 이유도 최초의 분할을 막아 낸 인물이기 때문이다. 이순신이 비극을 맞지 못했더라면, 우리는 지금보다 훨씬 이전부터 분단의 비극을 맛보아야 했을지 모른다.

임진왜란은 1592년 4월 13일 부산포에 일본군이 침입하면서 시작되었다. 일본이 전쟁을 시작하면서 내건 목적은 명나라의 정벌이었다. 명나라를 정벌하고자 하니 조선이 앞장을 서라는 정명향도(征明嚮導)를 내세웠다. 이것은 곧, 명나라를 정벌하기 위해 조선의 길을 빌리자는 정명가도(征明假道)로 바뀐다. 그런데 길을 빌려 주지 않으니 전쟁을 하게 되었다는 논리다. 그리고 다음에는 명에 들어가려고 하니 조선의 길을 빌려 달라는 가도입명(假道入明)으로 명나라에 대한 정벌이 목적인지 조공을 청하는 것이 목적인지를 밝히지 않고 애매한 입장을 취하다가 나중에는 조공을 바치러 가려고 하니 길을 빌려 달라는 가도봉공(假道封貢)으로 태도를 바꾼다. 명에 대해서는 힘의 한계를 깨닫고 점차 우호적인 태도로 바뀌었지만, 어떻게든 조선을 차지하겠다는 생각은 버리지 않았다.

부산포에 들어선 지 20여 일 만에 일본군은 한양에 입성하고, 6월 하순에는 평양성을 점령하였다. 이때까지 조선에서 저항다운 저항은 없었다. 일본이 침략할 것을 일찍이 알고 있었음에도 불구하고 순식간에 평양성까지 내어준 조선은 구원의 손길을 명에게 벌린다. 명은 그런 조선을 '천하의 강한 군사가 있는 곳인데, 어찌하여 열흘 안에 왕경(王京)이 갑자기 함락되는가?"[10] 하면서 깊이 의심하였다. 왜가 침략하자마자 도성을 버리고 피란길에 오른 선조가 이해가 되지 않아 국왕을 '가짜'라고 의심

---

10 『선조실록』, 선조 25년(1592) 7월 1일(무오) 11번째 기사, 선조 25년(1592) 7월 3일(경신) 5번째 기사.

하기도 했다.[11] 조선 어디에서도 일본군에 저항하고 있다는 소식이 들려오지 않아, "조선이 일본과 모의하여 명나라를 침범하려 하면서 그의 선봉이 되기로 하였다."[12]라는 소문이 퍼져 나가기도 했다.

명 조정은, 이러한 소문과 관련하여 의견이 분분하였으나 실제 왕이 피난하고 소문은 거짓으로 확인되자, 조선에 군대를 출동시켰다. '조선은 중국과 순치(脣齒)의 관계이기 때문에,'[13] '항왜원조(抗倭援朝)' 즉 왜를 저지하고 조선을 도울 것을 천명하였다. 그런데 이 말은 조선과 명의 관계가 돈독함을 보여 주기도 하지만 또 다른 측면에서 보면 자국 이익의 관점을 잘 보여 주기도 한다. 즉, 이가 아무리 중요한 역할을 해도 입술이 없으면 이가 시려 그 기능을 상실할 수밖에 없다는 '순망치한론(脣亡齒寒論)'과 대문 안에 있는 뜰을 가리키는 문정론(門庭論)은 결국 치아(자국)의 안전을 확보하기 위해서 입술(조선)을 지키는 것이고, 대문 밖 조선에서 일본군과 싸우는 것이 뜰을 안전하게 지킬 수 있다는 말이다. "요양 · 천진에서 왜구가 있음을 듣지 못한 것은 조선이 병풍이 되어 가려 준 까닭인데, 만약 왜가 조선을 차지한다면 요양의 백성이 하룻밤도 베개를 편안히 하여 눕지 못할 것이라"[14]고 판단하여, 왜를 중국 영토가 아닌 조선의 영토에서 방어하려는 것이었다.

조선은 왜군을 한반도에서 완전히 몰아내는 것이 목표였으나, 명 조정에서는 "초기에는 대부분 압록강을 지키는 것을 상책이라 하였다가, 평양까지 내려오자 평양만을 지키려 하고 개성까지 내려오자 개성만을 지키려 하면서, 이미 속국(屬國)을 구원하여 태반을 평정 회복하였으니 바로 철병하는 것이 옳다."[15]라고 하는 등 조선의 바람을 실현하는 데 큰

---

11 『선조실록』, 선조 25년(1592) 6월 18일(병오) 5번째 기사.

12 『선조실록』, 선조 25년(1592) 6월 18일(병오) 5번째 기사.

13 『선조실록』, 선조 25년(1592) 6월 18일(병오) 6번째 기사.

14 조경남, 「난중잡록(難中雜錄)」, 『난중잡록』 2, 임진년 하.

15 『선조실록』, 선조 26년(1593) 4월 1일(을유) 세 번째 기사.

관심을 보이지 않았다. 명은 국가이익 우선의 원칙 하에서, 때로는 공격도 하고, 때로는 공격을 멈추기도 하고, 또 때로는 협상을 하기도 하였다.

이렇게 일본은 조선 땅의 전부 또는 일부를 차지하고자 하였고, 명나라도 또한 전부 또는 일부를 관할로 두고자 하여, 한반도 땅을 두고 두 외세가 긴 강화협상을 이어 갔다. 첫 번째 회담은 심유경과 고니시의 회담이었다. 7월 19일 조승훈(祖承訓)이 이끄는 명군이 1차 출병을 했지만 왜군의 상대가 되지 못하고 패배하자, 대국으로서의 위신이 크게 손상당한 명(明)은 일본군의 북진을 최대한으로 지연시킨 뒤 군사를 동원하여 일본군을 격퇴한다는 방침 아래 심유경[16]을 보내 "조선은 예의지방(禮義之邦)으로서 본시 죄과가 없는데, 너희들은 어찌하여 감히 명분도 없이 병사를 출동시켜 남의 나라를 침략하여 죄 없는 백성들을 살육하는가?"라고 힐책하며 강화를 도모하였다.[17] 한편 고니시는 그 이전 6월 9일 "일본이 조선과 전쟁하려는 것이 아니라 요동으로 가는 길을 열어 달라는데 조선이 답하지 않고 무기로써 대하기에 여기에까지 이르게 되었다"[18]면서 조선에 강화를 요청[19]한 적이 있는데다, 병력과 병참의 어려움이 있어 더 이상 북진을 하지 않고 이 제안을 받아들여 평양 강복산(降福山)에서 회담을 하게 된다. 명은 이 회담에서 50일간의 정전기간을 얻어 복건성과 절강성에 있던 포병을 조선으로 이동시킬 수 있는 시간을 벌게 되었다.

1592년 9월 1일 개최된 이 회담에서 고니시는 심유경에게 대동강을 경계로 평양성은 명에 양여하고 이동(以東)은 일본이 차지하는 할지

16 심유경이 강화를 위해서 처음 왜적 군영에 들어간 것은 그 이전이다. 『선조실록』, 선조 25년(1592) 6월 29일(정사).

17 『선조실록』, 선조 25년(1592) 6월 29일(정사) 6번째 기사.

18 이덕형의 반박처럼, 만약 중국만을 침범하려고 하였다면 절강(浙江)으로 바로 가면 될 것을 말도 되지 않는 조선 침략 논리를 제시함. 『선조실록』, 선조 25년(1592) 6월 9일(정유) 두 번째 기사.

19 『선조실록』, 선조 25년(1592) 6월 9일(정유) 두 번째 기사.

(割地)을 제안했다.[20] 명나라가 아니라 조선에 귀속시키는 안이었다는 설도 있다. 일본이 아니라 명나라 심유경이 먼저 할지를 제안했다는 설도 있다.[21] 중국인은 조선인을 별로 좋게 생각하지 않기 때문에 오래전부터 이들을 조선 땅에서 몰아내고 싶어 했다는 것이다.[22]

이에 대해서, 명의 이여송 제독이, "심유경이 왜노와 강화하고 대동강 이동을 일본에 속하게 하려는데 그렇게 되면 국왕을 어디에 둘 것인가?"라며 크게 대노하였다는 점,[23] 그리고 심유경이 왜의 진영에 가서 "평양을 중국에 주지 조선에 주지 않는다"고 한 말에 대해, 최고사령관 송응창(宋應昌)이 "대체로 평양은 본디 조선의 토지인데, 중국이 바야흐로 구원하면서 어찌 다른 나라의 위급함을 틈타 남의 땅을 빼앗겠는가. 결코 그런 이치는 없다."[24]라고 한 것으로 보아, 최고지휘부인 송응창, 이여송의 생각과 심유경의 그것이 다름을 볼 수 있다. 그럼에도 불구하고, 외세가 한반도 역사상 처음으로 분할을 의제로 삼았다는 것은 분한 일이다.

50일간의 정전기간이 지나고 난 1593년 1월 8일, 포병의 지원을 받은 명의 이여송은 평양 전투에서 승리를 거두고 평양성을 회복하였다. 하지만 1만 2,000명에 달하는 고니시 부대를 포병의 지원을 받지 않고 추격하다 그해 1월 27일 벽제관(碧蹄館)에서 패하고 말았다. 이후 명군은 일본과의 전투를 피하고 강화협상을 추구하게 된다. 평양성의 승리로 일본군의 요동 진출을 막는다는 그들의 기본적인 목표가 달성된 데다가 재정상태도 열악하고 군사들의 사기도 좋지 않았기 때문이다.

한편 한양에 집결한 왜군은 배후의 위협을 제거하기 위해서 행주산

---

20 『선조실록』, 선조 25년(1592) 12월 3일(기축) 6번째 기사.

21 『明史』, 「조선전(II)」; 『동방학지』 15, 1973, 205쪽.

22 루이스 프로이스 지음, 정성화 · 양윤선 옮김, 『임진난의 기록: 루이스 프로이스가 본 임진왜란』, 살림, 2008, 107~109쪽.

23 『선조실록』, 선조 25년(1592) 12월 12일(무술) 6번째 기사.

24 『선조실록』, 선조 25년(1592) 12월 17일(계묘) 4번째 기사.

성을 총공격하였으나, 1593년 2월 12일 행주대첩에서 권율 장군이 이끄는 조선군에게 패배하고 해전에서도 이순신 장군에게 잇달아 패하는 것은 물론 병참 부족, 병사들의 사기 저하, 추운 날씨 등의 문제로 강화협상에 나서지 않을 수 없었다. 한양을 고수하기 힘들자 공격다운 공격을 받지 않고 안전하게 조선의 남부지역까지 후퇴하기 위해서 협상을 했다는 설도 있다.[25]

이렇게 강화협상의 필요성을 공히 인식한 명과 일본은 1593년 4월 8일 서울 용산에서 두 번째 회담을 개최하였다. 지금도 용산 원효로에는 그것을 기념하는 〈그림 2〉와 같은 비석이 남아 있다.

이 회담에서 고니시는, 이전에 기점으로 삼았던 대동강 대신 한강을 기점으로 삼아 분할하는 안을 제시하였고,[26] 이것은 다시 1593년 6월 28일 제시된 도요토미 히데요시의 강화조건 7개조[27]에 포함되었다. 즉 제4조는 "조선의 반대에도 불구하고, 대명과 8도를 분할하여 그중 4도(道)와 한성을 조선국왕에게 준다."라고 되어 있어, 조선의 의사와 무관하게 분할하여 통치하려는 야심을 보이고 있다. 이 조항에 대한 협상 과정에서 일본은 "혼례와 조선분할, 이 두 가지가 가장 중요하다"[28]고 하면서 "이 중 어느 하나에 응답하지 않는다면 다시 8도 공격 명령을 내릴 것

---

25 김문자, 「임진왜란기 일 · 명 강화교섭의 파탄에 관한 일고찰: 사명당(송운대사) · 가등청정 간의 회담을 중심으로」, 『정신문화연구』 28(3), 2005, 225~254쪽.

26 이완범, 앞의 책, 2013.

27 1) 대명황녀의 황비 책봉, 2) 명 · 일 간 감합무역 부활, 3) 명 · 일 우호 관계에 대한 대신들의 서약, 5)조선 왕자와 대신을 인질로 삼을 것, 6) 조선 왕자의 송환, 7) 조선 권신의 서약. 이는 『선조실록』과 차이가 있으며, 실록 간에도 내용이 다소 상이하기도 한다. 즉, 선조 26년(1593) 11월 6번째 기사에는 화친(和親) · 할지(割地) · 구혼(求婚) · 봉왕(封王) · 준공(準貢)과 용의(龍衣) 및 인신(印信)으로, 선조 26년 윤11월 16일(병신) 9번째 기사에는 할지, 화친, 봉왕, 준공, 항인(降印), 망룡의(蟒龍衣) 및 충천관(衝天冠)으로 되어 있다. 선조 27년(1594) 5월 6일(계미) 5번째 기사에는 천자와 혼인, 할지, 교린, 왕자의 일본 거주, 백관의 인질 등 5가지라고 되어 있다.

28 『선조실록』, 선조 27년(1594) 8월 15일(경신) 4번째 기사.

〈그림 2〉 심원정 왜명강화지처 비석
소재: 서울 용산구 원효로4가 87번지 1호.

이다." "4도와 수도는 명에 속하고, 나머지 4도는 히데요시에게 속한다. 이것이 화평의 우선조건이다."라고 하여,[29] 영토에 대한 집착이 강함을 보여 주고 있다. "심유경이 평양에서 강화할 적에 조선의 한강 이남 4도(道)를 떼어 주기로 하였는데 지금까지 떼어 주지 않으니 우리는 물러갈 기약이 없다."[30]라고 하는 것도 같은 태도다.

도요토미 히데요시는 자신의 조카와 신하에게 줄 영지를 마련하기 위해서 영토를 확장하고자 하였기 때문에,[31] 전라도를 포함한 조선 남부

29 김경태, 「임진전쟁기 도요토미 히데요시의 강화조건 연구」, 『조선시대사학보』 68, 2014, 81~107쪽.

30 『선조실록』, 선조 27년(1594) 1월 27일(병오) 5번째 기사.

31 루이스 프로이스 지음, 정성화 · 양윤선 옮김, 『임진난의 기록: 루이스 프로이스가 본 임진왜란』, 살림, 2008, 143쪽.

4도를 차지하겠다는 망상을 버리지 않았다. 즉 히데요시는 "물자가 부요한 전라도 지역을 소탕하도록 하라, 그러면 우리 군마들이 수고롭지 않아도 조선의 군민(軍民)이 저절로 소진될 것이다. 이것을 짧은 기간으로 계획하지 말고 내가 죽은 뒤에라도 또 자손들이 있으니, 여러 장수들이 힘을 다하라."라고 지시하였다.[32]

무섭게도 일본은 실제로 그 뒤 한반도에 대한 야심을 버리지 않았다. 하야시 시헤이(林子平)의 『삼국통람도설(三國通覽圖說)』(1785)을 포함하여 18세기 말엽에 등장한 일본의 대외팽창론은 끊임없이 조선침략론을 언급하고 있다. 야나기와라 사키미쓰(柳原前光)는 『조선논고(朝鮮論稿)』(1870)에서 "조선을 복속시키면 실로 일본 보전의 기초가 되며 훗날 만국을 진취적으로 경략하는 데 기본이 될 것이다. 그러나 만약에 다른 나라에 의해서 조선을 선점당하면 그 길로 일본의 운명은 끝난 것이나 마찬가지다."[33]라고 하여 조선침략에 대한 야욕을 분명하게 드러내고 있다.

일본은 이렇게 히데요시로부터 시작된 야욕을 결국 달성하여 구한말 한반도를 노략질하다가 36년 동안 강점 · 지배하였다. 심지어 제2차 세계대전에서 패하면서도 한반도는 끝까지 내어놓지 않고 영유하고자 하였다. 즉, 일본은 1944년 9월 이후, 태평양전쟁 중에 취득한 모든 영토를 포기하겠다는 안을 제안하여 은연중 그 이전에 취득한 한반도는 계속 영유하고자 하는 저의를 보였고 또 1945년 7월 대소 중재교섭에서도 조선을 끝까지 고수하려고 하였다.[34] 독도에 대한 일본의 태도를 보면, 과연 지금은 저들이 히데요시로부터 이어져 오는 야심을 버렸을까 하는 의심이 든다.

---

32 『선조실록』, 선조 30년(1597) 5월 18일(무신) 4번째 기사.

33 芝原拓自 外二名 校注, 『對外觀』, 日本近代思想大系12, 東京: 岩波書店, 1988, 14~15쪽; 이규배, 「패전을 전후한 일본의 한반도 정책」, 『세계정치경제』 제3호, 1996에서 재인용.

34 김기조, 「제2차 세계대전 말기 일본의 「평화공작」과 연합국의 대응: 한반도 영유를 위한 막후외교」, 『한국정치학회보』 35(3), 2001.

이렇게 명과 일본이 강화 협상을 하는 동안 조선의 위상에 대해서, 전쟁의 당사국임에도 불구하고 양국 사이의 교섭 과정에서 철저히 소외되었다는 입장과,[35] 국가의 존망이 걸려 있던 강화교섭을 조선이 등한시 하거나 무시한 것도 아니었고 완전히 배제된 것도 아니었다는 입장이[36] 대립하고 있다. 이 점에 관해서는 더 많은 연구가 진전되어야 하겠지만, 조선이 외교의 주도권을 장악하지 못한 것은 최소한 분명해 보인다.

이를 조금 더 자세하게 살펴보면, 먼저 일본과의 첫 협상은 조선의 이덕형이 대동강에서 하였다.[37] 그러나 우리 국토에서 일본을 쫓아내는 것이 목표였기 때문에 강화회담에 응하지 않았다. 대신 조선은 병력이 적고 약해서 스스로 복수할 수 없기 때문에,[38] 명에게 사대하고 의존해서 이 문제를 해결하고자 하였다. 선조가 명의 이여송 제독에게 오배(伍拜)하고 세 번 머리를 조아리면서 그것을 서서 받기를 청할 정도로 낮은 자세로 읍소하기도 하고,[39] 때로는 뇌물을 제공하기도 하고,[40] 때로는 명이 왜적에게 속임을 당하지 않을까 염려된다[41]며 설득하기도 하였다. 또 때로는 외교문서[咨文][42]로 또 때로는 청원서[呈文][43]로 일본군과의 결전 또는 진병을 독촉하였으나,[44] 별다른 성과를 거두지 못했다.

명이 일본과의 결전보다는 오히려 협상을 우선하는 태도를 보이자,

---

35 한명기, 「임진왜란기 明 · 日의 협상에 관한 연구: 명의 강화집착과 조선과의 갈등을 중심으로」, 『국사관논총』 98, 2004, 254쪽.

36 김문자, 앞의 글, 2005.

37 『선조실록』, 선조 25년(1592) 6월 9일(정유) 두 번째 기사.

38 『선조실록』, 선조 26년(1593) 4월 24일(무신) 9번째 기사.

39 『선조실록』, 선조 26년(1593) 3월 7일(임술) 첫 번째 기사.

40 『선조실록』, 선조 26년(1593) 3월 4일(기미) 4번째 기사; 선조 26년(1593) 3월 6일(신유) 두 번째 기사.

41 『선조실록』, 선조 26년(1593) 4월 24일(무신) 9번째 기사.

42 『선조실록』, 선조 26년(1593) 3월 11일(병인) 첫 번째 기사; 선조 26년(1593) 3월 6일(신유) 세 번째 기사.

43 『선조실록』, 선조 26년(1593) 3월 7일(임술) 두 번째 기사.

44 『선조실록』, 선조 26년(1593) 3월 8일(계해) 6번째 기사.

선조는 "죽음이 있을 뿐 강화를 할 수 없다"고 하면서[45] 신하들에게도 "강화를 말하는 자는 바로 간인(姦人)의 행위이니 반드시 먼저 베어 효수하겠다"[46]고 내부단속을 하였다. 많은 신하들이 실은 강화하고 싶어하면서도 감히 드러내어 말하지 못하고 있는 것을 알고 "한심함을 견디지 못하겠다"[47]고 더 이상의 논의를 차단하기도 하였다. 그리고 자신이 직접 송응창을 만나 강화론의 부당함을 따질 것이라고 강조한 뒤, 왜적과 강화하는 일이 부당함을 전하였다.[48] 동시에 명군 지휘부에게 강화문제를 의리로써 따질 것을 지시했다.[49] 실제로 류성룡 등은 "우리나라는 왜노가 중국에 불공(不恭)한 말을 한 것을 분하게 여겨 천하의 대의를 위해서 차라리 죽을지언정 치욕을 당하지 않고자 하였기 때문에 지금 이 지경에 이른 것이다."[50]라며 강화협상 중단을 쟁변하였다. 이렇게 선조 1593년 7월부터 1594년 5월까지 1년 미만의 기간 동안 조선은 명 조정에 강화회담을 반대하는 요구를 55차례에 걸쳐 제기했다.[51] 뿐만 아니라 고니시와 가토 기요마사 사이를 이간질시킬 목적으로 서성을 총병 유정에게 보내기도 하고,[52] 도요토미 히데요시, 고니시, 그리고 가토 기요마사 사이를 분열시키기 위한 외교적 노력도 기울였다. 실제로 사명당과 가토 기요마사(加藤淸正)와의 강화협상은 도요토미 히데요시의 의도를 확인하고 고니시(小西行長)와 심유경 간에 진행되고 있었던 강화조건이 조선과 명에 알려져 강화교섭이 총체적으로 결렬되는 계기가 되기도 하였다.[53]

---

45 『선조실록』, 선조 26년(1593) 3월 7일(임술) 세 번째 기사.
46 『선조실록』, 선조 26년(1593) 3월 16일(신미) 5번째 기사.
47 『선조실록』, 선조 26년(1593) 3월 29일(갑신) 세 번째 기사.
48 『선조실록』, 선조 26년(1593) 3월 10일(을축) 첫 번째 기사.
49 『선조실록』, 선조 26년(1593) 3월 25일(경진) 5번째 기사.
50 『선조실록』, 선조 26년(1593) 4월 24일(무신) 9번째 기사.
51 유보전, 『임진왜란기 조 · 명 관계사 연구』, 성균관대학교 박사학위논문, 2003, 95쪽.
52 『선조실록』, 선조 27년(1594) 3월 4일(임오) 8번째 기사.
53 김문자, 앞의 글, 2005.

그러나 이러한 노력과 일정한 성과에도 불구하고, 선조가 "한 나라의 존망이 대인들의 진퇴에 달렸으니, 지휘를 삼가 받겠다"며,[54] 전시작전권을 명에게 위임하였기[55] 때문에 조선정부는 명 조정의 결정에 의존할 수밖에 없었다. 명군의 강화론을 저지할 수 있는 마땅한 방법이 없었다. 오히려, 명군은 조선에게 자신들이 추구하는 강화 논의를 받아들이라고 강요했다. 명군에게는 왜적을 죽이지 말 것을 명하고 조선군에도 교전하지 말 것을 명하였고,[56] 적에게 보복을 가하여 사건을 일으키는 자가 있으면 참형에 처하겠다[57]고 하였다. 실제로 조선군인들을 군문(軍門)에 잡아다가 조사하기까지 하였고[58] 왜군을 공격하였다고 심유경의 부하들이 박진(朴晉) 등 네 명의 장군들을 묶어 곤장까지 치는 치욕을 주기도 하였다.[59] 송응창은 조선 군신들이 강화론에 계속 반대하는 태도를 보이자 "조선의 군신이 고집스럽게 나의 말을 듣지 않으니 한탄할 노릇이다. 오랑캐들을 이해시키기가 어렵다."[60]라고 모욕적으로 비판을 퍼붓는가 하면, 강화협상 중임에도 진주성을 공격한 일본에 책임을 묻기보다 오히려 '조선이 일본군을 공격하지 말라'는 명령을 어겼기 때문에 문제가 생겼다고 조선에 책임을 전가하기도 했다.[61]

말먹이와 군량 부족 문제는 조선의 처지를 더욱 어렵게 만들었다. 평양 이북은 그런대로 명으로부터 거리도 가깝고 해서 부족 상태가 심각하지 않았지만 평양 이남은 군량 문제가 심각하였다. 일본군의 점령지이

---

54 『선조실록』, 선조 25년(1592) 6월 18일(병오) 4번째 기사.

55 6 · 25 전쟁 시, 이승만 정부가 전시작전권을 넘기고 지금도 그대로 두고 있는 것을 보면 역사로부터 무엇을 배우고 있는지 안타깝다.

56 『선조실록』, 선조 37권, 26년(1593 계사 / 명 만력(萬曆) 21년) 4월 6일(경인) 9번째 기사.

57 『선조실록』, 선조 26년(1593) 4월 20일(갑진) 8번째 기사.

58 『선조실록』, 선조 26년(1593) 4월 24일(무신) 9번째 기사.

59 『선조실록』, 선조 26년(1593) 7월 18일(경오) 세 번째 기사.

60 『선조실록』, 선조 26년(1593) 4월 4일(무자) 세 번째 기사.

61 『선조실록』, 선조 26년(1593) 7월 16일(무진) 세 번째 기사.

거나 혼재지여서 적들에게 빼앗길까 두려워서 양곡을 저축할 수가 없었고, 설사 이것이 있는 경우에도 운반할 인력을 구하기가 쉽지 않았다.[62] 그래서 운반의 노역이 대부분 하층민들에게 전가되었는데, 이들이 징발을 피해 도망치면서, 말먹이와 군량 부족 상황이 이어지고, 병사들은 죽은 말을 먹기까지 하였다.[63]

이렇게 되니, 명군 지휘관들은 조선 신료들을 만나면 군량이 없는데 어찌 전쟁에 나아갈 자가 있겠는가 하고 불만을 토로하면서,[64] 군량 조달의 필요성을 줄기차게 역설하였다.[65] 명군은 충분한 정도의 군량이 확보되지 않은 상태에서는 공격을 하지 않으려고 하였고, 조선은 그렇게 양곡만 축내고 있는 명군이 야속하여 현존 군량이 소모되기 전에 공격을 완료해 달라고 요구하였으며,[66] 명군은 이에 대해 준비도 없이 공격하느냐고 역정을 내었다.[67] 이에 조선은 심지어 그렇게 보내 달라고 호소했던 명군의 숫자를 오히려 줄여 달라는 청원을 하게 된다. 즉 "명군 2만 명을 유병시킨다면 우리나라는 종묘사직의 제사도 궐(闕)하고 상공(上供)[68]도 없애고 관원의 녹도 주지 않고 온 나라의 재산을 다 털어 오로지 중국 군사만을 먹인다 할지라도 지탱하기 어려운 형편이기 때문에 5,000명의 군사만을 청한다."[69]라고도 하였다.

한편, 명군에 대한 양식을 제공하느라고, 조선군에 대한 군량 공급은 더욱 소홀하게 되었다. "쌀이 없어 콩을 배급하는데, 그것도 떨어진 지

---

62 『선조실록』, 선조 26년(1593) 2월 4일(기축) 두 번째 기사.
63 『선조실록』, 선조 26년(1593) 2월 21일(병오) 11번째 기사.
64 『선조실록』, 선조 26년(1593) 8월 26일(정미) 6번째 기사.
65 『선조실록』, 선조 26년(1593) 7월 14일 (병인) 8번째 기사; 26년(1593) 7월 19일(신미) 5번째 기사; 26년(1593) 8월 12일(계사) 15번째 기사.
66 『선조실록』, 선조 26년(1593) 2월 28일(계축) 7번째 기사.
67 『선조실록』, 선조 26년(1593) 3월 15일(경오) 두 번째 기사.
68 대궐 운영에 드는 경비.
69 『선조실록』, 선조 26년(1593) 8월 10일(신묘) 세 번째 기사.

가 5~6일이 되었으므로 장사들이 머리를 서로 맞대고 통곡하며, 흩어져 도망하는 자가 줄을 이었다."[70] 이렇게 군사가 부족하다 보니, 초시(初試)를 통하여 군사를 모으기 시작하였으나,[71] "과거에서 뽑혀 전쟁터로 나아가는 사람들이 마치 왜적이 지나간 것 같이 곤궁한 백성들의 재물을 강탈하였다."[72] 군율이 무너진 조선군의 전투력은 갈수록 약화되었고, 이것은 다시 명군에 대한 의존도를 결과적으로 더 높이는 악순환이 계속되었다.

또 명군에 대한 지공(支供) 때문에 수령들이 잡물(雜物)까지 거두어들이고 모두 빼앗아 가니, 백성들은 이리저리 빌어먹으며 돌아다니다가 끝내는 반민(叛民)이 되었다.[73] 전란이 풀리지 않은데다가 기근이 계속되어 백성들이 굶어죽어 시체가 구렁에 뒹굴고,[74] 굶주린 백성들이 그 시체의 살점을 모두 베어 먹어 백골 무더기가 성(城)의 높이와 같았다."[75]

조선 수령을 통한 간접적인 피해뿐만 아니라, 명군이 이동하면서 직접적으로 인근 농가를 약탈하여 입힌 피해 또한 심각하였다. 명나라 경리(經理) 양호가 스스로 밝힌 것처럼, "명군이 지나는 지방을 침탈하고 소요스럽게 하여 백성들을 편안히 살 수 없게 하였으므로 농작 상태가 매우 나쁘고, 백성들은 천병(天兵, 명군)을 보기만 하면 문득 놀라 숨어 버리는"[76] 형국이었다. 명군이 자행했던 이러한 민폐 때문에 '왜군은 얼레빗, 명군은 참빗'이라고 풍자하는 말이 돌 정도로 조선 백성들의 피해가 컸다. 이러한 명군 참전의 영향에 대해서는 본서 제2부 제3장 한명기 편에서 자세히 다루어지고 있다.

---

70 『선조실록』, 선조 41권, 26년(1593 계사 / 명 만력 21년) 8월 2일(계미) 7번째 기사.

71 『선조실록』, 선조 40권, 26년(1593 계사 / 명 만력 21년) 7월 16일(무진) 세 번째 기사.

72 『선조실록』, 선조 26년(1593) 4월 15일(기해) 10번째 기사.

73 『선조실록』, 선조 26년(1593) 4월 15일(기해) 10번째 기사.

74 『선조실록』, 선조 26년(1593) 7월 29일(신사) 14번째 기사.

75 『선조실록』, 선조 27년(1594) 3월 20일(무술) 첫 번째 기사.

76 『선조실록』, 선조 31년(1598) 2월 26일(신사) 두 번째 기사.

이렇게 명군에 의한 피해가 컸지만, "조선은 병력이 적고 약해서 스스로 복수할 수 없으므로"[77] 명군 이외에는 다른 대안이 없었다. 그런데 명나라 군사의 운용에 필요한 군량과 말먹이를 제공할 능력도 없었다. 전시작전권도 명군에 내어주고 가지고 있지 않았다. 경리 양호는 조선의 병권을 완전히 장악하고 선조와 대등한 입장에서 신료들을 접견했다.[78] 결국 한반도를 분할하는 강화회담을 받아들일 수 없다고 말은 하였지만, 화전(和戰)의 대계(大計)는 명나라가 주관하는 대로 따라갈 수밖에 없었던 것이다.[79]

명과 일본 간의 강화협상이 두 외세의 바람대로 체결되어 실행되었다면, 우리는 이미 400년 전부터 지금과 같은 남북의 분단 상황에 놓여 있었을지도 모른다. 명이라는 강대국에 의존하여 "속국(屬國)을 보존시켜 주소서"[80]와 같은 읍소, "우리나라의 백성도 중국의 백성인데, 이들을 치지 않는다면 하늘의 주벌을 잃는 것"[81]이라는 호소 전략을 해 보았지만 그것이 조선의 안보를 지켜 주지 못하였다. 명이 그동안의 우호관계를 감안하여 파병은 했지만, 조선은 7년 동안이나 전쟁의 참화를 겪어야 했다. 명나라도 재정 상황의 어려움 등으로 적극 개입할 여력도 적었고, 결국 청나라로 교체되고 말았다.

임진왜란이나 구한말이나 역사는 이렇게 동맹관계나 균형외교 등이 필요하기는 하지만 그것만으로는 국가를 지키는 데 충분하지 않다는 것을 보여 주었다. 우리의 자주적 국가역량이 뒷받침되지 않는 한, 그 어떤 외교적 노력이나 전략도 우리의 안전을 보장하지 못한다는 것을 보여주고 있다.

---

77 『선조실록』, 선조 26년(1593) 4월 24일(무신) 9번째 기사.

78 이완범, 앞의 책, 2013, 98쪽.

79 『선조실록』, 선조 26년(1593) 4월 24일(무신) 9번째 기사.

80 『선조실록』, 선조 26년(1593) 2월 28일(계축) 7번째 기사.

81 『선조실록』, 선조 26년(1593) 3월 29일(갑신) 세 번째 기사.

한반도 분할의 비극을 막는 방법은 결국 자강(自强)밖에 없다. 너무도 명백하지만, 스스로 힘을 길러 막아 내는 것밖에 없다. 이것을 잘 보여 주는 사례가 이순신이다. 절체절명의 한반도 분할 위기에서 이것을 극복하고 나라를 구한 사람은 이순신이었다. 명나라 총병 유정이 말한 바와 같이, 국왕과 대신들의 자강책도 없고, 잘 훈련된 군사나 충성스러운 신하도 없는 그런 총체적 위기의 국가[82]를 살려 낸 것은 이순신이었다. 해전에서 이순신의 연전연승이 왜군의 퇴각을 초래하게 하였고, 강화회담을 끝내게 하였다.

어떻게 이순신은 국가 위기 극복의 리더십을 발휘할 수 있었을까? 외세에 의해서 국가 위기가 발생하지 않도록 하려면, 어떤 국가리더십이 필요한가? 다른 나라가 감히 집적거려 볼 생각조차 할 수 없게 만드는 방법은 없을까? 일본이나 중국 또는 다른 나라가, 존경하고 감히 범접하기 어려워하는 그런 나라를 만드는 방법은 없는가? 이러한 의문들에 대한 답을 제공하려는 것이 본서의 목적이다.

2. 대항해시대의 개막과 동아시아의 질서 재편

1) 대항해시대의 개막

이러한 의문에 대한 답은 어떻게 일본이 명나라를 정복하려고 생각을 하였을까 하는 의문으로 연결된다. 수천 년 동안 일본은 중국을 축으로 하는 대륙국가 중심의 세계체제에 늘 주변국으로 머물러 있었다.[83] 그러한

82 『선조실록』, 선조 26년(1593) 윤11월 22일(임인) 4번째 기사.

83 J. Haffner, T. C. Klett, & J. Lehmann, *Japan's Open Future: An Agenda for Global Citizenship*, Anthem Press, 2009, p. 216.

일본이 어떻게 감히 명나라를 정벌하려는 시도를 하고 조선을 침략하려고 생각할 수 있었을까? 그것은 대륙국가가 주도하는 세계가 해양국가가 주도하는 세계로 바뀌는 대항해시대의 변화를 내다보고 국가의 혁신을 도모한 리더십과 관련이 있다.

인류가 배를 타고 항해를 시작한 것은 물론, 항로를 통하여 무역을 시작한 시기도 아주 옛날로 거슬러 올라간다. 흔히 비단길(silk road)로 알려진 육로를 통한 무역은 3,000년 전부터 시작되었다. 해양을 통한 비단 무역도 이에는 미치지 못하지만 일찍부터 열렸다. 즉, 8세기 또는 9세기에 이슬람 선박들이 인도양을 거쳐 중국은 물론 한국과 일본에 도착한 것으로 나타나고 있다.[84] 특히 명나라 정화가 이끄는 무역의 길은 그 규모가 엄청났다. 원정대는 총승무원 2만 7,800명으로 바스코 다 가마 원정대의 승무원 170명, 콜럼버스 원정대의 승무원 88명과 비교하면, 실로 엄청난 규모의 대함대였다.[85] 1405년 1차 원정을 시작으로 하여, 1433년 7차 원정을 끝으로 하는 이 대규모 원정대는 인도, 아프리카 국가들의 무역과 조공을 이끌어 내는 성과를 이끌어 내었다.

그러나 우리의 관심사인 일본의 흥기와 관련한 대항해시대(大航海時代, Era das Grandes Navegações) 또는 대발견시대(Age of Discovery) 혹은 대탐험시대(Age of Exploration)는 15세기 초 포르투갈에 의해서 시작되었다. 〈그림 3〉에서 보는 바와 같이, 포르투갈은 1336년 카나리아 제도의 탐험을 시작으로, 마데이라(Madeira, 1419), 아조레스(Azores, 1427), 카보베르데(Cape Verde, 1458)를 발견하고 아프리카 연안을 식민지로 만들었다. 희

84 Debin Ma, "The Great Silk Exchange: How the World Was Connected and Developed," in D. Flynn, L. Frost, and A. J. H. Latham(eds.), *Pacific Centuries: Pacific and Pacific Rim History Since the 16th Century*, Routledge Press, 1998.

85 Song Zhenghai & Chen Chuankang, "Why did Zheng He's Sea Voyage Fail to Lead the Chinese to Make the 'Great Geographic Discovery'?," in Fan Dainian & Robert S. Cohen (eds.), *Chinese Studies in the History and Philosophy of Science and Technology*, Kluwer Academic, 1996, p. 313.

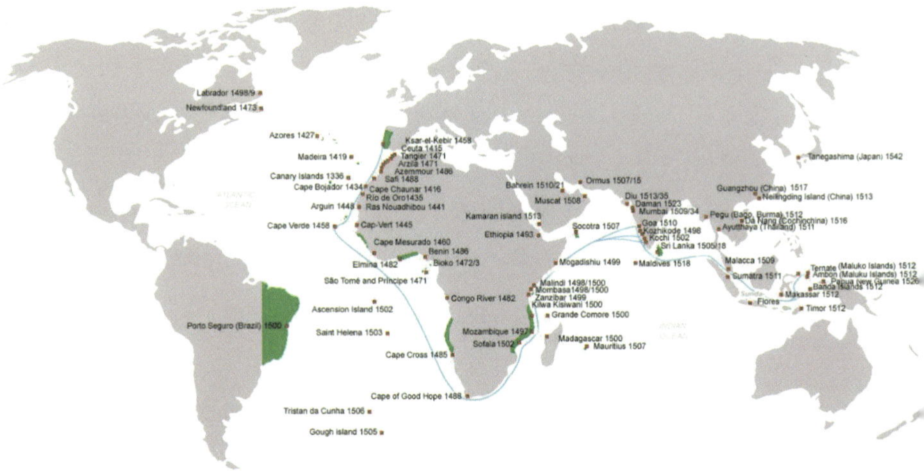

〈그림 3〉 포르투갈의 탐험 역사

출처: http://en.wikipedia.org/wiki/History_of_Portugal_(1415%E2%80%931578).

망봉(Cape of Good Hope, 1488)을 발견한 다음 인도를 1500년대 초에 탐험하였고, 인도양을 거쳐 중국(1513), 일본(1542)과 교류를 시작하였다.

당시 유럽에서는 향신료와 비단에 대한 수요가 많았으나, 아라비아 반도와 인도양으로 이어지는 교역의 길을 오토만 제국이 장악하고 있어, 그것을 구하기가 쉽지 않았고 값이 매우 비쌌다. 유럽 국가는 금과 은 등의 귀금속, 향신료, 비단 등을 구하기 위해서 새로운 길을 개척할 필요성을 느끼고 있었다.

새로운 항로 개척의 선두에 섰던 나라는 포르투갈이었고, 그것을 주도한 사람은 속칭 항해왕자로 불리는 헨리(Henrique Navegador, 1394~1460)였다. 그는 항해에 필요한 기술을 연구하고 가르치는 학교를 설립하였다. 항해에 필요한 조류, 바람, 날씨 등을 연구하는 기상학, 천문학, 해양학, 지리학, 조선공학 등에 관한 학자들을 모아 연구를 시키고 인재를 배출하였다.[86] 특히 기독교와 대적관계에 있음에도 불구하고 이슬람권의 발달된 수학, 천문학 등의 학문을 적극 수용하였다.[87]

이러한 기초에 근거해서, 항해왕자 헨리(〈그림 4〉)가 죽는 날 태어난 바스코 다 가마(Vasco da Gama)가 유럽인으로는 처음으로 뱃길을 만들어 희망봉을 넘어 인도에 1498년 도착하였다. 이것은 이슬람국가가 독점적으로 지배하던 인도의 향신료 무역로에 대한 대안적 경로를 발견했다는 의미와 함께 전 세계를 연결하는 대항해시대가 열리게 되었다는 것을 뜻한다.

〈그림 4〉 포르투갈 헨리 왕자

이 항로를 통하여, 포르투갈은 1500~1509년 사이 전 세계 생산량의 1/3에 해당하는 엄청난 양의 향신료를 유럽으로 가져올 수 있었고, 후추의 경우 그 이윤이 89~152%에 이르는 등 막대한 무역수익을 올렸다.[88] 포르투갈은 또한 극동아시아 항로도 개척하여, 중국과 일본의 무역을 중개하였다. 당시, 중국은 자국민들에게 일본과의 거래를 금지하였기 때문에 일본의 대 중국 은수출과 도자기, 비단 등의 수입을 포르투갈이 담당하면서 또한 큰 수익을 내었다.

한편 신대륙 개척을 두고 경쟁관계에 있던 포르투갈과 스페인은, 교황 알렉산데르 6세의 중재 조정에 따라 토르데시야스 조약(Treaty of Tordesillas)을 1494년 맺는다. 포르투갈은 이 조약의 기준선인 서경 43도

---

86 F. W. Thackeray & J. E. Findling, *Events That Formed the Modern World: From the European Renaissance Through the War on Terror*, ABC-CLIO, 2012.

87 S. A. Ahmed & S. S. Khundmiri, *Islam, Science & Renaissance: Their Impact on Universe & Society*, Trafford, 2013.

88 주경철, 『대항해시대』, 서울대학교출판부, 2008, 53쪽.

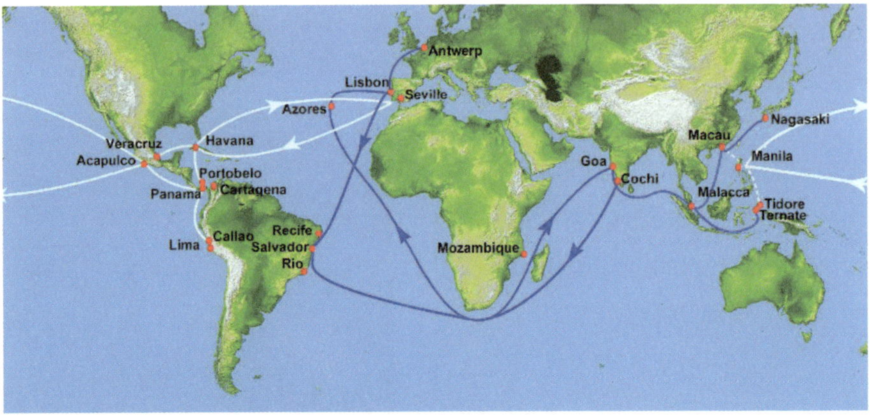

〈그림 5〉 포르투갈(→)과 스페인(⇨)의 16세기 무역로

출처: C. C. Mann, "1493: How Europe's Discovery of the Americas Revolutionized Trade, *Ecology and Life on Earth*, 2012". http://www.humanjourney.us/1493.html

37분 지점을 기준으로 동쪽 지역 즉, 아조레스(Azores), 카보베르데(Cape Verde) 제도를 포함하여 아프리카와 인도를(〈그림 5〉 참조) 차지하여 후추 등의 향신료 무역의 지배권을 가지게 되었다. 스페인은 브라질을 제외한 아메리카 지역을 차지할 수 있었을 뿐만 아니라 이 기준선을 지구를 한 바퀴 도는 것으로 그렸기 때문에 필리핀을 차지하게 되었다.

스페인은 남아메리카와 지금의 캘리포니아, 텍사스, 플로리다 등의 지역을 직접 관할하는 식민지 지배 체제로 이 지역을 통치하면서 약탈과 착취를 자행하였다. 특히 금과 은의 약탈이 심했다. 초기에는 이 지역 주민들이 천 년 동안 생산하여 축적한 금을 불과 2~3년 동안에 모두 약탈하여 가져갔고, 약 30여 년 정도 뒤에는 훨씬 더 많은 양을 은을 유출하였다.[89] 스페인은 이렇게 생산된 귀금속 특히 은을 필리핀 마닐라를 거쳐 중국으로 수출하고 대신 비단을 사 가서 유럽에 팔았다. 이렇게 스페인

89 위의 책.

이 주도해서 형성한 중국 광저우(Canton), 필리핀 마닐라(Manila), 멕시코의 아카풀코(Acapulco)를 연결하는 삼각무역망은 기존 포르투갈이 만든 Nagasaki-Macau-Canton의 은과 비단에 대한 삼각무역망을 태평양으로 확대한 것이라고 볼 수 있다. 이렇게 해서 〈그림 5〉에서 보는 바와 같이 전 세계적인 무역망이 열리게 된 것이다.[90]

2) 세계 최대 은 수요국, 명

이렇게 16세기 대항해시대가 활기차게 전개될 수 있었던 직접적인 계기는 중국의 은 수요다.[91] 중국은 명나라 건국 직후 지정은제(地丁銀制)를 도입하여 현물 대신 은으로 조세를 징수하였다. 명나라의 세출에서 은이 주로 사용된 곳은 군사 부문이었다. 15세기 중반부터 군량으로 은이 제공되기 시작하였는데 북방 정세가 위태로워 북방 군사비가 계속 증가하였고, 북방으로 해마다 거액의 은이 운반되었다. 토지소유자들은 세금을 납부하기 위해 은을 마련해야 하였으나 심각한 은 부족 사태로 그것이 쉽지 않았다. 명나라 초에 절강(浙江)이나 복건(福建) 지역을 중심으로 연간 100만 냥 이상의 은을 생산하였으나 15세기 중반 이후 은 생산량이 줄어들어 은의 부족 문제는 더욱 심각해졌다.[92]

이러한 명나라의 은 수요는 일본과 스페인에 의해서 충족되었다. 1492년 콜럼버스의 서인도 발견을 시작으로 아메리카에 도착한 스페인은 16세기 안데스 포토시(Potosi)와 멕시코에서 대규모 은광을 개발, 은을

---

90 Debin Ma, ibid., 1998.

91 Andre Gunter Frank, *ReOrient: Global Economy in the Asian Age*, University of California Press, 1988; Dennis O. Flynn & Arturo Giráldez, "Born with a 'Silver Spoon': The Origin of World Trade in 1571," *Journal of World History* 6, 1995.

92 기시모토 미오 · 미야지마 히로시 지음, 김현영 · 문순실 옮김, 『조선과 중국 근세 오백년을 가다』, 역사비평사, 2003.

생산하기 시작했다. 스페인은 이 은을 마닐라를 거쳐 최종 목적지인 중국에서 팔고 도자기와 비단을 사서 이를 유럽에 팔아 수익을 남겼다.

또 다른 하나의 공급자는 일본이었다. 16세기 후반 중국으로 유입된 은은 2,100~2,300톤으로 그중 약 절반에 가까운 1,200~1,300톤이 일본에서 들어왔다.[93] 특히 이와미 은광산(石見銀山)은 포토시 광산과 맞먹는 대규모 광산으로 여기에서 생산되는 양이 당시 전 세계 은생산의 1/3에 해당할 정도 큰 규모였다.[94] 일본에서 생산된 은과 중국의 비단을 중개무역한 것은 포르투갈이었고 이들은 이 무역에서 큰 이익을 남겼다.

포르투갈과 스페인은 향신료와 도자기, 비단의 무역에서만 이익을 보는 것이 아니었다. 유럽에서 동쪽으로 갈수록 금의 가격 대비 은의 가격이 높았기 때문에, 환차익이 또한 매우 컸다. 1592년부터 17세기 초까지 중국 광저우에서 금과 은의 교환비율은 1 : 5.5 내지 1 : 7이었지만, 스페인에서는 그 비율이 1 : 12.5 내지 1 : 14이었고 일본은 1 : 10, 인도는 1 : 9였다.[95] 이렇게 중국에서 금 대비 은의 가격이 상대적으로 높았기 때문에 중국으로 세계의 은이 집결되었다. 16세기 대항해시대에 은의 최종 귀착지는 중국이었던 것이다.

이렇게 중국에 은을 팔고, 비단이나 도자기를 수입해서 파는 무역이 큰 이익을 남기게 되자, 여기에 뛰어드는 세력이 많았다. 그중의 하나가 왜구였다. 명 왕조의 해금(海禁) 정책으로 바다가 막히자, 왜구는 불법적인 방법을 통해 은을 중국으로 수출하려고 하였다. 명의 해금 정책을 피해 왜구의 약탈을 동반한 밀무역이 중국 남쪽 연안인 절강과 복건을 중심으로 성행하였고, 이것은 심각한 사회 문제로 발전하였다.[96]

---

93 위의 책, 152쪽.

94 UNESCO, "Historic Silver Mine of Iwami Ginzan," http://whc.unesco.org/en/list/1246.

95 Flynn & Giráldez, ibid., 1955; Frank, ibid., 1988, p. 130.

96 기시모토 미오 · 미야지마 히로시 지음, 김현영 · 문순실 옮김, 『조선과 중국 근세 오백년을 가다』, 역사비평사, 2003, 144~150쪽.

이러한 문제가 줄어든 것은 명이 1567년 해금 정책을 완화 이후다. 명은 건국 초부터 왜구와 몽골의 침략에 시달렸지만 이 시기에 다소 안정을 되찾고, 그 뒤 장거정의 개혁 등으로 중흥기를 맞이한다. 장거정은 대운하 수송 능력의 개선, 토지조사 사업, 조세체계의 개혁 등으로 적자에 허덕이던 재정 상황을 획기적으로 개선시킨 것이다. 이때 개선된 재정 상황은 명군의 조선 파병을 가능하게 만들었다.[97]

3) 함포로 열리는 대항해시대

포르투갈과 스페인과 같은 새로운 세력들은 이전부터 있었던 대(對) 중국 또는 대 인도 무역세력들을 극복해야 했다. 이들이 인도양과 남중국해, 태평양과 대서양을 가로지르며 항로를 개척하고, 또 이를 유지하는 과정에서 기존 세력과 충돌을 피할 수 없었다. 새로운 신천지를 찾아갈 수 있었던 것은 항해기술의 개발 때문이었지만, 이러한 갈등을 극복하고 전 세계에서 식민지를 개척하며 약탈을 지속할 수 있었던 힘은 함포기술이었다. 대포로 무장한 선박이 16세기 대항해시대를 지탱했던 가장 핵심적인 과학기술이었던 것이다.

이것을 잘 보여 주는 전투가 1509년의 디우(Diu) 전투다(〈그림 6〉). 바스코 다 가마가 인도에 도착한 1498년 이전에는 이슬람계 상인들이 남방무역을 지배하고 있었고, 이들은 인도 서해안에 4,000가구 이상의 가족이 거주하는 거류지를 만들고 있었다. 그런데 포르투갈이 대안적 무역항로를 개척하여 진출하자 자기들의 독점적 이윤 추구에 위협을 느끼고 이를 적극 저지하였다. 이들 저지세력에는 이슬람 상인들만이 아니라, 지중해와 아라비안 반도를 통하여 무역이익을 누리고 있던 세력이 모두 동

97 위의 책, 170~172쪽.

〈그림 6〉 디우 전투와 교전국

출처: http://en.wikipedia.org/wiki/Battle_of_Diu_(1509); http://burnpit.legion.org/2010/02/battle-diu-february-3-1509.

참하였다. 그래서 〈그림 6〉에서 보는 바와 같이, 포르투갈 대 오토만 제국, 이집트, 터키, 이탈리아, 인도 등을 포함한 연합국 간, 향신료 무역의 중요 포스트인 디우(Diu)를 두고 전투가 벌어졌다. 이 전투에서 포르투갈은 일방적으로 승리를 거두었고, 그 뒤 100년 동안 인도양과 남중국해를 관할하는 전성시대를 구축하였다.

유럽의 작은 나라인 포르투갈이 오토만 제국을 포함한 연합세력을 이길 수 있었던 힘은 함포기술에 있었다. 당시에 쓰이던 함선의 주력인 갤리선(galley)은 특성상 다수의 노잡이와 노가 배의 측면에 붙기 때문에 함포를 선수 또는 선미에 설치할 수밖에 없었다. 때문에, 많은 수량의 함포를 설치하거나 강력하고 무거운 함포를 설치할 수 없었다. 따라서 이 당시의 함포는 적의 함선을 타격하는 용도보다는 적의 승무원을 노리고 사격한 후, 배를 적선에 붙이고 백병전을 수행할 때 지원사격하는 용도가 중심이었다. 이렇게 1300년대 말부터 대포가 배에 장착되기 시작하였으나 크기도 작고 대인용이었기 때문에 1400년대까지 배의 모양이나 해전 전술상의 큰 변화가 없었다.

보다 큰 규모의 대포를 장착하고 적의 함선을 공격목표로 삼는 함선, 그래서 배의 모양이나 해전 전술이 달라지는 것은 1500년대 들어서부터다.[98] 대표적인 것이 카락선(carrack, 포르투갈어로는 nau) 또는 갤리온(galleon)[99]인데, 이 배는 추진기관이 돛이기 때문에 배의 측면을 함포를 배치하는 데 사용할 수 있으므로 많은 수량의 함포를 탑재할 수 있었다. 〈그림 6〉은 오토만 제국의 갤리선이, 전통적인 전투방식대로, 뱃머리로 부딪혀 적선에 피해를 주고 이후 갈고리로 배를 붙인 후 건너가 싸우기 위해서 포르투갈 함대를 겨냥해 정면으로 노를 저어 가고 있는데, 포르투갈 함대는 측면에서 오토만 함대에 대포를 쏘는 것, 그리고 갤리선들이 접근하기 전에 산산조각이 나는 것을 잘 보여 주고 있다. 이 전투에서 포르투갈이 18척의 카락선으로 100척의 연합함대를 이길 수 있었던 것[100]은 바로 함포기술 때문이었던 것이다. 그 뒤, 1571년 오토만 제국과 기독교 연합 함대가 맞붙은 레판토(Lepanto) 해전, 그리고 1588년 영국과 스페인 간의 해전도 모두 함포 기술의 차이에서 승부가 갈렸다.[101]

대항해시대는 대포로 무장한 선박이 있었기에 가능했다. 이 선박을 앞세워 16세기에 포르투갈과 스페인은 세계 무역을 주도했다. 그 뒤를 이어 등장한 네덜란드와 영국도 이 과학기술이 뒷받침되고 나서야 비로소 세계적인 무역 대국으로 성장할 수 있었다. 아마도 서양 제국주의는 이 기술이 없었다면 세상에 등장하지 못했을 것이다.

---

98 Kenneth Chase, *Firearms: A Global History to 1700*, Cambridge University Press, 2008, p. 71.

99 카락선과 갤리온선의 차이에 대해서는 전윤재 · 서상규, 『전투함과 항해자의 해군사』, 군사연구, 2009, 149~152쪽 참조.

100 http://en.wikipedia.org/wiki/Battle_of_Diu_(1509).

101 버나드 로 몽고메리, 『전쟁의 역사』, 책세상, 1995, 344~354쪽.

4) 대항해시대로 일어서는 일본

수천 년 동안 세계의 중심국가인 중국에 비해 일본은 늘 주변국에 머물러 있었다. 그런 일본이 대항해시대를 타고, 주변국 또는 무지의 권역(zone of ignorance)에서 세계 경제의 일부분으로 진입하게 되고, 그 뒤 경제력과 군사력이 크게 발전하면서 자강(自彊)하는 강국으로 일어서게 되었다.[102] 일본의 굴기는 포르투갈이 전해 준 조총과 기독교가 시발점이 된 것으로 평가되고 있다.[103]

1543년 중국으로 향하던 포르투갈 선박 1척이 일본 규슈 근처 다네가시마(種字島)에 표착했을 때, 배에 타고 있던 상인으로부터 그곳 영주가 조총(鳥銃)[104] 2정을 획득했다.[105] 다네가시마 영주는 그 뒤 수 년에 걸쳐 조총과 탄환을 만드는 기술을 개발했고 이 기술은 일본 전국으로 퍼져 나갔다. 이 총은 화승총(火繩銃, musket)으로, 총구에 화약과 탄환을 장전한 다음, 불이 붙어 있는 화승(심지)을 총신의 후부(혹은 상부, 측방)에 있는 점화구에 가져다 대면 탄환이 발사되는 것으로, 탄약 장전과 심지(화승)가 점화구에 타 들어가는 데 시간이 많이 소요되는 단점이 있었다.[106] 궁사가 활을 1분당 12발 정도 발사할 수 있는 반면 화승총은 1분당 2~4발 정도 발사할 수 있는 정도였다.[107] 유효사정거리도 약 100~200미터 정도여서, 활이나 기병을 이길 수 없었고 그래서

102 Jon D. Carlson, *Myths, State Expansion, and the Birth of Globalization: A Comparative Perspective*, Palgrave Macmillan, 2011.

103 Kenichi Ohno, *The Economic Development of Japan: The Path Traveled by Japan as a Developing Country*, GRIPS Development Forum, 2006.

104 새를 쏘아 맞혀서 떨어뜨릴 수 있다는 의미에서 유래된 명칭. 보다 많이 사용된 용어는 철포(鐵砲)로 일본에서는 뎃포로 통칭.

105 Olof G. Lidin, *Tanegashima: The Arrival of Europe in Japan*, Copenhagen: NIAS Press, 2002, p. 4, p. 45.

106 두산백과 http://terms.naver.com/entry.nhn?docId=1155137&cid=40942&categoryId=32424.

107 http://www.abovetopsecret.com/forum/thread286377/pg1.

〈그림 7〉 3단 연속사격 방식

출처: 네이버캐스트, 조선후기 무기 조총, http://navercast.naver.com/contents.nhn?rid=107&contents_id=5845.

주로 장식용으로 사용되었다.

그런데 〈그림 7〉과 같이, 오다 노부나가(織田信長)가 연속으로 발사하는 방식, 즉 사수들이 앞뒤로 늘어서서 앞줄이 먼저 발사하고 나면 그동안 장전 준비를 마친 뒷줄이 발사하는 식[108]으로 장전 시간을 단축한 순환식 보병 부대를 조직하면서 조총의 용도가 달라졌다.[109] 즉, 1575년 나가시노(長條) 전투에서 오다 노부나가는 조총수 1,000명을 3열로 세워 한 번에 1,000발의 총을, 그것도 다케다 신겐(武田信玄)의 기마병이 사정거리 50미터 내에 들어왔을 때 발사하게 하여, 적을 괴멸시켰다.[110] 그래도 넘어오는 기마병을 막기 위해서 말뚝으로 울타리를 만들어 조총수를 보호하면서 전투를 벌였다. 오

108 그림은 중국에서 1600년대 초 실시된 3단 연속사격의 모습을 그린 것으로, 오다 노부나가가 이 같은 전술을 전 세계에서 가장 먼저 창안하였다는 설명(Geoffrey Parker, "Europe and the Wider World, 1500~1750: The Military Balance," in James D. Tracy, *The Political Economy of Merchant Empires*, Cambridge University Press, 161~195, 1991, 185쪽)이 있는가 하면, 당시 일본 조총부대가 연속사격 같은 체계적인 전술을 구사할 만큼 조직화되고 훈련되어 있었는지에 회의를 보이는 경우도 있다.

109 Shuzo Uyenaka, "Daimo in the Sengoku Period, 1467~1590," in Ion, A. Hamish & K. Neilson(eds.), *Elite Military Formations in War and Peace*, Praeger, 1996.

110 Christon I. Archer et al., *World History of Warfare*, University of Nebraska Press, 2008, p. 209.

다 노부나가의 나가시노 전투 승리 이후 조총은 곧 전국적으로 확산되었고 일본은 개인화기인 조총으로 무장한 보병 부대 중심으로 군사 체계를 전환하였다.

오다 노부나가가 도입한 삼단연속 사격방식은 상비군 제도를 도입하게 만들었다. 1,000명이 줄을 서서 사격을 할 때, 한 줄 사격하고 그 다음 사격하는 조로 바꾸는 것도 훈련을 해야 하고, 또 훈련이 덜 된 군사가 총을 잘못 다루면 바로 옆에 있는 병사에게 치명상을 줄 수도 있기 때문에, 절대적으로 훈련이 필요하였다. 오다 노부나가는 1550년대 중반에 이미 이러한 훈련을 받은 800명 규모의 친위대를 편성하여 자신의 거성(居城)에 배치하였다. 이는 농촌에 살다가 전시에 한시적으로 동원되는 중세적인 군사 체제에서 근대적인 군사 체제로 전환되었음을 의미한다.

조총도 가격이 비싸고 상비군을 먹여 살리기도 해야 하기 때문에, 경제력이 있는 다이묘가 아니면 전쟁에서 승리하기가 어렵게 되었다. 오다 노부나가나 도요토미 히데요시는 또 자주 포위 작전을 구사했는데, 그것은 장기간에 걸친 병량과 무기를 조달할 수 있는 경제력이 있어야 가능한 일이었다.

때문에, 전국시대 다이묘들은 생존을 위해 부국강병 정책으로 농업을 장려하고 상공업을 진흥시켰다. 오다 노부나가는 일찍부터 상업의 중요성을 인식하고 1563년부터 자신의 영지 내에서 다른 지역 상인들이 자유롭게 왕래할 수 있도록 허용하였고, 1569년에는 이세(伊勢) 지방 남부를 평정하면서 상업의 발달을 촉진하였다. 노부나가는 상품 유통을 독점하던 특권 상인을 위한 차별적 특권을 폐지하고 신흥 상인들이 자유롭게 거래할 수 있도록 하는 라쿠이치(樂市) · 라쿠자(樂座) 제도를 도입하여 경제를 활성화시켰다.

1582년 오다 노부나가가 죽고 난 뒤 그의 후계자로 등장한 도요토미 히데요시(豊臣秀吉)도 경제력이 뒷받침되어야 전쟁에서 승리할 수 있다고 믿었다. 무장자변(武裝自辯)의 원칙에 따라 무사들이 무기와 군량을 각자 지참하는 방식으로는 장기간에 걸친 전쟁을 치를 수 없다고 판단해서 후방에서 군수품을 보급하고 병참을 확보하는 일을 중시하였다. 도수령(刀狩令, 가타나가리), 즉 농민이 소지하고 있는 무기를 몰수해 무장해제를 시키고, 농사에 전념하게 하는 한편, 토지조사를 실시하여 부역의 기준으로 삼았다.

토지조사 및 도수령 정책은 '사'와 '농공상'의 구별을 명확히 하는데 결정적인 역할을 했다. 이러한 구별을 통해서, 전쟁시 무사는 전투원으로 전장에 나아가고, 농민은 병량 지원을, 직인은 군수품과 생필품 생산을, 상인은 그것을 무사들에게 운반하는 그야말로 모든 일본인이 어떠한 형태로든 전쟁에 봉사하는 그런 병영국가 시스템을 완성하게 된 것이다. 이 부분은 본서 제2장 구태훈 편에 자세하게 소개가 되어 있다. 이러한 병영국가 시스템을 통해서 도요토미 히데요시는 일본의 통일국가를 건설할 수 있게 되었다. 말하자면, 조총이 일본의 통일국가 건설에 크게 기여하였다고 할 수 있다.[111]

이 당시 일본의 통일 국가 건설 및 경제발전에 기여한 또 하나의 중요한 요인은 앞에서 설명한 바 있는 은이었다. 이 당시 일본의 은 생산은 세계 제2위를 기록할 만큼 획기적으로 늘어났다. 그 과정에는 당시 조선에서 유입된 회취법(灰吹法, 연은분리법)이 결정적인 영향을 미쳤다. 회취법 도입 이후 이와미은산(石見銀山)을 포함한 각지의 은광 개발이 붐을 이루었다. 일본은 이렇게 생산된 은을 중국에 수출하고 대신 생사나 차를 수입하여 경제적으로 이익을 보았다. 당시 일본의 주요 무역로는 나가사키, 대마도, 류큐 세 곳이었다. 그중에서도 가장 큰 비중을 차지하고 있던 것이 나가사키였고, 이곳은 토요토미 히데요시의 관할구역이었다. 히데요시는 여러 곳의 광산을 정부의 직접적 관할 하에 두었을 뿐만 아니라

111 Kenneth Chase, *Firearms: A Global History to 1700*, Cambridge University Press, 2008, p. 183.

해외무역에 대한 허가권도 또한 관장하였다.

어느 하나의 요인만으로 일본의 굴기를 전부 다 설명할 수는 없겠지만, 대항해시대에 따른 조총의 전래와 은의 생산 및 무역이 통일 강국으로 일어서게 된 주요 계기라는 것은 부인하기 어렵다.[112] 조총이나 은의 생산을 계기로 하여, 부국강병을 위한 국가 형성 및 행정체계를 만든 것이 동인이 되었다고 할 수 있다.[113] 다시 말해서, 세상의 변화를 읽고, 이에 적극적으로 대처하여 국가발전을 도모한 리더십이 있었기에 일본의 굴기가 가능했다고 할 수 있다.

3. 대항해시대의 가능성을 살리지 못한 조선

대항해 시대, 포르투갈과 스페인의 내항(來航)은 동아시아의 국가형성 및 국제정세에 심대한 영향을 남겼다. 세계 제2위의 은 생산국으로 발돋움한 일본뿐만 아니라, 1570년에서 1630년 사이는 동남아시아도 교역이 발전하고 상업이 융성한 국가 형성의 시대였다.[114]

이에 반해 16세기 조선은, 이들 국가들보다 국가발전의 더 나은 가능성을 안고 있었음에도 불구하고, 당시 세계사적 차원에서 진행되고 있던 대항해시대로부터 한 발 비켜 서 있었다. 첫째, 조선은 15세기 어느 나라들보다 앞서서 세계적인 지리 정보와 지식을 가지고 있었으나 16세기로 갈수록 국내문제로 관심을 좁혔고, 둘째, 대항해시대를 만든 동인인 은과 도자기 생산기술을 일본에 전수할 정도로 조선의 과학기술이 앞서

112 T. Toshiaki, "Japanese Economic Growth in Edo Period", 『京都産業大經濟學レビュー』 No. 1, 2014.

113 Q. Stephen Morillo, "Guns and Government: A Comparative Study of Europe and Japan," *Journal of World History*, 6: 75~106, 1995.

114 Anthony Reid, *Southeast Asia in the Age of Commerce, 1450~1680. Vol. II: Expansion and Crisis, XV*, 390pp., New Haven: Yale University Press, 1993.

있었지만 이를 살리지 못했고, 셋째, 대항해시대를 여는 핵심적 요소였던 함포 사격 기술을 일찌감치 가지고 있었음에도 불구하고 이를 활용하지 못했다. 이를 좀 더 자세하게 차례로 살펴보면 다음과 같다.

1) 대항해시대와 소중화(小中華) 조선

조선은 원나라의 영향을 받아 일찌감치 넓은 세계에 대한 지리정보와 지식을 가지고 있었다. 이를 잘 보여 주는 것이 바로, 1402년(태종 2)에 제작된 『혼일강리역대국도지도(混一疆理歷代國都之圖: 일명 혼일강리도)』[115]다. 이 지도는 현존하는 우리나라에서 가장 오래된 세계지도로, 〈그림 7〉에서 보는 바와 같이, 크게 보면 유럽 · 아프리카 · 인도(천축국), 중국, 조선이라는 세 부분으로 이루어져 있다. 중국을 중심으로 하여, 아프리카의 사하라 사막, 지중해, 인도양은 물론 필리핀과 태국, 인도네시아, 말레이시아 등 주요 동남아 국가들이 분명하게 그려져 있다.

『혼일강리도』는 현존하는 지도 가운데 아프리카의 온전한 모습을 그린 최초의 지도, 다시 말해서 바스쿠 다가마가 희망봉과 인도양 항해를 바탕으로 그린 지도보다 약 100년 정도 앞선, 최고(最古)의 세계지도로서의 가치가 있다.[116] 이들 지역을 탐험한 정화의 제1차 원정이 1405년이었으니 조선 조정이 얼마나 일찍부터 보다 넓은 세상에 대해서 열린 시각을 가져 있었는지 알 수 있다. 그리고 운남에서 동남아시아로 이어지는 해로(海路)에 대한 정보가 자세하여[117] 해상무역에 대한 관심도 컸음을

115 이 지도는 오문(嗚門), 이택민(李澤民)의 『성교광피도(聲教廣被圖)』와 역대 제왕의 국도 연혁(國都沿革)을 담은 청준(淸濬)의 『혼일강리도』를 기초로 하되, 요수(遼水) 동쪽과 우리나라 지역은 이택민의 『성교광피도』에도 또한 많이 궐략되어 있어 우리나라 지도를 더 넓히고 일본(日本) 지도까지 붙여 새 지도를 만들었다고, 권근이 발문에서 밝히고 있다.

116 오상학, 「조선이 본 세계」, 강문식 등 지음, 『15세기 조선의 때 이른 절정』, 민음사, 2014, 69쪽.

117 미야 노리코 지음, 김유영 옮김, 『조선이 그린 세계 지도: 몽골 제국의 유산과 동아시아』, 소와당, 2010, 82쪽.

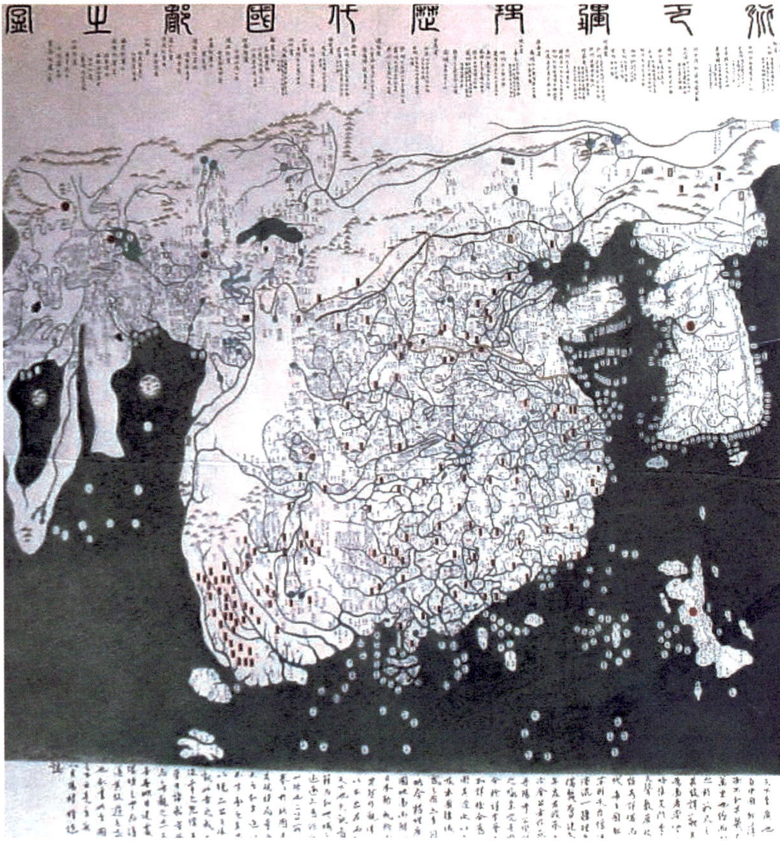

〈그림 7〉『혼일강리역대국도지도』

출처: 국토지리정보원 지도박물관, www.ngii.go.kr/map/board/view.do?rbsIdx=48&page=8&idx=59.

알 수 있다.

특히 이러한 지도를 당시 조선 조정의 최고위 관원들인 좌의정, 우의정 등이 합작으로 만들었다는 것은 그만큼 당시 국정을 담당하는 사람들의 관심사가 바깥세상으로 열려 있었다는 것을 보여 준다. 이 지도가 만들어지기까지의 과정과 제작 동기를 밝힌 발문을 쓴 권근이, '안으로 중국에서 밖으로 사해에 닿아 몇천만 리나 되는지 알 수 없는' 천하를 '참으로 문 밖을 나가지 않고도 알 수 있으니' '나라를 다스리는 데에 큰 도움이 된다'고 하여, 전 세계를 향한 고위관리들의 시각을 볼 수 있다. 서양에서 본격적인 지도 제작이 이루어지기 시작한 것이 포르투갈이 대항해시대를 추진하던 15세기 후반이었음을 감안하면[118] 조선 초기 고위관리의 세계관은 크게 주목할 만하다.

이러한 조선 초기의 열린 세계관은 점차 중국과 조선을 중심으로 하는 좁은 세계관으로 바뀌게 된다. 『혼일강리도』 제작부터 약 100년 뒤인 중종 6년(1511) 홍문관에서 『천하여지도(天下輿地圖)』를 중종에게 바친다.[119] 이는 조선 초기 지도의 두 갈래 중 『혼일강리도』 대신 중화(中華) 중심의 『천하여지도』가 주류가 되었음을 보여 주고 있다.[120] 중종 31년(1536), "우리나라 도로(道路)의 멀고 가까운 것까지 모두 탐문하여 상세하게 만들어 놓은" 『천하여지도』를 사 올 것을 명하는[121] 것에서 이러한 경향을 분명하게 볼 수 있다.

그 외 1526년에서 1544년 사이에 제작된 것으로 추정되는 인촌기념관 소장 『혼일역대국도강리지도』뿐만 아니라 서울대학교 규장각한국학연구원 소장의 『화동고지도(華東古地圖)』, 왕반의 『천하여지도』 등에는 모두 아프리카, 아라비아, 유럽이 빠져 있다. 〈그림 8〉은 이를 잘 보여 주고 있다. 이 지도는 중국의 왕반이 1594년 제작한 것을 기초로 17세기 조선에서 조선과 일본을 보다 정밀하게 추가하여 그린 것으로, 현재 외규장각 도서로 프랑스 국립박물관에 소장되어 있다. 그 뒤 1666년에 제작된 김수홍의 『천하고금대총편람도』, 숭실대학교 소장 1747년 제작된 『천하여지도』도 다 같은 계열의 지도로,[122] 시간이 지나갈수록 중화적 세계관

118 서정철, 「외국과의 관계를 통해 본 우리나라의 고지도」, 국토지리정보원 편, 『한국 지도학발달사』, 2009, 286쪽.

119 『중종실록』, 중종 6년(1511) 8월 12일(기축) 두 번째 기사.

120 이상태, 「조선초기의 고지도」, 『실학사상연구 2』, 1992.

121 『중종실록』, 중종 31년(1536) 5월 10일(갑자) 5번째 기사.

122 오상학, 「조선시대 세계지도와 중화적 세계인식」, 『한국고지도연구』 1(1), 2009, 5~18쪽.

〈그림 8〉『천하여지도』
출처: 왕반 발문, 『천하여지도』, 프랑스 국립도서관 소장.

이 고착화되고 있음을 알 수 있다.

특히, 17세기 이후 서양의 지리지식이 중국을 거쳐 유입이 되었으나, 조선이 가지고 있던 기존의 세계인식을 교체시키지는 못하였다. 즉 〈그림 9〉와 같이, 중국판 서양식 세계지도인 『곤여만국전도』를 1602년 주청사 이광정 일행이 구득하여 가져왔음에도 불구하고, 조선후기에도 지구모양이 아니라 중국이 중심에 있는 사각형 모양의 세계지도가 계속 주류를 형성하였다. 17세기는 이미 만주족이 설립한 청나라가 지배하는 그런 시대였음에도 불구하고 조선에서는 여전히 중화론, 소중화론이 지

〈그림 9〉『곤여만국지도』
출처: 『곤여만국지도』, 1608년 摹繪本, 난징박물관; 정은주, 2014, 268쪽 재인용.

배적인 이념이었고 『천하여지도』가 이러한 주자학적 가치관을 잘 반영한다고 보아 이를 지속적으로 제작하였던 것이다.[123]

본서 제4장에서 한문종이 설명하고 있는 것처럼, 16세기 사림들은 유교적 이상 사회의 건설이 그들의 정치적 관심사였고, 이를 위해서 다양한 개혁을 추진했다. 그 과정에서 사림파와 훈구파가 대립하면서 네 차례의 사화(史禍)가 일어났다. 이렇게 관심이 국내 지향적이었기 때문에, 여말 선초 국정 운영을 주도했던 훈구파가 원 제국의 영향을 받아 유지해 왔던 국제적인 시각은 점차 줄어들게 된 것이다.

다시 말해서, 조선은 15세기 당시 일본과 비교할 수 없을 정도로 과학적이고 다양한 세계정보를 가지고 있었으나, 그 뒤 중국 중심의 조공책봉체제와 사대교린 화이관(華夷觀)에 근거하여 점차 소중화라는 자만심에 빠져, 세계적인 위상과 역할이라는 국제적인 비전과 시각을 적극적으로 도모하지도 또는 대응하지도 못하였던 것이다. 성리학에 기초한 자긍심을 가지되, 그것이 전 세계적인 변화와 그 속에서의 위상을 염두에 둔

123 정은주, 「중국에서 유입된 지도의 조선적 변용」, 『명청사연구』 41, 2014, 245~298쪽.

그런 것이었다면 좋았을 텐데, 자긍심만 남고 세계에 대한 관심은 상실하게 된 것이다. 지구가 둥글다는 것을 받아들였다면 세상을 한 방향으로 계속 가면 다시 돌아올 수 있을 것이라는 개척정신이 생겼을 텐데, 성리학 때문에 『곤여만국전도』를 수입해 놓고도 세계관은 『천하여지도』에 매몰되어 있었던 것이다.

반대로 15세기 일본은 조선보다 서양에 대한 인식이 후진적이었지만 16세기 중반부터 적극적으로 유럽과의 무역 및 외교네트워크의 형성 그리고 18세기 중반부터는 난학(蘭學, 네덜란드학) 등의 유럽 학문의 수용으로 부국강병책을 강화시켜 나갔다. 이러한 세계관의 차이가 조선과 일본의 근대화의 길을 가르는 요소가 되었다.[124]

2) 은 제련기술과 조선의 경제정책

일본이 경제 강국으로 나아갈 수 있었던 요인 중의 하나는 은(銀)이었고, 16세기 중반 일본이 세계 제2위의 은 생산국이 될 수 있었던 것은 조선으로부터 배워 간 은 제련기술 덕분이었다. 일본은 이전에는 필요한 은을 오히려 조선에서 가져가기도 하였는데, 1533년 회취법(haifuki-ho)이라는 은 제련기술을 조선으로부터 도입한 뒤로 그 생산량이 획기적으로 늘어나 이를 명나라에 수출해서 큰 무역이익을 남겼다. 이러한 사실은 일본이 이와미광산을 유네스코 세계문화유산으로 등재신청을 하는 과정에서도 나타나고 있고[125] 광산개발에 관한 연구[126]에서도 그리고 경제발전에

---

124 신동규, 「일본의 중세적 세계관에서 근세적 세계관으로의 변화와 조선의 전통적 세계관 변화에 대한 비교 고찰」, 『한일관계사연구』 35(4), 2010, 3~48쪽.

125 ICOMOS (ed.), "Iwami Ginzan Silver Mine (Japan)," UNESCO. Retrieved 13 February 2015.

126 N. Keiko, *Water Drainage in the Mines in Tokugawa Japan: Technological Improvements and Economic Limitations*, 2013, p. 26.

관한 연구[127]에서도 반복적으로 지적되고 있다. 이렇게 일본에 전수할 정도로 앞선 은 제련기술을 가지고 있던 조선이 어떻게 대항해시대를 여는 주역이 되지 못했을까?

조선은 건국 초부터 은에 대한 수요가 컸다. 왕실을 포함한 국내 수요도 컸지만, 명나라에 대한 조공 수요가 문제였다. 매년 700냥의 은을 명나라에 조공을 바쳐야 했다.[128]

그런데 당시의 기술로는 "은을 캐는 구멍이 깊이가 얼마나 되는지 알 수 없이 깊고 또 그 구멍이 매우 좁아서 겨우 세 사람이 드나들 수 있으므로, 은을 캘 때에는 벌거벗고 코를 막고 목구멍을 가리고 횃불을 밝히고서 들어가니, 구멍 안에 오래 들어가 있지 못하고 곧 다시 나오는데, 그 괴로움은 이루 말할 수 없었다."[129]

그런데도 농민들은 은 채굴과 관련하여 전혀 이익이 제공되지 않으니, 이를 기피하였다.[130] 광산을 찾는 것도, 찾은 광산을 개발하는 것도, 광산이 개발되면 그 광산에 노역을 해야 하는 것도 모두 농민들인데 이들이 광역(鑛役)을 기피하고 광산개발을 싫어하였기 때문에 농민들은 물론, 이들의 고충을 잘 아는 각 고을의 수령(守令) · 향리(鄕吏) 등은 광산을 알고 있더라도 고하지 않으려고 하였다.[131] 그저 개발된 광산의 채굴을 각 고을에 사는 공천(公賤)에게 시키는 정도로 민원(民怨)을 해결하고자 할 뿐이었다.

이에 태종은 광산을 찾아 주면 한량인(閑良人)은 관직을 주고, 향리(鄕吏)·역리(驛吏)는 본역(本役)을 면제하고, 공사 천구(公私賤口)는 재물

127 Jon D. Carlson, *Myths, State Expansion, and the Birth of Globalization: A Comparative Perspective*, Palgrave Macmillan, 2011, p. 157.

128 『태종실록』 태종 11년(1411) 12월 9일(을미) 4번째 기사.

129 『중종실록』, 중종 18년(1523) 9월 12일(기묘) 첫 번째 기사.

130 『태종실록』, 태종 11년(1411) 12월 9일(을미) 4번째 기사.

131 『태종실록』, 태종 13년(1413) 12월 19일(갑자) 세 번째 기사.

로 상을 주도록 하였다.[132] 그럼에도 불구하고 조공에 필요한 양의 은을 확보하기가 쉽지도 않았고,[133] 그동안 저축한 것으로는 5, 6년을 지탱하기 어려웠다.[134]

때문에 조선은 초기부터 여러 차례 조공품목에서 금은을 제외하여 달라는 요청을 하였고, 이것이 줄곧 받아들여지지 않다가 세종 11년(1429)부터 은의 조공을 중단할 수 있었다. 금은을 조공에서 면해 달라는 요청을 조선 건국 이후 약 40여 년 동안이나 명이 수용하지 않은 것은, 앞에서 살펴본 바와 같이, 그만큼 명나라가 다른 품목보다 은의 수요가 컸다는 것을 보여 준다.

임진왜란 당시 명은 전쟁 관련 비용을 은으로 지출하여 은에 대한 수요가 더욱 증가하였다. 가령 전쟁의 공이 있는 장령(將領) 및 순직한 원역(員役)에게 나누어 주기 위해서 은(銀) 3천 냥을 조선에 보내기도 하였다.[135] 이렇게 은에 대한 수요가 많으니 조선이 은을 많이 생산해서 국가의 용도에 충당할 필요가 있다고 권하기도 하였다.[136]

이렇게 은에 대한 수요가 지속되자, 조선은 한편으로는 조공의 중단을 요청하고 또 다른 한편으로는 지속적으로 은 생산을 모색하였다.[137] 그리고 드디어 연은분리법 또는 회취법이라는 새로운 은 제련기술을 개발하였다. 연산군 9년 1503년, 양인 김감불(金甘佛)과 장예원(掌隸院)의 노비 김검동(金儉同)이 개발한[138] 이 기술은, 은광석에서 납(鉛)을 제거해 순은을 추출하는 제련기술이었다.

이 연은분리법이 개발되자 연산군은 즉시 시험적으로 제련토록 지

132 『태종실록』, 태종 17년(1417) 10월 22일(갑진) 두 번째 기사.
133 『태종실록』, 태종 17년(1417) 8월 25일(무신) 4번째 기사.
134 『태종실록』, 태종 17년(1417) 10월 22일(갑진) 두 번째 기사.
135 『선조실록』, 선조 26년(1593) 3월 9일(갑자) 6번째 기사.
136 『선조실록』, 선조 26년(1593) 3월 8일(계해) 9번째 기사.
137 류승주, 「조선전기의 금은광업연구」, 『한국사연구』 27, 1979, 91~145쪽.
138 『연산군일기』, 연산 9년(1503) 5월 18일(계미) 세 번째 기사.

시하여 단천연광의 은 함유량이 풍부하다는 것을 밝혀 내었다. 단천의 은(銀)은 품질이 매우 우수하여 명나라 사람들은 좋은 은만 보면 매양 '단천은'이라 일컬을 정도였다.[139] 또한 연은분리법은 그 기술의 우수성으로 인해서 은의 생산량을 크게 증대시켰다.

은은 그 가격이 높고 가져다니기도 용이하여 비단 등의 값비싼 물건을 구입하는 데 필수적인 상품인데, 이렇게 양질의 은이 대량으로 생산되자, 자연스럽게 단천이 무역의 중심지가 되었다. 즉, 단천에는 명나라 상품의 범람함이 서울과 다를 바가 없었고, 단천에서 명나라 수도로 가는 평안(平安) 간에는 큰 길이 형성되었다.[140] 이렇게 명나라로 은과 함께 진사(眞絲)·채단(綵緞)을 무역하는 사람들이 많아지면서 그들 중에는 큰 부자가 된 사람들도 있었다.[141]

어느 정도 자산을 모아 부자가 된 상인 즉 부상대고(富商大賈)들은 은을 직접 채굴하기를 원했고 이에 연산군은 일정한 세금을 내고 단천의 은을 채굴하는 것을 허용했다. 그러자 연산군의 후궁과 공주 및 대군들까지도 은 채광을 할 수 있도록 요구하였다. 연산군은 1504년 정월 장숙용(張淑容)에게,[142] 2월에는 휘순공주(徽順公主)와 월산대군(月山大君)에게 각각 노비의 이름으로 기한부 은 채굴권을 허가하는 동시에 이들에게는 모두 세금을 받지 말라고 하여 면세의 특전까지 부여하였다.[143]

이렇게 은 생산이 늘고 명에 대한 유출량이 많아지자, 중국 사람들이 모두 "너희 나라에는 은이 많이 있는 모양이구나."[144]라고 말하였다. 이러한 소문이 명나라 조정에 들어가 언제 은의 조공을 강요할지 모른다

139 『중종실록』, 중종 11년(1516) 5월 29일(기유) 첫 번째 기사.
140 『중종실록』, 중종 11년(1516) 5월 29일(기유) 첫 번째 기사.
141 『중종실록』, 중종 4년(1509) 8월 28일(무자) 첫 번째 기사.
142 『연산군일기』, 연산 10년(1504) 1월 16일(무인) 세 번째 기사.
143 『연산군일기』, 연산 10년(1504) 1월 24일(병술) 두 번째 기사.
144 『중종실록』, 중종 4년(1509) 8월 28일(무자) 첫 번째 기사.

는 불안을 느낀 조선 조정은 명으로의 은 유출을 철저히 봉쇄하는 방편으로 명, 일, 여진과의 금은무역을 전면 봉쇄하였다. 그리고 내수용 범위 안에서만 은을 채취하려 하였고, 이를 위해서 민간 채굴(民採)을 관에 의한 채굴로, 즉 관채(官採)로 채굴 주체를 변경하였다.

그러나 중종 10년, 국내의 상업과 국외의 무역을 장악한 부상대고(富商大賈)와 후궁 및 관료들이 결탁하여 민채를 요구하는데다 정부의 재정적인 어려움이 커서 이를 타개하기 위한 방편으로 이를 다시 허용하게 된다. 이렇게 연산군 대에 민채에서 관채로 이행한 은광(銀鑛)정책은 중종 10년 다시 민채로 바뀌게 되는데, 이것이 중종 15년에는 다시 관채로 바뀌게 된다. 그러다가 명종 16년에는 다시 민채가 실시되다가 선조 16년에는 관채로 바뀌었다.[145]

은광(銀鑛)정책의 이러한 지그재그식 변화는, 조공 때문에 은의 채굴을 통제할 필요성이 있기는 하지만 그럼에도 불구하고 그 수요가 결코 잠재워지지 않았기 때문이다. 즉, 정책의 변화에도 불구하고 이 시기 사채(私採),[146] 사자채취(私自採取),[147] 사자채용(私自採用),[148] 도채(盜採),[149] 그리고 잠은굴채(潛隱掘採)[150] 등으로 표현되는 비합법적인 은 채굴이 계속되었기 때문에 은 채굴을 공식화해서 생산량을 확대하려면 민채를, 몰래 캐는 자가 있기는 하겠지만 그래도 허락받아 캐는 것에 비하면 그 양이 많지 않도록 하려면 관채를 정책으로 채택한 것이다.[151]

---

145 류승주, 「조선전기후반의 은광업 연구: 경차관제하의 관 · 민영실태를 중심으로」, 『진단학보』 55, 1983, 15-54쪽.

146 『연산군일기』, 연산 9년(1503) 5월 23일(무자) 첫 번째 기사; 9년(1503) 11월 14일(정축) 세 번째 기사; 『중종실록』, 중종 11년(1516) 9월 1일(기묘) 첫 번째 기사.

147 『중종실록』, 중종 4년(1509) 1월 28일(신유) 세 번째 기사.

148 『중종실록』, 중종 28년(1533) 6월 24일(을미) 첫 번째 기사.

149 『중종실록』, 중종 10년(1515) 2월 11일(기해) 첫 번째 기사.

150 『중종실록』, 중종 37년(1542) 6월 9일(무자) 첫 번째 기사.

151 『중종실록』, 중종 10년(1515) 2月 11日(기해) 첫 번째 기사.

은의 대외 유출은 조선 조정의 금지정책에도 불구하고 줄어들지 않았다. 앞에서 설명한 바와 같이, 당시 은은 명나라 무역의 중요한 교환수단이면서 동시에 환차익도 실현할 수 있는 재화였기 때문에, 전 세계의 은이 명나라로 몰리고 있었다. 조선은 명나라와 지리적으로나 역사적으로 그리고 경제적으로 가장 가까운 나라였기 때문에 은을 통한 무역의 기회가 다른 나라들보다 먼저 그리고 더 용이하게 열려 있었다.

이러한 기회를 일찍부터 인지한 조선의 부상대고들은 민간에서 소장하고 있던 은을 수매하여 이를 전매함으로써 이익을 실현한 경험을 가지고 있었다. 그런데 새로운 기술인 회취법이 개발되면서 생산이 늘어나자 더욱 적극적으로 이익을 실현하였다. 당시 은의 값이 매우 저렴하였는데 그것이 비싸질 정도로 중국에 많이 가지고 가서 팔았다.[152]

그런데 조선정부가 조공에 대한 우려 때문에 이러한 은 무역을 통제하자, 부상대고들은 명나라 수도로 가는 사신(부경사신, 赴京使臣)을 통하거나 아니면 의원(醫員)과 통역관, 짐바리 등의 일원으로 동행하여 끊임없이 무역 및 상업의 이익을 실현하고자 하였다. 이들 일행 중 은을 가지고 가지 않는 자가 없고, 심지어 생사를 돌보지 않고 몰래 가지고 가기 때문에[153] 부경사행(赴京使行)의 하인들이 영리를 바라고 상품 매매를 하는 것을 금지하는 법을 제정했지만 잘 지켜지지 않았다.[154] 심지어, 좌의정을 역임한 바 있는 김안로가 부경사신으로 가면서 은의 대명 유출 금지라는 법을 위반할[155] 정도로 만연하였다. 이렇게 부경사신 일행이 지나친 상행위를 한다는 비판이 지속적으로 제기될 정도로[156] 은을 통한 무

---

152 『중종실록』, 중종 16년(1521) 8월 27일(병오) 첫 번째 기사.

153 『중종실록』, 중종 28년(1533) 5월 3일(을사) 첫 번째 기사; 중종 28년(1533) 6월 24일(을미) 첫 번째 기사.

154 『중종실록』, 중종 24년(1529) 9월 8일(경자) 세 번째 기사.

155 『중종실록』, 중종 39년(1544) 7월 26일(계해) 5번째 기사.

156 『중종실록』, 중종 24년(1529) 9월 12일(갑진) 세 번째 기사.

역이 많이 이루어졌다.

부상대고(富商大賈)들은 관채로 자신들의 직접적인 은광 채굴이 어렵게 되자 중종 23년 일본에서 대량으로 연철(鉛鐵)을 수입하여 이를 제련하여 은을 생산하기 시작하였다.[157] 이처럼 부상대고들의 일본 연철 수입 및 제련이 일반화되면서 중종 30년을 전후한 시기에 우리나라의 연은분리법 기술이 일본으로 전해졌다. 그 이후 일본의 은 생산은 획기적으로 증가하였다. 일본이 연은분리법을 전수받은 연도로 표기하고 있는 1533년의 6년 뒤인 1539년 유서종은 일본에 이 기술을 전수한 죄로 처벌을 받는다.[158]

일본은 연은분리법을 전수받아 은 생산에 착수한 후 중종 33년부터 공사무역선을 통해서 조선에 은을 수출하기 시작했다. 중종 33년 10월에 처음으로 들어온 은은 약 6,000냥 정도였다. 조선 조정은 당시 단천광산에서 매년 약 1,000냥의 은을 생산하고 있었기 때문에 구매할 필요가 없었지만 교린외교 측면에서 그중 1/3을 매입하였다.[159]

그러나 조선 조정은 더 이상의 은무역은 금지하였다. 일본국사(日本國使) 안신 도도(安心東堂) 등이 가지고 온 은의 무역을 허락하지 않기로 결정하고,[160] 왜은(倭銀)을 밀무역하는 경우 사형에까지 처하도록 하였다.[161] 이렇게 상인들의 밀매를 방지하려 하였지만 왜은은 계속 유입되었고 밀매도 계속되었다. 왜은을 몰래 사고파는 사람이 많아 계속 문제가 되었고,[162] 아예 제포(薺浦)·부산(釜山)·웅천(熊川)에 상주하는 일

---

157 『중종실록』, 중종 23년(1528) 2월 10일(임자) 첫 번째 기사.

158 『중종실록』, 중종 34년(1539) 8월 10일(갑술) 두 번째 기사.

159 류승주, 1983, 38쪽.

160 『중종실록』, 중종 37년(1542) 윤5월 20일(기사) 첫 번째 기사.

161 『중종실록』, 중종 35년(1540) 1월 26일(기미) 세 번째 기사.

162 『중종실록』, 중종 36년(1541) 11월 28일(경술) 첫 번째 기사; 중종 36년(1541) 12월 26일(정축) 두 번째 기사; 37년(1542) 1월 2일(계미) 첫 번째 기사; 38년(1543) 12월 1일(신미) 첫 번째 기사.

본인들에 의한 매매도 끊일 줄 몰랐다.[163] 그 정도를 짐작할 수 있는 것은 은의 가격이다. 일본으로부터 은의 대량 유입으로 중종 33년에 은 1냥당 면포 4필로 교환되던 것이 4년 뒤인 37년에는 0.5필에 거래될 정도로[164] 폭락하였는데, 그 정도로 일본에서 은이 많이 유입되었다.

조선 조정은 은의 명나라 유출을 더 크게 우려하였다. 국내 채굴이나 연철 수입에 의한 제련 생산도 아니고 일본으로부터 직접 은을 가져와 명나라로 무역을 하는 것을 큰 문제로 인식하였다. 일본에서 은을 수입해서 중국에 파는 것을 '매우 해괴하고 놀랍다'고 표현하고 있는데,[165] 이는 당시 조선 조정 고위 책임자들의 사고의 범위를 넘어서는 행위였기 때문이다. 이러한 사람들이 많아졌기 때문에, 이를 사형으로 처단하는 법을 제정하기도 하였다.[166] 그런데 그 법을 어기면서 북경에 파는 자가 지난날보다 훨씬 많아서 작은 걱정거리가 아닌데,[167] 그 이후에는 이것보다도 수만 배나 늘어나니, 조선 조정에게는 참으로 걱정거리가 아닐 수 없었다.[168]

중종 35년에는 북경에 싣고 가는 은의 규모가 한 사람당 3,000냥 이상이었는데,[169] 그로부터 10년 뒤인 명종 5년(1550)에는 많게는 1만 냥 정도이고 적어도 수천 냥이 넘어섰다.[170] 그리고 무역해서 돌아올 때 중국 물품을 실은 마차가 이루 셀 수 없을 정도여서 중국 사람들은 우리나라 사람들을 보면 모두 장사치로 보아 욕할 정도였다.[171]

---

163 『중종실록』, 중종 39년(1544) 3월 3일(신축) 두 번째 기사.
164 류승주, 1983, 42쪽.
165 『중종실록』, 중종 34년(1539) 10월 24일(무자) 세 번째 기사.
166 『중종실록』, 중종 35년(1540) 10월 20일(무인) 첫 번째 기사.
167 『중종실록』, 중종 35년(1540) 7월 27일(병진) 첫 번째 기사.
168 『중종실록』, 중종 35년(1540) 10월 26일(갑신) 첫 번째 기사.
169 『중종실록』, 중종 35년(1540) 7월 25일(갑인) 두 번째 기사.
170 『명종실록』, 명종 5년(1550) 10월 27일(정해) 두 번째 기사.
171 『명종실록』, 명종 5년(1550) 10월 27일(정해) 두 번째 기사.

이 무역규모가 어느 정도 되는지 세계 제2위의 은수출국인 일본의 대 중국 수출규모와 비교하면 대강을 짐작할 수 있다. 1550~1700년 기간 동안 일본에서 중국으로 약 6,400에서 7,500톤 정도의 은이 흘러들어간 것으로 알려지고 있다.[172] 따라서 150년 동안 매년 평균 46톤 정도 수출된 셈인데, 이것을 환산하면 약 125만 냥 정도 된다. 당시 조선에서 상인들이 1회 최소 일인당 3,000냥 이상의 은을 명나라로 유출했다고 하니 40명이 10회 무역을 했다고 하면 거의 일본의 수출규모에 해당되는 엄청난 양이 된다. 그 규모를 가늠하기 위해서 조공의 횟수와 인원을 살펴보면 다음과 같다.

당시 명나라는 전반부 동안에는 사무역을 금하고 조선에는 1년에 1회, 일본에는 10년에 1회만 조공무역을 허락한 것으로 소개되기도 하지만,[173] 실제로 조선 태조 때는 3년에 1회였다가, 그리고 정종 때부터 1년 3회로 바뀌었다.[174] 그리고 이들 정기사행(定期 使行) 이외에 다양한 용도의 비정기 사행이(예: 奏聞使, 奏請使, 謝恩使, 進賀使, 陳慰使, 進香使, 欽問使, 告訃使, 問安使, 進獻使, 管押使) 파견되었는데 그 횟수를 보면 태조 대에 1년에 5번, 태종 대 4.97번, 세종 대 5.76번, 세조 대 7.74번 파견되다가 성종 대부터 1.56번으로 감소한 다음 그 이후에는 이런 관행이 계속 유지되었다.[175]

1회 사행에 참여한 공식사절단의 규모는 대체로 약 30명 정도 되었으며, 이들 이외에 허드렛일을 맡은 사람과 이들의 안전을 지켜 줄 호송군을 포함하면 그 규모는 크게 늘어난다. 호송군은 보통 50~100명 정도였는데 많을 때는 1,000명을 넘기도 하였으니,[176] 어느 정도 규모

---

172 양동휴, 「16~19세기 귀금속의 이동과 동아시아 화폐제도의 변화」, 『경제사학』 54, 2013, 135쪽.

173 M. Akira, "Chinese Sea Merchants and Pirates," in *A Selection of Essays on Oriental Studies of ICIS*, Institute for Cultural Interaction Studies, Kansai University, 63~84, 2011.

174 구도영, 「조선 전기 대명 육로사행의 형태와 실상」, 『진단학보』 117, 2013, 63쪽.

175 위의 글, 69쪽.

176 위의 글, 74쪽.

로 사행이 이루어졌는지 미루어 짐작할 수 있다. 더구나 명대 후반부에는 사무역 금지가 많이 완화되었고, 또 밀무역도 있었기 때문에, 조선에서 일 년에 몇 차례 어느 정도 규모로 실제 무역이 이루어졌는지 보다 정확한 무역규모에 대해 역사학자나 경제사학자들의 분석이 있어야 할 것이다.

다만, 분명한 것은 조선 자체에서 생산된 은이든 아니면 일본에서 수입한 은이든 간에 조선을 거쳐 명나라로 들어가는 은의 규모가 실로 엄청난 것이었을 알 수 있다. 그 기간이 어느 정도인지는 정확하지 않으나, 1회 일인당 3,000냥 정도 이상이라고 하는 것이 『조선왕조실록』에 나타난 것만 보더라도 최소 10년 정도는 되어, 당시의 은을 포함한 중개무역이 상당기간 크게 융성하였음을 알 수 있다.

이렇게 볼 때, 앞의 〈그림 5〉에서 본 바 있는, Canton-Manila-Acapulco 삼각무역망 및 Nagasaki-Macau-Canton 삼각무역망 형성 이전에, 그에 못지않은 규모의 한 · 중 · 일 삼국 은과 비단 무역의 길이 열려 있었던 것으로 보인다. 다시 말해서 전 세계적 무역체제는, 비단과 도자기와 같은 상품과 이의 결재수단으로서의 은 이 두가지를 공급도 하고 수요도 하는 중국이 중심적 역할을 수행했기 때문에 열린 것으로 볼 수 있는데,[177] 그런 맥락에서 중국과 가장 가까운 조선이 가장 먼저 중개무역 기지로서의 기회를 차지하고 있었다고 할 수 있다.

그러나 조선정부의 가혹한 벌칙과 철저한 감시가 작동되면서 유입된 은이 명나라로 반출이 힘들어지자 은의 가격이 폭락하면서 상인들은 조선을 거치지 않고 바로 중국 남쪽으로 수출하는 길을 모색하게 된다. 중종 36년(1541) "지금은 왜인들이 중국의 남쪽 지방에 팔면 이윤이 있기 때문에 우리나라의 은을 도리어 사 간다고 합니다."[178]라는 구절이 있는

177 강진아, 「16세기~19세기 중국경제와 세계체제」, 『이화사학연구』 31, 2004, 15~31쪽.

178 『중종실록』, 중종 36년(1541) 11월 24일(병오) 4번째 기사.

것으로 보아, 포르투갈의 중개무역로인 Nagasaki-Macau-Canton 길이 열리는 것과 관련이 있는 것으로 여겨진다. 즉, 명과 일본의 은·비단 해상무역 수요가 커짐에 따라 이 무역이익을 폭력적으로 실현하려는 왜구가 창궐하게 되고 또한 포르투갈도 불법적으로 중개무역을 감행하면서 그 이전 열려 있던 조선을 통한 무역의 길이 바뀐 것으로 보인다.

따라서 조선의 지도자가 은을 통한 대항해시대의 길이 열리는 것을 인지할 수 있었다면, 아니 인지하지 못하였다고 하더라도 무역에서 생기는 이익으로 백성의 삶이 보다 윤택하게 바뀌는 것을 긍정적으로 보았더라면, 조선은 일본보다 먼저 굴기의 역사를 쓰게 되었을 것이다. 일본 연철을 수입해서 연은분리법으로 제련한 은을 수출하는 산업정책을 폈더라면 조금 더 빨리 흥기하는 국가가 되었을 것이다. 은의 채굴 및 제련, 무역을 금지하는 경제정책을 펴지만 않았더라도 포르투갈이 누렸던 세계적 강국의 위상을 누릴 수 있었을 것이다.

그런데 이러한 경제정책 대신 당시 조선의 국가지도자들은 반대로 이를 억압 통제하는 정책을 실시하였다. 경제적 이익보다 명예와 체면을 더욱 중시하였다. 조선은 명으로부터 동방예의지국으로 인정을 받았고, 그래서 다른 많은 나라들과 달리, 명과의 조공무역 과정에서 정기사행 및 별행의 횟수도 가장 많았고, 감합을 갖추지 않아도 되었으며, 무역할 수 있는 기일에 구애되지도 않았다. 뿐만 아니라, 사행의 짐을 나르는 수레의 양에도 제한이 없었다.[179]

그런데 조선의 대명 사무역이 활발해지면서, 이러한 특별 대우에 대한 제재가 가해지기 시작하자, 이러한 제재가 사무역과 관련하여 발생한 것이기 때문에 장사치라고 불리는 것을 듣기 싫어하였던[180] 지도자들

179 구도영, 「16세기 대명사무역(대명사무역)의 정책 방향과 굴레」, 『조선시대사학보』 62(9), 2012, 219쪽.

180 『중종실록』, 중종 35년(1540) 7월 25일(갑인) 두 번째 기사; 『명종실록』, 명종 5년(1550) 10월 27일(정해) 두 번째 기사.

은 사무역을 억제하는 것이 옳은 일이라고 판단하였다.[181] 한 걸음 더 나아가 선조는 즉위하자마자, 사무역은 일체 금하고 공무역도 5년 동안 아예 멈출 것을 지시하였다.[182] 이처럼 명과의 조공 무역 관계에서 특별한 대우가 줄어든 것은 동방예의지국의 명예에 큰 오점이기 때문에 무역의 이익을 희생해서라도 이를 회복하는 것이 옳다고, 성리학에 심취한 당시의 지도자들은 판단하였던 것이다.

이러한 판단은, 은을 매개로 한 대항해시대가 열리면서 사무역의 확대는 피할 수 없는 흐름으로 본 다른 나라 국가지도자들의 그것과 확연이 구별된다. 포르투갈이나 일본은 이러한 시대변화에 부응하여 해금(解禁)을 풀어 줄 것을 끊임없이 요구하였고, 때로는 이를 무시하면서 불법무역을 추진하여 결국 합법화하는 데 성공하였다. 이에 반해 조선은 어느 나라보다 먼저 찾아온 대항해시대 주역의 기회를, 그동안 명과의 돈독했던 관계를 이용하여 적극적으로 살려 나가지 못하고, 오히려 무역을 전면 금지하는 방향으로 정책을 수립 집행하고 말았다. 은 생산기술의 개발로 이제 700냥은 물론 그 이상의 은도 조공으로 제공할 수 있다고 하였다면, 명나라도 이익이 되었을 것이고 조선에도 큰 이익이 되었을 터인데, 조선의 국가지도자들은 눈앞에 펼쳐지고 있는 굴기의 기회를 금지정책으로 날려 버리고 말았다.

이렇게 16세기 조선 정국을 운영하였던 지도자들은 대항해시대의 결제 수단과 주요 거래 품목의 기술을 확보하고 있었음에도 불구하고 국내 지향적이고 성리학 중심적인 국정 방향을 수립함으로써 세계사적인 대항해시대의 흐름을 타지 못했고, 그래서 나라가 굴기할 수 있는 기회를 놓치게 되었던 것이다.

181 『중종실록』, 중종 28년(1533) 12월 10일(무인) 첫 번째 기사.
182 『선조실록』, 선조 1년(1568) 4월 25일(갑진) 두 번째 기사.

3) 함포기술과 조선의 국방정책

우리나라는 대항해시대를 여는 핵심적 요소였던 함포 사격 기술을 일찌감치 고려시대부터 가지고 있었다.

고려가 함포기술을 개발한 것은 왜구와 관련이 있다. 당시 극동에서는 왜구가 한국, 중국, 그리고 일본에 골칫거리였다. 왜구는 신라 시절부터 우리나라의 근심거리가 되어 왔고, 중국의 강소성과 절강성 지방을 해마다 노략질하여 왔다.[183] 고려시대에도 고종 원종 6년(1265)까지 가끔씩 나타났으나 그 뒤 80년간은 등장하지 않았다. 그러다 1350년부터 빈번하게 그리고 대규모로 왜구가 고려에 출현 또는 침입하였다. 이영이 고려사를 근거로 분석한 바에 의하면, 〈표 1〉에서 보는 바와 같이, 1350년 이후 매년 거의 빠짐없이 왜구의 침입이 있는 것을 볼 수 있다. 특히 1376년부터 1383년까지는 출현하는 횟수가 매우 많아지고 또 지역도 여러 지역에 출몰하고 있음을 볼 수 있다. 이들 지역에는 강화, 부여, 계룡산, 군산, 광주, 송광사, 김해 등을 위시한 남해와 서해 전 지역과 내륙이 포함되어 있다.

이러한 왜구의 출몰 상황을 이영[184]은 3단계, 즉 1단계, 밤에 해안가에 상륙해 몰래 도둑질하는 단계; 2단계, 낮에 평원을 떠돌며 고려 토벌대와 전투를 벌이는 단계; 3단계, 주객이 전도되어 마치 고려를 점령하려는 단계로 나누고, 그 출현시기를 각각 1단계는 1350년에서 1371까지, 2단계는 1372년부터 1375년까지, 그리고 3단계는 1376년부터 1385년도까지로 정리하고 있다.

당시 고려의 가장 중요한 국가적 과제는 원명 교체기에 북방의 고토를 회복하고 왕조 사직을 잘 보전하는 것이어서 모든 국력을 북쪽 국

---

183 『다산시문집』 제12권, 논(論), 일본론1.

184 이영, 「왜구의 단계별 침구 양상과 고려의 대응」, 『동북아문화연구』 31, 2012, 197쪽.

〈표 1〉 1350~1391, 왜구의 침입 지역 및 건수

연도	지역	횟수	집단	연도	지역	횟수	집단
1350년	8	6	5	1371년	4	4	3
1351년	5	4	3	1372년	18	11	5
1352년	13	10	7	1373년	10	6	4
1353년	1	1	1	1374년	15	13	7
1354년	1	1	1	1375년	13	5	3
1355년	2	2	1	1376년	50	15	6
1356년	0	0	0	1377년	58	32	7
1357년	3	3	2	1378년	51	23	7
1358년	12	10	2	1379년	31	22	5
1359년	4	4	2	1380년	40	14	5
1360년	19	5	1	1381년	33	14	6
1361년	11	4	2	1382년	25	8	5
1362년	2	2	1	1383년	55	13	6
1363년	2	1	1	1384년	19	12	8
1364년	12	8	5	1385년	17	11	5
1365년	6	3	1	1386년	0	0	0
1366년	3	3	2	1387년	7	4	3
1367년	1	1	1	1388년	23	9	4
1368년	0	0	0	1389년	9	5	3
1369년	5	2	3	1390년	7	3	3
1370년	2	2	1	1391년	1	1	1

출처: 이영, 「왜구의 단계별 침구 양상과 고려의 대응」, 『동북아문화연구』 31, 2012, 183~184쪽.

경 방어에 집중할 수밖에 없었다. 그리고 심한 가뭄으로 국왕도 하루 한 끼 식사를 해야 할 정도여서 군량도 부족하였다. 그래서 수시로 침입해오는 왜구에 대해서는 근본적인 대책을 강구하지 못하고 임시방편의 미봉책으로 일관하였다.[185]

185 이영, 위의 글, 2012, 191쪽.

그런데 3단계 즉 1376년부터 왜구의 출현지역과 횟수가 대규모로 바뀌고 마치 고려를 점령하려는 것이 아닌지 의심할 정도가 되면서 사정이 달라졌다. 즉 강화에 있는 왜적이 서울에 가까이 밀어닥쳐서 이를 방비하기에 겨를이 없는데, 또 왜적이 대마도로부터 바다를 덮을 정도로 몰려오고 있어 고려 조정에서는 어찌 할 바를 몰랐고[186] 그래서 미봉책으로 대처할 수만은 없었다. 개경이 바다에 인접하고 있어 왜적의 침입을 방어하는 것이 문제로 인식되면서 기도를 올리기도 하고,[187] 아예 도읍을 내륙지방으로 옮기려는 논의도 나타나며,[188] 정몽주를 일본에 보내어 왜구의 출몰을 금지해 달라는 외교적 요청을 하기도 하였다.[189] 그러면서 군사대책은 방어 위주에서 왜구를 수색 소탕하는 적극적 대책으로 바꾸었다.

이러한 적극적 군사대책의 하나로 고려는 명나라에 1373년 화약을 나눠 달라는 요청을 하였지만 거절당하였다.[190] 그러다 명은 왜구의 주요 침입로가 한반도 서해를 거쳐 오기 때문에[191] 이를 막기 위해 1374년 화약재료를 제공해 주었다.[192] 고려에서 왜구를 무찌르면 명나라까지 쳐들어오지 못할 것이라는 계산 때문이었다.[193] 앞에서 살펴본, 임진왜란 시기의 순망치한과 같은 논리였다.

그런데 고려가 요청한 양보다 명이 제공한 화약의 양이 적어 고려는 자체적인 화약 생산 기술 개발이 필요하였다. 이러한 시대적 요청을 성공적으로 이룩한 사람은 최무선(崔茂宣)이다. 그는 왜적이 육지에 올

---

186 『고려사절요』 제30권 신우1, 신우 3년(1377) 3월조.

187 『고려사』 제133권, 우왕 3년(1377) 2월조.

188 『고려사절요』 제30권 신우1, 신우 3년(1377) 5월조.

189 『고려사』 제133권, 우왕 3년(1377) 9월조.

190 『고려사』 제44권, 공민왕 23년(1374) 6월 임조.

191 M. Akira, "Chinese Sea Merchants and Pirates," 2011.

192 『고려사』 제44권, 공민왕 23년(1374) 6월조.

193 김성남, 『전쟁세계사』, 뜨인돌, 2008, 311쪽.

라옴을 근심하여 수전(水戰)에서 화공(火攻)으로 공격하는 것이 상책이며,[194] 따라서 "왜구를 제어함에는 화약만한 것이 없다"[195]고 판단, 화약 제조기술을 습득하기 위해서 갖은 노력을 다하였다. 화포술(火砲術)을 원에서 배워 왔다는 설명,[196] 당나라 상인 이항(李亢)에게 전수받았다는 설명,[197] 원나라 화약 제조기술자[焰焇匠] 이원(李元)과 한 동리에 살면서 후히 대접한 다음 화약 제조 기술을 배웠다는 설명[198] 등으로 볼 때 최무선이 화약 제조기술 습득을 위해 오랫동안 다양한 노력을 해 왔음을 볼 수 있다. 그리고 마침내 그 기술을 습득, 시험 성공한 다음 나라에 건의하여 화통도감을 설치하였다.

이렇게 화통도감에서 생산된 화약과 화포는 전함에 설치되어 해전에서 왜구를 몰아내는 데 활용되었다. 즉, 1380년 왜구가 배 500척을 이루고 진포(鎭浦) 포구에 들어와서 굵은 밧줄로 서로 묶어 놓고 인근 지역을 약탈하였는데, 이때 나세와 심덕부 등이 최무선이 만든 화포(火炮)로 그 선박들을 불사르니 배를 지키던 적들이 불에 타고 물에 빠져서 거의 전멸하였다.[199]

이렇게 화통도감의 설치는, 그때까지 해전에서 열세를 면치 못했던 고려군을 우세로 전환시켜 한반도 연안에서의 제해권(制海權)을 회복하게 만들었다. 즉, 이영[200]의 연구에 의하면, 1350년부터 1377년까지 약 28년 동안 고려와 왜구의 해전에서 고려는 17 대 650 이상으로 훨씬 더

---

194 권별, 『해동잡록』 1 본조(本朝), 최무선(崔茂宣).

195 『태조실록』, 태조 4년 을해(1395) 4월 19일(임오).

196 『국조보감(國朝寶鑑)』 제10권 세조조1, 1년(병자, 1456); 『성종실록』 97권, 9년(1478) 10월 13일(신축) 세 번째 기사.

197 이긍익, 『연려실기술(燃藜室記述)』, 연려실기술 별집 제12권, 정교전고(政敎典故), 융장군기(戎裝軍器).

198 『고려사』, 정사 3년(1377).

199 『고려사』 제126권 열전 제39 간신2; 『고려사』 본문 제114권 열전 제27; 안정복, 『동사강목』 제16상, 경신년 전폐왕 우 6년(1380).

200 이영, 「동아시아 국제질서의 변동과 왜구」, 『한일관계사연구』 36, 2010, 214쪽.

많은 선박 손실을 보았고 인명도 왜구의 115명 대비 5,000명 이상의 피해를 보았다. 그런데 화포를 사용하면서부터 해전에서 왜구를 압도하게 되었다. 물론 진포해전 뒤에도 〈표 1〉에서 보는 바와 같이, 왜구의 출현은 몇 년 동안 더 계속되었지만, 고려 수군은 전함에 화포를 적재함으로써 왜구와의 해전에서 이길 수 있다는 자신감을 가지고 한반도 연안 도서(島嶼)지역에서 왜구들을 적극적으로 수색 · 추격 · 공격하기 시작했다.[201]

대표적으로 1383년 5월에는 해도원수(海道元帥) 정지가 남해 관음포에서 최무선이 만든 화포를 쏘아 적선 17척을 불태우고 왜구를 크게 격파하였다.[202] 정지가 스스로 말하기를, "내 평생에 적을 만나서 싸운 일이 많았으나, 오늘과 같이 통쾌한 적은 없었다."라고 할 정도였다.[203] 그래도 왜구의 침입이 지속되자 1389년 경상도 원수 박위를 앞세워 병선 100척으로 왜구의 소굴인 대마도를 쳐서 배 300척과 막사를 불살라 없애 버렸다.[204] 임진왜란 7년 동안 격파된 왜군의 전체 함선수가 570척임을[205] 감안하면 세 번의 해전에서 얼마나 많은 배를 격침하였는지를 짐작할 수 있다. 이렇게 최무선의 화약 개발로 왜구의 준동을 분쇄하자, 권근은 "최무선이 처음으로 화포를 만든 이후 삼십 년 왜적 난리 하루에 평정했네."라고 노래하고 있다.[206]

진포해전, 관음포해전은 화포를 전함에 적재하고 이를 적의 함선을 파괴하기 위한 대함(對艦) 무기로 활용하였다는 면에서 해전사에서 큰 의미가 있다. 앞에서 이미 살펴본 바와 같이, 유럽에서 화포를 대함(對艦)

---

201 『고려사』 제133권, 우왕 4년(1378) 8월.

202 『고려사절요』 제32권 신우3, 계해 신우 9년(1383) 5월.

203 안정복, 『동사강목』 제16하, 계해년 전폐왕 우 9년(1383).

204 『고려사절요』 공양왕 기사, 원년(1389) 2월.

205 정진술, 「임진왜란 해전에서 조선수군의 승리의 원인과 역사적 의의」, 『육군사관학교육군박물관학예집』, 2012, 29쪽.

206 권근, 『양촌집』, 양촌선생문집 제4권 시(詩).

무기로 활용하기 시작하는 것은 1571년 레판토 해전 등 1500년대 후반부가 주를 이루고, 빨리 잡아도 포르투갈이 함포로 제해권을 장악하게 된 1509년 디우(Diu) 전투이기 때문이다. 이렇게 볼 때 서양보다 130년 정도 앞서 대항해시대를 여는 핵심기술인 함포제작기술이 고려에 의해 1380년 진포해전에서 사용된 것이다.

어쩌면 함포제작기술은 진포해전 이전에 이루어졌는지도 모른다. 공민왕이 전함을 만들게 하고[207] 또 새로 만든 전함을 검열하고 화전과 화통을 시험하였다는 기록,[208] 또 공민왕 23년(1374) 명나라가 화약 제공에 대한 조건으로 고려가 새로 만든 왜구토벌용 선박을 타고 오라고 요구하는 것으로 보아[209] 고려는 최무선의 화통도감 이전에 이미 함포를 적재한 전함을 제작한 것이 아닌가 여겨진다.

정확한 연도는 좀 더 깊이 있는 연구가 필요하지만, 분명한 것은 주로 성을 공격하는 데 사용하는 서구의 대포와 달리 최무선이 만든 화약과 대포는 주로 해전용으로 사용되었고 배의 구조가 이를 가능하게 했다는 점이다. 즉, 이때 건조된 배는 누선(樓船)이라는 전함으로 돛이 있고 바닥이 평평한 평저선이었다. 이 배는 연안용으로 간만의 차가 심한 해안에서 썰물 때 배가 옆으로 쓰러지는 것을 방지하고, 화포를 쏠 때 화포의 반동을 흡수하는 데 매우 유리했다.[210] 다만, 먼 거리의 대항해를 하기에는 용이하지 않았을 것으로 여겨진다.

최무선의 화포를 장착한 전함에도 불구하고, 조선시대에도 왜구의 출몰은 계속되었다. 그러나 그 건수로 보면 고려시대에 비해 현저히 줄어들었다. 한문종의 연구[211]에 의하면, 태조 1년(1392)부터 세종 32년(1450)

---

207 『고려사절요』 제29권, 공민왕 22년(1373) 10월 4일 계축.

208 『고려사』 제44권. 공민왕 22년(1373) 10월 9일 정축.

209 『고려사』 제44권, 공민왕 23년(1374) 6월조.

210 백지원, 『조일전쟁』, 2009, 263쪽.

211 한문종, 「조선초기의 왜구대책과 대마도 정벌」, 『전북사학』 19~20, 1997, 155~177쪽.

까지 약 60년 동안 왜구의 침입은 184회인 반면, 같은 기간 통교 건수는 1,423건으로 나타났다. 앞의 〈표 1〉에서 본 고려 말 40년 동안의 왜구의 침입횟수 297회에 비하면, 그 횟수가 많이 줄어들었다. 이영의 분류로 볼 때 침입의 강도도 제1단계로 볼 수 있어 고려에 비하면 상당히 줄어들었다고 할 수 있다.

이러한 변화는 조선 조정이 일본 막부와 사신을 교환하는 등의 외교적 교섭도 강화하였고 또 조선에 오려는 왜인을 적극 받아들인 것이 하나의 요인으로 작용했다. 그러나 이에 못지 않게 중요한 요인은 조선 초기부터 국방대책을 튼튼히 한 것이다.

조선 조정은 수군을 육군에서 분리하여 독자적으로 운영하는 체계를 만들었고, 수군과 병선의 증감을 통한 해전 방위의 대책을 충실히 하였다. 조선 태조 때부터 적극적인 왜구 대책을 위하여 선군(船軍)의 수상방어가 이루어졌다. 세종시대에는 군정 총계 96,259명 중 선군의 합계가 49,337명으로 전체의 약 반을 넘었다. 성종시절에도 그 숫자는 크게 변하지 않는 것으로 나타나고 있다.

그러나 조선 중기로 넘어가면서, 첫째, 공식적으로 수군체계는 유지되고 있었으나 그것을 지탱하는 근본인 수군은 점점 취약해졌다. 선초에는 해전을 위한 병선과 조운을 위한 조운선이 구별되어 있었으나 왜구의 침입이 뜸해지면서 병선과 조운선의 구별이 없어졌다. 조운(漕運)할 때에 수군이 전부 조운선으로 올라가고 나면 포소(浦所)가 텅 비어 있었다.[212] 각 도의 해도 만호(海道萬戶)가 선군(船軍)에게 둔전(屯田)도 시키고, 미역을 따고 고기를 잡게 하니, 종일 노동하다가 밤이 되어 곤하게 잠을 자므로, 경비를 능히 하지 못하여 실수하는 경우도 많았다.[213] 무릇 일반백성들이 싫어하는 역사는 모두 선군에게 맡겨 선군은 그 무거운 역을

212 『중종실록』, 중종 18년(1523) 6월 26일.
213 『태종실록』, 태종 6년(1406) 4월 20일(경진) 6번째 기사.

이겨내지 못하여 다른 곳으로 도망가기 일쑤였다. 방군수포(放軍收布)로 대신 근무하게 된 선군 중에는 자신이 근무하는 포가 어디인지 알지 못하는 경우도 나타났다. 수군의 확보가 어려워지자 이를 대를 이어 수군이 되도록 하는 제도가 만들어졌으나 실제 근무하는 수군의 수는 달라지지 않았다. 한 도(道)의 군사가 10여 만이라 하지만 직접 가 보면 겨우 2만여 명에 불과하기도 했다.[214] 그리고 이들조차도 제대로 된 군사가 아니어서, 각 포에 활을 쏘는 직함을 가진 사람이 10여 명씩 있었지만, 실제 활을 쏠 수 있는 사람은 겨우 두세 사람뿐이었다.[215] 게다가 임진왜란 중에는 기근으로 먹을 것이 부족하여 허다한 병사들이 계속 죽어가 배를 부릴 방책이 없을 정도였다.[216]

둘째, 최무선에 의해 개발된 화포 및 화약 제조 기술은 그 뒤로 이어지지 않았던 것으로 보인다. 15세기 후반 조선의 화기 발달을 살펴보면 대체로 정체기에 있었다고 할 수 있다. 대체적으로 대란이 없었고, 당시 화약 제조기술에 대하여 보안만 유지한다면 계속 주변 적대국에 비해서 무기체계상의 우위를 유지할 수 있을 것이라는 위정자의 낙관론적인 태도, 정변 시의 화기사용에 대한 불안감, 그리고 장래의 발전을 도모한다는 기본적이면서도 계속적인 과학기술개발에 대한 의욕이 없었기 때문에 화기의 발전은 이루어지지 못하고 정체상태에 머물러 있었다.[217]

뿐만 아니라 가지고 있던 무기 제조 기술도 충분히 활용하지 못하였다. 폐사(廢寺)의 종을 녹여서 총통을 만들면 적을 막을 수 있는데도 이를 신료들의 청은 다 거절하고 받아들이지 않으면서, 민간의 동철은 손톱만한 것까지 모두 바치도록 하여 원망하고 울부짖는 소리가 끊이지를 않

214 『중종실록』, 중종 7년(1512) 2월 23일(무술) 4번째 기사.

215 『성종실록』, 성종 9년(1478) 7월 16일(을해) 첫 번째 기사.

216 『선조실록』, 선조 26년(1593) 7월 15일(정묘) 7번째 기사.

217 박재광, 「15~16세기 조선의 화기발달」, 『육군사관학교육군박물관학예집』 9, 2002, 49~76쪽.

았고, 그래 봐야 그 규모가 커지 않았다.[218] 왜란 중에는 납철의 부족으로 충분한 정도의 무기를 생산하지 못한 것이다.

셋째, 함포를 장착한 함선을 제조하는 것에도 큰 발전이 있었던 것으로 보이지 않는다. 세종시대 일본 사람이 무엇을 기준으로 한 것인지 알려져 있지 않지만 "내가 여러 나라 병선(兵船)을 보니 중국 배가 제일 좋고, 유구국(琉球國)이 그 다음이고, 조선 것이 가장 하등(下等)이다."라고[219] 한 것으로 보아 병선의 상태가 그렇게 우수하지 않았던 것으로 보인다.

함포 제작 기술보다 배의 크기에 관한 논쟁이 실록에 많이 등장하는데 대체적인 의견은 배의 크기를 줄여야 한다는 것이었다. 병선 중에서 대선(大船)은 굼뜨고 신속하지 못하여 만약 왜적을 만나더라도 추격하지 못할 것이며,[220] 병선 1척의 군사는 대맹선(大猛船)이 80명, 중맹선이 60명, 소맹선이 40명인데[221] 80명을 쓸데없는 배에다 가두어 두는 것은 매우 옳지 못하니, 대맹선에 타는 군졸을 무군선(無軍船)과 소맹선 두 척에 나누어 태워 가지면 운용하기에 편리하고,[222] 수군을 교대근무하게 할 수 있으며,[223] 수군들이 시달리는 고역 가운데 제일 심한 배 만드는 일도 줄일 수 있으니, 그래서 군졸들의 힘을 펴게 한다면 수군이 정상을 회복할 수가 있겠고 떠돌아 흩어지는 폐단이 없을 것이며, 방어 또한 견고해져서 허술해지는 걱정이 없게 될 것이며,[224] 뿐만 아니라 대맹선 한 척을 만들 재목이면 작은 배 3, 4척을 만들 수 있으니[225] 큰 배를 줄이고 작은 배를

---

218 『명종실록』, 명종 11년(1556) 10월 5일(경인) 세 번째 기사.
219 『세종실록』, 세종 26년(1444) 10월 12일(정사) 세 번째 기사.
220 『세종실록』, 세종 10년(1428) 10월 20일(무술) 6번째 기사.
221 『중종실록』, 중종 24년(1529) 5월 21일(을묘) 첫 번째 기사.
222 『성종실록』, 성종 9년(1478) 7월 16일(을해) 첫 번째 기사.
223 『중종실록』, 중종 11년(1516) 10월 17일.
224 『중종실록』, 중종 37년(1542) 8월 15일.
225 『연산군일기』, 연산 3년(1497) 8월 17일.

늘리라는 것이었다.

오직 참찬관 서후(徐厚)만이, "소선이 다른 배를 쫓기에는 빠르지만 육박하여 싸우는 데는 적합하지 않으며, 또 전사를 많이 태우지 못하고 적군이 기어오르기도 쉬우며, 만일 적이 칼을 빼어들고 돌입하면 맹사가 많더라도 당해 낼 수 없을 뿐만 아니라 대선은 높고 가팔라서 기어오르기 어렵게 되어 있고 내려다보며 제어하기에는 편리하기 때문에[226] 대선을 유지해야 한다고 지적하였다.

배의 규모에 대한 논쟁은 삼포왜란 등으로 맹선을 판옥선으로 교체한 다음에도 지속되었다. "옛날에는 왜구가 다 평선(平船)을 타고 왔으므로 우리나라에서도 평선을 사용하여 이길 수 있었지만 지금은 다 판옥선을 이용하고 있으니 부득이 판옥선을 사용해야 서로 맞설 수 있으므로 맹선을 판옥선으로 교체해야 했다."[227] 판옥선은 조선 전기의 주력 군함이었던 맹선에 갑판 한 층을 더 만들어 3층으로 만든 배다. 갑판이 2중 구조로 되어 있기 때문에, 노를 젓는 요원인 격군(格軍)은 1층 갑판에서 안전하게 노를 저을 수 있고, 전투요원들은 2층 갑판에서 적을 내려다보면서 전투를 수행하는 장점이 있었다.[228] 조선군은 기본적으로 활과 화약무기 같은 원거리 무기를 능숙하게 사용했지만, 칼과 창 같은 단병무기를 운용하는 데는 상대적으로 서툴렀다. 이 같은 약점을 극복하고 조선군이 해전에서 승리하기 위해서는 상대방이 승선전투 전술을 사용하지 못하게 막으면서 조선의 장기인 활과 함포로 전투를 수행할 수 있는 군함이 필요했다. 판옥선은 그 같은 요구를 충족할 수 있는 군함이었다.

그런데 이러한 판옥선에 대해서도 비판이 많았다. "판옥선을 부리는 데에 익숙하지 않고 제도가 어긋나서 작전하기에 어려운데, 헛되이 만들

226 『중종실록』, 중종 16년(1521) 5월 7일(무오) 첫 번째 기사.

227 『명종실록』, 명종 21년(1566) 3월 13일(갑진) 세 번째 기사.

228 정진술, 「임진왜란 해전에서 조선수군의 승리의 원인과 역사적 의의」, 『육군사관학교육군박물관학예집』 19, 2012, 23쪽.

어서 매어 둘 뿐이므로[229] 인력이 많이 소요되고 폐단 또한 적지 않은[230] 판옥선의 수를 줄여서 그 줄인 배의 격군(格軍) · 수졸(水卒)을 주사가 모자라는 곳에 채워야 한다[231]는 지적이 제기되었다. 을묘왜변 이후로 적을 방어하는 데 판옥선 등이 매우 긴요하지만, 그것이 활용되지도 않고 만든 지 3~4년 되면 썩어 못 쓰게 되니 이로움은 없고 폐단만 있다[232]는 비판도 나왔다.

넷째, 게다가 군의 사기와 기강도 무너져, 적을 보면 곧 달아나서 혹 미처 교전하기도 전에 먼저 무너지기도 하였는데, 군졸은 "장수가 먼저 달아났는데 우리들만이 어찌 남아서 적봉(賊鋒)을 감당하겠는가" 하고, 장수가 된 자는 "관하의 군졸이 흩어졌는데 나만이 어찌 적을 감당하겠는가" 하여, 패하여 달아난 장졸(將卒)이 빈번히 서로 송사하는 자와 같았다.[233] 또한 군정(軍政)이 문란하고 해마다 흉년과 재변이 들면서 백성들도 국가에 등을 돌리고 반란을 생각하는 조짐이 있었다.[234] 실제로 정여립의 반란이 일어나기도 했다.

이와 같이, 조선은 16세기에 들어서면서 사화와 당쟁 등의 사회적 혼란이 계속되었고 군사력도 또한 점점 약해졌다. 약화된 군사력은 육군만이 아니었다. 세계에서 처음으로 화포를 장착한 함선을 전투에 활용한 고려말과 독립된 수군체계를 가졌던 조선 초의 수군의 전통과 위용은 점차 약해졌다. 그리고 연이은 왜란을 겪게 된 것이다. 즉 삼포왜란(1510년), 사량진왜변(1544년), 을묘왜변(1555년), 정해왜변(1587년) 등이 그것이다. 삼포왜란은 부산포(富山浦) · 내이포(乃而浦) · 염포(鹽浦)에 살고

229 『선조실록』, 선조 29년(1596) 11월 9일(신축) 5번째 기사.
230 『명종실록』, 명종 21년(1566) 3월 13일(갑진) 세 번째 기사.
231 『선조실록』, 선조 29년(1596) 11월 9일(신축) 5번째 기사.
232 『선조실록』, 선조 4년(1571) 11월 29일(정해) 두 번째 기사.
233 『선조실록』, 선조 29년(1596) 11월 9일(신축) 5번째 기사.
234 『선조수정실록』, 선조 22년(1589) 10월 1일(을해) 5번째 기사.

있던 왜인들의 수가 점점 증가하면서 이들이 관할 관리들의 부당한 대우를 명분으로 삼아 병선 100척과 무장한 왜인 4,000~5,000명을 거느리고 공격한 사건이다. 이 변란으로 인해 부산포 등이 함락되고, 군사와 백성들 272명이 죽고, 동평현, 동래현 민가 796호가 전소되었다. 이후 임신조약을 맺고 왜인의 활동 구역을 제약했으나 왜인들과의 충돌은 그 후에도 여전히 계속되었다.

그러던 중 1544년(중종 39)에 왜선 20여 척이 경상도 사량진에 쳐들어와 인마를 약탈해 갔다. 조선 조정에서는 이에 임신조약을 파기하고 왜인의 왕래를 금하였다. 그러다 일본 측의 간청으로 다시 정미약조를 맺게 되었다.

그러나 조선 조정의 세견선(歲遣船) 제한조치로 조선으로부터 물자 보급이 어려워진 왜구는 이에 불만을 품고 1555년(명종 10) 5월 배 70여 척으로 전라남도 영암, 진도, 장흥, 강진 등을 짓밟으며 준동하는 을묘왜변을 일으켰다. 12일간 전남지역을 짓밟은 왜구의 목을 잘라, 대마도주 소 요시시게(宗義調)가 보내왔기 때문에, 조선 조정은 사과를 받고 세견선의 증가를 허락해 주었다.

정해왜변은 1587년 3월 왜구선 16척이 전라도 고흥군 소록도를 침범한 사건인데, 이는 일종의 척후선으로 조선의 연안 수비를 정탐하고 포로를 심문하여 군사정보를 얻으려는 의도에서 일으킨 왜변이다. 일본 천하를 통일한 도요토미 히데요시는 대마도주 소 요시시게를 통해 대명국(명나라)으로 쳐들어가니 조선은 입조하라는 요구를 하게 된다. 대마도주는 입조가 말이 되지 않기 때문에, 통신으로 고쳐 요청을 하게 되고, 조선 조정은 정해왜변을 주동한 왜구의 머리를 베어 올 것과 당시 왜구의 앞잡이를 했던 조선 반민 사을배동을 잡아올 것 등으로 조건으로 통신사를 파견하게 된다. 파견된 사절단은 정명가도 이야기를 듣게 된다. 임진왜란이 시작되는 것이다.

이렇게 왜란 또는 왜변이 긴 시간에 걸쳐 반복적으로 나타났지만,

조선 조정의 대응은 소극적이고 대증적 수준에 머물렀고, 그래서 임진왜란(1592)의 발발을 막지 못하였다. 일련의 왜란은 그 다음 외적의 침입에 대비하는 하나의 계기가 되는 것이 아니라 국방력이 지속적으로 무너져 가는 그런 과정이었다.

4. 대항해시대에 펼쳐진 이순신의 리더십

조선은 대항해시대를 여는 핵심기술인 은제련 및 함포제작 기술을 일찌감치 가지고도 시대를 선도하기는커녕 동참하지도 못하였다. 조선의 위정자들이 더 넓은 세계관을 지닌 초기와 달리, 중기로 갈수록 점점 더 소중화 의식에 빠져 국내문제에만 집착했기 때문이다. 이에 반해 대항해시대의 흐름에 적극적으로 대응하며 굴기를 한 일본은, 유럽과 일본을 두 개의 축으로 하는 세계관을 형성하고 대륙의 변방에서 대륙의 주역으로 일어서려는 야심을 보였다.

이순신 장군은 일본의 조선 침략과 한반도 분할 시도라는 대항해시대의 비극을 막고, 대항해시대의 주역의 가능성을 제시하였다.

1) 대항해시대, 한반도의 비극을 막았다

개전 3개월 만에 파죽지세로 평양까지 점령한 왜군이 더 이상 북쪽으로 진출하기 못하고 한동안 평양에서 주둔을 계속한 것은 병참이 원활하지 못했기 때문이다. 병참이 원활하지 못한 것은 이순신의 조선 수군이 왜군을 남해안에서 전라도로 진출하지 못하게 막았기 때문이다.

명나라와 일본은 임진왜란 동안 장소를 옮겨 가며 한반도 분할 회담을 시도하였다. 분할을 막기 위해 조선 정부는 정치 외교적 노력을 다하였다. 그러나 그것뿐이었다. 자주적 국가역량이 뒷받침되지 않는 그 어떤 외교적 노력이나 전략도 분할 회담을 막지 못하였다. 그것을 막은 것은 세계적 수준을 갖춘 해군력과 이를 주도했던 이순신이었다. 이순신이 장악한 제해권은 임진전쟁의 양상을 조선에 유리하도록 만들었다. 일본 수군을 견내량 동쪽에 묶어 둠으로써 서해안에서 왜군이 다양한 전술을 펼칠 수 없도록 원천 봉쇄하고, 일본 보급선을 차단하여 더 이상의 전투를 수행할 수 없게 했기 때문에 분할회담이 중단된 것이다.

한반도의 비극은 분할 아닌 또 다른 형태로 진행되었을지도 모른다. 일본은 개전 초부터 수륙 양동작전으로 조선에서 명으로 전선을 확장해 나갈 계획을 갖고 있었다. 육군이 북상하는 것과 동시에 수군이 서해안을 따라 육군의 병참을 지원한다는 계획이었다. 만약 조선 수군이 일본 수군에게 패하고 일본 수군이 서해안을 따라 강화도를 점령했다면 동아시아의 역사는 달라졌을 것이다. 일본 수군이 서해안을 확보했다면, 압록강을 거쳐 요동과 산해관을 지나 북경으로 가는 육로 외에도 뱃길을 이용하여 산동성으로 직접 명나라를 공격했을 수도 있다. 그랬다면 전혀 다른 동아시아 질서가 형성되었을지도 모른다. 조선이 명과 일본의 사이에서 균형을 맞출 수 있었던 것도 바로 이순신이 이끄는 조선 수군의 제해권 장악 때문이라고 할 수 있다.

글로벌 시대의 위기는 이순신이 활약했던 16세기에만 나타난 것은 아니다. 구한말의 개화기를 맞이했던 19세기에도 나타났고, 그 뒤에도 그리고 지금도 나타나고 있다. 우리는 지금 주변 강대국 틈에 끼어 어느 누구와도 확실하게 손잡을 수도, 그렇다고 등질 수도 없는 그런 딜레마에 빠져 있다. 때문에 이러한 딜레마보다 더한 어려움을 자강으로 해결하였던 장군의 리더십이 더욱 그리워지는 것이다. 남과 북의 통일을 울돌목으로 삼아, 대한민국을 다른 나라가 감히 범접하기 어려운 나라, 자강하는 모범국가로 건설하는 국가지도자를 대망하게 되는 것이다.

2) 대항해시대의 가능성을 제시하였다

이순신 장군은 소극적으로 대항해시대의 비극을 막은 것에 그치지 않는다. 보다 적극적으로 대항해시대의 주역으로 활동할 수 있는 가능성을 보여 주었다. 많은 나라가 부러워하고 두려워하는 그런 나라를 만들 수 있는 가능성을 보여 주었다. 그는 바다의 중요성을 인지하였고, 그 바다를 지배하는 함포기술을 실현하였다.

임진왜란 직전 조선 조정이나 고위 무관들의 일반적 시각은 해전보다는 육전에 더 중점을 두었다. 따라서 장차 일본군이 침략해 올 경우 그들을 육지에 상륙시켜 싸워야 한다는 인식이 팽배하였다. 이러한 시각은 세조 때부터 등장한다. "대저 섬나라 오랑캐[島夷]는 수전에는 장점이 있어도 기전(騎戰)에는 단점이 있으며, 우리나라는 기전에는 장점이 있어도 수전에는 단점이 있으니, 우리가 전함으로써 응전하지 않고 이들을 끌어들여 스스로 패주하는 체하여 그들로 하여금 육지에 내려오도록 하고는, 우리의 장기를 사용하여 기병으로써 친다면 도적을 방어할 수 있을 것이라는"[235] 시각이 있었다. 이러한 시각은 임진왜란 중에도 그대로 반복되었다. "신이 전에 『일본고(日本考)』를 보니, 왜적은 육투(陸鬪)를 잘하고 수전을 잘못한다고 분명히 말한 것이 있습니다."[236]라고 하고 있다. 그래서 비변사가, 왜적은 수전에 강하지만 육지에 오르면 불리하니, 호남 · 영남에 큰 읍성을 증축하고 수리하게 하였다.[237] 심지어 원균은 "적들은 수전에 익숙하므로 상대할 수 없으니, 그들을 육지로 유인해서 기병으로 공격하는 것이 좋겠다."라고 핑계를 대고, 장차 육지로 올라가 달아나려고 하였다.[238]

---

235 『세조실록』, 세조 3년(1457) 1월 16일(신사) 4번째 기사.

236 『선조실록』, 선조 29년(1596) 11월 9일(신축) 5번째 기사.

237 『선조수정실록』, 선조 24년(1591) 7월 1일(갑자) 6번째 기사.

238 윤휴, 『백호전서(白湖全書)』 제23권 사실(事實), 제장전(諸將傳).

이에 반해, 이순신은 "적을 막는 방책에 있어서 수군이 작전을 하지 않고 오직 육전에서 성을 지키는 방비에만 전력을 다했기 때문에 나라의 수백 년 기업(基業)이 하루아침에 적의 소굴로 변지게 된 것이니 생각이 이에 미치매 목이 메어 말이 나오지 않습니다."라고 하면서, 해전의 중요성을 강력하게 주장하였다.

장군은 또 해전에서 함포기술이 어떤 의미를 지니는지를 파악하고 판옥선에 함포를 장착하여 전쟁을 승리로 이끌었다. 임진왜란 당시 조선 수군은 천자, 지자 총통으로 대표되는 대형 화약 무기를 보유하고 있었고, 이들 대형 화포는 적을 압도하는 데 큰 효과를 발휘하였다. 이러한 무기는 최무선에 의해서 개발된 기술에 근거를 두고 있는데, 그동안 큰 진전을 보지 못하였고 실전에 적용된 사례는 더욱 찾기 어렵다. 최무선의 화약 기술을 기초로 세종 30년에 여러 종류의 신기전이 개발되었지만, 이를 실전에 배치한 육군 장수는 찾아볼 수 없다. 선조 대에 비격진천뢰가 개발되었다는 기록이 있지만 이것이 실전에 배치되어 조선 육군의 전술에 효과적으로 사용되었다는 기록은 찾기 힘들다. 그런 맥락에서 볼 때 이순신이 해전에서 이를 실전 활용하였다는 것은 놀라운 진전이라 하지 않을 수 없다.

뿐만 아니라 조선 수군이 총통으로 대표되는 화포를 판옥선에 장착하였다는 점도 주목할 만하다. 당시 일본군은 총통을 전선에 탑재하지 못한 반면에 조선 수군은 대형 총통을 전선에 탑재할 수 있어서 다양한 수군 전술을 구사할 수 있었다. 대포를 함선 위에서 안정적으로 다루기 위해서는 이에 걸맞은 선박이 필요한데, 조선 수군은 대포와 선박이 어우러지는 함선, 즉 판옥선을 갖추고 있었다. 본서 제5장에서 자세히 설명하고 있는 바와 같이, 당시 유럽에 못지않은 독보적인 기술로 대포를 판옥선에 장착하고 왜선을 함포로 공격하여 '등선백병전(登船白兵戰)'으로 전투하려는 왜군에 대해서 23전 23승을 거둘 수 있었다.

이러한 수군을 가지고 있었으니 이순신 장군이 사실 지면 안 되는 것이었다고 하는 사람도 있다.[239] 그러나 판옥선의 수를 줄여야 한다는 것이 당시 주된 의견이었다는 점을 감안하면, 또 판옥선이 을묘왜변 때 처음 제작되었으나 그 뒤에도 적을 압도하지 못하고 왜란이 지속된 점을 감안하면, 이를 주력선으로 삼고 전쟁을 승리로 이끈 것은 장군의 업적이라 해도 과언이 아니다. 이에 더하여 돌격선인 거북선을 만들어 새로운 해전 전술을 개발하는 등 장군은 여말 선초 이래로 전해져 오는 활용 가능한 기술을 총동원하여 최상의 전투력을 만들어 내었다고 할 수 있다. 최무선 이래로 세계적인 해군력의 원천이 된 조선 수군의 전통과 을묘왜변 때까지 진화하여 발전한 조선술을 이순신은 격물치지의 정신으로 궁극의 탐구를 거쳐 조선 수군의 전투력을 최고 수준으로 끌어올렸다고 할 수 있다. 더구나 이순신이 이끄는 수군보다 훨씬 많은 함선과 화포를 구비하고 있었던 원균이 싸움다운 싸움도 해 보지 못하고 괴멸한 점을 감안하면, 함포 및 선박 제조기술의 변화를 이순신 장군의 뛰어난 능력으로 실전에 적용했을 때 승리가 이루어졌다고 할 수 있다.

대포로 무장한 함선이 15~16세기 대항해시대를 가능하게 만든 가장 핵심적인 과학기술이라는 것은 앞에서 누차 밝힌 바 있다. 바로 이 과학기술을, 임진왜란 당시 조선 수군은 서양에서 이전받은 것이 아니라 고려 말 이후 전해져 온 우리의 독자적인 기술을 발전시켜 만든 것이다. 이 함포기술은 16세기 동아시아 해전사에서 이순신이 연전연승을 거두는 원동력이 되었고 대항해시대에 동아시아 질서 재편 과정에서 조선이 독자적인 세력으로 부상하게 만든 결정적인 변수로 작용하였다. 정유재란에 참전한 명나라 수군의 전선은 선박에 함포를 장착했지만, 그 규모는 조선 함선에 비해 작다는 점을 감안하면, 조선 수군은 당시 동아시아 최

239 백지원, 2009, 312쪽.

고의 군사력을 가지고 있었다고 할 수 있고, 그런 의미에서 대항해시대의 주역의 가능성을 보여 주었다고 할 수 있다.

3) 대항해시대의 사명을 수행하는 리더십을 보였다

장군이 거둔 임진왜란 23전 23승의 업적이 위대하지만, 승리의 배경을 살펴보면 더욱 그것이 위대하여 보인다. 정말이지, 이길 수 있었던 전쟁을 승리로 이끈 것이 아니었다. 전투를 함께해야 할 수군은 도망가서 그 수가 부족하고, 남아 있는 자들은 많은 경우 전사가 아니었다. 백성들은 정부에 등을 돌리고 있었다. 이러한 상황에서, 장군의 사람됨이 충성스럽고 용맹하여 마음을 다해 왜적을 토벌하며, 군율을 분명히 하고 사졸(士卒)을 사랑하니, 백성들이 모두 기꺼이 따랐다.[240] 장군이 한산에 이르러 남은 군졸들을 수합하고 무기를 준비하며 둔전을 개척하고 어염(魚鹽)을 판매하여 군량을 넉넉하게 하니 불과 몇 개월 만에 군대의 명성이 크게 떨쳐 범이 산에 있는 듯 군사들이 모이기 시작했다.[241] 이렇게 본서 제7장, 제8장에서 자세하게 설명하고 있는 바와 같이, 백성들과 군사들의 마음을 얻어 전쟁을 치를 수 있게 되었다.

그는 왜군과만 싸운 것이 아니라 전염병이나 굶주림과도 싸워야 했다. 극도의 긴장으로 인해 이순신은 진중에서 고열이 나거나 허한으로 땀을 흘리고, 토사곽란을 하기도 했다. 무려 18일 동안 고열에 시달린 적도 있었다. 그는 수양을 통해 단련된 정신력으로 수차례 병마를 물리치면서 초인적으로 전장을 지휘했다.

독자적인 작전권도 없었다. 장군이 "바다로 내려가서 기회를 틈타 왜적을 섬멸하려 하여도 매번 명나라 도독에게 중지당하니 걱정스럽기

---

240 『선조실록』, 선조 31년(1598) 10월 13일(을축) 세 번째 기사.

241 『선조실록』, 선조 31년(1598) 11월 27일(무신) 5번째 기사.

그지없다."[242]라고 한탄할 정도였다. 그러나 포기하지 않고 장군이 눈물을 흘리며 굳이 청하자 진린 도독이 처음에는 허락하지 않다가 나중에 허락하기도 하였다.[243]

이러한 상황인데도, 조선 조정은 바다보다는 육전을 지시했고, 해전을 할 때도 나아가야 할 때와 기다려야 할 때를 오판하기도 했으며, 그런데도 지시를 이행하지 않는다고 백의종군의 징계를 당하였다. 이순신은 자신이 모함을 당했고 국가로부터 억울한 누명을 썼다는 것을 알고 있었다. 왜군과 견내량에서 4년 동안 피를 말리는 시간을 보냈지만 조국이 그에게 준 것은 역적이라는 모함과 삭탈관직, 투옥, 그리고 고문이 전부였는데, 그래도 그는 다시 전장으로 나갔다. 옥에 갇혔을 때, 이순신은 죽음에 직면해 있었다. "조정을 속이고 적을 치지 않았다."라는 죄목으로 왕은 이순신을 용서할 수 없다며 죽이려고 했다. 고문도 마다하지 않았다. 그렇지만 결국 선조는 이순신에게 삼도수군통제사 재임명 교서를 내린다. 원균이 칠천량해전에서 패한 뒤 조선 수군은 군사도 흩어지고, 전함도 잃어버려 아무것도 할 수 없는 처지였는데도 조정은 아무 지원도 없이 그냥 재임명 교서만 덜렁 전했던 것이다. 이런 상황인데도 장군은 묵묵히 전장에 나갔다.

어떻게 이런 일이 가능할 수 있을까? 국방을 책임지는 참모총장이 비리를 저지르는 등 공직을 사적 이익 추구의 수단으로 사용하는 지도자가 적지 않고, 또 백성들의 어려움을 자신의 문제로 인식하는 것이 아니라 남의 탓으로 돌리는 지도자들이 허다한데, 승리의 여건도 갖추어져 있지 않은 전장에 책임을 지러 나가는 것이 과연 가능한 일인가? 자신을 인정하기는커녕 탄압하고 벌을 가한 주군을 위해서 목숨을 바치는 것이 과연 가능한 일이기는 한가? 상상할 수 없는 열악한 환경 속에서도 꿋꿋하

242 『선조실록』, 선조 31년(1598) 9월 10일(임진) 세 번째 기사.

243 『선조실록』, 선조 31년(1598) 11월 27일(무신) 5번째 기사.

게 자신에게 맡겨진 시대적 소명을 감당하려는 장군의 책임성은 어떻게 가능한가? 본서 제9장과 제10장은 이런 물음에 대한 답을 천착, 제시하고 있다.

'대항해시대'보다 그 파고가 더 크고 더 높은 글로벌 시대, 이 시대의 국정을 책임지고 있는 국가지도자, 그리고 지도자가 되려는 사람들에게 장군은 책임의 리더십을 묻는다. 대한민국이 분단의 비극과 딜레마의 시련을 겪는 나라가 아니라 전 세계가 부러워하고 존경하는 그런 모범국가로 우뚝 서도록, 자신을 희생하고 목숨을 바칠 수 있는가라고.

〈참고문헌〉

강진아, 「16세기~19세기 중국경제와 세계체제」, 『이화사학연구』 31, 2004, 15~31쪽.

구도영, 「조선 초기 대명무역체제의 성립과 운영」, 『사학연구』 109, 2013, 85~140쪽.

______, 「조선 전기 대명 육로사행의 형태와 실상」, 『진단학보』 117, 2013, 59~97쪽.

______, 「16세기 대명(對明)사무역(私貿易)의 정책 방향과 굴레: 중종대(中宗代) 명(明)의 '조선사행단 출입제한 조치'를 중심으로」, 『조선시대사학보』 62(9), 2012, 211~249쪽.

권근, 『양촌집』, 양촌 선생 문집 제4권 시(詩).

권별, 『해동잡록』 1 본조(本朝), 최무선(崔武宣).

기시모토 미오 · 미야지마 히로시 지음, 김현영 · 문순실 옮김, 『조선과 중국 근세 오백년을 가다』, 역사비평사, 2003.

김경태, 「임진왜란 직후, 대일강화정책의 성격연구」, 『한국사연구』 138, 2007, 39~74쪽.

______, 「임진전쟁 강화교섭 전반기(1593.6.~1594.12.), 조선과 명의 갈등에 관한 연구」, 『한국사연구』 166, 2014, 57~105쪽.

______, 「임진전쟁기 도요토미 히데요시의 강화조건 연구」, 『조선시대사학보』 68, 2014, 81~107쪽.

______, 「임진전쟁기 강화교섭의 결렬 원인에 대한 연구」, 『대동문화연구』 87, 2014, 323~358쪽.

김기섭, 「高麗後期 崔茂宣의 생애와 화약제도」, 『한국중세사연구』 26(4), 2009, 265~298쪽.

김기조, 「제2차 세계대전 말기 일본의 「평화공작」과 연합국의 대응: 한반도 영유를 위한 막후외교」, 『한국정치학회보』 35(3), 2001, 261~278쪽.

______, 『한반도 38선 분할의 역사』, 한국학술정보, 2006.

김문자, 「임진왜란기 일 · 명 강화교섭의 파탄에 관한 일고찰: 사명당(송운대사) · 가등청정 간의 회담을 중심으로」, 『정신문화연구』 28(3), 2005, 225~254쪽.

______, 「풍신수길의 책봉문제와 임란기의 강화교섭: 정유재란의 원인을 중심으로」, 『중앙사론』 36, 2012, 253~288쪽.

김성남, 『전쟁세계사』, 뜨인돌, 2008.

김인곤, 「남북분단의 경위」, 『한국정치학회보』 19, 1985, 265~282쪽.

김종대, 『여해 이순신: 너라야 세상을 화평케 하리라』, 위즈덤하우스, 2008.

______, 『이순신, 신은 이미 준비를 마치었나이다』, 시루, 2012.

김학준, 「38선 획정에 관한 논쟁의 분석」, 『한국정치학회보』 10, 1976, 323~333쪽.

다나카 다케오(田中健夫), 「임진왜란과 한일무역관계」, 『제14회 동양학학술대회 자료집』, 1984.

류승주, 「조선전기의 금은광업연구」, 『한국사연구』 27, 1979, 91~145쪽.

______, 「조선전기후반의 은광업 연구: 경차관제하의 관·민영실태를 중심으로」, 『진단학보』 55, 1983, 15~54쪽.

몽고메리, 버나드 로, 『전쟁의 역사』, 책세상, 1995.

미야 노리코 지음, 김유영 옮김, 『조선이 그린 세계 지도: 몽골 제국의 유산과 동아시아』, 소와당, 2010.

박재광, 「15~16세기 조선의 화기발달」, 『육군사관학교육군박물관학예집』 9, 2002, 49~75쪽.

박혜일 외, 『이순신의 일기』, 서울대학교출판부, 1998.

백지원, 『조일전쟁』, 2009.

봉기종, 『대학강해』, 전학출판사, 2008.

서정철, 「외국과의 관계를 통해 본 우리나라의 고지도」, 국토지리정보원 편, 『한국 지도학발달사』, 2009, 285~290쪽.

송 복, 『서애 류성룡 유대한 만남』, 지식마당, 2007.

신동규, 「일본의 중세적 세계관에서 근세적 세계관으로의 변화와 조선의 전통적 세계관 변화에 대한 비교 고찰」, 『한일관계사연구』 35(4), 2010, 3~48쪽.

양동휴, 「16~19세기 귀금속의 이동과 동아시아 화폐제도의 변화」, 『경제사학』 54, 2013, 131~166쪽.

오상학, 「조선시대 세계지도와 중화적 세계인식」, 『한국고지도연구』 1(1), 2009, 5~18쪽.

______, 「조선이 본 세계」, 강문식 등 지음, 『15세기 조선의 때 이른 절정』, 민음사, 2014, 50~69쪽.

와다 하루키(和田春樹), 『남북분단의 기원과 상호공존의 길』, 한국행정연구원, 1998.

유보전, 『임진왜란기 조 · 명 관계사 연구』, 성균관대학교 박사학위논문, 2003.

윤유숙, 「도요토미 히데요시의 조선침략 발발전 한일교섭 실태」, 『일본학보』 70, 2007.

윤휴, 『백호전서(白湖全書)』 제23권, 사실(事實), 제장전(諸將傳), 69쪽.

이계황, 「임진왜란과 강화교섭: 쓰시마번과 고니시 유키나가를 중심으로」, 『동북아 문화연구』 34, 2013, 85~110쪽.

이규배, 「패전을 전후한 일본의 한반도 정책」, 『세계정치경제』 제3호, 1996.

이긍익, 『연려실기술(燃藜室記述)』, 연려실기술 별집 제12권, 정교전고(政敎典故), 융장군기(戎裝軍器).

이상태, 「조선 초기의 고지도」, 『실학사상연구 2』, 1992.
이 영, 「동아시아 국제질서의 변동과 왜구」, 『한일관계사연구』 36, 2010.
_____, 「왜구의 단계별 침구 양상과 고려의 대응」, 『동북아문화연구』 31, 2012.
이완범, 『한반도 분할의 역사(임진왜란에서 6 · 25전쟁까지)』, 한국학중앙연구원, 2013.
이용희, 「삼팔선 획정 신고: 소련 대일참전사에 연하여」, 『아세아학보』 1, 1965, 409~463쪽.
이 이, 김태완 역, 『성학집요』, 청어람미디어, 2007.
이재범, 「삼포왜란의 역사적 성격에 대한 재검토」, 『한일관계사연구』 6, 1996, 13~20쪽.
이종호, 『한국의 7대 불가사의』, 역사의 아침, 2007.
이태진, 「16세기 동아시아의 역사적 상황과 문화」, 『퇴계학보』 48, 퇴계학연구원, 1985.
_____, 「국제무역의 성행」, 『한국사시민강좌』 9, 1991.
정은주, 「중국에서 유입된 지도의 조선적 변용」, 『명청사연구』 41, 2014, 245~298쪽.
정재훈, 「조선 전기 〈대학〉의 이해와 성학론」, 『진단학보』 86, 1998.
_____, 「〈성학집요〉를 통해 본 조선중기의 정치사상」, 『규장각』 22, 1999.
정진술, 「임진왜란 해전에서 조선수군의 승리의 원인과 역사적 의의」, 『육군사관학교육군박물관학예집』 19, 2012, 7~32쪽.
조경남, 「난중잡록(亂中雜錄)」, 『난중잡록』 2, 임진년 하.
조원래, 「임란초기 해전의 실상과 조선수군의 전력」, 『조선시대사학보』 29, 2004, 75~104쪽.
주경철, 『대항해시대』, 서울대학교출판부, 2008.
주희 · 여조겸 편, 이범학 역주, 『근사록』, 서울대학교출판부, 2004, 9쪽.
차용걸, 『고려말 · 조선전기 대왜 관방사 연구』, 충남대학교대학원 박사학위논문, 1988.
프로이스, 루이스 지음, 정성화 · 양윤선 옮김, 『임진난의 기록: 루이스 프로이스가 본 임진왜란』, 살림, 2008.
한명기, 「임진왜란과 명나라 군대」, 『역사비평』 54, 2001.
_____, 「임진왜란기 明 · 日의 협상에 관한 연구: 명의 강화집착과 조선과의 갈등을 중심으로」, 『국사관논총』 98, 2004, 247~258쪽.
_____, 「원명교체, 명청교체와 한반도」, 『세계정치』 제30권 제2호, 2010.
_____, 「임진왜란 직전 동아시아 정세」, 『한일관계사연구』 43, 2012.
한문종, 「조선초기의 왜구대책과 대마도 정벌」, 『전북사학』 19~20, 1997.
허선도, 「여말선초 화기의 전래와 발달(상)」, 『역사학보』 24, 1964, 1~60쪽.
_____, 「이조중기 화기의 발달(하): 정체기의 추세(1474~1592)」, 『역사학보』 31, 1966, 67~127쪽.

芝原拓自 外二名 校注, 『對外觀』, 日本近代思想大系12, 東京: 岩波書店, 1988.

Ahmed, S. A. & S. S. Khundmiri, *Islam, Science & Renaissance: Their Impact on Universe & Society*, Trafford, 2013.
Akira, M., "Chinese Sea Merchants and Pirates," In *A Selection of Essays on Oriental Studies of*

ICIS, Institute for Cultural Interaction Studies, Kansai University, 63~84, 2011.

Archer, Christon I., John R. Ferris, Holger H. Herwig, & Timothy H. E. Travers, *World History of Warfare*, University of Nebraska Press, 2008.

Atwell, William S., "International Bullion Flows and the Chinese Economy circa 1530~1650," *Past & Present* 95: 68~90, 1982.

Brown, Delmer M., "The Importation of Gold into Japan by the Portuguese during the Sixteenth Century," *Pacific Historical Review* 16(2): 125, 1947.

________________, "The Impact of Firearms on Japanese Warfare, 1543~98," *Far Eastern Quarterly* 7(3): 236~53, 236, 1948.

Carlson, Jon D., *Myths, State Expansion, and the Birth of Globalization: A Comparative Perspective*, Palgrave Macmillan, 2011.

Chase, Kenneth, *Firearms: A Global History to 1700*, Cambridge University Press, 2008.

Crawcour, E. S., "Changes in Japanese Commerce in the Tokugawa Period," *Journal of Asian Studies* 22(4): 387, 1963.

Day, John, "The Great Bullion Famine of the Fifteenth Century," *Past and Present* 79(1): 3~54, 1978.

Flynn, Dennis O. & Arturo Giráldez, "Born with a 'Silver Spoon': The Origin of World Trade in 1571," *Journal of World History* 6: 201~221, 1995.

Frank, Andre Gunter, *ReOrient: Global Economy in the Asian Age*, University of California Press, 1988.

Haffner, J., T. C. Klett, & J. Lehmann, *Japan's Open Future: An Agenda for Global Citizenship*, Anthem Press, 2009.

Harmon, R. Barry, *5,000 Years of Korean Martial Arts: The Heritage of the Hermit Kingdom Warriors*, Dogyear Publishing Co., 2007.

ICOMOS (ed.), "Iwami Ginzan Silver Mine (Japan)," UNESCO. Retrieved 13 February 2015.

Keiko, N., *Water Drainage in the Mines in Tokugawa Japan: Technological Improvements and Economic Limitations*, 2013.

Koshiro, Yukiko, "Eurasian Eclipse: Japan's End Game in World War II," *The American Historical Review* 109(2): 417~444, 2004.

Lewis, James B., "The Wanli Emperor and Ming China's Defence of Korea against Japan," *The International Journal of Asian Studies*, 8(1): 73~80, 2011.

Lidin, Olot G., *Tanegashima: The Arrival of Europe in Japan*, Copenhagen: NIAS Press, 2002.

Ma, Debin, "The Great Silk Exchange: How the World Was Connected and Developed," in D. Flynn, L. Frost, and A. J. H. Latham (eds.), *Pacific Centuries: Pacific and Pacific Rim History Since the 16th Century*, Routledge Press, 1998.

Morillo, Q. Stephen, "Guns and Government: A Comparative Study of Europe and Japan," *Jour-*

nal of World History 6: 75~106, 1995.

Morton, Louis, "Soviet Intervention in the War with Japan," *Foreign Affairs* July 40(4): 653~662, 1962.

Ohno, Kenichi, *The Economic Development of Japan: The Path Traveled by Japan as a Developing Country*, GRIPS Development Forum, 2006.

Parker, Geoffrey, "Europe and the Wider World, 1500~1750: The Military Balance," in James D. Tracy, *The Political Economy of Merchant Empires*, Cambridge University Press, pp. 161~195, 1991.

Perdue, Peter C., "Chapter 16: Russia, Central Eurasia, China, Japan, 1500~1700: Centralization and Commercialization," *Global Connections: A World History*, 2000.

Reid, Anthony, *Southeast Asia in the Age of Commerce, 1450~1680. Vol. II: Expansion and Crisis* XV, 390pp., New Haven: Yale University Press, 1993.

Rose, Susan, *Medieval Naval Warfare 1000~1500*, Routledge, 2001.

Thackeray, F. W. & J. E. Findling, *Events, That Formed the Modern World: From the European Renaissance through the War on Terror*, ABC-CLIO, 2012.

Toshiaki, T., "Japanese Economic Growth in Edo Period,"『京都産業大經濟學レビュー』, No. 1, 2014,

UNESCO, "Historic Silver Mine of Iwami Ginzan," http://whc.unesco.org/en/list/1246.

U.S. Senate, *The United States and the Korean Problems, Documents, 1943~1953*, Prepared for Committee on Foreign Relations, Washington DC. USGPO, 1953.

Uyenaka, Shuzo, "Daimo in the Sengoku Period, 1467~1590," in A. Hamish Ion & K. Neilson (eds.), *Elite Military Formations in War and Peace*, Praeger, 73~92, 1996.

Zhenghai, Song & Chen Chuankang, "Why did Zheng He's Sea Voyage Fail to Lead the Chinese to Make the 'Great Geographic Discovery'?," in Fan Dainian & Robert S. Cohen (eds.), *Chinese Studies in the History and Philosophy of Science and Technology*, Kluwer Academic, 1996.

제2부
임진왜란 전야의 일본과 명, 그리고 조선

제2장

임진왜란 전야의 일본

임진왜란 전야의 일본 사회와 도요토미 히데요시 군단

구태훈(성균관대학교 사학과 교수)

1. 머리말

이 글의 목적은 일본사에서 무로마치(室町) 시대 말기, 또는 전국시대(戰國時代) 후기로 시대 구분할 수 있는 16세기 중기를 대상으로 일본의 사회 · 정치 · 군사의 특질을 해명하는 것이다. 단, 어떤 테마를 일관되게 추구하는 방식이 아니라, 그 시대의 이미지를 큰 틀에서 입체적으로 조명하고자 한다.

16세기 일본 사회는 전쟁의 시대였다. 일본사에서 이 시대를 특별히 전국시대라고 부르는 것은 바로 그 때문이다. 당시 일본의 중앙집권 권력은 무로마치 막부였다. 하지만 무로마치 막부는 권력을 거의 행사하지 못했고, 일본 열도는 다이묘(大名)에 의해 분할되었다. 그로 인해 이 시기는 전쟁이 끊이지 않았으며, 하극상의 에너지가 한껏 분출되던 시대였다. 하극상의 혼란은 도요토미 히데요시가 전국을 통일할 때까지 지속되었다.

16세기 말 일본 사회의 주역은 다이묘였다고 할 수 있는데, 그들은 승리라는 목표를 쟁취하기 위해 부국강병에 힘썼다. 그 결과 일본의 생산력은 증대되었고, 무사단의 전투력은 증강되었다. 특히 화승총이 전래되면서 중세적인 전투 방식이 근세적인 전투 방식으로 변화되었다. 기마전을 주축으로 하는 전술이 화승총을 앞세운 집단 보병 전술로 전환된 것이다. 또 일본 사회는 모든 사람이 어떤 식으로든 전쟁에 기여할 수 있는 병영국가로 탈바꿈했다.

하극상의 혼란 속에서 통일을 지향하는 기운이 형성되었다. 오다 노부나가(織田信長)와 그 후계자 도요토미 히데요시가 통일의 주역이었다. 특히 도요토미는 일본 통일을 달성하고, 그 여세를 몰아 조선을 침략했다. 도요토미는 전국시대를 통해 과도하게 형성된 살상 에너지를 해외에 방출하려는 목적으로 임진왜란을 일으켰다.

이 글에서는 먼저 중세에서 근세로 전환하는 과도기였던 전국시대를 개략적으로 스케치하고, 이어서 도요토미의 정치적 성장 배경, 군단 편성, 새로운 전쟁 방식, 조선 침략 준비 과정 등을 크게 기술할 것이다.

이 과정에서 도요토미의 정치력, 도요토미 군단의 실력, 장기간 해외 침략이 가능했던 이유, 인적 · 물적 동원 시스템 등이 구체적으로 드러날 것이다. 또한 이순신이 승리할 수 있었던 근본적인 요인 등을 탐구할 수 있는 구체적인 실마리가 제공될 것이다.

2. 16세기 일본 사회

1) 에너지가 충만했던 난세

센고쿠다이묘(戰國大名)

16세기에 접어들면서 무로마치 막부 쇼군(將軍)의 권위는 실추되었다. 쇼군의 지배력이 미치는 지역은 겨우 교토(京都) 일대에 불과했다. 막부는 각 지역의 다이묘를 통솔하고, 일본 사회를 통괄할 만한 공권력을 행사하지 못했다.

분열된 일본 열도의 각 지역은 다이묘가 지배했다. 실력으로 문제를 해결하는 방식이 정당화되는 전국시대가 시작된 것이다. 다이묘 영국(領國) 내에서는 하극상이 만연했다. 교토에 거주하는 다이묘를 대신해 영국을 관리하던 슈고다이(守護代)나 토호인 고쿠진(國人)이 다이묘를 몰아내는 일도 흔했다. 그들은 각종 행정권을 행사하면서 실력을 축적하고, 상위 권력자를 몰아내면서 하극상의 주역이 되었다.

센고쿠다이묘는 강력한 무력을 갖추고 실력으로 영국을 확장했다. 그들은 상위 권력을 반드시 필요로 하지 않는 지역적 통일 권력이었다. 센고쿠다이묘는 무로마치 막부의 통제를 따르지 않았다. 그들은 '국가'의 유지 · 존속을 목적으로 존재했다. '국가'란 다이묘의 가문과 영국을 의미한다. '국가'를 지키는 실력이야말로 영국 지배의 근거였다.

센고쿠다이묘 중에는 다테씨(伊達氏) · 시마즈씨(島津氏) · 오토모씨(大友氏) · 이마가와씨(今川氏) · 다케다씨(武田氏) 등과 같이 16세기 이전부터 각 지역의 실력자로 군림하던 슈고다이묘(守護大名)에서 성장한 경우도 있었으나, 대부분은 우에스기씨(上杉氏) · 아사쿠라씨(朝倉氏) · 오다씨(織田氏) · 도쿠가와씨(德川氏) · 모리씨(毛利氏) 등과 같이 지역의 토호나 슈고다이묘의 가신이 주군을 밟고 센고쿠다이묘로 성장한 경우가 많았다.

죽음의 일상

센고쿠다이묘는 난세의 현실에서 벗어날 수 없는 존재로서 난세의 주역이었다. 피비린내 나는 전장을 누볐던 그들의 삶은 한 마디로 말해 죽음의 일상이라고 할 수 있다.

전국시대에는 다이묘조차 영국을 벗어나면 죽임을 당해도 하소연할 수 없었다. 심지어 자기가 다스리는 지역에 있을 때에도 안심할 수 없었다. 언제 반역자가 나와서 목을 벨지 알 수 없었다. 전쟁의 시대, 하극상의 시대였다. 실력이 있으면 주군을 몰아내고 그 자리를 차지할 수 있었지만, 자리에 앉자마자 '아랫것들'이 언제 반역을 할지 몰라 노심초사했던 것이 센고쿠다이묘들이었다.

전국시대는 승리지상주의가 지배하던 시대였다. 센고쿠다이묘들은 승자가 곧 천도(天道)에 의해 선택된 자라고 믿고 있었다. 그들의 목표는 승리였다. 승리를 위해서는 수단과 방법을 가리지 않았다. 아사쿠라 노리카게(朝倉教景)는 "전투에 임하는 자는 개라고 불리든지, 축생(畜生)이라고 불리든지, 어쨌든 이기는 것이 가장 중요하다."라고 단언하면서 인품이 비열해도 전투의 자질이 있는 무사가 제일이라고 주장했다. 오직 실력만이 요구되는 일촉즉발의 나날이었다.

오다 노부나가(織田信長)는 자신의 목숨과 가문의 명운을 건 오케하자마(桶狹間) 전투에 출진하기 전에 군장을 갖추고 "인생은 오십 년, 하늘 아래를 둘러보건대, 한 바탕 꿈이어라. 한 번 목숨을 얻어, 멸망하지 않는 것이 있을 손가."라고 노래한 다음, 갑옷을 입고 선 채로 물에 밥을 말아 먹고, 성큼 말에 올라 전장으로 나갔다. 도요토미도 죽음에 임박해 시 한 수를 남겼다. "이슬처럼 떨어져 이슬처럼 지는 물방울이 이 몸이던가, 영화롭던 나날이 꿈속의 꿈이더라."[1]

1 구태훈, 『일본무사도』, 태학사, 2005, 89~96쪽.

2) 부국강병

개간(開墾)과 증산(增産)

센고쿠다이묘의 당면 과제는 부국강병이었다. 그들은 부국강병의 기반이 되는 농업 생산력을 향상시키기 위해 노력했다. 거의 모든 다이묘들이 황무지 개발에 힘썼다. 새로운 경작지를 개척하도록 장려하고, 하천에는 제방을 쌓고, 용수로를 건설하는 등 권농 정책과 농촌 보호 정책을 병행했다. 그 결과 15세기 말 94만 정보에 불과했던 일본의 경작지는 16세기 중엽에 163만 정보에 달했다.

센고쿠다이묘의 정책 중에서 특히 주목할 만한 것은 농민의 직접 지배를 강화했다는 점이다. 센고쿠다이묘는 토착 무사를 가신단에 편입하고, 무사가 마음대로 농민을 지배하지 못하도록 했다. 또 장원 제도를 타파하고, 장원 영주가 보유하고 있던 권리를 인정하지 않았다. 그리고 영국 내의 토지와 농민을 직접 장악하는 체제를 정비했다. 농촌의 자치 조직을 효과적으로 통제했다. 그 결과 농민 봉기의 발생 건수가 현저하게 감소했다.

센고쿠다이묘는 복잡한 경작 관계를 해소하기 위해 노력했다. 중세 장원 체제하에서는 영주 · 쇼칸(莊官) · 묘슈(名主) · 사쿠닌(作人) 등이 농민들 위에 군림하면서 농민을 착취하고 있었다. 다이묘는 경작지에 층층이 존재하던 권리 구조를 개혁하여 모든 경작지를 통일적으로 지배했다. 그 결과 농민은 다이묘에게 연공을 납부하기만 하면 다른 착취를 당하지 않을 수 있게 되었다. 농민은 생업이 안정되었고, 다이묘는 연공을 더 수취할 수 있게 되었다.

센고쿠다이묘는 연공을 통일하는 정책도 추진했다. 당시 연공의 비율은 영주에 따라 천차만별이었다. 심지어 같은 영주라도 지역에 따라 비율이 다른 경우가 태반이었다. 센고쿠다이묘는 토지 조사 사업을 실시하고 경작지에 등급을 매겨 생산량에 따른 연공을 공평하게 부과하려고 노력했다. 다이묘는 보통 생산량의 50퍼센트를 연공으로 수취했다.

상공업의 진흥

센고쿠다이묘 중에 오다 노부나가는 상공업 진흥에 앞장선 인물이다. 그는 중요한 도시에 관리를 직접 파견했으며, 상공업 발전에 장애가 되는 낡은 제도를 과감하게 폐지하고 새로운 제도를 적극적으로 도입했다. 물론 다른 센고쿠다이묘도 부국강병 정책을 추진하면서 상공업 발전을 장려했지만 노부나가만큼 적극적이지 않았다. 특히 노부나가는 라쿠이치(樂市)·라쿠자(樂座) 제도를 실시했다. 이 제도는 전통적인 동업조합을 철폐하고 누구나 자유롭게 영업할 수 있도록 한 조치로, 다른 다이묘들은 선뜻 실행하기 어려운 것이었다.

노부나가는 일찍부터 상업의 중요성을 알고 있었다. 1563년에는 다른 지역의 상인이 자유롭게 왕래하도록 하고, 시장에서 불법적으로 세금을 거두는 것을 금지했다. 그 대신에 상인은 반드시 지배 지역 내의 시장에 머물도록 하는 정책을 시행했다. 상인들은 노부나가의 지배지를 자유롭게 왕래할 수 있었고, 시장에 대대로 거주하는 자들이라고 해도 다른 지역에서 온 상인의 영업을 방해할 수 없었다.

1569년 노부나가가 이세(伊勢) 지방 남부를 평정하면서 상업의 발달이 더욱 촉진되었다. 노부나가는 신흥 상인의 왕래를 어렵게 했던 검문소 관소(關所)도 철폐했다. 이 정책은 오미·이세 지방 일대의 상품 유통을 독점하고 있던 특권 상인들에게 커다란 타격을 안겨주었다. 신흥 상인들이 자유롭게 활약하면서 무기·식량·의류 등의 군수품을 대량으로 공급할 수 있는 길이 열렸다. 정치적·경제적 기반이 무너진 호족들은 노부나가의 군대로 재편되었다.

3) 병농분리

상비군의 편성

센고쿠다이묘 중에 오다 노부나가가 가장 먼저 상비군을 편성했다. 노부나가는 이미 1550년대 중반부터 친위대를 편성하여 자신의 거성에 배치했다. 그 숫자는 800명 정도였다. 친위대는 자신의 집을 떠나 노부나가의 거성에서 생활했다. 친위대는 농업 생산에서 분리되어 전투를 직업으로 하는 존재였다. 노부나가는 각 지방 호족의 차남 중에서 인재를 선발해 친위대에 편입시켰다. 그들은 노부나가가 오와리를 통일하는 전쟁에서 눈부신 활약을 했다.

전국시대 무사들은 독립적인 성향이 강한 지역의 호족이었다. 그들은 고쿠진이라고 불렸는데, 농촌에 토착하면서 직간접적으로 생산에 종사했다. 전쟁이 나면 센고쿠다이묘는 무사들에게 동원령을 내렸고, 고쿠진은 평소 거느리고 있던 게라이(家來)와 토호(土豪)로 불린 토착 무사, 그리고 농민들을 소집하여 다이묘의 성으로 달려갔다. 고쿠진 · 토호 집안의 장남은 당연히 가문을 잇기 위하여 집안에 남아 있었으나 장남을 제외하고는 비교적 처신이 자유로운 입장이었다.

다이묘들 간의 전쟁이 갈수록 치열해지고, 속도전이 요구되면서 다른 다이묘들도 상비군 편성의 필요성을 절감하게 되었다. 다이묘들은 농촌에 토착하는 무사들을 자신의 거성 주변으로 불러들여 집단으로 거주하게 했다. 그 결과 다이묘의 거성 주변에 도시가 형성되었다. 그곳을 조카마치(城下町)라고 했는데, 그곳에는 무사들에게 식료품과 무기를 공급하는 상인도 함께 거주했다.

무사단=전투 공동체

다이묘의 가신들은 다이묘의 일족으로 가신이 된 이치조쿠슈(一族衆)와 오래전부터 대를 이어 가신단에 편성된 무사 후다이(譜代) · 구니슈(國衆),

새로 가신단에 편성된 무사 도자마(外様) · 신산슈(新参衆) 등으로 분류된다. 가신의 휘하에는 로토(郎党) · 주겐(仲間) · 고모노(小者) 등의 무리가 있고, 경보병으로 적진의 정찰 · 방화 · 매복 등의 임무를 수행했던 아시가루(足軽)도 있다. 가신 중에서 군사 작전이나 전투, 그리고 군사 행정 등에 뛰어난 능력이 있는 무사는 이쿠사부교(軍奉行)에 발탁되었다. 이쿠사부교의 휘하에는 구미가시라(組頭)가 있었다. 구미가시라는 단독 부대를 이끄는 지휘관이다. 구미가시라 밑에는 요리코(寄子) · 요리키(寄騎)라고 불리는 무사들이 배속되어 있었다.

가신의 일상 생활은 메쓰케(目付)라는 관리에 의해 통제되었다. 가신 상호 간의 사적인 동맹은 금지되었다. 다이묘가 무사의 가문에 부여한 영지는 자유롭게 처분할 수 없었다. 무사에게 부여된 영지는 원칙적으로 분할 상속이 금지되었고, 장자 단독상속이 장려되었다. 혼인도 주군의 허가를 받아야 했다. 형벌은 가혹했으며 사사로이 다투었을 경우에는 시비를 논하지 않고 양편을 함께 처벌했다. 복수의 근원을 없애기 위해서였다. 법을 어긴 자는 엄벌에 처해졌다. 개인의 죄를 일족에게까지 책임을 묻는 연좌법도 시행했다.

4) 화승총의 전래와 전술의 변화

전국시대는 일본 역사상 병기가 가장 발달한 시기였다. 원거리용 무기로 예로부터 널리 사용했던 활과 16세기 중엽 서양에서 전래된 화승총이 있었다. 일본인들은 화승총을 뎃포(鐵砲)라고 불렀다.

1543년 8월, 필리핀의 마닐라에서 명나라로 향하던 포르투갈의 화물선이 규슈 남쪽에 위치한 섬 다네가시마(種子島)에 표착했다. 그때 포르투갈 선원에 의해 뎃포가 전래되었다. 다네가시마 영주는 거금을 주고 뎃포 2정을 구입하고, 가신에게 화약 제조법과 총기 제작법을 배우게 했다.

그 후 뎃포는 기슈(紀州)의 네고로(根來), 이즈미(和泉)의 사카이로 전해졌고, 대량생산되어 일본 전역으로 보급되었다. 1549년에는 오다 노부나가(織田信長)가 500정의 뎃포를 주문했다는 기록이 보인다. 같은 해 무사들이 전투 중에 뎃포로 저격당해 사망한 기록이 확인된다. 뎃포가 일본에 전래된 지 약 30년 후에는 실전에서 그 위력을 발휘하기 시작한 것이다.

시마즈(島津), 오우치(大內), 모리(毛利), 이마가와(今川), 조소카베(長宗我部) 등의 다이묘들은 뎃포대를 편성했다. 하지만 처음부터 뎃포가 중요한 공격용 무기로 활용된 것은 아니다. 뎃포를 전투에 활용하기 위해서는 해결하지 않으면 안 되는 여러 가지 기술적인 문제가 있었기 때문이다.

당시 뎃포는 말이나 사람과 같은 커다란 표적물의 유효사거리가 고작 100미터에 불과했다. 그 이상의 거리에서는 명중률이 현저히 떨어졌다. 특히 발사 속도가 아무리 빨라도 1분에 4~5발이 한계였다. 탄환 1발이 발사되는 데 소요되는 시간이 12~15초가 걸렸던 셈이다. 발사하기까지 수순도 복잡했다. 발사 속도의 문제는 뎃포를 실전에 사용하는 데 걸림돌이 되었다. 또 뎃포는 경제력이 있는 다이묘가 아니면 선뜻 구입할 수 없는 비싼 무기였다.

뎃포에 관심이 많고, 또 그 유용성에 주목했던 것은 오다 노부나가였다. 노부나가의 일대기인 『신초코키(信長公記)』에는 노부나가가 뎃포를 직접 다루는 연습을 했다는 기록이 보이고, 1554년 4월 노부나가가 장인인 사이토 도산(斎藤道三)과 회견하기 위해 떠날 때, 그의 친위대가 보유하고 있던 뎃포의 수량이 활과 합해 500정이었다는 기록이 보인다. 오다 노부나가의 뎃포대가 위력을 발휘한 것은 1575년 5월에 미카와(三河)의 나가시노(長篠) 전투로 알려져 있다. 오다 · 도쿠가와 연합군과 다케다(武田) 군단이 격돌한 이 전투에서 오다군의 뎃포대가 맹활약을 한 것이다.

나가시노 전투의 역사적 의의는 뎃포대를 전면에 배치한 오다군의 보병이 전설적인 다케다군의 기마 군단을 괴멸시켰다는 데 있다. 기동력이 뛰어나기로 명성이 높았던 다케다군의 기마대는 장애물 뒤에서 조준 사격을 하는 오다군 뎃포대의 사격에 효율적으로 대응할 수 없었다. 나가시노 전투는 뎃포대를 중심으로 하는 근세적 전술과 기마대를 중심으로 하는 중세적 전술의 한판 승부였다. 결과는 기마대를 중심으로 하는 중세적 전술의 완패였다.

뎃포의 전래는 전쟁 방식에 커다란 영향을 주었다. 활을 사용하는 기마 전법이 무력화되었고, 뎃포대를 앞세운 보병의 집단 전법이 중시되었다. 그 결과 아시가루(足軽)를 비롯한 보병이 군사력의 핵심이 되었다. 집단 전법의 기동성을 확보하기 위해 다이묘들은 가신을 거성 주변에 거주하도록 했다. 그 결과 병농분리가 급속히 진행되었다.

3. 도요토미의 통일 정책

일본 열도의 분열이 극에 달했던 16세기 중엽에 통일의 기운이 일어났다. 군사력이 뛰어난 센고쿠다이묘들은 교토로 입성해 천황을 등에 업고 패자가 되기를 염원했다. 그러한 꿈을 과감하게 실천에 옮긴 인물은 혜성처럼 나타난 약관의 다이묘 오다 노부나가였다. 그는 필사적으로 노력하여 통일 직전까지 다다랐으나 1582년 6월 부하의 반란으로 급작스런 죽음을 당했다.

노부나가가 급사한 후 도요토미가 후계자의 지위를 확립했다. 도요토미는 강력한 군사력을 배경으로 일본 통일에 매진했다. 1584년 도요토미 히데요시는 도쿠가와 이에야스(德川家康)와 싸워 패했지만, 외교력으로 이에야스를 복종하게 하는 수완을 발휘했다. 1585년에 시코쿠(四國) 지방을 시작으로 주고쿠(中國) 지방, 호쿠리쿠(北陸) 지방의 여러 다이묘들을 차례로 굴복시켰고, 1587년부터 1590년까지 규슈 · 간토 · 도호쿠 지방의 다이묘들까지도 무릎을 꿇게 했다. 도요토미 정권에 끝까지 저항했던 잇코잇키(一向一揆) 세력을 끝으로 전국을 통일했다.

1) 전투 금지령과 도요토미 군단

도요토미 히데요시는 다이묘 상호 간에 전투를 금지한다는 전투 금지령[總無事令]을 내렸다. 이 명령은 도요토미가 법에 의한 평화, 즉 센고쿠다이묘의 사적 교전권을 부정하고, 영토 분쟁을 도요토미 정권이 재판을 통해 해결하겠다는 방침을 천명한 것이다.

1585년 7월 도요토미가 간파쿠(關白)에 취임했지만, 규슈, 간토, 도호쿠 지방은 아직 도요토미에게 복종하지 않았다. 도요토미는 같은 해 10월 규슈의 여러 다이묘에게 전투 금지령을 내린 다음, 1586년 11월에는 간토 지방, 1587년 12월에는 간토 지방과 도호쿠 지방에 각각 전투 금지령을 발령했다. 도요토미는 영토 재판권 행사를 통해 전국을 지배 영역에 포함시키려 했던 것이다. 그 논리를 규슈에 초점을 맞추어 살펴보기로 하자.

도요토미가 규슈에 전투 금지령을 발령했을 때, 규슈 남단 사쓰마(薩摩)에 근거지를 두고 있던 시마즈씨(島津氏)가 강력한 무력을 배경으로 규슈 북부 붕고(豊後)의 오토모씨(大友氏)를 압박하고 있었다. 도요토미는 시마즈씨와 오토모씨에게 국경 문제는 자기가 직접 양쪽의 의견을 듣고 결정할 터이니 전쟁을 중지하라고 명령했다. 도요토미는 자신의 명령이 천황의 뜻이라면서 만약 명령을 거부하면 처벌하겠다고 말했다.

가마쿠라(鎌倉) 시대 이래로 명문 가문인 시마즈씨는 도요토미의 명령을 과소평가했다. 시마즈씨는 오토모씨가 먼저 자신의 영토를 침범했고, 그래서 이 전쟁은 자신의 영토를 지키기 위한 정당한 전투 행위라고 변명했다. 하지만 도요토미는 일방적으로 영토를 분할했고, 그중 일부는 자신의 직할지로 삼았다. 이 결정에 오토모씨는 따랐으나 시마즈씨는 반발했고, 오히려 1586년 7월 오토모씨 영토를 침범했다. 그러자 도요토미는 시마즈씨 정벌을 결정하고, 자신에게 복종한 서부 일본의 다이묘에게 출진을 명했다.

같은 해 12월 시마즈군은 정벌군과 싸워 이기고 규슈 북부로 진격했다. 이어서 1587년 3월에는 도요토미가 직접 대군을 거느리고 시마즈씨 정벌에 나섰다. 그러자 같은 해 5월 그 위세에 눌린 시마즈씨가 항복했다. 도요토미가 실력으로 영토 재판권을 행사했던 것이다. 시마즈씨는 다이묘 상호 간의 영토 전쟁은 중세의 자력 구제의 관행에 따른 정당한 다툼이라는 논리를 폈으나 도요토미는 그것을 용납하지 않았다.

1589년 도호쿠 지방의 실력자 다테 마사무네(伊達正宗)가 아이즈(会津)의 다이묘 아시나 요시히로(芦名義広) 영토를 침략했을 때, 도요토미는 마사무네의 행위를 사사로운 싸움으로 규정하고, 천하를 관장하는 도요토미 자신의 명령에 따르지 않은 것은 잘못이라며 점령한 아이즈를 반납하고 사죄하라고 명령했던 것에서도 도요토미의 뜻이 분명하게 드러난다. 도요토미는 자신이 '천하'를 관장하는 공권력임을 내세우고, 다이묘 상호 간의 전쟁을 사사로운 다툼으로 규정하여 부정했던 것이다.

도요토미의 전투 금지령 앞에서 다이묘는 선택의 기로에 직면했다. 하나는 도요토미에 굴복하는 것이고, 또 하나는 그에게 전면전을 선포하는 것이다. 도요토미에게 복종한 다이묘는 즉시 도요토미 군단에 편성되어 평생 전쟁터로 내몰렸다. 도요토미에 맞선 다이묘는 도요토미 군단의 무력에 제압되었다. 도요토미에 맞섰던 규슈의 시마즈씨도, 동부 일본 최대의 실력자 호조씨도 싸움다운 싸움을 한 번 하지 못한 채 도요토미에게 무릎을 꿇거나 자결하지 않을 수 없었다. 요컨대 전투 금지령 앞에 선 다이묘는 치욕을 감수할 것인가, 아니면 싸우다 죽을 것인가? 두 길 중에 하나를 선택하는 길 외에 다른 길이 없었다.

도요토미가 실권을 장악하고, 전국을 통일하는 과정에서 도요토미의 군단은 더욱 확대되었다. 1584년경 도요토미 군단은 약 3만 명 규모의 3군으로 편성되어 있었다. 그는 군단을 크게 동군과 서군 그리고 친위군으로 나누고 각 군단을 다시 각각 4~5개의 단으로 나누어 각 단에 5,000명 내지 7,000명의 병력을 배치했다. 원래 오다 노부나가 군단에 속해 있던 다이묘들과 도요토미와 친분이 있던 다이묘들이 각 단의 주력을 형성하고 있었는데, 군단의 중추라고 할 수 있는 도요토미의 친위군은 1만여 명에 달했다. 전위대에는 2,000여 명의 뎃포대가 배치되었고, 도요토미 주위에는 4,000여 명의 정예병이 에워싸고 있었으며 후위대에는 2,000여 명이 배치되었다.

도요토미는 자신에게 복종하는 다이묘들을 전쟁에 동원했는데, 도요토미 군단은 도요토미가 직접 거느리는 군단 외에도 여러 다이묘[客將]가 거느리는 군대까지 포함되어 그 규모가 매우 컸다. 게다가 도요토미가 전쟁에 승리할 때마다 확대되고 강화되었다. 매번 강화되는 전력을 배경으로, 도요토미는 다음 전쟁에서의 승리를 예약하고 있었던 것이다.

2) 토지조사[検地]

도요토미 히데요시가 주도한 토지조사는 1582년에 시작되어 1598년까지 계속되었다. 토지조사의 목적은 경작지의 면적과 생산량을 파악하는 데 있었다. 파견된 관리는 먼저 경작지의 면적을 조사하고, 그 다음에 생산량을 산출했다. 경작지의 일정한 면적에서 벼를 추수해 그 생산량을 되로 재어 보고, 그 결과를 가지고 전체 경작지의 생산량을 산출하는 방식이다. 토지조사 결과 전국의 경작지와 생산량이 산술적으로 파악되었다. 농촌에 거주하는 농민의 숫자는 물론, 특정 농민의 성별, 나이, 신체 상태 등도 구체적으로 파악되었다.

도요토미는 유력한 토호의 토지든 일반 농민의 토지든 차별을 두지 말고 조사하라는 명령을 내렸다. 토지조사가 시행되자 토호들이 크게 반발했다. 토지조사를 시행하는 관리에게 뇌물을 주거나 마을 농민이 단결해 경작지를 포기하고 도망을 가기도 했다. 그러자 도요토미는 토지조사에 반발하는 자들을 엄히 처벌했다. 그는 무수히 많은 희생을 감수하면서 토지조사 정책을 추진했다.

1584년의 토지조사에서는 농민에게 은전(隱田)을 두지 않을 것, 뇌물을 주고 숨겨 둔 경작지를 신고할 것, 토지조사 후에 새로 개간한 땅을 숨기지 말고 신고할 것, 경작지의 등급을 속이지 말 것 등을 서약하게 했다. 만약에 서약을 어길 경우에는 여자와 아이를 가리지 않고 촌락의 모든 농민을 사형에 처하겠다고 선언했다.

1590년 오우(奧羽) 지방에 하달된 도요토미 명령서를 보면, 그의 의지가 얼마나 강했는지 알 수 있다. 그 내용 중에 다음과 같은 대목이 있다. "만약에 토지조사에 반대하는 영주가 있을 경우에는 구성원 모두를 성으로 몰아넣고 한 사람도 남기지 말고 몰살시켜라. 농민도 마찬가지다. 다시 강조하지만 한 마을, 두 마을의 농민을 모두 몰살시켜도 좋다. 한 지방이 황폐해져도 좋으니 깊은 산속에서부터 배가 갈 수 있는 데까지 정성을 다해 토지조사를 시행하도록 하라."

도요토미는 토지조사를 시행할 때 전국적으로 적용할 수 있는 기준을 정했다. 즉 토지를 측량하는 장척(丈尺), 경작지의 등급, 도량형, 생산량 등을 확정한 것이다. 토지조사는 논 · 밭 · 거주지 공히 가로 5간(間) 세로 60간의 공간을 정해 새끼를 두르고 시행했다. 이를 통해 경작지를 4등급으로 나누고, 등급별로 부과하는 연공(年貢)의 기준을 정했다.

토지조사 결과는 고젠초(御前帳)라는 장부에 기록했다.[2] 예를 들어 어떤 마을은 경작지가 몇 평, 생산량이 몇 석, 경작자가 몇 명, 이런 식으로 세밀하게 파악하여 장부에 기재했다. 그러한 정보는 마을 단위, 군 단위, 다시 다이묘의 지배 지역 단위로 합산되었다. 이런 식으로 도요토미

---

2 도요토미는 전 일본의 생산량과 경작자를 파악하는 데 고젠초를 이용했다. 작성 시기가 조선을 침략하기 이전 해라는 점에 주목하면, 침략을 위한 군역 기준을 설정하는 기초 자료로서 고젠초가 필요했다는 것을 알 수 있다.

는 일본 전국의 경작지와 생산량, 경작자를 장악할 수 있었다. 1591년 5월, 도요토미는 전 다이묘에게 각 지역별 조감도를 첨부한 지형, 경작지의 수, 사원의 수 등을 작성해 제출하도록 했다. 이 자료를 근거로 일본 전체의 생산지도, 인구지도가 완성되었다.

도요토미의 토지조사로 인해 촌락의 성격이 변화했다. 중세의 촌락은 집락의 주민을 중심으로 한 조직이라는 측면이 강했다. 도요토미의 토지조사는 경작지 이외의 거주지 · 산야 · 저수지 등도 석고제(石高制), 즉 쌀 생산량으로 파악했다. 그 결과 촌락은 경작지를 포함한 하나의 구획된 영역을 의미하게 되었다. 촌락의 경계도 산이나 하천 등 막연한 기준이 아니라 토지조사 기록에 따른 구체적인 구역으로 나누어졌다. 이로써 농경지를 경작하고, 연공(年貢)과 부역(夫役)의 의무를 진 혼뱌쿠쇼(本百姓)가 촌락의 중핵을 구성한다는 원칙이 확립되었다.

3) 도수령(刀狩令)

토지조사를 통해 구체화된 병농분리 정책이 보다 명확한 형태로 시행되기 시작한 것은 가타나가리(刀狩),[3] 즉 무기 몰수령이었다. 가타나가리는 농민이 소지하고 있는 무기를 몰수해 무장해제를 시키는 정책이었다. 도요토미는 농민이 무기를 소지하고 있으면 무장 봉기의 원인이 된다고

3 가타나(刀)는 도검을 의미하므로 가타나가리령(刀狩令)은 도수령 혹은 도검몰수령이 된다. 하지만 실제 정책 추진 과정에서 도검을 포함해 농민이 소지하고 있는 모든 무기가 몰수 대상이 되었다. 그렇다면 왜 처음부터 '부구가리(武具狩)'라고 하지 않고 '가타나가리'라고 했을까? 그 이유는 첫째, 가타나가 모든 무기를 상징하기 때문이다. 둘째, 도요토미는 단지 농민의 무장 해제를 목적으로 한 것이 아니라 자위권(自衛權)을 부정하려고 했는데, 자위권을 상징하는 것이 바로 도검이었기 때문이다. 셋째, 도요토미는 가타나가리 정책을 통해 병농분리 정책을 완성하려고 했다. 전국시대 말부터 무사는 길고 짧은 두 자루의 도검을 소지하는 것이 관행이었는데, 도검은 무사의 신분을 상징한다. 즉 도요토미는 도검으로 상징되는 무기를 무사가 배타적으로 독점하게 하려고 했던 것이다.

생각했다. 그것이 농민의 무기 소지를 금지한 가장 중요한 이유의 하나였다.

흔히 가타나가리 하면 일반적으로 1588년 7월에 시행된 도요토미의 가타나가리령을 가장 먼저 떠올린다. 가타나가리에 관한 법령은 1588년에 이르러 처음으로 발령된 것이 아닌데, 그해의 법령이 특히 주목을 받는 것은 그것이 그 이전의 법령과 구분되는 성격을 가진 법령이었기 때문이다. 그래서 1588년에 발령된 가타나가리령을 이전에 발령된 것과 구별해 도요토미 가타나가리령이라고 한다.

1588년 이전에도 도요토미는 가타나가리를 실시했다. 그런데 그 가타나가리는 주로 점령지 농민을 대상으로 한 무장해제가 주된 목적이었다. 그런 의미에서 처음부터 농민의 전투력을 약화시키기 위해 시행한 가타나가리와는 구별된다.

1588년에 발령된 도요토미 가타나가리령의 내용을 소개하면 대략 다음과 같다. (1) 여러 지역의 농민이 가타나(刀) · 와키자시(脇差) · 유미(弓) · 야리(槍) · 뎃포(鐵砲) 그 밖의 무구(武具)의 종류를 소지하는 것을 엄금한다. 농민이 무기를 소지하고 있으면, 불순한 음모를 꾸미고, 연공을 징수하는 것을 어렵게 하며, 반란을 획책하거나 나아가 관리에게 무례를 범하는 경우가 많기 때문이다. 지역의 영주와 관리들은 농민이 소지하고 있는 무구를 모두 거두어들여야 할 것이다. (2) 거두어들인 가타나, 와키자시 등의 무구는 이번에 대불(大佛)을 건립하는 데 필요한 못과 철물로 사용할 것이다. 그러면 금생(今生)은 말할 것도 없고, 내생까지도 농민에게 이익이 될 것이다. (3) 농민은 농구만 소유하고, 오로지 경작에만 전념해야 자자손손까지 번영할 것이다. 농민에게 자비심을 갖고 있기 때문에 무구를 거두어들이는 것이다. 그것이 진정한 의미의 국토 안전, 만민 쾌락의 근본이다. 다른 나라에서는 고대 성군이 천하를 진무(鎭撫)하고 보검과 이도(利刀)를 농구로 사용했다고 한다. 일본에서는 아직까지 전례가 없지만, 이와 같은 정신을 잊지 말고, 각기 그 뜻을 헤아려 농민은 농사와 양잠에 전념해야 할 것이다.

앞서 소개한 (1)은 영주와 관리들만 볼 수 있는 공문에 가타나가리의 목적과 의도를 밝힌 것이다. 즉 가타나가리는 농민이 소지하고 있는 무기를 회수해 그들이 반란을 일으키는 것을 방지하기 위한 것이다. 농민이 무장하고 있으면 도요토미 정권에 저항할 우려가 있으므로 일단 농민이 보유하고 있는 무기를 회수하면 그들을 통치하기가 용이해진다.

가타나가리의 목적이 분명했음에도 불구하고, 위의 내용을 농민에게 공개하지 못했던 것은 그만큼 농민의 반발이 거셀 것이라는 것을 알고 있었기 때문이다. 전국시대를 통해 농민은 무기를 소지하고 있었다. 전국시대의 농민은 자기 자신과 가족의 생명, 그리고 재산을 스스로 지키는 것이 마땅하다고 생각했다. 그래서 농민도 무기를 소지했고, 그것은 사회적인 관행이었다. 이러한 관행을 도요토미 정권이 부정하려고 했다. 가타나가리 정책은 다분히 엄청난 저항을 받을 소지가 있었던 것이다.

앞서 소개한 (2)와 (3)은 농민들에게 공포되었다. 이 가운데 농민이 소지하고 있던 무기를 회수해 큰 불상을 건립하는 데 필요한 못과 철물로 사용하겠다는 내용이 주목할 만하다. 도요토미 정권이 당시 농민의 종교 관념을 이용하려고 한 것이기 때문이다. 농민들로부터 거두어들인 무기는 결국 농민의 복덕으로 돌아간다는 논리를 전개한 것이다. (3)에서는 사농공상의 질서를 제시하고 있다. 바람직한 농민상은 농구를 소지하고 농업에 종사하는 것이며, 농민이 무기를 손에 들고 싸우는 것은 바람직하지 않다는 점을 강조하고 있다. 바람직한 농민으로 돌아가 농업에 종사하는 길이야말로 이상적이며, 그런 이상적인 사회를 도요토미 정권이 책임질 것이라는 취지의 말을 농민에게 하고 있다. 이 말은 결국 무기는 본래 전투원인 무사가 독점적으로 보유해야 한다는 말과 상통하는 것이다.

4. 도요토미 군단의 전력

1) 수군: 해적을 중심으로 편성된 군대

도요토미 히데요시는 16세기에 창궐한 해적들을 핵심 무력으로 조직하여 일본 수군을 창설했다. 즉 일본 수군의 뿌리는 해적이라고 할 수 있다.

해적 집단은 관동 지방과 동북 지방에서도 활동했으나, 주로 세토나이카이(瀨戸內海), 즉 시코쿠(四国)와 서부 혼슈(本州) 근해와 규슈 북부를 활동 무대로 삼고 있었다. 해적 집단 중에 특히 강성한 것은 무라카미씨(村上氏)였는데, 그 집단은 세토나이카이의 구루시마(來島), 노지마(能島), 인노시마(因島) 등에 거성을 쌓고 서부 일본의 바다를 지배하고 있었다. 구루시마씨(來島氏)도 무라카미씨의 일족이었다. 마쓰라씨(松浦氏)와 우쿠씨(宇久氏)는 규슈 서북쪽의 나가사키(長崎)와 아마쿠사(天草) 지역에 근거지를 두고 규슈와 한반도에 있는 여러 섬을 무대로 활동했다.

일찍이 분고(豊後)의 오토모씨(大友氏)는 해적 우두머리를 거느리고 국제 무역에 힘썼고, 간토 지방의 호조씨, 시나노(信濃)의 다케다씨(武田氏), 미카와(三河)의 이마가와씨(今川氏) 등 여러 센고쿠다이묘들이 해적의 우두머리를 가신단에 편입시키고 그들이 거느리는 해적들을 수군으로 활용했다. 여러 센고쿠다이묘 중에서 일찍부터 해적 집단을 수군으로 활용했던 것은 서부 일본의 모리씨(毛利氏)였다. 모리씨는 가장 강력한 해적 집단의 우두머리 무라카미씨를 거느렸다. 16세기 중기 포르투갈 선교사가 "일본 최대의 해적"이라고 일컬었던 무라카미씨는 세토나이카이를 왕래하는 선박에 자신의 가문을 상징하는 깃발을 걸어 안전을 보장하고, 상상을 초월하는 통행세를 징수했다. 다른 해적 집단도 무라카미씨와 같은 방법으로 통행세를 징수하거나 교역에 종사하면서 막대한 부를 축적했다. 이러한 상황이었기 때문에 센고쿠다이묘들이 해적의 우두머리를 가신단에 편입시키려면 통상 교역품 대금의 10퍼센트에 해당하는 통행료 징수, 다이묘의 공무에 동원되었을 때의 보상 등 해적 집단의 이권을 보장하지 않으면 안 되었다.

센고쿠다이묘의 수군은 어디까지나 해상 요충지를 장악하거나 물자와 병력을 수송하는 역할을 담당했다. 수군은 육군의 전투를 외곽에서 지원하는 세력이었을 뿐이다. 조선의 수군처럼 독자적으로 작전을 전개하여 해상에서 적의 군선을 격파하고 제해권을 장악하는 것을 목적으로 하는 전투 집단이 아니었다는 점에 유의할 필요가 있다.

1570년대 일본에서 가장 강력한 군사력을 배경으로 일본 열도의 통일을 목전에 두고 있던 오다 노부나가조차도 수군의 필요성을 깊이 인식하지 못하고 있었다. 육전에서 연전연승하던 노부나가는 오사카의 이시아마혼간지(石山本願寺)를 공략할 때 모리씨 수군을 효과적으로 저지하지 못해 작전에 실패했다. 노부나가는 그 후에 수군의 필요성을 인식하게 되었다.

1576년 노부나가는 다시 이시야마혼간지를 공격했다. 같은 해 7월 모리씨의 함선 700여 척이 이시야마혼간지에 병량과 물품을 공급하기 위해 오사카로 향했는데, 노부나가의 수군 300여 척이 오사카 앞바다에서 이를 제지했다. 하지만 수적으로 우세한 모리씨 수군이 노부나가의 방어선을 돌파해 이시야마혼간지에 병량과 군수품을 공급할 수 있었다.

모리씨의 수군에게 패퇴한 노부나가는 해적의 우두머리인 구키 요시다카(九鬼嘉隆)를 가신으로 등용한 다음, 그에게 전선 6척과 물자 수송선을 건조하도록 했다. 구키가 새로 건조한 전선은 길이가 30미터가 넘는 대선[安宅船]이었다. 거대한 전선은 대포 3문과 대형 뎃포로 무장했다. 전력이 강화된 노부나가의 수군은 1578년 11월 다시 모리씨 수군과 오사카 앞바다에서 대진했다. 노부나가 수군은 이시야마혼간지에 병량과 군수품을 전달하려는 모리씨 수군을 저지했고, 이시야마혼간지는 노부나가의 손에 들어갔다.

한편 노부나가의 신임을 얻은 구키 요시다카는 여러 해적 집단을 거느리며 다이묘로 성장했다. 1582년 6월 노부나가가 급사한 후에 그 후계자 도요토미 휘하에 들어가 도요토미의 통일 전쟁에 동원되었고, 임진왜란 때에는 수군 장수로 참전하게 되었다.

16세기 후반에는 여러 해적 집단이 다이묘의 가신으로 편입되었다. 하지만 여전히 적지 않은 해적들이 어떤 다이묘에도 속하지 않고 독자적인 세력으로 남아 있었다. 특히 세토나이카이의 해적 무라카미씨의 일족으로 노시마(能島)에 본거지를 두고 있었던 집단은 어느 다이묘에도 속하지 않고 독자적인 노선을 걷고 있었다.

그러나 1588년 7월 도요토미가 해적금지령을 내리면서 해적들은 독자적인 세력으로 존속할 수 없게 되었다. 도요토미는 오랜 기간 동안 해적들이 관행적으로 누려 왔던 특권을 부정했다. 여러 다이묘에게 내렸던 전투금지령의 논리가 해적금지령에도 적용된 것이다. 해적들은 도요토미에게 복종하든지 아니면 도요토미 군단의 토벌을 기다리든지 선택하지 않으면 안 되었다. 해적금지령이 내려지면서 모든 해적은 다이묘에 흡수되었고 '바다의 평화'가 도래했다. 해적금지령이 내려진 이후 세토나이카이 해적은 대부분 도요토미에게 복종한 모리씨 수군으로 재편되었다. 고바야카와 다카카게(小早川隆景)가 지휘하는 모리씨 수군은 조선 침략의 주력군이 되었다.

참고로 이순신의 조선 수군과 맞서 싸웠던 일본의 수군 장수들은 도도 다카도라(藤堂高虎), 와키자카 야스하루(脇坂安治), 가토 요시아키(加藤嘉明) 등이었다. 그들이 일본의 수군을 이끌었던 것은 그들의 영지가 세토나이카이 인근에 있었고, 세토나이카이 해적들이 대부분 일본 수군으로 재편되면서 그들 휘하로 편입되었기 때문이다.

2) 군역과 병참 시스템

일반적으로 다이묘의 병력은 경제력에 비례하여 산정한다. 이러한 원칙에 따라 센고쿠다이묘의 병력을 추산하면 쌀 생산량 1만 석당 250명 전후가 된다. 도쿠가와 이에야스(德川家康)가 에도(江戶)에 막부를 개설한 후 1633년에 정한 군역(軍役) 규정을 보면 다이묘는 쌀 생산량 1만 석당 235명의 군사를 거느리고 출진하도록 되어 있다. 235명은 동원되는 무사의 신분과 직분별로 기마무사 10명, 궁시대 10명, 철포대(鐵砲隊) 20명, 장창대 30명, 기수 3명 등으로 구성된다. 마필의 수, 무기의 종류와 수까지도 세밀하게 정해져 있었다. 에도 막부 초기에는 대체적으로 도요토미 시대 때 동원된 다이묘의 병력 실태에 가깝다고 할 수 있다.

도요토미가 호조씨 정벌 동원령을 내렸을 때, 그의 동원 방식은 단지 다이묘 군단의 소집 편성 형태가 아니었다. 개개의 다이묘에 대한 군역의 부과는 도요토미 정권의 토지조사 정책에 의해 각 다이묘별로 생산량을 뜻하는 고쿠다카(石高)를 기준으로 정연하게 시행되었다. 부담은 100석에 대해 5인의 군역이라는 기준에 따라 동원되었다. 무사의 신분과 직분에 따른 인원, 무기의 종류 및 숫자, 말의 숫자 등 세밀하게 산술적으로 파악되었다. 호조씨 정벌에 동원된 도요토미 군단은 군역뿐만 아니라 기능 면에서도 도쿠가와 이에야스 군단을 선봉으로 그 역할이 치밀하게 분담되어 편성된 통일 군단이었다.

동원 태세에 들어가면서 모든 다이묘에게 처자를 인질로 보낼 것과 토지조사의 강력한 시행을 요구했다. 다이묘의 처자들은 교토의 도요토미 거성에, 다이묘 가신들의 처자는 다이묘의 거성에 집단으로 수용되었다. 모든 영주 계급의 통제가 다이묘 영국의 말단에 이르기까지 관철되었던 것이다.

호조씨 정벌 당시 부과된 군역은 동부 일본에 영지를 보유하고 있던 도쿠가와 이에야스 등의 다이묘에게 과중하게 부과되었고, 서부 일본

특히 규슈 다이묘들에게는 부과되지 않았다. 조선 침략에 대비하여 규슈의 군사력과 경제력을 보전하려는 정책의 일환이었다.

토지조사 정책을 실시한 결과, 다이묘의 군사를 전쟁에 동원할 수 있는 군역 기준과 농민을 부역으로 동원할 수 있는 부역 기준 등이 생산량을 기준으로 확정되었다. 도요토미는 동원된 모든 인력과 말에게 병량(兵糧)과 사료를 제공했다. 도요토미 군단의 참모들 중에서 권력을 행사하는 자들은 전투 경험이 많은 장수들이 아니었다. 도요토미 옆에서 병량을 조달하고 배분하는 문관 형태의 무사들이었다. 바로 그들이 수천 리 떨어진 해외 침략을 기획하고 통제하고 감독한 것이다.

3) 전쟁의 방식을 바꾼 경제력

전쟁에서 승리를 보장하는 것은 뛰어난 작전과 경제력이다. 특히 부대 후방에서 병량과 무기 · 탄약 등의 군수품을 보급하는 병참의 확보 여부는 승패를 좌우한다. 도요토미는 일찍부터 병참의 중요성을 인식하고 있었다.

도요토미가 오다 노부나가 밑에서 전공을 세워 처음으로 다이묘로 승격해 영지를 지배하게 되었을 때, 교통의 요지에 거성을 세우고 중앙시장이라고 할 수 있는 오사카(大坂)와 교역하면서 상인 세력을 끌어들여 물자를 확보하는 일부터 시작했다. 교통의 중요성을 간파한 도요토미의 남다른 감각은 병참의 확보에도 유감없이 발휘되었다.

1587년 규슈의 시마즈씨를 정벌할 때 도요토미는 20만 명 이상의 대군을 동원했다. 그때 4명의 유능한 병참 참모에게 30만 명 분량의 병량과 말 2만 필 분량의 사료를 준비하도록 명령했다. 참모들은 전쟁 중에 적어도 군사들과 말이 1년 동안 필요한 병량과 사료를 조달할 수 있는 체제를 갖추고 있었고, 도요토미는 그것을 가능하게 할 만한 경제력을 보유하고 있었다.

도요토미는 10만 또는 20만 명이 넘는 대군을 동원하는 일이 많았는데, 그런 대규모 군사 행동이 가능했던 것은 병참의 확보가 가능했기 때문이다. 이 점이 도요토미가 다른 다이묘들을 제압하고 일본을 통일할 수 있었던 원동력이 되었다. 도요토미가 병참을 충분히 확보하고 전쟁에 임하면서 중세적인 전쟁 방식이 근세적인 방식으로 바뀌었다고 할 수 있다.

16세기 중엽까지 대부분의 다이묘들은 무장자변(武裝自辯)의 원칙을 따랐다. 즉 전쟁이 일어나면 무기와 병량은 무사 개인이 각자 지참하고 전장에 나아갔다. 다이묘는 그런 조건으로 무사들에게 영지를 지급했다. 그런데 무사 개인은 3~5일분 이상의 병량을 지참할 수 없었다. 그 이상의 무게를 감당할 수 없었기 때문이다. 당연히 전투는 3~5일을 넘기지 못했다. 그래서 농성(籠城)이 효과적인 방어 전술이었다. 공격을 당했을 때, 다이묘는 병량이 비축되어 있는 산성으로 백성들을 거느리고 들어가 지키면 적은 스스로 물러가게 되어 있었다. 그래서 중세에는 적의 성을 포위하는 작전이 효과적이지 못했다.

도요토미는 그런 한계를 극복하고 전쟁의 개념을 바꾼 장본인이었다. 그는 자주 포위 작전을 구사했는데, 그것은 장기간에 걸친 병량과 무기를 조달할 수 있는 경제력이 있어야 가능한 일이었다.

사실 다른 다이묘를 압도하는 경제력을 배경으로 포위 작전을 구사하기 시작했던 것은 오다 노부나가였다. 노부나가는 적의 성을 공격할 때, 성 주위에 작은 성을 쌓거나 진지를 구축하고 병사에게 탄약, 뎃포, 군량미 등을 지급한 다음, 적의 군량과 탄약이 소진되는 것을 기다리는 포위 작전을 구사했다. 도요토미 히데요시는 이런 오다 노부나가의 작전을 더욱 철저하게 발전시켰다.

서부 일본을 공략하면서 도요토미가 보여 준 돗토리성(鳥取城)과 다카마쓰성(高松城) 포위 작전은 유명하다. 1581년 돗토리성을 포위한 그는 성을 포위하기 훨씬 전부터 양편의 군량미를 치밀하게 계산하고 있었다. 그리고 군사들을 시켜서 일부러 그 지역 농민들에게 가혹 행위를 하게 함으로써 한 사람이라도 더 돗토리성으로 들어가도록 조장했다. 적이 군량미를 많이 소비하도록 만들기 위해서였다. 수개월이 지나자 과연 성 안에는 식량이 바닥났고 굶어 죽는 사람이 속출했다. 말은 물론이요 사람의 시체를 먹는 처참한 광경이 벌어졌다. 그러자 11월에 적은 항복했다.

여러 다이묘들 중에서 최후까지 도요토미에게 굴복하지 않았던 다이묘는 간토 지방의 호조씨(北条氏)였다. 호조씨의 거성 오다와라성(小田原城)은 난공불락의 요새였다. 게다가 바다에 접해 있었기 때문에 위급할 때는 뱃길을 이용해 물자를 공급받을 수 있었다. 일찍이 용맹하기로 이름이 났던 우에스기 겐신(上杉謙信)이 오다와라성을 공격했을 때, 호조씨는 거성에 병량을 쌓아두고 직인을 비롯하여 백성을 거느리고 농성했다. 그러자 현지에서 물자를 조달하기 곤란했던 겐신은 스스로 물러가지 않을 수 없었다. 호조씨가 도요토미에게 맞섰던 데는 그런 경험이 있었기 때문이다.

1589년 도요토미가 호조씨 정벌에 나서자 호조씨는 예전과 같이 유유히 농성에 들어갔다. 그러나 도요토미의 오다와라성 공격은 주도면밀했다. 도요토미는 호조씨 일족이 농성하는 오다와라성 주변의 작은 성을 차례로 함락시키고, 자신은 오다와라성이 내려다보이는 곳에 하룻밤 사이에 엄청난 규모의 성을 쌓고 장기전 태세에 들어갔다. 도쿠가와 이에야스에게 명하여 바다에 함대를 배치해 물샐틈없는 방어선을 구축했다. 그리고 자신은 인근의 두 항구를 점령한 채, 수송선을 이용해 오사카와 두 항구를 왕래하면서 물자를 공급받았다. 20만이 넘는 원정군은 병량에 구애를 받지 않고 전쟁에 임했고, 4개월 만에 식량이 바닥난 호조씨는 항복하지 않을 수 없었다.

도요토미의 경제력은 다른 다이묘들을 압도했다. 그는 교토 · 오사카 지방을 중심으로 하는 직할 영지와 다이묘의 영지 내에 연공을 직접 징수할 수 있는 구라이리치(蔵入地)를 설정했다. 그 규모는 약 200만 석 정도였다. 그리고 사카이(堺)·오사카·후시미(伏見)·하카타(博多)·나가사키(長崎) 등의 도시를 직할령으로 다스렸고, 교토의 스미노쿠라(角倉)·차야(茶屋), 오사카의 스에요시(末吉), 사카이의 나야(納屋), 하카타의 가미야(神谷)·시마이(島井) 등의 호상을 자기편으로 끌어들였다. 그리고 시마네현(島根県)의 이와미(石見), 니이가타현(新潟県)의 사도(佐渡), 효고현(兵庫県)의 이쿠노(生野) 등의 광산을 직접 경영했다. 광산에서 산출된 금과 은으로 화폐를 주조했다. 이런 경제력을 배경으로 전쟁에 동원한 다이묘의 군사에게 병량을 제공하면서 장기전을 수행할 수 있었던 것이다.

4) 총력전에 효과적인 직분제 사회

병농분리는 도요토미 정권이 토지조사[検地] 정책을 철저하게 시행하면서 크게 진전되었다. 토지조사 정책을 실시한 이후 농촌에 거주하면서 농업 생산에 종사하는 사람들은 모두 농민 신분으로 확정되었다. 조카마치(城下町)로 이주하지 않고 농촌에 남은 무사의 친·인척들도 농민 신분으로 확정되었다.

농촌에 거주하면서 농업 생산에 종사하는 사람들이 모두 농민 신분으로 확정되면서 병농분리와 함께 농상분리(農商分離)도 진전되었다. 그 결과 일본인의 신분은 조카마치에 거주하는 무사와 상공인, 그리고 농촌에 거주하는 농민으로 대별되었다. 조카마치에 거주하는 상공인을 조닌(町人)이라고 했다. 조닌은 생업에 따라 다시 상인과 직인(職人)으로 구별된다. 조카마치는 무사 거주지와 상인 거주지가 엄격하게 구별되는 것이 원칙이었다. 원래 직분 개념이던 '사농공상(士農工商)'이 일본에서는 신분 개념으로 인식된 것이다.

토지조사 정책과 함께 추진된 도수령 정책은 '사'와 '농공상'의 구별을 명확히 하는 데 결정적인 역할을 했다. 도수령 정책을 시행한 결과 무사만이 무기를 소지할 수 있게 되었기 때문이다. 무사는 전투원이라는 이미지가 강화되었다. 그 결과 일본 사회는 전투라는 직분을 수행하는 존재인 '사(士)'와 생업에 종사하는 '농공상(農工商)'의 '거리'가 더욱 멀어지게 되었다. 도수령 정책을 실시함에 따라 일본 사회는 직능별 사회 시스템이 완성된 것이다.

도요토미는 모든 일본인이 어떠한 형태로든 전쟁에 봉사하는 사회를 구상하고 있었다. 그런 의미에서 병영국가 시스템을 완성하려는 생각을 갖고 있었다고 할 수 있다. 실제로 직능별 사회 시스템이 완성되면서 일본 사회는 전쟁이 일어나면, 무사는 전투원으로 전장에 나아가고, 농민은 병량 지원을, 직인은 군수품과 생필품 생산을, 상인은 그것을 무사들에게 운반하는 역할을 담당하는 사회가 되었다.

'농공상' 중에서도 특히 재능과 기술을 전쟁에 활용할 수 있는 존재는 직인이었다. 16세기 중기를 전환의 축으로 전술이 변화하고, 전쟁의 방식이 바뀌면서, 직인의 기술과 재능이 매번 전쟁에 활용되었다. 특히 전장에서는 단기간에 토목공사를 완성하지 않으면 안 되었다. 참호를 파고, 진지를 구축하고, 방책을 세우고, 진지와 진지를 왕래하는 연결망을 구축하는 대공사였다. 수공을 감행할 때는 제방을 쌓아야 했다. 도요토미는 일찍부터 직인 집단을 전쟁에 동원했는데, 그 또한 오다 노부나가에게 영향을 받은 것이다.

노부나가 군단의 토목공사 기술은 1573년부터 비약적으로 진보했다. 1576년 아즈치성(安土城) 축조 공사에 착수한 오다 노부나가는 오미(近江)의 벌목꾼 · 목수 · 대장장이 · 지붕 기술자 · 다타미(畳) 기술자 등의 직인에게 구니야쿠(國役)를 명했다. 그 대신에 동원된 직인은 무나벳센(棟別錢) · 단센(段錢)을 비롯한 각종 부담이 면제되었다. 오다 노부나가의 명령은 오다가(織田家)의 쇼쿠닌카시라(職人頭)가 각 기술 집단을 이끄는 대표적인 존재를 통해 각 직인에게 전달되었다. 즉 오다 노부나가는 여러 곳에 산재하는 직인들을 직인 집단 조직을 통해 장악했던 것이다.

노부나가는 교토 · 오사카 인근 지역의 기술자를 동원할 수 있는 시스템을 갖추고 있었다. 도요토미는 보다 보편적으로, 또 전국적인 규모로 기술자 집단을 장악하는 정책을 추진했다. 오사카성(大坂城) 축조나 대불전(大佛殿) 조영에 기술자 집단을 총동원했다. 도요토미가 실권을 장악한 후에는 다이묘나 귀족이 지배하고 있는 지역의 직인까지 동원했다.

도요토미는 일찍부터 직인의 기술력을 전쟁에 이용했다. 1582년 도요토미가 지금의 오카야마현(岡山県)의 다카마쓰성(高松城)을 포위했다. 이 성의 삼면이 늪으로 둘러싸인 저습지대에 위치해 있다는 것에 착안한 도요토미는 물을 끌어들여 성을 고립시키는 작전을 전개했다. 다카마쓰성 인근에 있는 내천 하류에 제방을 쌓아 물을 끌어들이기로 한 것이다 같은 해 5월 8일부터 2만 5,000명의 군사가 밤낮으로 제방공사에 동원되었고, 길이 2.8킬로미터, 높이 7미터의 제방은 19일 만에 완성되었다. 제방이 완성되자 장마철에 접어들었다. 비가 오자 성은 물에 잠겨 고립되었고 견디다 못한 적은 도요토미의 강화교섭에 응했다.

도요토미는 1584년 6월의 미노(美濃) 다케하나성(竹鼻城) 공성 작전에서도 수공작전을 펼쳤다. 30리나 되는 제방을 쌓아서 성을 포위했다. 제방의 높이는 6간(약 10.8미터), 폭은 20간(약 36미터)에 달했다. 제방을 쌓기 위해 구축한 작은 성이 14~15개소였고, 동원된 인원은 10여 만 명에 육박했다. 전쟁은 이미 백병전이 아니라 토목공사를 하는 것이었고, 도요토미 휘하의 무사들은 모두 이 공사에 동원되었다. 도요토미 군단은 장기간에 적을 포위하면서 견딜 수 있는 경제력과 직인 집단의 기술력을 활용해 백병전을 치르지 않고 전쟁에서 이길 수 있었던 것이다.

도요토미는 상인과 그들의 자금도 전쟁에 이용했다. 도요토미는 돗토리성을 공략하기 수개월 전부터 상인들을 돗토리성 조카마치로 들여보내 시가보다 몇 배나 비싼 값으로 미곡을 사들이게 했다. 그러자 적은 비상시를 대비해 비축한 군량미까지 시장에 방출했다. 도요토미가 보낸 상인들이 사들인 미곡은 항구에 대기시켜 놓은 선박으로 운반해 다른 지역으로 수송했다. 막대한 자금을 푸는 이런 '작전'은 대성공이었다. 전쟁이 시작되었을 때 돗토리성의 비축미는 이미 바닥이 나 있었고, 성을 포위한 도요토미 군단은 충분한 군량을 확보한 상태로 성 안에서 굶어 죽는 자들이 나올 때까지 기다리면 되었다.

토지조사 정책을 실시한 결과, 도요토미 정권에 의해 장악된 농민은 연공을 부담했을 뿐만 아니라 부역에 동원되었다. 도요토미 정권은 농민을 부역에 동원할 수 있는 자와 그렇지 못한 자로 구별해 파악했다. 부역에 동원할 수 없는 자로 분류된 존재로는 거지 · 승려 · 노인 · 과부 · 홀아비 · 장님 · 쇼야(庄屋) · 봉공인(奉公人) 등이 있었다. 부역에 동원할 수 없는 자를 제외하고 부역인을 확정했다. 동원의 기준은 촌락의 고쿠다카(石高), 즉 생산량이었다. 전쟁이 일어나면 농민은 생산량 100석당 4~5명씩 부역인으로 동원되어 전쟁터에서 잡일을 해야 했다. 도요토미 정권은 촌락 단위로 연대책임을 지게 했고, 명령에 따르지 않으면 무거운 형벌을 가했다. 권력의 손아귀에서 벗어날 수 있는 일본인은 없었다.

5. 조선 침략 카운트다운

1) 침략 원인

도요토미 히데요시가 대륙 침략 계획을 처음 언급한 것은 1585년 9월 3일이었다. 그의 측근인 히토야나기 이치스케(一柳市介)에게 내린 문서에서 이를 확인할 수 있다. 선교사 루이스 프로이스(Louis Frois)는 1586년 3월의 기록에서 도요토미가 대륙을 침략하려고 한 이유를 다음과 같이 상세하게 설명하고 있다. "나는 일본 전국을 정복하고 현재 지위에 올랐고 국토도 금은도 충분히 소유하고 있기 때문에 다른 어떤 것도 원치 않고 단지 죽은 후에 내 이름과 권세에 대한 평판을 남기고자 할 뿐이다. 일본

국내가 진정되면 일본을 동생인 히데나가(秀長)에게 양도하고 나는 중국 정복에 전념하고자 한다." 이 기록에 따르면 그는 공명심을 충족시키기 위해 조선을 침략했다는 것을 알 수 있다.

도요토미의 공명심 외에도 여러 가지 요인이 대륙 침략의 동기로 작용했을 것이다. 현재까지 연구자들이 제기한 설은 오랫동안 단절되었던 일명(日明) 무역을 회복하기 위해서였다는 설, 전국시대를 통하여 과다하게 양산된 무력을 약화시키기 위해서였다는 설, 영토를 확장하기 위해서였다는 설 등이 있다.

2) 침략 외교

도요토미는 1586년 4월에도 "전국을 평정하고 질서를 세운 뒤 대량의 선박을 건조하여 20~30만의 군대를 이끌고 중국에 건너가 중국을 정복할 계획"이라고 공언했다. 도요토미의 호언에 주위에 있던 다이묘들과 중신들은 환호를 지르며 갈채를 보냈다고 한다. 대륙 침략은 전쟁에 동원된 다이묘에게 비전을 제시하기 위해서라도 피할 수 없는 선택이었던 것이다.

도요토미가 대륙을 침략한다는 소문은 더 이상 비밀이 아니었다. 승려 에이슌(英俊)은 『타몬인일기(多聞院日記)』 1587년 3월 3일자 기록에 "고려(高麗), 남만(南蛮), 대당(大唐)까지 쳐들어간다는 소문이다. 대저 웅대한 기도가 전대미문이다."라는 대목이 있다. 일본인이라면 도요토미가 외국을 침략한다는 소문을 모두 알고 있었을 것이다. 도요토미가 부인에게 보낸 같은 해 5월 28일자 서한에는 조선 국왕에게 조공을 요구했고, 만약 그것을 거절하면 침략할 것이라는 내용이 포함되어 있다.

도요토미는 규슈 정벌에 나서면서 대마(對馬)도주에게 조선 국왕의 도일과 조공 명령을 내렸다. 당황한 대마도주는 양국 사이의 분쟁을 우려하여 공물과 인질을 취하는 선에서 마무리하는 것이 어떠냐고 도요토미에게 진언했다. 그러나 도요토미는 그의 말을 듣지 않았다.

대마도주 소 요시토시(宗義智)는 할 수 없이 직접 조선으로 건너가 교섭에 나섰다. 그러나 조선은 왕의 도일은 말할 것도 없고, 통신사의 파견도 응하려고 하지 않았다. 그 대신에 까다로운 조건을 제시했다. 조선에서 반란을 일으킨 사화동(沙火同)과 손죽도(巽竹島)에서 납치해 간 조선인을 송환한다면 일본 사절을 접견하겠다는 것이었다. 소 요시토시는 즉석에서 약속하고 그 약속을 지켰다. 그러자 조선은 비로소 통신사 파견을 결정했다. 정사는 황윤길, 부사는 김성일이었다.

통신사는 1590년 4월에 부산을 출발하여 7월에 교토에 도착했다. 그때 도요토미는 간토 지방의 호조씨(北条氏)를 공격하는 중이었고, 호조씨는 이내 항복했지만 도호쿠 지방을 돌아보고 9월에 교토로 돌아왔다. 그로부터 2개월이 지나도록 통신사를 기다리게 했고 11월 7일에야 접견했다. 그 자리에서 도요토미는 조선통신사에게 명을 침략할 계획을 밝히고, 조선이 침략에 앞장설 것을 요구하는 내용의 서신을 조선 국왕에게 전달했다.

3) 전쟁 준비

도요토미 히데요시는 규슈 가고시마(鹿児島)의 영주 시마즈씨(島津氏)가 항복한 뒤에도 계속 규슈에 머물면서 침략 전진기지 건설에 착수했다. 도요토미는 우선 규슈의 군사기지화를 염두에 두고 논공행상을 실시했다. 규슈의 다이묘령 내에 군량 보급기지인 구라이리치(蔵入地)를 설정했다. 또 일본 제일의 국제무역항 하카타(博多)의 부흥을 공약했다. 조선 사정에 정통한 하카타 상인들을 전쟁에 이용하려고 한 것이다.

도요토미는 침략 도시 건설을 직접 지휘했다. 하카타의 호상(豪商)인 시마이 소시쓰(島井宗室), 가미야 소탄(神屋宗湛) 등이 실무의 중추 역할을 담당했다. 특히 시마이 소시쓰는 대륙 침략의 선봉장인 고니시 유키나가(小西行長), 대마도주인 소 요시토시 등과 긴밀하게 연락을 유지했으며, 직접 조선으로 건너가 정보를 수집하기도 했다.

구라이리치(藏入地)는 교토 · 오사카 지역과 규슈에 집중되었다. 1591년 5월 도요토미는 가토 기요마사(加藤清正)에게 구라이리치에 보관되어 있는 자신의 미곡을 대륙 침략을 위한 군량으로 충당하라는 명령을 내렸다. 구라이리치 설치 목적이 무엇인지 알 수 있는 대목이다. 도요토미는 전국의 광산도 접수하고, 다이묘들에게 금과 은을 납부하라고 요구했다.

침략 준비는 군수 붐을 일으켰다. 특히 군량미 수송을 책임진 상인들이 막대한 이윤을 얻었다. 상인은 거의 모두 군수산업에 종사했다. 1588년 히젠(肥前)의 영주가 된 가토 기요마사의 구마모토성(熊本城)과 조카마치는 처음부터 침략을 염두에 두고 건설되었다. 군수품을 제조하기 위해 마을을 강제로 지정한 다음, 기술 선진 지역인 오사카(大阪) · 사카이(堺) · 나라(奈良)에서 장인을 초빙해 군수품을 생산했다.

오토모씨(大友氏) · 모리씨(毛利氏) · 사다케씨(佐竹氏) 등 조선 침략에 동원된 다이묘들도 침략 준비에 여념이 없었다. 해상 교통의 요지에 거성을 신축하여 본거지를 옮겼다. 기술의 선진 지역에서 상공인을 불러들여 군수품 생산 기지를 건설했다.

침략 기지인 규슈의 나고야성(名護屋城)은 거대하고 화려하게 건설되었다. 무구상 · 도검상 · 소금상 · 목재상 · 어물상 · 석재상 등이 직종별로 정연하게 배치되었다. 교토 · 오사카 · 하카타 등에서 상인들이 모여들어 전쟁 특수를 구가했다. 하카타는 군수물자와 군량미를 수송하는 항구로 발달했다. 납 · 초산 등 대외 의존도가 높은 전쟁 물자는 주로 하카타 상인이 조달했다.

4) 동원령

1591년 9월, 동원령이 내려졌다. 침략군으로 편성된 다이묘에게 군역이 부과되었다. 규슈에 영지를 보유하고 있는 다이묘는 영지의 생산량을 기준으로 100석당 5명, 그 밖의 다이묘는 100석당 4명을 동원했다. 그리하여 규슈의 고니시 유키나가는 7,000명, 가토 기요마사는 1만 명, 시코쿠(四國)의 하치스카 이에마사(蜂須賀家政)는 7,200명으로 군역이 부과되었다.

선박 · 역부(役夫) · 수부(水夫) · 병기 등도 각 다이묘나 촌락의 생산량을 기준으로 할당되었다. 상선도 징발되었다. 군용으로 사용할 금화와 은화가 주조되었고, 48만 명 분량의 식량이 준비되었다.

다이묘에 대한 통제도 강화했다. 농민을 농촌에서 이탈하지 못하도록 하는 한편 낯선 자를 농촌이나 도시 공동체 내에 숨겨 주지 못하도록 했다. 인구 이동을 막기 위해 신분별 · 직업별 인구조사를 전국적으로 실시했다. 일단 동원된 병사와 역부는 군영을 이탈해도 숨어 지낼 곳이 없었다. 이로써 전쟁 준비가 완료되었다.

1592년 3월 13일, 도요토미 히데요시는 9군단으로 편성된 15만 8,700명의 일본군에게 조선 침략을 명령했다. 고니시 유키나가가 이끄는 제1군이 선봉에 섰고, 그 뒤를 이어 가토 기요마사가 이끄는 제2군, 구로다 나가마사(黑田長政)가 이끄는 제3군, 모리 요시나리(毛利吉成)가 이끄는 제4군이 조선으로 향했다. 그런데 고니시군이 가토군에게 밀리는 모양으로 부산 앞바다에 도착했다.

1592년 4월 12일 저녁, 고니시 유키나가가 지휘하는 제1군 1만 8,000명을 실은 800여 척의 병선이 부산 앞바다를 뒤덮었다. 부산진 수군첨사 정발(鄭撥)은 절영도에서 사냥을 하고 있다가 황급히 부산진으로 돌아왔다. 정발은 그제야 일본군이 조선을 침략했다는 사실을 알게 되었다. 바다에서 일본의 병선을 저지해야 마땅했던 조선 수군은 자취가 없었다.

일본군은 다음 날 새벽에 부산진을 점령했다.

6. 일본군이 이순신에게 패한 결정적인 요인

임진왜란 전의 일본은 전쟁의 시대를 거쳤다. 이 시대에 병농분리가 효과적으로 정착되면서 군사동원 체제가 완비되었다. 무사는 전문 전투원으로 양성되었고, 뎃포라는 최첨단 개인화기가 대량생산되면서 전투 방식과 전술이 급변했다. 그것은 생산의 증대와 기술의 발달을 전제로 이루어진 일이다. 임진왜란에 즈음하여 일본군은 이미 외국을 침략해 장기전을 벌일 수 있을 정도의 총력전 시스템을 완비하고 있었던 것이다.

가공할 일본의 군사력 앞에 조선의 운명은 풍전등화였다. 실제로 조선의 육군은 싸움다운 싸움도 해 보지 못한 채 도성을 일본군에 내주고 말았다. 파죽지세로 진군하는 일본군의 발목을 잡은 것은 이순신이 이끄는 조선의 수군이었다. 이순신은 1592년 5월부터 본격적인 작전을 전개하여 남해의 제해권을 장악했다. 꺼져 가는 조선의 운명은 이순신이 이끄는 수군이 구했다고 해도 과언이 아닐 것이다.

그러면 이순신 군단이 승리할 수 있었던 요인은 무엇이었을까? 먼저 주목되는 것은 일본군의 수군 전력이 매우 약하다는 점을 들 수 있다. 개전 당시 일본 수군의 주된 역할은 병력을 수송하는 것이었다. 16세기 일본에서는 주로 육지에서 전투를 했기 때문에 수군의 필요성을 깊이 인식하지 못하고 있었다. 인원과 물자의 수송에 한정되는 것이 일본 수군의 전통이었다. 더구나 일본의 수군은 임진왜란 직전에 왜구 출신 해적들을 중심으로 편성된 군대였다. 지휘 체계 면에서도 많은 문제점을 안고 있었다.

이에 비해 조선 정부는 건국 초기부터 수군 편성에 힘을 기울였다. 무엇보다도 조선 수군은 왜구의 침입에 효과적으로 대응할 수 있는 견고

한 전함을 구비하고 있었다. 크기와 종류도 다양했다. 조선 함선은 일본의 그것에 비해 견고했고, 실전에서 위력을 발휘했다.

조선 정부는 육군과 별도로 독립된 수군 편제를 유지했다. 그로 인해 체계적인 훈련을 하고, 경험을 축적해 독자적인 작전을 수행할 수 있었다. 군의 편제는 물론 지휘 체계 또한 엄정했다. 이순신의 『난중일기』 곳곳에서 확인할 수 있듯이, 조선 수군에는 이미 제해권 장악을 목적으로 하는 해전 개념이 정립되어 있었던 것이다.

임진왜란 때 일본군은 뎃포대를 앞세우고 조선으로 진격했다. 그런데 이상하게도 일본인은 뎃포라는 개인화기에 주목했지만, 중화기인 화포에 관심을 기울이지 않았다. 물론 오쓰쓰(大筒)라는 화포가 전장에서 사용되지 않은 것은 아니지만 그 수는 극히 미미했다. 오다 노부나가가 군함에 화포를 장착했다는 기록이 전해지지만 그것은 사실로 확정할 만한 기록이 아니다.

이에 비해 조선은 건국 초기부터 독자적인 화약 제조 기술을 보유하고 있었고, 다양한 종류의 화포를 개발하여 전함에 탑재했다. 주요 판옥선을 비롯한 전함에는 어김없이 여러 대의 화포가 장착되어 있었다. 조선 수군은 원거리에서 일본 수군을 압도할 수 있는 결정적인 무기를 구비하고 있었던 것이다.

그렇다면 조선 수군의 전통과 화포라는 무기가 임진왜란에서 이순신이 승리할 수 있었던 결정적인 요인이었을까? 그렇지는 않다. 만약 그렇다면 임진왜란이 발발했을 당시, 이순신이 이끄는 수군보다 훨씬 많은 함선과 화포를 구비하고 있었던 원균이 왜 싸움다운 싸움도 해보지 못하고 괴멸했겠는가? 또 1597년 이순신이 모함을 받아 투옥되었던 정유재란 때, 다시 원균이 지휘하던 조선 수군이 왜 일본 수군의 공격에 전멸했겠는가?

이순신의 24전 전승 기록은 이순신의 리더십에서 비롯된 결과라고 보는 것이 정확할 것이다. 전투의 승패를 최종적으로 좌우하는 것은 장비도 아니고 무기도 아니다. 지휘관의 리더십이다. 전투는 아군이 원하는 시기에 원하는 장소에서 계획적이고 조직적으로 전개할 때 승리할 가능성이 높아진다. 그리고 그것은 전적으로 지휘관의 리더십에 달렸다고 할 수 있다.

물론 장비와 무기, 군량과 군수품의 지원 없이는 아무리 유능한 지휘관이라도 리더십을 효과적으로 발휘할 수 없다. 그런 의미에서 조선 수군의 전통과 화포는 이순신에게 남겨진 마지막 불씨였다고 할 수 있지 않을까? 조정의 지원이 끊긴 고립무원의 상황 속에서도 자력으로 군량과 군수품을 조달하고, 일본군에 비해 수적으로 열세인 병사들을 독려하며 희망의 불씨를 살려서 불기둥을 만드는 리더십을 발휘했던 것이다. 아마도 이순신의 리더십이 없었다면 조선의 기사회생도 없었을 것이다.

〈참고문헌〉

有馬成甫, 『朝鮮役水軍史』, 海と空社, 1942.

朝尾直弘, 「豊臣政權の基盤」, 『豊臣政權の硏究』, 戰國大名論集 18, 吉川弘文館, 1984.

________, 「16世紀後半の日本」, 『岩波講座 日本通史』 11(近世1), 岩波書店, 1993.

________, 「天正12年の羽柴秀吉検地」, 『中世社会と一向一揆』, 吉川弘文館, 1985.

花見朔巳, 「朝鮮役に於ける我が海軍」, 『歴史公論』 3(7), 雄山閣, 1934.

藤本正行, 『信長の戦国軍事学』, JICC出版局, 1993.

勝俣鎮夫, 「15~16世紀の日本—戦国の争乱」, 『岩波講座 日本通史』 10, 岩波書店, 1994.

北島万次, 『豊臣政権の対外認識と朝鮮侵略』, 校倉書房, 1990.

________, 『豊臣秀吉の朝鮮侵略』, 吉川弘文館, 1995.

岸田裕之, 『大名領國の構成的展開』, 吉川弘文館, 1983.

________ 編, 『中國大名の硏究 · 戰國大名論集』 6 解題, 吉川弘文館, 1984.

三島安精, 『水軍』, 青磁社, 1942.

日本歷史地理學會 編, 『日本兵制史』, 日本學術普及會, 1939.

奥野高広, 『戰國大名』, 塙書房, 1960.

________, 『戰國大名』, 塙書房, 1980.

奥野高広 校注,『信長公記』11, 角川文庫, 1969.
宇田川武久,『日本の海賊』, 誠文堂新光社, 1983.
佐々木潤之介,「兵農分離の過程」,『幕藩制國家論』上, 東京大學出版會, 1984.
佐藤進一,『日本中世史論集』, 岩波書店, 1990.
下村 効,「太閤検地の丈量、畝制の成立」,『日本歷史』458, 吉川弘文館, 1986.
高橋典幸 外,『日本軍事史』, 吉川弘文館, 2006.
谷口克広,『織田信長合戦全録』, 中公新書, 2002.
_______,『秀吉戦記—天下取りの軌跡—』, 集英社, 2002.
立花京子,「秀吉政権の成立」,『織豊期研究』4, 織豊期研究會, 2002.
栗野俊之,『織豊政權と東國大名』, 吉川弘文館, 2001.
洞富雄,『鐵砲—傳來とその影響—』, 思文閣出版, 1991.
横田冬彦,「幕藩制前期における職人編成と身分」,『日本史研究』227, 日本史研究會, 1982.

제3장

임진왜란 전야의 명나라*

임진왜란과 중국-명군의 조선 참전이 남긴 제 문제에 대한 고찰

한명기(명지대학교 사학과 교수)

1. 머리말

역사적으로 볼 때 한반도의 지정학적(地政學的) 위상은 대단히 엄혹했다. 조선시대 지식인들은 한반도가 처한 지정학적 상황을 '복배수적(腹背受敵)'이라고 표현했다. "배[腹]와 등[背] 양쪽에서 적(敵)이 몰려오는 형국"[1]이라는 뜻이다. 이처럼 '끼여 있는' 조건 때문에 역사상 한반도에서 일어난 격변은 한반도 자체의 사건만으로 그치는 것이 아니라 늘 주변 국가에게 커다란 여파를 미칠 수밖에 없었다. 역으로 주변 국가 내부

* 이 글은 완전히 새로 쓴 것이 아니라 필자가 기존에 발표했던 글을 중심으로 자료를 보충하여 재구성한 것임을 밝힌다.

1 일찍이 이준(李埈)은 "한반도가 처한 복배수적(腹背受敵)의 지정학적 조건 때문에 삼국시대 이래 이런저런 침략을 끊임없이 받았다[國家夷狄之患 何代無之 我東自三國以後 腹背受敵 無歲不被兵]."라고 지적한 바 있다.

나 주변 국가 사이에서 일어난 격변의 여파는 '끼여 있는' 한반도로 곧바로 밀려오곤 했다. 1592년에 일어난 임진왜란이 대표적인 사례다. 일본의 전반적인 역량이 강화되는 상황에서 전국시대(戰國時代)를 통일한 도요토미 히데요시(豊臣秀吉)가 '명나라 정복'을 공언하면서 한반도는 곧바로 일본의 침략 대상이 되었고, 한반도 방어를 통해 자국의 안전을 도모하려는 명군의 참전이 이루어지면서 임진왜란은 동아시아 차원의 국제전(國際戰)이자 세계대전(世界大戰)으로 비화되었다.

임진왜란 당시 명이 대군(大軍)을 이끌고 조선에 들어온 것은 일찍이 유례가 없는 대사건이었다. 당장 임진왜란을 계기로 조선 지배층은 명의 참전과 원조를 "나라를 다시 일으켜 세워 준 은혜[再造之恩]"로 숭앙하게 되었고, 명과 조선의 관계는 단순한 종번(宗藩)의 단계를 넘어서는 '혈맹(血盟)' 단계로 인식되었다. 나아가 조선 후기에 이르러 창덕궁 후원에 대보단(大報壇)을 세우고, 송시열(宋時烈) 등이 만동묘(萬東廟)를 세워 이미 망해 버린 명의 은혜를 추념(追念)하고자 했던 배경에도 기본적으로 임진왜란 당시 명의 참전이 남긴 '은혜'가 자리 잡고 있었다. 나아가 오늘날 중국이 임진왜란을 부르는 공식 명칭으로 '항왜원조(抗倭援朝)'를 운운하는 것도 기본적으로 임진왜란 이후 조선이 보인 존명(尊明), 존화의식(尊華意識)과 밀접한 관계가 있었던 것으로 보인다.[2]

그렇다면 임진왜란 당시 명군이 조선에 참전하여 일본군과 맞선 까닭은 무엇일까? 또 임진왜란이 일어날 무렵 명은 어떤 상황에 처해 있었을까? 나아가 명군은 한반도에 들어와 실제로 어떤 역할을 했던가? 필자는 이러한 질문을 염두에 두면서 임진왜란이 발발한 무렵에 명이 처했던 내부 상황, 명군이 참전하게 된 배경, 명군 참전 이후 펼쳐진 전황(戰況), 명군 지휘부가 강화협상(講和協商)에 돌입하게 된 배경, 강화협상에 대한

---

2 이른바 재조지은(再造之恩)이 조선 후기 정치사와 대외 관계사의 전개 과정에 미친 영향은 한명기, 「再造之恩과 조선후기 정치사」, 『大東文化研究』 59, 2007을 참조했다.

조선의 반응과 협상의 파탄 과정 등을 살피고 그 과정에서 조선과 명의 관계가 어떤 방향으로 전개되었는지 고찰하고자 한다.

2. 14세기 후반~16세기 후반 명사(明史) 개관

1368년 홍건적(紅巾賊) 출신의 지도자 주원장(朱元璋)은 북경(北京)의 원(元)을 막북(漠北)으로 몰아내고 명(明)을 건국했다. 애초 강남 지방을 근거로 성립한 명은 건국 이후 자국민의 해외 도항을 엄격히 금지하는 해금(海禁), 주변 제국(諸國)을 대상으로 자국에 복종을 요구하는 조공(朝貢) 정책을 실시했다. 이는 조공을 바치는 국가에게만 무역을 허용하는 시스템이다. 조선은 건국 직후부터, 일본은 1404년 아시카가 요시미쓰(足利義滿)가 명에 조공하여 책봉을 받음으로써 각각 명의 번국(藩國)으로 명 중심의 동아시아 국제 질서 속으로 편입되었다.

이처럼 해금과 조공에 입각하여 제한적인 대외 정책을 펼치면서 영락 연간(1402~1424)에 명은 모두 다섯 차례에 걸쳐 몽골에 대한 원정, 전후 일곱 차례에 걸친 정화(鄭和) 함대의 남해대원정(南海大遠征), 베트남에 대한 침공 등을 벌이는 등 팽창 정책을 펼친 바 있다. 이 같은 정책은 영락제 사후 홍희제(洪熙帝), 선덕제(宣德帝) 시기를 거치면서 점차 중단되었다.[3]

영락제의 팽창 정책이 멈추자 몽골의 오이라트 세력이 확장되었다. 오이라트의 실력자 에센(也先)은 명과의 조공 무역 확장에 골몰했다. 하지만 명이 조공 무역에 참여하는 인원을 확대시키는 데 반대하자 에센은

---

3 이 시기 명나라 역사의 흐름과 관련하여 주로 참고한 것은 三田村泰助, 『明と清』, 河出書房新社, 1990; 王天有 · 高壽仙, 『明史, 一個多重性格的時代』, 三民書局, 2008 등이다. 명나라 역사와 관련된 서술에서 구체적인 전거를 제시하지 않은 대목은 주로 두 책의 내용을 참조한 것임을 밝힌다.

1449년 명을 공략했다. 명의 정통제(正統帝)는 이에 환관 왕진(王振)의 채근을 받아 에센에 대한 친정(親征)에 나섰다가 도리어 포로가 되는 '토목의 변[土木之變]'에 휘말린다. '토목의 변'을 계기로 명의 북방 정책은 수세적(守勢的)으로 변화했다. 명은 15세기 중반 이후 거듭된 몽골의 침략을 막기 위해 장성(長城)을 신축, 정비하고 그 주요 지점마다 구변(九邊)이라 불리는 방어 거점을 마련하게 된다.[4]

1464년 정통제(天順帝) 사후 즉위한 성화제(成化帝, 1464~1487), 홍치제(弘治帝, 1487~1505) 시대는 안팎의 격동이 진정되면서 명의 내부가 나름대로 안정을 되찾았던 소강의 국면이었다. 명의 성세는 정덕(正德) 연간(1505~1521)부터 확연히 흔들리기 시작한다. 정덕제(正德帝)는 환관 류근(劉瑾)에게 휘둘려 정무(政務)를 방기하고 도사(道士)와 승려들과 어울려 황음에 빠졌다. 또 돌출적으로 순행(巡幸)과 원정(遠征)에 몰두하는 기행을 연출하기도 했다.

이 같은 와중에 15세기 말 잠시 잠잠해졌던 몽골 세력은 16세기 들어 다시 발호하기 시작했다. 가정(嘉靖) 연간(1522~1566), 알탄(俺答) 칸이 이끄는 몽골은 조공 무역을 요구하며 다시 침략을 개시했다. 특히 생활고와 징세에 시달리던 한인(漢人)들이 명을 버리고 몽골에 투항하는 경우가 잦아졌다. 이들이 몽골의 침략을 이끄는 향도(嚮導)가 되면서 몽골의 침략은 더욱 기승을 부리기 시작했다. 1550년 알탄의 몽골군은 북경을 포위하고 방화하는 '경술의 변[庚戌之變]'까지 일으켰다. 자연히 몽골의 침략을 막기 위한 북변 방어 비용이 급증했고, 이것이 증세(增稅)로 이어지면서 민간의 고통과 반감 또한 높아졌다. 더욱이 이 시기 조세의 은납(銀納)이 점차 일반화되면서 은(銀)을 확보하는 과정에서 백성들의 부담이 심화되었다.

---

4 명과 몽골의 관계사에 대해서는 萩原淳平, 『明代蒙古史研究』, 同朋社出版, 1980을 참조했다.

한편 1540년대, 일본에서 생산된 다량의 은이 명으로 유입되기 시작했다. 중국의 은 수요와 일본의 무역 욕구가 맞아떨어진 결과였다. 하지만 명의 해금(海禁) 정책이 문제였다. 민간의 해상무역에 대한 금지 조처가 여전히 강고한 상황에서 1523년 영파(寧波)에서는 오우치씨(大內氏)와 호소카와씨(細川氏) 사이의 쟁공(爭貢) 문제를 놓고 '영파의 난[寧波之亂]'이 일어났다. 명 정부는 이 폭동을 계기로 일본의 견명선(遣明船)에 대한 통제를 더욱 엄격히 강화했다. 점증하는 무역 욕구와 그를 억제하는 해금 조처 사이의 모순 속에서 1520년대 중국 남부에서는 밀무역(密貿易)의 거점이 생겨난다. 절강의 쌍서(雙嶼), 복건의 장주(漳州, 月港)가 대표적이다. 이광두(李光頭) 등 밀 무역업자들이 말라카의 포르투갈인을 비롯하여 하카타(博多) 등지의 일본 상인들과 이 지역에서 밀무역을 활발히 벌였다. 이들이 바로 16세기 왜구(倭寇)였다. 특히 왕직(王直) 등 왜구의 거추(巨酋)들은 중국 동남 연해 지역의 세력가들과 결탁하여 상업 활동을 벌일 정도였다.[5]

1550년대 극성했던 왜구는 이후 척계광(戚繼光) 등이 무력을 통해 진압에 나서면서 약화되는 조짐을 보인다. 이어 명 조정은 1567년 해금(海禁)을 완화시켜 민간 상인들이 장주(漳州)로부터 동남아 등지로 나아가 무역하는 것을 허용하는 조처를 취했다. 이어 1571년 명은 몽골의 알탄과 이른바 융경화의(隆慶和議)를 맺어 조공 무역을 허용하면서 북로(北虜)의 위협을 종식시키는 데도 성공했다. 즉 과거 구변(九邊)의 중심지였던 선부(宣府)와 대동(大同)에서 마시(馬市)라 불리는 교역장을 열어 조공 무역을 허용함으로써 몽골을 침략자에서 평화로운 통교자로 전환시키는 데 성공했던 것이다.[6]

---

5 해금(海禁) 체제의 장벽 속에서도 일본의 은을 매개로 활성화되었던 동중국해(東中國海)의 무역 양상은 岸本美緖, 「東アジア・東南アジア傳統社會の形成」, 『岩波講座 世界歷史』 13, 1998; 鄭永常, 『來自海洋的挑戰: 明代海貿政策演變研究』, 稻鄉出版社, 2004, 161~228쪽을 참조했다.

6 岸本美緖, 위의 글, 1998 참조.

1570년대 유화 조처를 계기로 북로남왜(北虜南倭)의 위협이 완화되면서 중국으로 유입되는 은의 양은 격증했다. 이 시기에는 일본의 은뿐만 아니라 스페인에 의해 남미에서 개발된 은 또한 마닐라를 경유하여 중국으로 유입되었다. 이제 명은 일본과 남미에서 생산된 은의 최종적인 집결지로 등장했다. 폭발적으로 유입된 은은 명 내부에서 세금 등으로 유통되다가 주로 대상인이나 관료들에게 집중적으로 모여졌다. 그리고 이들에게 집적된 은은 주로 도시에서 소비, 유통되면서 도시의 번영과 농촌의 침체라는 대조적인 현상 출현의 원천이 되었다.[7]

명의 세종(世宗) 가정제(嘉靖帝, 1521~1566) 연간은 겉으로 태평성대처럼 보였지만 실제로는 격심하게 동요하고 있던 시대였다. 세종은 당장 자신의 생부(生父) 흥헌왕(興憲王)의 예우 문제를 놓고 조법(祖法)을 지키지 않아 예제(禮制) 상의 대립을 초래하고 정신(廷臣)들 사이에 정쟁을 유발했다. 이후 정치에 환멸을 느낀 세종은 1539년부터 어전회의에 참여하지 않고 1541년부터 도교(道教)를 혹신하여 은거(隱居)에 들어간다. 그가 도교에 빠져 태정(怠政)을 일삼자 일각에서는 그를 가리켜 황제가 아니라 '도사(道士)들의 우두머리'라고 여기기도 했다. 세종이 정치 일선에서 물러나려고 하자 대학사(大學士)인 엄숭(嚴嵩)과 그의 아들 엄세번(嚴世番) 부자가 발호했다. 내각(內閣)은 본래 황제의 비서실이었는데 시간이 흐르면서 4~8명의 대학사가 권력의 중심으로 등장하게 된다. 세종의 태정 이후 하언(夏言)과 엄숭 두 대학사가 황제의 신임을 놓고 각축을 벌였고, 그 과정에서 권신정치(權臣政治)가 출현했다. 결국 하언에게 승리한 엄숭의 권력이 1550년대 정점에 도달한다. 가정제가 죽은 뒤 목종(穆宗) 융경제(隆慶帝, 1566~1572)가 즉위하여 치세를 도모했다. 그는 성군(聖君)의 자질을 갖고 있다는 평가를 받았지만 얼마 되지 않아 사거하고 말았다.[8]

---

7 岸本美緒, 위의 글, 1998 참조.

8 三田村泰助, 앞의 책, 1990; 王天有 · 高壽仙, 앞의 책, 2008 참조.

신종(神宗) 만력제(萬曆帝, 1572~1619)는 임진왜란 당시 조선에 명군을 파견했던 황제였다. 그런데 그의 재위 기간 동안에 여러 가지 문제가 나타났다. 특히 그 가운데서도 재정문제(財政問題)가 심각했다. 한 예로 1568~1569년 무렵, 명의 국가 예산은 수입 250만 냥에 지출이 400만 냥으로 적자가 누적되는 상황이었다. 그 같은 상황을 야기한 구조적인 요인 가운데 하나로 친번(親藩) 문제가 있었다. 명 태조 주원장(朱元璋)은 26명의 아들과 16명의 딸을 두었는데 이후 이들 종실(宗室)들은 국가의 번병(藩屛)으로 인식되어 대대로 엄청난 국은(國恩)을 입었다. 친왕(親王)의 적장자는 왕세자가 되어 친왕으로 세습되고 나머지 아들들은 군왕(郡王)에 봉해지거나 진국장군(鎭國將軍), 보국장군(輔國將軍), 봉국장군(奉國將軍) 등으로 책립되어 평생 녹을 받았다. 극단적인 예에 따르면 진왕(晉王)의 제3자 경성왕(慶成王)의 경우 아들만 100명이었다. 그들이 모두 성장하여 진왕의 왕위를 이었던 장자를 빼고 99명이 진국장군에 봉해졌다. 실제로 1569년(隆慶 3), 명나라 종실(宗室)의 수는 2만 8,000여 명에 이르렀다. 이들에게 지급되는 비용은 어마어마하여 1562년(嘉靖 41) 어사(御使) 임윤(林潤)은 "경사(京師)에 공급하는 세미(稅米)가 400만 석인데 친번에게 지급하는 봉록이 853만 석"이라고 밝힌 바 있다. 일부 친번 세력은 국가가 주는 봉록(俸祿)이 적다며 반란을 일으키는 등 문제는 날로 심각해지고 있었다.[9]

만력제의 즉위와 함께 대학사의 우두머리 격인 수보(首輔) 자리에 오른 장거정(張居正, 1525~1582)은 일련의 개혁 정치를 통해 명의 쇠운(衰運)을 일시적으로나마 돌려놓았다. 그는 환관 풍보(馮保)와 결탁하여 권력을 공고히 한 뒤 언관(言官)들을 억압하여 독재의 기반을 마련했다. 장거정은 이어 대운하(大運河) 수송 능력의 개선, 용관(冗官) 정리, 체납(滯

9 萩原淳平, 앞의 책, 1980, 248~250쪽.

納) 세금 징수, 은전(隱田) 적발, 토지조사[丈量] 실시 등을 통해 재정 상황을 획기적으로 개선시켰다. 나아가 만주 지역에서는 이성량(李成梁)을, 북경 방면에서는 척계광을 중용하여 몽골의 군사적 위협을 어느 정도 억지하는 데도 성공했다. 이 때문에 일각에서는 "장거정의 개혁 정치 덕분에 망해 가던 명의 역년(歷年)이 72년 정도나 늘어났다."라는 평가가 나오기도 한다.[10] 명이 1592년 임진왜란에 병력을 보내 참전할 수 있었던 것은, 장거정이 취한 일련의 개혁을 통해 1580년대 명의 재정이 어느 정도 충실해졌기 때문에 가능했던 것일 수도 있다. 어쩌면 그것은 조선의 '행운'이라고도 할 수 있을 것이다.

하지만 또 다른 일각에서는 그가 환관과 결탁하여 언론을 탄압함으로써 향후 환관들이 발호할 토대를 열어 준 것, 자신의 권력을 유지하기 위해 신시행(申時行)과 같은 무기력한 인물을 내각에 끌어들인 것, 누르하치와 결탁했던 이성량과 같은 인물을 무장으로 기용한 것 등을 들어 장거정의 집권이 오히려 명의 붕괴를 촉진시키는 원인이 되었다고 평가한다.[11]

3. 임진왜란 발생 배경과 초전(初戰)의 전개 양상

1) 대항해시대의 여파와 일본 굴기(崛起)

일본이 임진왜란을 도발하는 배경에는 이른바 대항해시대의 여파가 아시아로 밀려왔던 영향이 자리 잡고 있었다. 1492년 대서양을 서쪽으로 계속 항해하면 인도에 도착한다고 믿었던 콜럼버스(1451~1506)는 산살바도

10 朱東潤, 『張居正大傳』, 陝西師範大學出版社, 2009 참조.
11 三田村泰助, 앞의 책, 1990, 211~215쪽.

르 제도에 도착했다. 1498년 포르투갈의 바스코 다 가마는 아프리카 남단의 희망봉을 돌아 인도의 캘리컷에 도착했다. 포르투갈인들은 인도의 고아(Goa)에 총독부를 두고 인도 지배와 아시아 진출의 근거지로 삼은 다음 1511년 말라카를 점령하고 '향료의 섬'으로 불리던 몰루카 제도까지 진출했다. 1521년 마젤란이 이끄는 스페인 함대가 남아메리카 대륙의 남단을 지나 태평양을 횡단하여 필리핀에 도착했다. 그들이 모험적인 항해를 감행했던 것은 기본적으로 향료를 획득하려는 열망 때문이었다.[12]

'대항해시대' 포르투갈과 스페인의 내항(來航)은 동아시아의 국제 정세에 심대한 영향을 남겼다. 명은 1567년 해금을 완화시켜 민간인들의 해상무역을 허용했고, 1571년에는 이른바 융경화의(隆慶和議)를 통해 몽골과의 조공 무역을 허용했다. 1557년 마카오를 획득했던 포르투갈 상인들은 명의 생사(生絲)와 일본의 은(銀)을 교환하는 중개무역을 시작했다.

이 무렵 주목할 만한 사실은 일본에서 은 생산이 획기적으로 늘어났다는 것이다. 그 과정에는 당시 조선에서 유입된 회취법(灰吹法, 연은분리법)이 결정적인 영향을 미쳤다. 회취법 도입 이후 이와미은산(石見銀山)을 포함한 각지의 은광 개발이 붐을 이루었다. 그 과정에서 16세기 중반 일본은 세계 제2위의 은 생산국으로 발돋움했다. 다량 생산된 은은 막부나 다이묘 혹은 왜구들에 의해 명과의 공식, 비공식 무역에 투입되어 견직물과 생사, 도자기 등을 구입하는 데 활용되었다. 은은 조선과의 무역 대금으로 흘러들어가기도 했다. 그뿐만 아니라 이 시기 일본에서는 '제철혁명(製鐵革命)'이라 불릴 정도로 옥강(玉鋼)을 비롯한 고품질의 강철 생산이 증대했다.[13]

대항해시대의 여파가 일본에 가장 극적으로 미친 사례는 바로 조총

12 이른바 대항해시대 스페인과 포르투갈의 아시아 해역 진입과 관련해 增田義郎, 『大航海時代』, 講談社, 1996, 제7장 「ポルトガル海外帝國」과 제10장 「ヨーロッパの出會い」 참조.

13 야마구치 게이지 저, 김현영 역, 『일본 근세의 쇄국과 개국』, 혜안, 2001, 30~46쪽.

(鳥銃)의 전래였다. 1543년 동남아를 출발하여 마카오로 향하던 왜구선 1척이 규슈(九州) 근처의 다네가시마(種子島)에 표착(漂着)하는 사건이 있었다. 당시 배에 타고 있던 포르투갈 상인 핀투는 다네가시마의 영주에게 자신이 갖고 있던 조총(=鐵砲)을 선물했다. 이 새로운 무기는 전국시대(戰國時代)를 맞아 패권 쟁탈에 여념이 없던 일본 각지의 무장 세력의 판도에 상당히 큰 영향을 미쳤다. 1575년 오다 노부나가(織田信長)와 도쿠가와 이에야스(德川家康)의 연합군이 나가시노(長篠) 전투에서 조총을 활용하여 다케다 가쓰요리(武田勝賴)가 이끄는 기마대에게 대승을 거두었던 것이 대표적인 사례였다. 조총은 곧 전국으로 확산되었고 일본의 군사력은 크게 향상되었다.[14]

1582년 오다 노부나가가 죽은 뒤 그의 후계자로 등장했던 도요토미 히데요시는 1587년 마침내 일본을 통일했다. 그는 일종의 토지조사 사업인 '다이코겐치(太閤檢地)', 무사 이외의 계층에게서 무기를 완전히 몰수하는 가타나가리령(刀狩令)을 통해 집권 기반을 닦았다. 통일 이후 히데요시는 자신의 정치적 야욕을 조선과 명으로까지 돌렸다. 1585년 무렵부터 대륙 침략을 공언했던 도요토미 히데요시는 1587년 대마도를 정복한 직후 조선의 복속을 요구했다. 그는 조선에 대해 이른바 정명향도(征明嚮導)를 운운하면서 조선 국왕의 입조(入朝)를 요구했다. 조선과 교역을 통해 생계를 유지하던 대마도는 조선의 자존심을 상하지 않게 하려는 차원에서 도요토미가 운운했던 정명향도를 슬쩍 '가도입명(假道入明)'으로 바꾼다. "조선에서 길을 빌려 명으로 들어간다."라는 명분이었다. 하지만 이미 '가도멸괵(假道滅虢)'이라는 『천자문(千字文)』에 담긴 고사를 고려할 때 조선이 기만적인 일본의 슬로건에 반응을 보이지 않은 것은 극히 자연스러운 것이었다.

---

14 宇田川武久, 「鐵砲の受容と技術の定着」, 『鐵砲傳來の日本史』, 吉川弘文館, 2007 참조.

일본이 이렇게 굴기하고 도요토미 히데요시의 망상과 야욕이 대륙까지 넘보고 있을 무렵 조선의 문화적 자존심은 하늘을 찌르고 있었다. 이미 16세기 후반 무렵, 화이관(華夷觀)에 바탕을 둔 조선 지식인들의 일본에 대한 문화적 우월 의식은 정점에 이른 상태였다. 그것은 15세기 이래 고양된 존명의식(尊明意識)이 16세기 후반에 이르러 극에 이르렀던 것과 맞물려 있었다.[15] 조선 지식인들의 존명의식이 어느 정도였는지는 박세무(朴世茂)가 쓴 『동몽선습(童蒙先習)』의 결론 부분을 보면 뚜렷이 드러난다. 조선 옆에 현존하고 있는 유일한 중화(中華)의 강대국인 명(明)이 영원불멸할 것이라는 확신, 나아가 그것을 축원(祝願)하는 심정이 절절했다.[16] 『동몽선습』은 16세기 중반 이후 『천자문』을 갓 뗀 학동(學童)들의 필독서로 등장하고 있었다. 이처럼 존명의식이 투철했던 조선 지식인들은 기본적으로 일본을 '오랑캐'로 인식하는 한편, '제대로 된 나라'로 여기지 않았다.

그뿐만 아니라 이 시기 조선 지식인들은 조선과 명을 일가(一家)로 인식했다. 이 같은 배경에서 조선 지식인들에게 일본이 명에 거역하거나 도전하는 것은 상상조차 할 수 없는 일이었다.[17] 따라서 실제 도요토미 히데요시가 '정명(征明)'을 운운하면서 조선을 겁박했을 때 조선이 일본의 겁박 자체를 무시했던 것은 어쩌면 당연한 수순이었다고 할 수 있다.

2) 육전의 연전연패, 수군과 의병의 '현상 유지'

임진왜란 초반 일본군은 승승장구했다. 오랜 전국시대를 거치며 전투에

---

15 韓明基, 「15~17世紀朝鮮知識人たちの日本認識概觀」, 東郷和彦 · 朴勝俊 編, 『鏡の中の自己認識』, 御茶水書房, 2012.

16 박세무, 『童蒙先習』, 「總論」, "胡元滅宋 混一區宇 夷狄之盛 未有若此 天厭穢德 大明中天 聖繼神承 於千萬年".

17 한명기, 앞의 글, 2012.

숙련된 병사가 많았던 데다가 신무기인 조총까지 갖추고 있었기 때문이다. 그뿐만 아니라 왜관(倭館)에서의 체류와 무역 활동 등을 통해 조선 사정에 밝았던 대마도 출신들이 일본군에 가담했던 것도 일본군의 연승에 크게 보탬이 되었다. "임진왜란 당시 조선 백성들이 백년 태평에 젖은 상태에서 바람을 탄 우박처럼 날아오는 조총의 탄환 앞에 조선의 궁시(弓矢)는 상대조차 될 수 없었다."라는 류성룡(柳成龍)의 지적은[18] 당시의 상황을 웅변하고 있었다. 조총의 위력만 가공한 것이 아니었다. 일본도(日本刀)의 위력 또한 만만치 않았다. 해전(海戰)과 수성전(守城戰)에서 조선의 화포(火砲)가 상당히 위력을 발휘했지만 근접하여 난전(亂戰)을 벌이는 백병전(白兵戰)에서는 일본도의 위력이 대단했다.

당시 조선은 200년 가까운 승평(昇平) 시기 동안 전쟁을 몰랐던 데다가 16세기 중반까지 기승을 부렸던 척신정치(戚臣政治)의 폐해로 말미암은 정치 기강의 이완, 부세 제도의 모순, 민생 기반의 동요 속에서 국가적 역량이 크게 저하된 상태였다. 일찍이 이이(李珥)가 16세기 중반을 '중쇄기(中衰期)'로 규정하고 대대적인 경장(更張)의 필요성을 역설했거니와 선조 초년에는 동서분당(東西分黨)으로 상징되는 정파 사이의 대립까지 심화되면서 일본의 전면적인 침략에 맞설 태세를 제대로 갖추지 못한 상태였다.

결국 선조는 파천(播遷) 길에 올라 의주(義州)까지 밀렸다. 육전에서 연전연패가 이어지자 이미 파천을 결정하기 전부터 사서인(士庶人)뿐만 아니라 대부분의 신료들은 나라가 망할 것으로 판단하고 있었다. 깊어지는 위기의식 속에서 상당수 조정 신료들이 선조를 호종(扈從)하는 것을 회피하거나 도중에 도주했고 최종 목적지였던 의주까지 선조를 따라갔

---

18 柳成龍, 『西厓集』 권16, 「記鳥銃製造事」, "及壬辰之變 內外靡然 旬日之間 都城失守 八方瓦解 雖出於昇平百年 民不知兵而然 實由於倭賊有鳥銃之利 能及於數百步外 中必洞貫 來如風雹 而弓矢莫能與之相較故耳".

던 신료들의 숫자는 수십 명에 지나지 않았다.[19] 민심 또한 이반하고 있었다. 한음도정(漢陰都正) 현(俔)의 증언에 따르면 선조가 경복궁을 나설 때부터 여러 장수들이 눈을 흘기면서 "이 적은 하늘로부터 내려온 것이 아니라 사람이 빚어낸 것"이라고 말했다는 것이며 군사들도 병기를 질질 끌고 가면서 "임금이 이제 왔으니 살아났구나, 기꺼이 적을 맞이해야지." 라고 운운했다는 등 충격적인 상황이 벌어지고 있었다.[20] 이에 일본군의 교묘한 선무공작이 더해지면서 부일자(附日者)의 숫자는 급격히 증가하고 있었다.

거의 망국(亡國)의 벼랑 끝으로 내몰리고 있었던 이 상황에서 조선이 그나마 살아남은 것은 이순신이 이끄는 수군(水軍)의 활약과 의병들의 봉기 덕분이었다. 이순신의 연이은 해전에서의 승첩(勝捷)은 일본군의 수륙병진(水陸竝進)을 저지하여 전라도와 서해를 살려 놓았다.

곽재우(郭再祐)를 비롯하여 김면(金沔), 정인홍(鄭仁弘)으로 대표되는 남명(南冥) 문하의 의병들의 분전, 조헌(趙憲)과 고경명(高敬命) 등 호서와 호남 의병들의 활약 또한 전라도를 살리고 일본군의 북상을 지연시키는 데 결정적인 역할을 했다. 일본군에 비하면 오합지졸일 수밖에 없는 병력을 거느리고 이들이 창의(倡義)하여 누차 승리를 거두면서 일본군에 대한 공포심이 사라져 갔다. 그것은 초전에 유린되어 버린 경상좌도에서 일본군이 신격화되고 있던 상황을 타개하는 데 결정적인 역할을 한 것으로 보인다. 실제로 1592년 말까지 일본군의 추격 때문에 조정이 위기에 처한 상태에서 의병들의 활약이 이어지자 "의병들이 창의하는 바람에 국가의 오늘이 있게 되었다."라는 찬사가 나오고 있었다.[21] 하지만 명군이 참전하여 평양 전투에서 승리하고, 전세가 역전되어 일본군이 후퇴하는

19 『宣祖實錄』 권27, 선조 25년 6월 己酉.
20 『宣祖實錄』 권26, 선조 25년 5월 癸酉.
21 『宣祖實錄』 권32, 선조 25년 11월 壬申.

상황이 빚어지자 선조의 마음은 변한다. 일단 나라가 망할 위기에서 벗어나고 전쟁이 소강상태로 접어들자 조정은 의병을 통제하려 든다. 그들을 명군의 군량을 나르도록 하는 운량군(運糧軍)으로 전락시키거나 군대로서의 기능을 제거하려고 시도했다.[22] 위기가 지나가는 조짐을 보이자 의병을 위험시하는 분위기가 커졌던 것이다. 김덕령(金德齡)을 비롯한 의병장들이 '토사구팽(兎死狗烹)'되는 상황을 넘어 역모 혐의로 비극적인 최후를 맞게 되었던 것은 바로 이러한 상황과 맞물려 있었다.

4. 명군의 참전과 강화협상

1) 명군의 참전 배경과 경과

조선으로부터 임진왜란이 발발했다는 보고를 들었을 때 명은 우선 자국의 해방(海防)을 강화하는 조처부터 취했다. 이후 명 조정에서는 조선에 군대를 보내 직접 참전하는 문제를 놓고 논란이 벌어졌는데 의견이 크게 3가지로 나뉘지고 있었다. 첫째 압록강을 굳게 지키며 조선의 정세를 관망하자는 논의, 둘째, "오랑캐끼리의 전쟁에 간여하여 조선을 구원할 필요는 없지만 굳센 군사를 뽑아 압록강을 건너 무위(武威)를 드날리자."라는 논의, 셋째, 조선의 전략적 중요성을 고려하여 병력을 보내 원조해야 한다는 주장이 그것이었다. 특히 병부상서 석성(石星)은 "조선은 명의 내복(內服)이나 마찬가지라 만약 일본이 조선을 차지할 경우, 요동을 침범하여 산해관(山海關)에 미치게 되면 경사(京師)가 진동하고 복심(腹心)의

22 임진왜란 시기 의병들의 존재 의미와 그것을 운량군(運糧軍)으로 전환시킨 조정의 행태는 최영희, 『壬辰倭亂中의 社會動態』, 한국연구원, 1975 참조.

근심이 된다."라며 출병을 적극 주장했다.[23]

중국에서 임진왜란을 '동원일역(東援一役)', '항왜원조(抗倭援朝)' 등으로 부르는 것에서 잘 드러나듯이 명군의 참전은 "위기에 처한 조선을 구원한다."라는 명분 아래 이루어졌다. 하지만 명의 참전 배경에는 자위(自衛)를 위한 전략적 고려와 인식이 자리 잡고 있었다. 즉 임진왜란 당시 명이 군대를 보내 조선에 개입한 것은 조선이 갖는 전략적 중요성, 특히 요동을 방어하기 위한 울타리로서의 역할을 염두에 두었기 때문이라는 주장은 훗날 정설로 굳어지게 된다. 즉 요동을 전쟁터로 만들지 않고, 궁극에는 북경 등 경사(京師) 지역을 방어하기 위한 목적에서 명군의 참전이 이루어졌던 것이다.[24] 하지만 명군 지휘부는 조선에 대해 자신들의 참전이 "속국을 돕기 위한 목적에서 단행된 시혜(施惠)"로 인식되기를 원했다. 따라서 조선이 일본이 내세운 가도입명(假道入明) 요구를 거부하려다가 일본의 침략을 먼저 입게 되었다는 주장을 폈을 때 격렬히 반발했다.

명군이 조선에 진입하기까지는 우여곡절이 적지 않았다. 그것은 내부 사정 때문이었다. 1592년 2월, 영하(寧夏)에서는 몽골 귀화인 보바이(哱拜) 등이 반란을 일으켰다. 또 당시 명 내부에서는 "요동에 영토적 야심을 가진 조선이 일본군을 끌어들였다."라는 풍문이 돌고 있었다. 그것은 왜란 발생 이전 왜구에 의해 일본으로 잡혀가 사쓰마(薩摩)의 시마즈씨(島津氏) 밑에서 의업에 종사하던 허의후(許儀後) 등이 만들어 낸 풍문이었다. 이런 풍문과 맞물려 왜란 발발 직후 요동에서는 "조선이 왜노(倭奴)의 향도가 되어 가짜 조선 왕이 요동으로 향하고 있다."라는 와언(訛

23 임진왜란 직후 조선에 대한 파병 여부를 둘러싸고 벌어진 명 조정의 논란은 한명기, 「정유재란 시기 명 수군의 참전과 조명연합작전」, 『軍史』 38, 國防軍史硏究所, 1999.

24 『籌遼碩畫』 권4, 「早計防剿以固封疆疏」, "愚以昔年朝鮮之役 未始不動天下之兵 何以竭中國之財力 援此區區之屬國哉 救朝鮮所以衛遼也 衛遼所以衛京師也 豈昔日之遼東不可無朝鮮之衛 而今日之京師乃不必有遼東之衛耶".

言)까지 돌고 있었다. 명은 이 때문에 군대를 파견하기에 앞서 사관(査官)을 조선에 보내 소문의 사실 여부를 정탐하는 활동을 벌이기도 했다.[25]

1592년 6월 15일 조승훈(祖承訓)과 사유(史儒) 등이 이끄는 명군 선발대가 압록강을 건너왔다. 임진왜란 발생 이후 최초로 들어온 명군이었다. 하지만 이들의 병력 숫자나 장비는 형편없었다. 3,000명 정도에 불과했던 조승훈 휘하의 명군은 7월 17일, 평양을 공격했으나 참패했다. 최초로 들어온 명군의 패전은 조선과 명 모두에게 커다란 충격을 남겼다. 명에서는 "조승훈의 패전으로 요동 전체의 기운이 저상(沮喪)되었다."라는 비판이 제기되었다. 조승훈은 자신에게 쏟아지는 비난을 회피하기 위해 조선에 모든 책임을 돌렸다. 즉 조선 측이 일본군에 대한 아무런 정보도 주지 않고, 제대로 지원도 하지 않으면서 명군에게 진격만 요구했다고 비난한 것이다.

조승훈의 패전을 계기로 명은 위기의식을 갖게 되었다. 조총을 가진 일본군에 맞서려면 복건(福建)과 절강(浙江) 등지의 화포병(火砲兵)을 동원해야만 한다고 생각하게 되었다. 문제는 시간이었다. 이 같은 위기 상황에서 병부상서 석성(石星)은 1592년 8월, 심유경(沈惟敬)에게 유격장군(遊擊將軍) 직함을 주어 조선에 보내 일본군과 협상을 벌이기로 결정했다. 심유경의 측근인 심가왕(沈嘉旺)이란 자는 과거 왜구에게 잡혀 갔다가 탈출한 경력이 있는데, 심유경에게 "도요토미 히데요시는 명에 조공(朝貢)하려 하는데 조선이 막고 있어서 거병(擧兵)했다."라고 운운한 바 있었다. 심유경은 조선에 들어가 고니시 유키나가(小西行長)와 담판을 통해 9월 1일부터 10월 20일까지 잠정적으로 휴전을 결정했다. 이후 휴전 기간은 더 연장되었거니와 석성은 심유경의 활동을 통해 일본군의 요동 진입을 막고 재징병(再徵兵)을 위한 시간을 벌 수 있었다.[26]

---

25 한명기, 「임진왜란 시기 류성룡의 외교활동」, 『류성룡의 학술과 경륜』, 태학사, 2006 참조.

26 1592년 7월, 조승훈(祖承訓)이 평양에서 패전한 이후 심유경이 단기(單騎)로 왜영(倭營)에 들

1592년 12월, 제독((提督) 이여송(李如松)이 거느리는 병력이 조선으로 다시 진입했다. 낭병(南兵, 포병)과 북병(北兵, 기병)을 합쳐 도합 5만 1,000명의 대군이었다. 이여송의 명군은 1593년 1월에 벌어진 평양 전투에서 예상 밖의 승리를 거두었다. 화포의 위력이 승리의 결정적인 원동력이었다. 평양 전투 승리를 계기로 일방적으로 몰리던 전세는 역전되었고, 당장 조선 8도 가운데 4도가 수복되었다는 평가가 나오게 되었다. 조선은 이 전투에서 승리한 것에 감격하여 이여송을 모시는 생사당(生祠堂)을 건립하는가 하면, 명군의 은혜를 "망해 가던 나라를 다시 세워 준 은혜[再造之恩]"라고 추앙하게 되었다.[27]

2) 벽제 전투 패전과 명군 지휘부의 강화(講和) 집착

평양 전투에서 승리했던 이여송은 일본군을 추격했다. 그런데 그는 1593년 1월 25일에 벌어진 벽제(碧蹄) 전투에서 일본군에게 참패했다. 이미 평양 전투 승리의 논공행상 과정에서 경략(經略) 송응창(宋應昌, 南兵)과 제독 이여송(北兵)의 갈등이 야기된 가운데 이여송이 단약(單弱)한 경기병(輕騎兵)만 이끌고 일본군을 추격하다가 초래한 결과였다. 패전 직후 이여송은 개성으로 물러났고, 이후 명의 대군을 평양으로 후퇴시키는 조처를 취했다. 벽제의 패전을 계기로 명군의 기세는 크게 꺾였다.[28]

벽제 전투 패전 이후 명군 지휘부는 일본군과 더 이상의 결전을 포

어가 담판을 벌여 일정한 성과를 얻어냈던 것에 대한 조선 조야(朝野)의 평판은 아주 긍정적인 것이었다. 한 예로 박동량(朴東亮)은 당시 조선의 관민(官民)들이 심유경을 높이 평가하고 그의 활약에 기대를 걸었다는 사실을 다음과 같이 기록하고 있다.(朴東亮, 『寄齋史草』, 「壬辰日錄」, "我國數千里 無一人提一兵嬰其鋒者 而沈惟敬單騎入賊陣 又能使斂惡韜兇 屈首聽命惟謹 沿道士民處處聚馬首 千百爲群 咸曰 今日吳輩生矣 願老爺終始其惠 村民奔波 爭觀何狀男子…")

27 한명기, 「이여송과 모문룡」, 『역사비평』 90, 2010.

28 서인한, 『任辰倭亂史』, 국방부전사편찬위원회, 1987 참조. 이 글에서 임진왜란의 전황(戰況)과 관련하여 따로 전거를 제시하지 않은 것은 주로 이 책을 참조했음을 밝힌다.

기하고, 강화협상을 통해 전쟁을 끝내려고 시도했다. 그들은 심유경을 보내 고니시 유키나가와 다시 협상에 나섰다. 한편 명군 경략 송응창은 1593년 4월, 부하 참장(參將) 사용재(謝用梓)와 서일관(徐一貫)을 히젠(肥前) 나고야성(名護屋城)에 파견했다. 일본 측은 이들에게 강화 조건으로 일곱 가지를 제시했다. 그것은 '명의 황녀를 천황에게 하가(下嫁)시킬 것, 명일 사이에 중단된 감합무역(勘合貿易)을 부활할 것, 명일 양국이 금후의 우호관계를 서사(誓詞)로 교환할 것, 조선의 4도를 일본에 할양할 것, 조선의 왕자와 대신을 일본에 인질로 파견할 것, 포로가 된 조선 왕자 임해군(臨海君)과 순화군(順和君)을 석방할 것, 조선의 대신이 이후 일본을 배신하지 않겠다고 확약할 것' 등이었다. 그런데 '황녀의 하가'나 '영토 할양' 요구에서 드러나듯이, 알려질 경우 격렬한 반발을 초래할 것이 뻔한 이들 7가지 조건은 숨겨진 상태로 협상이 진행될 수밖에 없었다. 그 과정에서 명 조정은 심유경의 정보에 기초를 두고 도요토미 히데요시의 요구가 '봉공(封貢)'이라는 것으로 이해하게 되어 그 수락 여부를 놓고 정쟁(政爭)이 빚어지게 되었다.[29]

1593년 11월, 일본군은 임해군 등을 송환하고 부산 부근으로 철수했다. 물론 완전 철수는 아니었다. 이런 상황임에도 명군 지휘부는 일본군이 완전히 철수한 것처럼 분식하면서 조선에 파견한 원정군을 전면적으로 철수하려고 구상했다. 그 과정에서 전면 철수에 반대했던 송응창이 물러나고 고양겸(顧養謙, 1537~1604)이 새롭게 조선 경략으로 발탁되었다. 하지만 명군 지휘부의 구상처럼 화의 공작에 의해 전쟁을 끝내는 것은 여의치 않았다. 명 조정의 과도관(科道官)들을 중심으로 일본과의 화의 공작에 대한 불신과 의구심이 팽배해 갔기 때문이었다.

29 명과 일본 사이의 화의(和議)를 둘러싼 논의는 岡野昌子, 「秀吉の朝鮮侵略と中國」, 『中山八郎教授頌壽記念明淸史論叢』, 燎原, 1977; 佐島顯子, 「壬辰倭亂講和の破綻をめぐって」, 『年譜 朝鮮學』, 九州大學朝鮮學硏究會, 1994 등 참조.

한편 조선은 명의 방침에 격렬히 반발했지만, 명의 입장을 바꾸기에는 역부족이었다. 이후 조선은 협상 과정에서 소외되었고, 기약이 보이지 않는 강화협상은 1597년 정유재란(丁酉再亂)이 일어날 때까지 지속되었다. 강화협상이 지지부진하게 지속되는 동안 전쟁의 성격은 변질되었다. 일본군은 남해안 일대에서 장기 주둔에 들어갔고, 명군 또한 전의(戰意)를 뚜렷이 보이지 않은 채 조선에 주둔했다. 이 같은 양상을 염두에 두고 훗날 서광계(徐光啓)는 동사(東事-임진왜란)를 가리켜 '전쟁도 아니고 강화도 아닌' 어정쩡한 것이었다고 토로했다.[30]

당시 석성(石星)-송응창(宋應昌)-고양겸(顧養謙)-심유경(沈惟敬) 등으로 이어지는 화의론자(和議論者)들은 봉공(封貢)을 통해서 전쟁을 쉽게 끝낼 수 있다고 믿었다. 하지만 명 조정에서는 석성과 송응창이 주도했던 봉공론에 대해 격렬한 비판이 계속 이어졌다. 특히 1594년 8월 석성 등 봉공론자들은 동정(東征)이 완료되었다고 하여 논공행상을 통해 공훈의 순서를 정하자고 주장했다. 그러자 병과도급사중(兵科都給事中) 오문재(嗚文梓) 등은 일본군이 부산에서 완전히 철수하지 않은 것, 조선에 사천병(四川兵)이 그대로 있는 것, 일본이 보낸 사절 고니시(小西飛)가 명에 아직 있는 것, 신임 경략이 처음 부임한 것 등을 이유로 상황이 종료되지 않았다며 논공행상의 재심(再審)을 촉구했다.[31] 실제로 오문재 등은 일찍부터 경략 고양겸이 중론(衆論)을 무시한 채 방수(防守)에 힘쓰지 않고 봉공론(封貢論)을 주장하여 후환을 남기고 있다고 맹렬히 비난한 바 있다.[32]

명 조정 내부의 반대와 불신에도 불구하고 1595년 2월 무렵까지는 봉공론이 힘을 얻었다. 신종황제(神宗皇帝)가 석성을 비롯한 봉공론자들의 손을 들어주었기 때문이다. 이때까지 명은 도요토미 히데요시가 조공

---

30 徐光啓, 『徐光啓集』 권1, 「海防迂說」, "總東事始末論之 戰不成戰 我無必勝之氣 款不成款 敵無必解之勢".

31 『明神宗實錄』 권276. 萬曆 22년 8월 丙吾.

32 『明神宗實錄』 권271. 萬曆 22년 3월 壬寅.

하기를 간청하고 조선 또한 히데요시를 책봉(冊封)할 것을 요청했기 때문에 그들의 공순한 뜻을 가상히 여겨 히데요시를 일본 국왕으로 책봉한다는 입장을 견지했다. 명은 히데요시를 일본 국왕으로 책봉하는 것만으로도 은혜를 베푸는 것이라는 대국주의적(大國主義的) 인식을 드러냈다. 하지만 그것은 명의 착각이었다. 히데요시가 생각하는 강화협상의 목표는 그것이 아니었다.[33]

1595년 7월까지도 분위기는 괜찮았다. 히데요시를 일본 국왕으로 책봉하는 임무를 갖고 책봉정사(冊封正使) 이종성(李宗城) 일행이 출발하면서 봉공은 거의 성사될 것처럼 보였다. 하지만 1595년 12월 서병과사형과좌급사중(署兵科事刑科左給事中) 서성초(徐成楚)는 봉공 문제에 다시 이의를 제기했다. 그는 이종성이 부산에 도착하는 것이 너무 늦어지는 것을 의심했고, 왜중(倭衆)들이 부산에 거처한 지가 100년이 넘었는데 심유경의 말 한 마디에 동쪽으로 물러갈 리가 없다고 불신했다.[34] 나아가 그는 심유경을 시정(市井)의 무뢰배이므로 믿을 수가 없다고 평가하고 만일의 사태에 대비하여 중국 연안의 방어 태세를 점검하고 침략에 대비해야 한다고 촉구했다. 그는 또한 일본을 막으려면 봉공에 의지할 것이 아니라 해전을 벌여 승리를 거두는 것이 가장 확실한 방법이라며 주전론(主戰論)을 역설했다.[35]

서성초를 비롯한 과도관(科道官) 계통의 신료들이 봉공에 대한 회의론을 거듭 제기하자 석성 등 명군 지휘부는 "일본을 믿어야 한다."라고 거의 광적으로 강조했다. 즉 일본이 부산 일대에서 3년 동안 버티는 것은 오로지 책봉을 기다리기 위한 것이며, 그동안 조선에 대해 어떤 약탈을

33 한명기, 앞의 책, 1999, 54~55쪽.

34 『明神宗實錄』 권292, 萬曆 23년 12월 癸亥.

35 『明神宗實錄』 권294, 萬曆 24년 2월 己酉, "總之 事變無常 堤防在五 且永樂中固嘗予封矣 卒所以制倭者 在望海堝之捷 嘉靖中嘗予貢矣 卒所以定亂者 在廟灣沿海之戰 乞賜查勘情形 幷勅沿海兵備 一意主戰".

자행한 적도 없다고 일본 측을 옹호했다. 명군의 사실상 최고 지휘관이 일본 측을 옹호하는 사태가 빚어진 것이다.[36] 봉공의 성공 여부에 자신들의 정치적 생명이 걸린 상황이 전개되자 석성 등은 조선이 겪은 고통 등에 대해서는 의도적으로 눈을 감는 상황으로 치달은 것이다.

3) 이종성의 탈주와 강화협상의 파탄

우여곡절 끝에 명맥을 유지하던 강화협상은 서성초 등이 예측했던 대로 파탄으로 치달았다. 히데요시를 일본 국왕으로 책봉하는 임무를 띠고 부산의 왜영(倭營)에 들어갔던 책봉(册封) 사절단의 정사(正使) 이종성이 일본군 진영을 탈출하여 도망치는 사건이 발생했던 것이다. 이종성은 일본군 진영에 들어간 뒤에야 히데요시의 요구 조건이 일곱 가지이며, 그는 단순히 책봉을 받는 데는 흥미가 없다는 사실을 깨달았던 것이다. 명은 이종성의 탈주 소식에 당황했지만 이미 상당수 인원이 일본군 진영에 들어가 있었던 사실을 고려하여 부사(副使) 양방형(楊方亨)을 정사(正使)로 승진시켜 일본으로 건너가 도요토미 히데요시를 책봉하는 과업은 일단 마치게 하는 조처를 취했다. 양방형은 6월 15일 바다를 건너가 히데요시를 일본 국왕으로 책봉했다. 이종성의 탈주 소식이 알려진 직후 서성초 등은 강화협상과 관련하여 히데요시가 요구하는 조건의 실상을 폭로했다. 그러면서 그동안 강화협상을 주도해 왔던 송응창, 심유경, 이종성, 조지고(趙志皐), 석성 등을 모두 싸잡아서 탄핵했다. 상황이 한계에 이르자 석성은 봉공을 추진했던 것이 자신의 잘못이었음을 인정하고 사직을 청했다. 그의 정치적 몰락이 시작된 것이다.

강화(講和)를 통한 전쟁 종식 시도가 사실상 실패로 돌아가자 명의

36 『明神宗實錄』 권294, 萬曆 24년 2월 甲寅.

위기의식은 더욱 고조되었다. 1596년 5월, 공부도수사낭중(工部都水司郎中) 악원성(岳元聲)은 일본군이 조선을 정복하고 압록강으로 들이닥칠 경우 요좌(遼左), 천진(天津), 등래(登萊) 등을 위협할 것이라는 다양한 가상 시나리오에 따라 대비책을 마련할 것을 촉구했다. 그는 유정(劉綎)의 군대를 압록강에 둔병(屯兵)토록 할 것과 능력 있는 신료를 속히 조선에 파견하여 군무(軍務)를 감독하여 일본군의 공격에 대비할 것을 촉구했다. 아울러 장수를 기보(畿輔)에 안치하여 북경 주변의 안전을 확보토록 하라고 건의했다.[37] 실제로 명은 일본이 조선을 다시 침략해 오는 상황을 가상하고, 요동 지역의 병력을 어떻게 운용할 것인지를 고민하는 한편, 1596년 9월 일본의 침략이 요동으로 이어지는 것을 막기 위해 구련성(九連城)의 고지(故址)에 성을 새로 쌓고 그곳의 이름을 진강(鎭江)이라 명명했다. 명의 위기의식이 실제로 상당히 높았음을 반증하는 대목이다.

그렇다면 명군 지휘부가 강화를 시작한 배경은 무엇일까? 물론 벽제 전투 패전이 중요한 배경으로 작용했다. 그에 더하여 당시 명이 처해 있던 만만찮은 내외 현실과 그에 따른 전략이 자리 잡고 있었다. 명은 벽제 전투 당시까지 엄청난 병마의 손실을 본 것은 물론, 은화 200만 냥 이상을 소모했다. 그리고 명군의 이동로인 요동을 중심으로 백성의 부담이 극심하여 다시 병력을 동원할 경우 민원(民怨) 때문에 반란이 일어나지 않을까 걱정하고 있는 상황이었다. 즉 전쟁의 장기화에 따라 요동 등 명 내부의 사회 · 경제적 피폐가 심화되고, 더불어 외우(外虞)에 대한 우려가 커졌기 때문이었다.

그것이 전부는 아니었다. 명이 강화협상으로 방향을 전환한 것은 당시 조선에 대한 명의 전략적 고려 속에서 근본적으로 배태되고 있었다는 점이다. 이미 언급했듯이 명의 조선 참전은 자국의 안전을 확보하기

37 『明神宗實錄』 권297, 萬曆 24년 5월 甲戌.

위한 조처이자, 조선에서 일본군과 싸우는 것이 여러 가지 측면에서 유리하기 때문에 이루어진 것이었다. 그것은 달리 말하면 '공세적인 방어' 차원에서 단행된 것이었다. 자위(自衛) 차원에서 이루어진 참전이므로 명군은 조선에서 일본군과 직접 맞닥뜨렸을 때, 조선의 의사나 민족적 감정은 고려하지 않고 전황(戰況)에 따라 혹은 자의적인 판단에 따라 진퇴를 조절하게 되었다.

> 좌승지 홍진(洪進)이 의주(義州)에서 돌아와 아뢰었다. … "경략(經略)이 왜노(倭奴)가 그대 나라에는 진실로 백세(百世)의 원수지만 중국에는 다만 벌레 같은 존재에 불과한데 이제 저들이 항복을 빌고 죄를 인정했으니 내가 따르지 않을 수 없다. … 그러나 우리 조정의 뜻이 어떤지를 모르겠다. 그대 나라가 원병을 요청했던 초기에는 조정의 의논이 분분해서 대부분 압록강을 지키는 것을 상책이라고 했다. 평양까지 내려오자 평양만을 지키려 했고, 개성까지 내려오자 개성만을 지키려 하면서 '이미 속국을 구원하여 태반을 평정하여 회복했으니 바로 철병하는 것이 옳다.'라고 했으나 나와 석상서(石尙書)의 의견은 그렇지 않아서 적들을 깨끗이 소탕하기로 기약했다."[38]

이 글의 내용에 따르면 참전 이후 명군은 전황에 따라 임기응변으로 대처했음을 엿볼 수 있다. 명군의 전선은 예기치 않은 '전황(戰況)의 호조', 즉 평양 전투 승리에 따라 압록강 → 평양 → 개성 등으로 계속 확대되었던 것이다. 따라서 벽제 전투의 패전은 명군 지휘부에게—평양 전투의 승리에 도취해서 잠시나마 '망각'했던—명의 '근원적인 참전 목적'에 대한 주의를 다시 환기시켜 주는 계기가 되었다고 할 수 있다. 명은 벽

38 『宣祖實錄』 권37, 선조 26년 4월 乙酉.

제 전투 패전을 계기로 자신들의 참전이 '자위(自衛)'를 위해 이루어졌다는 것, 따라서 자신들은 이미 "조선에게 할 만큼 했다."라는 것을 새삼 깨닫게 되었던 것이다. 그뿐만 아니라 명군은 이제 '남의 나라 전투'에 참전하여 군이 일본군과 피를 흘리며 결전을 벌일 필요가 없다는 생각을 더욱 굳히게 되었다.

일찍이 1593년 6월, 명의 병과급사중(兵科給事中) 후경원(侯慶遠)은 평양과 개성을 수복시켜 준 것만으로도 "명은 조선에게 해 줄 만큼 해 주었다."라며 일본과 적당한 선에서 전쟁을 끝내자고 주장한 바 있다. 즉 명군 지휘부가 전공을 탐내 무리하게 일본군과 결전을 벌이는 상황을 막아야 한다고 강조했다. 후경원은 심지어 "명이 일본과 원수가 될 까닭이 없다."라고 강조하기도 했다.[39]

요컨대 벽제 전투 패전 이후 명군 지휘부가 강화협상으로 방향을 바꾼 것은 당시 명이 한반도와 관련하여 지니고 있던 전략적 고려 — 명 내지의 안전을 보호하기 위한 목적의 조선 출병 — 를 염두에 두면 상황의 변화에 따라 언제든지 나타날 수 있는 것이었다고 할 수 있다. 즉 명의 입장에서는 조선의 북반부에서 일본군을 축출하는 데 성공한 이상, 일본군으로부터 요동과 경사(京師) 지역을 공격받을 염려는 더 이상 없다고 판단했던 것이다.

5. 정유재란과 명군

1596년 도요토미 히데요시는 명의 새로운 책봉정사 양방형(楊方亨)으로부터 명 황제의 책봉을 받는 의식을 행했지만, 그것으로 끝이 아니었다.

---

39 『明神宗實錄』 권261, 萬曆 21년 6월 甲申.

같은 해 12월 무렵, 조선은 "일본이 조선이 왕자를 보내 자신들에게 사은(謝恩)하지 않는다는 것을 빌미로 가토 기요마사(加藤清正) 등이 다시 바다를 건너 명년에 다시 침략하려 한다."라고 보고했고 계요총독(薊遼總督) 손광(孫鑛)은 조선의 보고를 바탕으로 절강병(浙江兵)을 뽑아 일본의 침략에 대비해야 한다는 주장을 폈다.[40] 서성초는 "조선이 극도로 쇠약해진 와중에 일본이 조선을 점령할 경우 요좌(遼左)와 산동은 하루도 편할 수 없다."라며 조선을 빨리 방어해야 한다는 것, 일본군을 물리치려면 절강의 화기수(火器手)들을 동원해야 한다는 것, 강남 지역의 양곡을 등래(登萊)를 통해 조선으로 운반해야 한다는 것, 적정을 파악하기 위해 간첩을 활용해야 한다는 것, 일선 장수들에게 작전을 위임하여 명 조정의 과도관들이 왈가왈부하지 못하도록 해야 한다는 것, 조선을 원조하려면 속히 해야 한다는 것 등의 제안을 내놓았다.[41]

1597년 정유재란이 일어나자 명은 다른 방도를 선택할 여지가 없었다. 일본의 재침 소식을 접한 직후 명이 취한 조처는 왜란 발생 직후의 그것과 다르지 않았다. 그런데 정유재란 당시 명이 보인 반응에서 주목되는 것은 수군(水軍)을 본격적으로 활용하려 했던 점이다. 특히 1597년 7월, 원균(元均)이 지휘하던 조선 수군이 칠천량해전에서 일본 수군에게 참패하자 명의 위기의식은 결정적으로 높아졌다. 이제 조선 수군이 거의 궤멸된 상태에서 일본군이 서해를 거슬러 명의 본토를 직접 공략할 수도 있다는 가능성을 염두에 두었기 때문이다.

칠천량해전 패전 직후인 8월, 명군 지휘관 양원(楊元)이 지키고 있던 남원(南原)이 일본군에게 함락되었다. 명은 이 패전을 칠천량 패전의 연장선상에서 비롯된 사건으로 인식했다. 수군이 패함으로써 일본군에게 전라도로 서진(西進)할 수 있는 길이 열렸고, 결국 그것 때문에 남원이 무

40 『明神宗實錄』 권305, 萬曆 24년 12월 丙寅.

41 『明神宗實錄』 권305, 萬曆 24년 12월 戊辰.

너진 것으로 본 것이다. 칠천량 패전과 남원의 실함(失陷)을 계기로 명군 지휘부의 위기의식은 결정적으로 높아졌다. 일본군이 육로로 요동을 향해 북상하는 것은 물론, 해로를 통해 남경(南京), 절강, 등래, 직예(直隸) 등 명 내지까지 침범할지도 모른다는 우려가 높아졌다. 명은 당장 일본군의 침략이 예상되는 지역의 해방(海防)을 강화하는 조처들을 취했다. 명군 지휘부는 곧이어 8월 27일 의주 부근에 있던 명의 수군을 남하하도록 지시하고, 9월 9일에는 당시 물러나 있던 진린(陳璘)을 기복(起復)시켜 부총병에 임명하고 광동수병(廣東水兵) 5,000명을 이끌고 조선을 원조토록 하는 한편, 절강 · 상해(上海) · 복건 · 광동(廣東)의 수병 2만 1,000명을 추가로 동원하도록 조처했다.[42] 나아가 명은 수병을 징발하고 함정을 건조하는 데 총력을 기울이게 되었다. 명 조정의 신료들 가운데는 복건 등지의 민간 상선까지 동원하여 수군에 보탬이 되도록 해야 한다는 논의를 제기하는 사람도 나타났다. 이렇게 원균의 패전으로 인해 서해가 더 이상 안전하지 않다는 인식에서 명은 조선에 수군을 보냈으며 1597년 11월에는 유격(遊擊) 계금(季金) 휘하의 수군을 전라 우수영을 향해 남하시켰다. 임진왜란 당시에는 참전하지 않았던 명 수군이 이제 본격적으로 조선으로 진입하기 시작한 것이다.[43]

육전에서도 다른 선택의 여지가 없었다. 1598년 무렵 명은 최대 10만에 가까운 병력을 조선에 투입하였다. 특히 경리어사(經理御史)로 새로 부임한 양호(楊鎬)는 일본군이 다시 북상하는 것을 막는 데 결정적인 공을 세웠다. 하지만 거기까지였다. 정유재란이 진행되던 당시에도 명은 일

---

42 『明神宗實錄』 권314, 萬曆 25년 9월 丁酉, 庚子.

43 이순신이 남해의 제해권을 장악하고 있을 때에는 일본군의 서해 진출이 불가능했기 때문에 명은 해방(海防)에 별 걱정을 하지 않아도 되었다. 하지만 이제 조선 수군이 패한 상태에서 일본 수군이 산동, 천진, 요동 등지를 직접 공략할 경우 명으로서는 대단히 부담스런 상황을 맞게 될 수밖에 없었다. 정유재란 시기 명 수군의 참전과 관련된 제 문제에 대해서는 한명기, 「정유재란 시기 명 수군의 참전과 조명연합작전」, 『軍史』 38, 國防軍史硏究所, 1999 참조.

본군과 끝까지 결전을 벌여 그들을 한반도 바깥으로 몰아낼 의도는 갖고 있지 않았다. 전력 자체가 그들을 압도할 수 없었던 데다[44] 그럴 의도도 별로 없었다. 정유재란 당시에도 총사령관 격인 형개(邢玠)를 비롯하여 명군 지휘부는 '겉으로는 결전을 내세우되 속으로는 일본을 끌어안으려는' 생각을 갖고 있었다. 이른바 '양전음화(陽戰陰和)'가 그것이었다.

6. 명군 참전이 남긴 영향

1) 국가 회복의 기반 마련, 내정간섭과 주권 침해

명군의 참전이 조선에 군사적으로 도움이 된 것은 분명한 사실이었다. 당시 일본군에게 일방적으로 밀려 한성을 버리고 의주까지 쫓겨 갔던 선조와 조선 조정은 심리적으로 '공황 상태'에 처해 있었다. 이 같은 형편에서 5만에 가까운 명의 대병력이 '구원군'을 표방하면서 조선으로 들어온 것은 분명 '대사건'이었다. 명군이 평양 전투에서 승리를 거두어 전세가 단숨에 역전되었다는 소식을 접했을 때 선조와 조선 조정은 "명군의 참전과 원조 때문에 망해 가던 나라가 다시 살아났다[邦國再造]."라고 극찬한 바 있다.

하지만 명군이 참전한 조선의 주권은 심각하게 훼손되었다. 우선 명군이 조선에 진입하면서부터 조선군을 지휘하는 작전권은 사실상 명군 지휘부에게로 넘어갔다. 우선 '책봉-조공 체제'라 불리는 양국 관계에서 조선 국왕은 명 황제의 제후로 치부되었고, 명은 조선을 공공연하게 '속

44 李山海, 『鵝溪遺稿』 권5, 「陳弊箚」, "然以臣計之 則方張之北賊 恐不如已退之倭寇也 何者 倭奴之兇鋒 天下之所難當也 安有八年屯據 動天下之兵 而猶不得一番得利 終使揚揚渡海者乎 臣嘗中夜不寐 憂慮萬端".

국(屬國)'이라 여기고 있었다. 조선 역시 명을 '천조(天朝)', '상국(上國)', '대국(大國)' 등으로 부르면서 섬기던 상황이었다. 이 같은 현실에서 '구원군'을 표방했던 명군은 참전 초부터 조선군의 작전권을 갖게 되었다.

작전권 등 조선의 주권이 명군에 의해 침해되었던 추세는 강화 협상이 시작되면서부터 더욱 심해졌다. 명은 일본군을 달래기 위해 결전을 포기했고, 조선군에게 일본군을 공격하지 못하도록 강요했다. 행주산성에서 일본군을 대파했던 권율(權慄)은 송응창에게 불려가 곤장을 맞을 뻔했다. 허락 없이 일본군을 공격했다는 이유 때문이었다. 1593년 4월, 명군은 한성에서 철수하는 일본군을 조선군의 보복 공격으로부터 '보호'하기 위한 작전을 벌이기도 했다.

그뿐만 아니었다. 명군 지휘부가 강화에 매달리면서부터 조선군은 독자적인 작전권을 상실했다. 1593년 4월, 명의 총병(摠兵) 이녕(李寧)과 유격(遊擊) 전세정(錢世禎) 등은 "왜군을 죽이거나 사로잡지 말라."라는 송응창의 패문(牌文)을 조선 신료들에게 보여 준 뒤, 조선이 따르지 않으면 명군 병력을 철수하겠다고 협박했다. 심지어 그들은 "왜이(倭夷)는 순종하는데 조선이 도리어 배반한다."라고 조선 측의 태도를 질타했다.[45]

명군 지휘부의 압박은 여기서 그치지 않았다. 1594년, 명군 지휘부는 강화 논의와 관련하여 조선을 새롭게 압박했다. 명 조정에서 일본과의 강화를 반대하는 신료들의 공세가 심해지자 병부상서 석성 등은 조선도 마치 일본과의 강화를 원하고 있는 것처럼 분식하고자 했다. 그들은 조선으로 하여금 "조선도 강화를 원한다."라는 내용으로 신종(神宗)에게 주문을 올리라고 강요했다. 특히 당시 송응창의 뒤를 이어 경략에 임명된 고양겸 또한 강화론자였다. 그는 1594년 5월, 조선 조정에 위의 내용을 받아들이라고 강요하고, 만약 거부한다면 주둔하고 있는 명군을 전부 철수

45 한명기, 앞의 책, 1999, 57~67쪽.

시켜 압록강만 방어할 뿐 다시는 조선을 원조하지 않겠다고 협박했다. 조선을 끌어들여 자신들에게 불리하게 돌아가던 명 조정의 분위기를 반전시키려 시도했던 것이다.

정유재란 이후에는 명군 경략이 한성에 도찰원(都察院)을 설치하여 머물면서 조선군의 작전권을 장악했다. 실제 당시 이순신은 명 수군 제독 진린(陳璘)의 간섭과 압력 때문에 일본군에 대한 독자적인 작전을 펼칠 수 없을 정도였다. 명군 지휘부는 작전권뿐 아니라 때로는 조선 국왕의 인사권까지 간섭하기도 했다. 또 일방적으로 추진하는 강화협상에 조선이 반발하는 기미를 보이자 명 조정에서는 선조를 퇴위시키고, 조선을 직할령(直轄領)으로 삼아 직접 통치해야 한다는 주장까지 흘러나오고 있었다. 요컨대 강화협상이 시작된 1593년 1월 이후 명군이 완전히 철수할 때까지 작전권을 비롯한 조선의 주권은 명군에 의해 심각하게 훼손되었던 것이다.

2) 극심한 민폐의 자행

자국 내부에 외국 군대의 주둔을 용인해야 할 경우 필연적으로 안게 되는 현안으로 민폐(民弊) 문제를 빼놓을 수 없다. 임진왜란 당시 명군도 예외는 아니었다. 왜란 초반 선조와 조선 조정은 명에 원군을 요청하기로 결정했으면서도 한때 망설였던 적이 있었다. 바로 명군이 조선에 들어와 자행할지도 모르는 민폐에 대한 우려 때문이었다.

명군이 진입하면서 그 같은 우려는 현실로 나타났다. 당시 명군 지휘관들이 내세운 군령(軍令)은 엄격했다. "민간의 나무 한 그루, 풀 한 포기라도 건드리는 자는 목을 벤다." "조선 부녀자를 범하는 자는 목을 벤다."라는 등의 조항이 있었지만 실제 민폐는 만연했다. 특히 전투에서 패했을 때, 조선의 신료나 백성들이 자신들의 요구를 제대로 수용하지 않는다고 판단할 때 그들은 극심한 횡포를 부렸다. 곳곳에서 약탈과 강간, 폭행 등이 자행되었다.

일본과 강화협상이 시작되고 전쟁이 소강상태로 접어들면서 민폐는 더욱 심해졌다. 협상이 성과 없이 지속되고, 일본군이 남해안 일대로 철수하여 장기 주둔 상태로 들어서자 명군 역시 남하하여 어정쩡한 대치 상태에 돌입했다. 적과 결전을 회피한 채 장기간 주둔하는 군대는 군량만 축내게 되고, 군기(軍紀) 역시 풀어지기 마련이다. 군기가 풀어지면 민폐는 더욱 심해질 수밖에 없었다. 오희문(嗚希文)은 「쇄미록(瑣尾錄)」에서 당시 명군 주둔지 부근의 백성들은 낮에는 숲에 숨고, 밤에만 이동한다고 적고 있다. 바로 명군의 약탈을 두려워했기 때문이다. 명군이 자행한 민폐가 제어할 수 없는 상황까지 악화되자 조선 백성들 사이에서는 "명군은 참빗, 일본군은 얼레빗"이라는 속언까지 돌게 되었다. 명군을 '천병(天兵)', '구원군'이라고 긍정적으로 평가하는 한편, 민폐에 시달리는 하층민들은 명군에 대한 부정적인 인식을 드러냈다.[46] 임진왜란 당시 명군과의 관계를 형상화한 구비설화(口碑說話) 가운데 이여송 등에 대한 이미지가 극히 부정적으로 묘사된 작품이 많다는 것은 바로 그것을 입증하는 것이다.

여기에 더하여 명군 지휘부가 조선군이 독자적으로 일본군을 공격하는 것을 막게 되면서 조선의 시름은 깊어질 수밖에 없었다. 특히 '심유격(沈遊擊) 표첩(票帖)'[47] 같은 것이 횡행하는 상황에서 조선은 이제 명군을 '구원군'으로 보아야 할지, 아니면 일본군을 비호하는 '점령군'으로 보아야 할지 고민할 수밖에 없었다.

46 한명기, 앞의 책, 1999, 125~145쪽.

47 李元翼, 『梧里續集』 권2, "近日伏見靈山等沿海各處馳報 則田獵倭人 持沈遊擊票帖 連續出來 或至於散入閭閻 經日留宿云 極爲駭愕 令各鎭各官諸處 伏兵攔截 而旣有唐將票文 大肆其毒 禁止鬪詰之際 惹起釁端 而不爲攔止 則將必肆然往來 習以爲常 爲患非細".

3) 쇄도하는 상인들과 은(銀), 상호 접촉, '조선개조계획'

명군의 참전을 계기로 조선 국경은 중국인들에게 거의 무제한적으로 개방되었다. 수많은 중국인들이 조선으로 건너왔다. 그 가운데는 단연 상인들이 많았다. 전장은 위험하지만 이익이 널려 있는 곳이었기 때문이다. 당시 명군은 한 달에 1냥 50전씩 은으로 봉급을 받았다. 명 상인들은 명군의 봉급으로 뿌려지는 은을 노리고 조선으로 들어왔다. 술, 절인 고기, 중국식 된장 등을 싣고 전장을 떠돌았다. 그 가운데는 조선에서 은광을 개발하기 위해 혈안이 된 사람들이 많았다. 또 일부 상인들은 조선 사람들이 좋아하는 털옷이나 모자, 비단 등을 가져와 종로 등지에서 난전을 열고 팔기도 했다. 전쟁 중임에도 "중국산 사치품이 넘쳐난다."라는 우려가 제기되는가 하면 조선 사람들 역시 명 상인들의 행태를 목도하면서 은을 화폐로 쓰는 거래에 익숙해져 가고 있었다. 나아가 중상주의(重商主義)에 눈을 뜨게 된 측면도 있었다.

명군이 장기간 주둔하면서 조선인과 중국인들 사이의 접촉이 잦아졌다. 우선 많은 명군들이 동거, 매춘, 결혼 등의 형태로 조선 여자들과 맺어졌다. 여자뿐만 아니라 명군 주둔지 부근에는 많은 조선인들이 모여들었다. 굶주림에 지친 사람들은 조선인들에 비해 보급 상황이 좋은 명군에게 의탁해서 목숨을 부지하기도 했다. 명군 지휘관 가운데는 진제장(賑濟場)을 두어 굶주린 조선인들을 구휼하거나, 간혹 조선인 고아들을 거두어 키우거나, 조선인을 휘하에 두고 방자(房子)로 부리는 사람도 있었다. 명군과 이런저런 관계를 맺은 사람들은 명군이 철수할 때 그들을 따라 조선을 떠나는 경우도 많았다. 조선 조정은 인구의 유출을 막기 위해 그들을 단속했지만 명군을 따라 중국 내륙으로 들어간 사람은 의외로 많았다.

명군의 위세를 등에 업고 조선 사람들을 괴롭히는 부류도 등장했다. 1599년, 명군 장수 이영(李寧)에게 투탁(投託)했던 노비는 양반가의 계집

종을 겁탈했다가 이영의 비호를 받고 석방되었다. 그는 양반가에 난입했을 때 명군 복장을 하고 있었고, 체포된 뒤에도 중국어를 지껄였다고 한다. 명군 복장을 한 강도들이 설치기도 하고, 명군 지휘관에게 줄을 대어 엽관(獵官) 행위를 하려고 덤비는 부류들도 나타났다.

전쟁을 계기로 다양한 명의 문물이 조선으로 흘러들어 왔다. 왜란 기간 내내 대부분의 명군 지휘관들은 조선의 '숭문주의'와 주자학만을 정통으로 여기는 학풍을 비판했다. 그들은 "조선이 너무 문치(文治)만 숭상하고 무비(武備)를 경시했기 때문에 전쟁을 불렀다."라고 조선의 '문약(文弱)'을 질타했다. 그들은 병사의 훈련, 진법(陣法), 화포(火砲) 제도 등 군사 제도 전반을 명나라 방식으로 바꾸라고 요구했다. 한때 조선은 '명 군사 고문단'의 요구대로 중국인 교사들을 초빙해 병력을 훈련시키는 데 투입하기도 했다. 나아가 관왕묘(關王廟)가 조선 각지에 건립된 것 또한 명군의 참전과 주둔 이후 나타난 새로운 현상이었다.[48]

명군의 철수가 임박하자 명군 지휘관들은 '조선선후사의(朝鮮善後事宜)'라는 명목으로 일종의 '전후(戰後) 복구 방안'을 제시했다. 그 내용은 대개 무비를 갖출 것, 상공업을 육성하여 재정을 튼튼하게 할 것, 중국식으로 체제를 개혁할 것 등을 강조하는 것이었다. 상공업이 발달하고 실용적인 분위기가 강했던 사회에서 살았던 명군 지휘관들이 보기에는 자신들이 철수한 뒤 조선의 '장래'가 심히 걱정될 수밖에 없었던 것이다.

요컨대 장기간의 조선 주둔을 통해 명은 조선의 내부 사정에 대해 속속들이 알게 되었고, 그를 토대로 전후 조선의 사회를 '명나라식 모델'에 맞춰 개조하려 시도했던 것이다. 조선은 군사 관계 문물 전반을 명나라 방식으로 바꾸는 데 대체로 동의했지만 양명학 등을 수용하라는 요구에 대해서는 냉담한 반응을 보였다. 하지만 장기간에 걸친 명군의 주둔,

---

48 한명기, 앞의 책, 1999, 156~165쪽.

조선인과 명군 사이의 잦은 접촉을 통해 명의 문물에 눈을 뜨고, 세계관이 확대된 것은 분명한 사실이었다. 명군의 참전은 분명 조선과 명 사이에서 양국인의 상호 접촉과 양국 문화의 상호 접변의 중요한 계기로 작용했던 것이다.[49]

7. 맺음말

임진왜란을 맞아 명은 요동을 비롯한 자국의 영토를 전장으로 만들지 않기 위해 조선에 참전했다. 명이 조선에 군대를 보낼 수 있었던 것은 16세기 후반 장거정(張居正)이 주도한 일련의 개혁 정치를 통해 재정이 충실해지고, 그와 더불어 북로남왜(北虜南倭)에 대한 통제가 어느 정도 이루어졌기 때문에 가능했다.

최초로 진입했던 조승훈 휘하의 명군은 1592년 7월, 미약한 전력으로 평양의 일본군을 공격했다가 참패를 당했다. 조총을 갖고 있는 등 일본군의 전력이 만만치 않다는 것을 깨달은 명군 지휘부는 이후 포병과 화기수가 중심이 된 강남(江南) 출신의 남병(南兵)을 조발해야 할 필요성을 절감했다. 석성 등 명군 지휘부는 복건, 절강 등지의 남병을 조선까지 투입하는 데 소요되는 시간 동안 일본군의 전진을 억제하기 위해 책사(策士) 심유경을 활용했다. 실제로 심유경은 고니시 유키나와와 협상을 통해 잠정적인 휴전을 이끌어 내고 일본군을 평양에 묶어 두는 데 결정적인 역할을 했다.

1593년 1월, 이여송이 이끄는 명군이 평양 전투에서 승리한 것은 왜란 전체의 전세를 바꾸는 중요한 계기가 되었다. 이 승전을 계기로 일

49 한명기, 앞의 책, 1999, 165~184쪽.

본군은 후퇴하게 되고, 조선은 멸망의 위기에서 벗어났다. 하지만 추격하던 이여송군이 벽제 전투에서 패전하면서 상황은 다시 급변했다. 명군의 기세는 꺾이고 명군 지휘부는 결전 대신 협상을 통해 일본군을 몰아내려는 방향으로 정책을 전환했다. 그들이 조선도 자신들의 정책에 따르라고 강요하면서 조선의 주권은 심각하게 침해되었다. 작전권이 넘어간 것은 물론, 명군이 일본군을 '에스코트'해 주는 상황이 나타났다. 싸움을 포기한 명군이 그저 일본군과 대치하는 상태에서 장기 주둔에 들어가자 민폐는 격증했다. "명군은 참빗, 일본군은 얼레빗"이라는 속언이 등장하는 상황에 조선 민중의 고통은 날로 늘어 갔다.

조선은 강화협상에 반발했지만, 명군의 전력에 기대어 전쟁을 치르는 상황에서 뾰족한 대책이 없었다. 하지만 명과 일본의 요구 조건이 너무 현격하게 차이가 나는 상황에서 강화협상이 성공할 가능성은 없었다. 4년 가까운 협상을 통해 '책봉' 말고는 얻은 것이 없다는 사실에 분노한 도요토미 히데요시는 다시 정유재란을 도발했다.

정유재란이 일어나자 명의 협상론자들은 정치적으로 몰락했다. 명은 다시 대군을 조선에 투입하여 일본군과 싸웠지만 역시 결전 의지는 실종된 상태였다. '양전음화(陽戰陰和)'가 전투에 임하는 그들의 본심이었다.

명군이 조선에 남긴 '빛'과 '그림자'는 극명했다. 평양 전투를 계기로 조선을 복국(復國)시키는 기반을 마련했지만 벽제 전투 이후 강화협상을 독단적으로 밀어붙이면서 조선의 주권은 심하게 침해되었다. 작전권의 박탈, 민폐의 만연과 함께 결혼, 동거, 투탁 등의 형태로 조선인과 명군 사이의 접촉이 잦아졌다. 명군의 철수와 함께 많은 조선인들이 명으로 유입되기도 했다. 전쟁 기간 중 명의 문물이 조선으로 유입되면서 양국 사이에는 문화 접변이 발생하기도 했다. 명군 지휘부는 조선의 숭문주의를 비판하고 상무정신을 강조하는 방향에서 조선의 전후 복구의 방향을 종용하기도 했다.

명군이 남긴 '빛'과 '그림자'가 엄연함에도 불구하고 선조를 비롯한 조선 지배층은 명군의 참전과 원조를 '재조지은(再造之恩)'이라 숭앙하고 '반드시 갚아야 할 은혜이자 부담'으로 인식했다. 이러한 상황에서 명에 대한 모화의식(慕華意識)은 더욱 높아졌다. 조선 지배층 내부의 정치적 의도까지 게재된 숭명(崇明)의 분위기가 고조되면서 왜란 이후 조선의 외교적 상상력은 빈곤해질 수밖에 없었다. 대륙에서 현실로 나타나고 있던 명청교체(明淸交替)라는 근본적인 격변에 유연하게 대처할 수 없었다. 심하전투(深河戰鬪, 1619), 인조반정(仁祖反正, 1623), 정묘호란(丁卯胡亂, 1627), 병자호란(丙子胡亂, 1636)으로 점철되는 일련의 격동과 비극은 그러한 과정에서 일어났다.

요컨대 임진왜란 당시 명은 조선에 참전하여 재정적으로 막대한 손실을 보았지만, 참전을 통해 조선을 '가장 충순(忠順)한 번방(藩邦)'으로 길들일 수 있었다. 조선은 "명의 은혜에 보답해야 한다."라는 부채의식(負責意識)과 강박관념 때문에 이후 전개되었던 명청교체의 격변에 능동적으로 대응할 수 없었다. 조선은 17세기 초 명과 후금(後金) 사이에서 또 다른 선택의 기로로 내몰릴 수밖에 없었다. 그리고 조선은 궁극적으로 '떠오르는' 후금[淸] 대신 '몰락하는' 명을 선택했다. 그 귀결이 바로 병자호란으로 나타났다. 임진왜란의 발생과 명군의 조선 참전은 이후 병자호란이 일어나는 원인이 되었던 것이다. 요컨대 임진왜란과 병자호란은 별개의 사건이 결코 아니었던 셈이다.

〈참고문헌〉

『明神宗實錄』

徐光啓, 『徐光啓集』

『宣祖實錄』

朴世茂, 『童蒙先習』

李山海, 『鵝溪遺稿』

李元翼, 『梧里續集』

柳成龍, 『西厓集』

朴東亮, 『寄齋史草』

李埈, 『蒼石先生續集』 권3, 「請胡差勿賜優待據險討賊疏」

『籌遼碩畵』

서인한, 『壬辰倭亂史』, 국방부전사편찬위원회, 1987.

야마구치 게이지(山口啓二) 저, 김현영 역, 『일본근세의 쇄국과 개국』, 혜안, 2001.

최영희, 『壬辰倭亂 중의 社會動態』, 한국연구원, 1975.

한명기, 『임진왜란과 한중관계』, 역사비평사, 1999.

______, 「정유재란 시기 명 수군의 참전과 조명연합작전」, 『軍史』 38, 國防軍史研究所, 1999.

______, 「'再造之恩'과 조선후기 정치사」, 『大東文化研究』 59, 2007.

______, 「임진왜란 시기 류성룡의 외교활동」, 『류성룡의 학술과 경륜』, 태학사, 2008.

______, 「이여송과 모문룡」, 『역사비평』 90, 2010.

韓明基, 「15~17世紀朝鮮知識人たちの日本認識概觀」, 東郷和彦 · 朴勝俊 編, 『鏡の中の自己認識』, 御茶水書房, 2012.

岡野昌子, 「秀吉の朝鮮侵略と中國」, 『中山八郎教授頌壽記念明清史論叢』, 燎原, 1977.

萩原淳平, 『明代蒙古史研究』, 同朋社出版, 1980.

三田村泰助, 『明と淸』, 河出書房新社, 1990.

佐島顯子, 「壬辰倭亂講和の破綻をめぐって」, 『年譜 朝鮮學』, 九州大學朝鮮學研究會, 1994.

增田義郎, 『大航海時代』, 講談社, 1996.

岸本美緒, 「東アジア · 東南アジア傳統社會の形成」, 『岩波講座 世界歷史』 13, 1998.

鄭永常, 『來自海洋的挑戰-明代海貿政策演變研究』, 稻鄉出版社, 2004.

宇田川武久, 「鐵砲の受容と技術の定着」, 『鐵砲傳來の日本史』, 吉川弘文館, 2007.

王天有 · 高壽仙, 『明史, 一個多重性格的時代』, 三民書局, 2008.

朱東潤, 『張居正大傳』, 陝西師範大學出版社, 2009.

제4장

임진왜란 전야의 조선

임진왜란 직전의 국내 정세와 한일 관계

한문종(전북대학교 사학과 교수)

1. 머리말

일본이 조선을 계획적으로 침략한 임진왜란은 조선과 일본뿐만 아니라 명나라까지 참전한 동아시아의 국제전 성격을 띠고 있다. 임진왜란 이후 일본에서는 도요토미 정권(豊臣政權)이 붕괴하고 도쿠가와 막부(德川幕府)가 들어섰으며, 중국에서는 막대한 전쟁 비용을 지출한 명이 점차 쇠퇴하면서 만주의 여진족이 세력을 확대함에 따라 명·청이 교체되었다. 조선에서는 7년간의 전쟁으로 인해 국토는 황폐화되었으며 엄청난 인명 손실과 문물 도난 및 소실로 정치·경제·사회·문화적으로 큰 타격을 입었다. 즉 임진왜란은 조선·일본·명 등 동아시아 삼국의 국내외 정세를 변화시키는 결과를 초래했다. 특히 조선을 전기와 후기로 구분할 수 있을 만큼 조선 사회에 큰 영향을 끼쳤다.

그런데 지금까지 이루어진 임진왜란에 대한 연구는 주로 침략의 원인과 의병 활동, 이순신을 비롯한 수군 활동에 치중되어 있고,[1] 임진왜란 직전의 양국 관계와 개전 초기의 패인 등에 대한 연구는 거의 찾아보기 어려운 실정이다.[2] 따라서 임진왜란을 보다 종합적으로 이해하기 위해서는 조선과 일본의 교류가 단절되기 시작한 삼포왜란부터 임진왜란이 일어나기 직전까지 조선의 국내 정세와 양국 관계의 변화 과정을 살펴볼 필요가 있다.

먼저 임란왜란이 일어나기 이전의 국내 정세를 정치 · 사회 · 경제적인 변화와 관련하여 살펴보고, 삼포왜란 이후 급증하는 일본국왕사(日本國王使)를 사칭한 위사(僞使)의 발생 배경 및 그 실체를 규명하려고 한다. 그 다음으로 임진왜란이 발발하기 직전에 일본 침략에 대한 조선 정부의 대비책과 임진왜란 초기에 조선군이 일본군에게 참패하게 된 원인을 고찰할 것이다.

2. 임진왜란 직전의 국내 정세

15세기 후반 조선에서는 양반 관료제의 모순이 나타나기 시작했고, 과전법(科田法)의 붕괴와 지주제(地主制)의 발달, 상품의 유통과 공납제(貢納制)의 모순 심화, 군역 제도(軍役制度)의 붕괴, 국제 교역의 발달 및 마찰

---

1 임진왜란 연구의 시대별 경향과 주제별 연구 현황 그리고 새로운 연구 시각에 대해서는 민덕기, 「조선후기의 회고와 전망」(『한일관계사연구의 회고와 전망』, 국학자료원, 2002)과 박재광, 「임진왜란 연구의 현황과 과제」(한일관계사연구논집 편찬위원회 편, 『임진왜란과 한일관계』, 경인문화사, 2005), 조원래, 「왜진왜란사 연구의 추이와 과제」(『조선후기사 연구의 현황과 과제』, 창작과비평사, 2000)에 잘 정리되어 있다.

2 이인영, 「임진왜란 이전의 대외관계」, 『이충무공-350주기기념논총』, 동연사, 1950.
홍순창, 「조선조 官人國家의 변질과정(1): 그 서론적 고찰 〈임진왜란 전의 국내 정치상황〉」, 『영남사학』 3, 1974.
허선도, 「制勝防略 연구: 임진왜란 직전 방어체제의 실상(상)」, 『진단학보』 36, 진단학회, 1973.
허선도, 「制勝防略 연구: 임진왜란 직전 방어체제의 실상(하)」, 『진단학보』 37, 진단학회, 1974.

등 사회 경제적 변화가 일어나고 있었다. 이러한 변화의 흐름 속에서 새로운 정치 세력으로 등장한 사림은 사회 · 경제적인 모순을 해결하고 유교적 이상 사회를 건설하기 위해 다양한 개혁을 추진했다. 그 과정에서 사림파와 훈구파가 대립하면서 네 차례의 사화(史禍)가 일어났다. 그중 1519년(중종 14)에 일어난 기묘사화는 궁지에 몰린 중종반정의 공신들이 조광조(趙光祖)를 비롯한 사림파를 중앙 정계에서 축출한 사건이다. 그러나 사림파는 몰락하지 않고 지방에 내려가 향약(鄕約)의 보급과 서원 건립에 힘쓰면서 그들 세력을 지방으로 확산하는 기반을 마련했다. 사림은 을사사화 이후 다시 중앙 정계에 진출하여 선조 대에는 정계의 주도권을 장악하기에 이른다. 하지만 1575년(선조 8)에 사림은 동인(東人)과 서인(西人)으로 분열하여 동서분당이 싹트게 되었으며, 정철(鄭澈)의 건저의(建儲議) 사건을 계기로 동인은 다시 남인(南人)과 북인(北人)으로 분열하는 양상을 보였다. 이러한 붕당정치는 당파 간의 상호 견제 속에서 공론(公論)에 의해 정국을 운영하는, 한층 진보된 정치 형태라는 장점이 있지만 한편으로는 배타적이고 독선적인 정국 운영이 생기는 단점이 있다.

경제적으로는 과전법이 붕괴되고 신분제도에 기초한 수조권적(收租權的) 토지 지배는 소유권적(所有權的) 토지 지배 형태로 변화했으며, 양반 관료들은 여러 가지 방법으로 대토지인 농장을 확대해 갔다. 특히 직전법이 폐지된 후에는 양반 관료들에 의한 토지 소유의 확대가 심해져서 그 범위가 전라 · 경상 · 충청을 비롯하여 전국으로 확대되었다. 양반 관료들은 토지를 자신이 경작하거나 또는 노비(奴婢) · 전호(佃戶)를 통해 직영했다. 그 결과 16세기에 들어서면서 양인 자영 농민층이 몰락하여 농토를 떠나거나 소작농인 전호로 전락하는 등 사회분화 현상이 나타났다. 게다가 공납의 폐단과 군역의 문란은 양인 소농민층의 분해를 더욱 가속화했다.[3]

3 김태영, 「科田法의 붕괴와 地主制의 발달」, 『한국사』 28, 국사편찬위원회, 1996, 32~65쪽.

상업에서는 시비법(施肥法)과 수리 시설의 개선 등 농업기술의 향상으로 농업 생산력이 증대되고 상품의 유통이 활발해지면서 지방에서는 장시(場市)가 발달했으며, 16세기 중반에는 전국적인 유통망이 형성되었다. 이와 더불어 화폐경제에도 변화가 나타나기 시작했다. 당시 면포는 가장 일반적인 유통수단이었다. 그러나 면포의 수요가 급증함에 따라 질이 낮은 악포(惡布)가 나타나면서 면포에 비해 상대적으로 문제가 적은 쌀이 교환 수단으로 자리 잡기 시작했다.[4] 이러한 경제변동은 국내 상공업 발전을 촉진시켰을 뿐만 아니라 중국 · 일본 등과 해외무역이 활발해지는 배경이 되었다. 또한 장시의 발달과 유통경제의 활성화로 농토를 떠나 상인으로 전환하는 농민의 수가 증가했다.

한편으로 농장의 확대와 농민층의 몰락은 공납제(貢納制)와 군역제(軍役制)의 변질을 초래했다. 지방의 특산물을 징수하는 공납제는 농민층에게 큰 부담이 되었으며, 더욱이 중간 상인이 공물을 대납하고 그 대가를 농민들로부터 받아내는 방납(防納)이 행해지면서 농민의 부담은 더욱 가중되었다. 특히 15세기 중엽부터 행해지던 방납은 16세기에 들어와서 유통경제의 발달로 더욱 성행했다. 게다가 중앙의 권세가나 상인이 각지의 수령과 결탁하여 농간을 부리면서 공납제의 폐단이 극에 달했다. 이러한 폐단을 시정하기 위해 공물을 미곡으로 대신 거두어들이는 방안이 논의되기도 했으며, 이는 후에 대동법(大同法)으로 실시되었다.[5]

이러한 사회 · 경제적 변동에 따라 16세기에는 군역제에도 심한 동요가 나타났다. 조선 초기의 군역제는 신분에 따라 양인(良人)만이 군역을 부담했으며, 군인들은 병농 일치제와 봉족제(奉足制)에 따라 각 지방에서 농사를 지으면서 봉족의 도움을 받아 일정 기간 번상(番上) 또는 유방(留防)의 형태로 군역의 의무를 수행했다. 그런데 세조 대에 보법(保法)

4 고석규, 「상품의 유통과 공납제의 모순」, 『한국사』 28, 국사편찬위원회, 1996, 71~76쪽.

5 고석규, 위의 글, 84~89쪽.

의 실시로 군역제는 점차 문란해지기 시작했다. 그리하여 농민들이 과중한 군역의 부담을 피하기 위해 도망했고, 이를 보충하기 위해 그의 일족이나 이웃들에게 대신 군역을 부담시키는 악순환이 되풀이되었다. 이러한 군역제의 문란 속에서 갑사(甲士) · 정병(正兵) · 수군(水軍)들이 본래 임무와 다른 토목공사나 축성 등의 요역에 차정되면서 15세기 말부터는 군역이 요역화(徭役化)되었다. 그 결과 군역자 자신이 직접 번상(番上)을 하기보다 다른 사람에게 일정한 대가를 지불하고 대립(代立)시키는 방식인 수포대립제(收布代立制)가 일반화되었다. 그러나 16세기에 들어오면서 대립가(代立價)가 폭등하고 질이 떨어지는 악포(惡布)가 사용됨으로써 군역 부담자의 몰락을 가속화했다. 이에 조정에서는 우선 중앙의 정병(正兵)에 한하여 국가에서 대립가를 직접 거두고 번상의 의무를 면제하는 방군수포제(防軍收布制)를 실시했으며, 이는 점차 지방의 영진군(營鎭軍)이나 수군(水軍)에도 적용되었다. 그러나 이를 시행하는 과정에서 지방의 병사(兵使) · 수사(水使) 등이 사리사욕을 채우기 위해 방군수포를 강요하는 등의 폐단이 나타나기도 했다.[6] 그 결과 군사의 수가 감소하고 그 기능도 저하되어 지방군(地方軍)이 허술하게 되었으며, 조선 초기 국방 체제의 근간인 진관체제(鎭管體制)가 유명무실하게 되어 버렸다.[7]

이와 같이 16세기는 사림이 중앙 정계의 주도권을 장악하면서 동서분당이 싹트기 시작했으며, 농업생산력이 증대되고 상품유통이 활발해지면서 지방 장시가 발달하고 해외 무역도 활발하게 행해졌다. 그러나 농장의 확대로 농민층이 몰락하고 공납, 군역제의 폐단으로 인해 농민의 생활은 더욱 궁핍해졌다. 게다가 계속되는 전국적인 가뭄과 홍수, 전염병으로 농민들이 생활 근거지를 잃고 떠돌거나 명종 때 임꺽정(林巨正)처럼 대규모 도적으로 변하기도 하여 국가재정의 근간이던 농촌은 갈수록 황폐해

---

6 『중종실록』 권103, 39년 5월 갑자(27).

7 김종수, 「군역제도의 붕괴」, 『한국사』 28, 국사편찬위원회, 1996, 89~113쪽.

졌다. 이에 따라 중종 대에 230만 석에 달하던 삼창(三倉)의 저치미(貯置米)가 임란 직전에는 50만여 석에 지나지 않을 정도로 고갈되었다.[8] 또한 삼포왜란 이후 왜구의 침입이 급증하면서 조선 사회는 인심이 매우 흉흉하고 유언비어가 나돌아 나라의 기강이 해이한 상태였다.

3. 일본국왕사(日本國王使)의 변질과 위사(僞使)

조선 전기에 조선 국왕과 무로마치 쇼군(室町將軍)은 적례적(敵禮的) 교린관계(交隣關係)에 입각하여 우호적인 관계를 유지했다. 조선에서는 바쿠후 쇼군(幕府將軍)에게 회례사(回禮使) · 보빙사(報聘使) · 통신사(通信使)라는 명칭으로 모두 18회에 걸쳐 사신을 파견했는데, 이는 대부분 조선 초기 태종 대와 세종 대에 집중되어 있다.[9] 그런데 18회의 사행 중에 13회만 교토에 도착했고, 나머지 5회는 사행 도중에 태풍이나 질병, 일본 국내 정세 불안과 사행로(使行路)의 위험 증대 등을 이유로 중지되었다. 특히 임진왜란이 일어나기 전까지 조선국왕사가 바쿠후 쇼군이 있는 교토까지 간 것은 1590년 황윤길(黃允吉)의 사행을 제외하고 1443년 변효문(卞孝文)의 사행이 마지막이다.

반면에 바쿠후 쇼군은 조선 국왕에게 일본국왕사를 70회나 파견했으며, 주로 태종과 세종 그리고 성종 이후에 집중되었다. 일본국왕사의

---

8 『선조실록』 권140, 34년 8월 무인(13).

9 조선 전기(1392~1591) 중앙정부 간의 사절 파견을 정리하면 다음과 같다.

구분	태조	정종	태종	세종	문종	단종	세조	예종	성종	연산	중종	인종	명종	선조	소계
일본 국왕사	0	1	12	10	1	0	7	0	9	4	12	1	8	5	70
조선 국왕사	1	1(1)	5(1)	7	0	0	1(1)	0	2(2)	0	0	0	0	1	18(5)

* 위의 표는 『조선왕조실록』, 『善隣國寶記』 등을 참조하여 작성하였다.

* ( )는 사행이 도중에 중지된 경우.

파견 목적은 조선과 화호(和好)나 대장경(大藏經) 구청 및 사찰의 조연요청(助緣要請)이 대부분이었으나 삼포왜란 이후부터는 조선과 통교 관계를 회복하기 위한 허화(許和)의 요청과 세견선(歲遣船) 및 수직(受職)·수도서선(受圖書船)의 복구를 요청하는 것으로 변화되어 갔다.

조선과 일본 간의 외교 관계에서 일본국왕사가 변질되기 시작한 시기는 1470년 8월경이다. 당시 호소카와씨(細川氏)와 이세노카미(伊勢守)가 왕명으로 조선에 군자(軍資)를 요청하는 사신을 파견했는데, 이들이 일본국왕사를 사칭한 위사(僞使)였다는 사실이 1474년에 조선에 온 일본국왕사 세이큐(正球)에 의해서 밝혀지게 되었다.[10]

이와 같이 1470년을 전후해 일본국왕사를 사칭한 위사가 출현하게 된 배경은 일본의 혼란한 국내 사정과 조선 정부의 일본에 대한 정보 부족, 일본국왕사에 대한 우대 등을 들 수 있다. 특히 1443년 변효문의 사행 이후 조선의 사신이 교토에 입성한 일이 없었기 때문에 조선 정부는 일본의 국내 정세에 대한 정확한 정보를 가지지 못했으며 그것이 위사의 파견을 가능하게 했다고 생각한다.

그 후 일본국왕사는 1510년 삼포왜란을 전후하여 다시 한 번 변질되었다. 즉 삼포왜란 이전에는 바쿠후 쇼군의 측근이나 일본 본토의 호족들이 주로 위사를 파견했으나 삼포왜란 이후에는 대마도주(對馬島主)가 위사를 파견한 것이다. 삼포왜란 이후 양국 관계는 외교의 단절과 회복을 거듭하면서 급격히 쇠퇴해 갔으며, 그 과정에서 대마도는 조선과 통교에 많은 제약을 받게 되었다. 따라서 대마도는 이를 해결하기 위한 방법의 하나로 조선의 통제를 받지 않고 비교적 자유롭게 통교할 수 있고, 통교상으로 많은 우대를 받은 일본국왕사를 사칭한 위사를 파견할 수밖에 없었던 것이다.

10 『성종실록』 권50, 5년 12월 병신(15).

1511년부터 1591년까지 80여 년 동안 사료상으로 확인되는 일본국왕사의 조선 파견은 모두 26회에 이른다(〈표 1〉 참고). 그런데 삼포왜란 이후 일본국왕사는 대마도주의 특송(特送)과 동행하여 조선에 왔고,[11] 사

〈표 1〉 일본국왕사의 조선통교 일람표(1510~1592)

	通交年月	通交者名	正使	副使	導船主 및 기타	통교목적	비고
1	1511.4.~ 10.	일본국왕	弸中書堂	月江	16인	請和, 被擄刷還, 入明 朝貢 周旋 요청	
2	1511.4.~ 9.	일본국왕	弸中			請和, 賊倭 斬首 18인	島主特送 동행 8월 壬申約條
3	1514.11.~ 1515.3.	일본국왕	南湖西堂	景雪首座	宗茂信 (司果)	船隻加定, 助緣, 宗茂信復爵, 銅鐵私貿易 요청	助緣, 銅鐵 貿易 許容
4	1517.5.~ 8.	일본국왕	太蔭		20인	大藏經, 助緣 求請, 표류인 송환	大藏經賜給, 漂流人
4	1517.5.~ 8.	일본국왕	太蔭		20인	大藏經, 助緣 求請, 표류인 송환	大藏經賜給, 漂流人 送還 200匹 賜給
5	1521.4.~ 8.	일본국왕	易宗西堂			포소의 회복	8월 釜山浦 再開港
6	1522.2.~ 7.	일본국왕	大原東堂	台叔		對馬島 통호, 庚午首亂 2명 포송	小二 · 對馬 使送과 동행
7	1523.5.~ 9.	일본국왕	一鶚東堂 (東雲)	堯甫西堂		助緣, 對馬歲遣船 증선요청	5船可定
8	1525.4.~ 11.	일본국왕	景林東堂		22인	助緣(豊後州 萬壽禪寺 改創) 木棉1萬匹 구청, 漂流人 쇄환	公貿綿布 1700同
9	1528.8. ~ 1529.5.	일본국왕	一鶚東堂 (東雲)			漂流倭人 中林 刷還, 大友殿 圖書 구청	商物價 1750同
10	1536.12.~ 1537.4.	일본국왕	東陽東堂			通信使, 大藏經 구청, 漂流倭人 中林을 明에 護送에 항의	大藏經 1部 賜給

11 1512년, 1522년, 1545년, 1546년에 조선에 방문한 일본국왕사는 대마도주 특송 또는 쇼니 도노(小二殿) · 오우치 도노(大內殿)의 사송(使送)과 동행했다(〈표 1〉 2, 6, 13, 14 참조).

	通交年月	通交者名	正使	副使	導船主 및 기타	통교목적	비고
11	1542.4.~9.	일본국왕	安心東堂		橘成廣	漂流明人 刷還, 銀貿易,歲船增船 요청	
12	1543.3.~1544.4.	일본국왕	受竺東堂	稽圓		弘治勘合 도난 명에 朝貢 周旋 요청	거절
13	1545.3.~11.	일본국왕	安心東堂			蛇梁倭變 후의 請和, 歲船增船	小二 · 對馬 使送 동행
14	1546.10.~1547.4.	일본국왕 源義晴	安心東堂	菊心西堂		致祭(인종 · 명종), 蛇梁倭變 후의 請和	2월 丁未條約
15	1547.9.~?	일본국왕				進香	正副使船 2船/慶忻首座 1船
16	1548.9.~10.?	일본국왕	安心東堂			歲遣船 5隻 可定, 深處倭 圖書 · 官職 복구 요청	
17	1552.5.~1553.3.	일본국왕	安心東堂			銀 · 胡椒 · 丹木 등 무역	畠山 · 武衛殿使 동행, 天友 死
18	1556.10.~1557.2.	일본국왕	天富東堂	景轍西堂(玄蘇)		請和, 歲遣船可給, 圖書復給, 商物貿易 등 10조	大藏經 賜給
19	1563.4.~9.	일본국왕	景轍東堂(玄蘇)			薺浦開港, 象牙符廢止, 庚午後廢止 圖書還給	文籍可考者 10인 圖書還給
20	1565.3.~?	일본국왕	景轍東堂(玄蘇)				
21	1567.5.~6.	일본국왕	?			薺浦開港, 歲遣船增船, 藤熙久 接待 등 5개조	
22	1571.11.~?	일본국왕	?				
23	1580.12.~1581.3.	日本國	景轍東堂(玄蘇)	平調信		平秀吉 執權, 鷹連 求請, 明에 朝貢 周旋要請	拒絕
24	1587.7.~1588.4.	日本 平秀吉	橘康廣	橘康年		通信使 파견 요청	拒絕
25	1589.6.~1557.4.	日本 平秀吉	景轍玄蘇	宗義智	侍奉瑞俊 25인	征明假道 요구	通信使(黃允吉)과 동행
26	1591.1.~6.	日本 平秀吉	景轍玄蘇	宗義智		征明假道 요구	通信使(黃允吉) 回禮 護送

절의 정사 또는 부사에 대마도인이 많았던 점[12]을 고려하면 대마도와 밀접한 관련이 있음을 알 수 있다. 특히 1556년부터 1591년까지 일곱 차례에 걸쳐서 일본국왕사로 활동한 겐소(玄蘇)와 1636년 국서개작사건(柳川一件)이 발생할 때까지 대마도 이정암(以酊菴)에서 대조선 외교를 담당했던 겐보(玄方)는 모두 임제종 환주파(臨濟宗幻住派)의 승려였다.[13] 또한 1463년 일본국왕사의 정사였던 교시 본코(仰之梵高)는 대마도주 소 시게요시(宗成職)·소 사다쿠니(宗貞國)의 요청에 따라 대조선 외교를 담당했으며, 본코(梵高) 이후 몽창파 화장문파(夢窓派華藏門派) 승려들이 일본국왕사를 사칭한 위사로 활동했다.[14] 이러한 사실로 미루어 짐작건대 일본국왕사로 활동한 자들은 임제종(臨濟宗)의 선승(禪僧)과 대마도 승려들이었음을 알 수 있다. 그런데 임제종의 선승들은 무로마치 막부(室町幕府)의 외교승으로 활약하고 있었기 때문에 막부와 밀접한 관련을 가지고 있었다. 따라서 바쿠후 쇼군은 이들 선승을 통해 대마도가 국왕사를 사칭한 위사를 파견하고 있다는 사실을 알면서도 이를 저지하지 않고 방조 내지 묵인했을 가능성을 배제할 수 없다. 조선에서도 삼포왜란 이후 일본국왕사가 위사라는 사실을 알고 있었지만[15] 이 문제를 강력하게 대처하지 않고 미온적으로 처리했기 때문에 위사가 급증했으며, 결국 조선 후기 대마도에서 행해진 국서개작사건으로까지 이어지게 되었다고 생각한다.

이 시기 일본국왕사를 사칭한 위사의 또 다른 특징은 1523년부터

12 1542년부터 1552년까지 5회에 걸쳐 일본국왕사의 정사로 온 안심(安心)은 대마부중(對馬府中) 서산사(西山寺)의 승려였으며, 1556년부터 1591년까지 7회에 걸쳐 일본국왕사의 정사 또는 부사로 온 게이테쓰 겐소(景轍玄蘇) 역시 대마도인이었다. 그 외에 야나가와 시게노부(柳川調信)나 다치바나 야스히로(橘康廣), 다치바나 야스토시(橘康年)도 대마도인이었다

13 伊藤幸司,「中世後期の臨濟宗幻住派と對外關係」,『史學雜誌』108-4, 1994.

14 伊藤幸司,「十伍·十六世紀の日明·日朝交涉と夢窓派華藏門派」,『朝鮮學報』71, 1999, 88~89쪽.

15 이러한 사실은 1525년 일본국왕사 게린 도도(景林東堂)가 왔을 때 영의정 남곤(南袞)이 지금 이렇게 오는 일본 사신은 대마도가 꾸미지 않은 것이 없다고 지적한 사실을 통해서도 확인할 수 있다(『중종실록』 권54, 20년 4월 정사(28)).

외교 교섭보다는 무역을 주목적으로 하는 사절이 급증했다는 점이다. 즉 같은 해 5월에 온 이치가쿠 도도(一鶚東堂)의 경우 국왕 사신이 공무역하는 면포 1,900동과 그들에게 사급하는 면포를 합하면 무려 2,000여 동에 달할 정도로 많은 양의 무역을 요구했으며,[16] 1542년 4월에 온 안신 도도(安心東堂)는 은 8만 냥을 가지고 와서 무역할 것을 요청했는데 그 가격이 목면 9,000동에 달했다.[17] 특히 1542년을 전후하여 양국의 교역에서 주목할 만한 변화는 은이 새로운 교역품으로 등장한 점이다. 이는 당시 일본이 조선으로부터 회취법(灰吹法)이라는 은 제련 기술이 전래되어 이와미(石見)를 비롯한 지역에서 은 생산이 급증한 데 그 원인이 있었다.[18] 그런데 대마도는 이처럼 많은 양의 물품을 가지고 올 경제적 능력이 없었기 때문에 오우치 도노(大內殿)·오토모 도노(大友殿) 등 규슈 지방의 호족이나 하카타(博多) 상인들과 결합하지 않을 수 없었다.[19] 이는 결국 일본국왕사를 사칭한 위사가 대마도와 규슈의 호족, 하카타 상인과 밀접한 관련이 있다는 사실을 나타내는 것이라 할 수 있다.

한편 일본 정국이 어느 정도 안정된 1589년과 1591년의 일본국왕사는 대마도의 권익 확보나 교역을 통한 경제적 이익 추구보다 가도입명(假道入明)이라는 정치적 목적의 사신으로 변모했으며, 그때의 정사였던 겐소(玄蘇)는 임진왜란에 참전하여 침략의 장본인으로 활약하기도 했다.

---

16 『중종실록』 권48, 18년 7월 갑오(28).

17 『중종실록』 권98, 37년 4월 경오(20), 을해(25).

18 村井章介, 『中世倭人傳』, 岩波書店, 1993, 163~164쪽 참조.

19 대마가 위사(僞使)를 파견할 때에 필요한 물자와 재력은 하카타에서 조달되었기 때문에 그곳을 지배하고 있는 오우치(大內)·오토모씨(大友氏)와 우호관계를 유지할 필요가 있었다. 高橋公明, 「十六世紀の朝鮮·對馬·東アジア海域」, 加藤榮一 編, 『幕藩制國家と異國·異域』, 校倉書房, 1989, 166~167쪽.

4. 일본의 침략에 대한 대비책

삼포왜란 이후 왜구의 침입이 빈번해지고 점차 여진이 성장하여 또 하나의 위협 세력으로 등장하자 조선에서는 비변사를 설치하여 왜구의 침입과 여진에 대한 경계를 강화했다. 그리고 1555년(명종 10) 을묘왜변 이후부터 지방의 방어 체제를 진관체제에서 적의 침입이 있으면 지방군이 지정된 곳으로 집결하고 중앙에서 지휘관을 파견하여 지휘하는 제승방략체제로 개편했다. 또한 달량왜변(達梁倭變)을 전후하여 왜적이 큰 배와 개량된 무기를 앞세워 침입하자[20] 조선에서는 종래의 맹선(猛船)이나 소형 경쾌선으로 왜적을 막아낼 수 없다는 사실을 깨닫고 왜적선을 제압할 수 있는 새로운 형태의 군선 개발에 노력했다. 그 결과 판옥선(板屋船)이 등장하게 되었으며, 이 판옥선은 임진왜란 때 우리 수군의 주력 군함으로서 여러 해전에서 승리를 이끌었다.[21]

이와 같이 조선에서는 비변사를 설치하고 군사 제도를 제승방략체제로 개편하는 한편 판옥선이라는 병선을 건조하는 등 나름의 대책을 강구했으나 일본 침략에 대한 근본적인 해결 방안이 되지는 못했다. 또한 16세기 말에 이르러 국방과 군역제도가 크게 허물어지자 이이 등이 10만 양병설을 주장하면서 국방의 중요성을 인식하기도 했으나[22] 당시 집권 사림은 국방을 지나치게 소홀히 생각했다.

그렇지만 일본의 침략이 있을지도 모른다는 우려에서 비변사에서는 일본의 침략에 대비하여 각 도의 성곽을 수축하고 무기를 점검하는

20 『명종실록』 권18, 10년 5월 기유(16).

21 김재근, 『우리의 배: 구조와 역사』, 서울대학교출판부, 1996, 135~155쪽.

22 이이(李珥)의 십만양병설(十萬養兵說)에 대해 많은 논란이 있다. 특히 이재호는 주요한 근거 사료인 『선조수정실록』의 「율곡행장」이 개인의 행장(김장생의 「율곡행장」)에 나타난 기사를 아무런 취사선택 없이 그대로 인용하여 서술된 점을 근거로 이 설을 부정했다. 이재호, 「선조수정실록 기사의 의점(疑點)에 대한 변석(辨析); 특히 이율곡의 십만양병론과 류서애(柳西厓)의 양병불가론에 대하여」, 『대동문화연구』 19, 성균관대 대동문화연구소, 1985.

한편, 무신 중에 재능이 있는 자를 서열에 구애받지 않고 발탁했는데, 그 중에 이순신(李舜臣)과 이복남(李福男) 등의 인물이 포함되었다.[23] 또한 영남과 호남 충청 지방의 병사(兵使)와 수사(水使) 중 무능한 자를 교체하고 해안 요충지에 성을 쌓고 호(濠)를 파는 일을 하기 위해 방어사(防禦使)나 조방장(助防將) 중에 적합한 인물을 골라 파견했다.[24]

한편 일본에서는 오다 노부나가(織田信長)가 살해당한 후 실권을 장악한 도요토미 히데요시(豊臣秀吉)가 1587년에 규슈(九州)를 정벌하여 일본을 통일한 후 대륙을 침략하기 위한 준비를 하고 있었다. 도요토미는 우선 조선의 사정을 잘 알고 있는 대마도주를 불러 조선의 길을 빌려 명나라를 치겠다는 가도입명(假道入明)의 의지와 조선 국왕에게 직접 입경(入京)하여 자신을 배알토록 교섭할 것을 명령했다. 당시 대마도는 조선 초부터 조선 중심의 외교 체제 속에 편입되어 조선 정부로부터 문인발행권(文引發行權)과 세견선(歲遣船), 세사미두(歲賜米豆) 등 각종 경제적 특권을 부여받고 있었다.[25] 특히 대마도는 섬 전체의 95% 이상이 농사를 지을 수 없는 산지인 자연적 조건과 거리상으로 일본 본토보다 조선이 훨씬 가까운 지리적 조건 때문에 부족한 식량과 생필품을 조선과 교역을 통해 조달하는 입장이었다. 따라서 대마도는 가능하면 조선과 전쟁을 피하려고 노력했다. 이에 대마도주는 1587년(선조 20) 9월에 사신을 파견하여 도요토미 히데요시의 명령과 달리 일본 정권이 교체되었음을 알리고 통신사의 파견을 요청했다.[26] 조선 조정에서는 통신사 파견을 놓고 논란이 있었지만 결국 수로가 험하고 길을 잘 알지 못한다는 이유로 그들의 요청을 거절하는 한편 일본으로 도망간 조선의 백성을 모두 쇄환(刷還)하

23 『선조실록』 권23, 22년 1월 기사(21).

24 『선조실록』 권23, 22년 7월 계유(28).

25 한문종, 『조선전기 대일 외교 정책 연구: 대마도와의 관계를 중심으로』, 전북대학교 박사학위논문, 1996.

26 『선조수정실록』 권21, 20년 9월 정해(1).

고 남쪽 변방을 침입했던 왜적을 붙잡아 보낼 것을 대마도주에 요구했다.

그 후 소 요시토시(宗義智)는 도요토미로부터 직접 조선과 교섭하라는 명령을 받고, 1589년(선조 22) 7월에 정사인 겐소와 함께 일본국왕사로 조선에 도항했다. 당시 소 요시토시는 조선의 요구 조건을 받아들여 조선인 116명을 쇄환하고 1587년에 조선을 침입했던 적왜(賊倭) 3명을 붙잡아와서 통신사 파견을 거듭 요청했다.[27] 이에 조선에서는 일본국왕사에 대한 회례(回禮)와 일본의 국내 사정을 탐지하기 위해 통신사의 파견을 결정했다.

통신사 일행은 정사 황윤길(黃允吉), 부사 김성일(金誠一), 서장관 허성(許筬)으로 1590년(선조 23) 3월에 한성을 출발하여 7월에 교토에 도착했다. 하지만 당시 도요토미는 오다와라성(小田原城)의 호조씨를 공격하고 있었기 때문에 11월이 되어서야 조선 국왕의 국서를 전달할 수 있었다. 그런데 도요토미의 답서에는 그의 군대가 명나라를 정벌하는 데 길을 안내해 줄 것을 요청하는 내용이 포함되어 있었다. 통신사 일행은 일본측에 답서 내용의 수정을 요구했지만 겐소가 여러 가지 핑계를 대면서 고치려 하지 않았기 때문에 결국 주장을 관철시키지 못하고 귀국했다. 통신사 일행은 이듬해 3월에 귀국했는데 정사 황윤길과 부사 김성일의 보고가 서로 달랐다. 즉 일본의 침략 의도와 도요토미에 대해 황윤길은 "일본이 많은 병선을 준비하고 있어 반드시 병화(兵禍)가 있을 것이며, 도요토미는 안광이 빛나고 담략이 있어 보인다."라고 보고한 반면에 김성일은 "침입할 낌새를 발견하지 못했으며, 도요토미는 눈이 쥐와 같아서 두려울 것이 없다."라고 했다.[28] 이같이 두 사람의 보고가 서로 달랐던 이유는 당쟁 때문이 아니라[29] 그들의 대일본 인식에 문제가 있었기 때문으로

27 『선조수정실록』 권23, 22년 7월 병오(1).

28 『선조수정실록』 권25, 24년 3월 정유(1).

29 종래에는 황윤길과 김성일의 주장이 서로 다른 이유를 그들의 당색이 서인과 동인으로 서로 다른 점을 들어 파악하기도 했다. 그러나 삼사(三使) 중의 하나인 서장관(書狀官) 허성은 김성일

생각된다. 즉 김성일은 화이적(華夷的) 명분론에 입각하여 대일 외교 문제를 다루고자 했으며, 일본과 일본인에 대해서도 이적시(夷狄視)·야만시(野蠻視)하는 경향을 드러냈다. 특히 그는 화이론적 명분론에 집착한 나머지 당시 일본의 정세에 대한 인식을 제대로 하지 못했으며, 그 결과 일본의 침략 가능성에 대해 잘못된 판단을 하게 되었던 것이다.[30] 반면에 김성일을 따라 일본에 갔다 온 황진(黃進)은 동복현감(同福縣監)이 되어 왜변(倭變)이 일어날 것을 예상하고 매일 공무가 끝나면 말타기와 활쏘기를 부지런히 익혔다고 한다.[31]

황윤길과 김성일의 상반된 보고를 놓고 조정 대신들은 논란을 거듭했으나 당시 집권 세력은 전쟁설의 유포로 민심이 크게 동요할 것을 우려하여 결국 후자의 의견에 따라 각 도에 명하여 성을 쌓는 등 방비를 서두르던 것마저 중단하게 했다.

한편 통신사는 겐소·다이라 시게노부(平調信)와 함께 귀국했는데, 그들이 가지고 온 도요토미의 답서는 그 내용이 불손하고 무례할 뿐만 아니라 일본이 명을 정벌하는 데 조선이 길을 안내할 것을 요청하는 내용이 포함되어 있었다. 전교수(前教授) 조헌(趙憲)은 일본의 서계 내용에 분개하여 왜사(倭使)의 목을 베고, 일본의 침략 위협을 중국과 유구(琉球)에 알릴 것, 그리고 일본의 침략에 대비하여 영호남 지방의 방비를 튼튼히 할 것 등 7가지의 비왜책(備倭策)을 상소했으나 대부분 받아들여지지

과 같은 동인이고 친구였지만 서인인 황윤길의 주장에 동조했다. 이런 점에서 보면 당쟁 때문에 황윤길과 김성일이 서로 상반된 주장을 했다는 것은 납득할 수 없다.

30 하우봉, 「임진왜란 전후 한국인의 일본관」, 『새롭게 다시 보는 임진왜란』, 국립진주박물관, 1999, 198~200쪽.
일본이 침입하지 않을 것이라는 김성일의 인식은 그 후로도 계속되었다. 즉 1591년에 왜란에 대비해서 성지(城池)를 수축하고 병정(兵丁)을 선발하자 김성일은 이를 잘못된 계책이라고 비판했으며(『선조수정실록』 권25, 24년 11월 계해(1)), 임진왜란이 일어나기 직전에도 왜노(倭奴)는 침략하지 않을 것이며 침략한다 해도 걱정할 것이 없다면서 영남에 성을 쌓고 군사를 훈련시키는 폐단을 논하기도 했다(『선조수정실록』 권26, 25년 3월 계해(3)).

31 『선조수정실록』 권25, 24년 12월 계사(1).

않았다.[32] 다만 조선에서는 진주사(陳奏使) 한응인(韓應寅)을 명에 파견하여 일본이 명을 공격하려 한다는 사정을 알렸으며, 이는 조선이 일본의 침략 준비에 가담하려 한다는 의심을 풀고, 후에 명이 원정군을 파견하는 데 일조했다.[33]

조선은 이러한 일련의 외교교섭에서 일본의 침략 의도를 정확하게 파악하지 못했다. 다만 일본의 침략이 있을지도 모른다는 막연한 우려에서 임진왜란이 일어나기 1년 전부터 만일의 사태에 대비한 대책을 세우려 했다. 그리하여 비변사에서는 제승방략의 폐단을 지적하면서 진관체제의 복구를 주장했으나 실현되지 못했다.[34] 또한 조선에서는 일본이 육전보다 수전에 능하다는 판단 아래 특히 경상도와 전라도 등지의 좌우병영에 성곽을 증축하고 참호를 설치하도록 했다.[35] 그러나 평지에 성을 쌓고 그 높이도 낮아 형식적인 수준에 그쳤다. 게다가 일부 양반들은 왜군이 침공하지 않을 것이라며 이를 반대했고, 성곽 수축과 군사 훈련에 동원된 백성들은 수령과 병사들에게 앙심을 품게 되었다. 결국 남부 해안에서 성곽을 수축하고 무기를 수리하라는 명령은 지방 수령과 장수들이 농민을 동원해 그들의 이익을 챙기기 위한 구실로 사용되었을 뿐 제대로 시행되지 못했다.[36] 따라서 이러한 대책은 백성들의 원망만 가중시켰지 왜군을 격퇴할 만한 대비는 되지 못했다. 반면에 도요토미는 1591년 11월부터 규슈의 나고야성(名護屋城)에서 조선을 침략하기 위해 병선 건조에 박차를 가하는 등 만반의 준비를 하고 있었다.

이와 같이 조선 조정은 전쟁을 충분히 예견할 수 있었음에도 불구

---

32 『선조수정실록』 권25, 24년 3월 정유(1). 다만 비왜책에서 조헌이 천거한 10여 명은 임진왜란이 일어나자 모두 기용되었는데 그중에는 김시민(金時敏), 조웅(趙熊)도 포함되어 있었다.

33 최영희, 「왜란 전의 정세」, 『한국사』 29, 국사편찬위원회, 1995, 25쪽.

34 『선조수정실록』 권25, 24년 10월 계사(1).

35 『선조수정실록』 권25, 24년 7월 갑자(1).

36 오종록, 「여러 얼굴의 전쟁, 임진왜란」, 『내일을 여는 역사』 창간호, 신서원, 2000, 87쪽.

하고 이에 대한 대비를 제대로 하지 못했다. 그 이유는 전쟁에 대한 예측이 왜구가 대규모로 약탈을 자행할 것이라는 정도에서 그쳤던 측면도 있지만 당시 사림 정권의 기강이 무너진 것이 더 문제였다.

5. 임진왜란 초기의 패배 원인

이상으로 임진왜란 이전의 국내 정세와 양국 관계 그리고 일본 침략에 대비한 조선 정부의 대책에 대해 살펴보았다. 이를 토대로 임진왜란 초기에 조선군이 일본군에게 참패할 수밖에 없었던 원인을 정리하는 것으로 맺음말을 대신하고자 한다.

첫째는 사림 정권의 기강이 해이해져 일본의 침략에 철저하게 대비하지 못했다는 점을 들 수 있다. 앞에서도 살펴본 바와 같이 임진왜란이 일어나기 전의 조선은 정치 · 사회 · 경제적인 변화로 민심이 흉흉하고 국가 기강이 해이했으며, 군역제가 동요되면서 국방 체제의 근간인 진관체제(鎭管體制)가 유명무실하게 변했다. 삼포왜란 이후 조선에서는 일본의 침략에 대비해 비변사를 설치하고 군사제도를 제승방략체제로 개편하는 한편 판옥선(板屋船)이라는 병선을 건조하는 등 노력을 강구했다. 또한 임진왜란이 일어나기 직전에도 만일의 사태에 대비해 무능한 수령을 교체하고 경상도와 전라도의 성곽을 수축하기도 했으나 형식적인 면에 그쳤고, 이는 오히려 백성들의 원망만 샀다. 그 결과 전쟁이 충분히 예견되었음에도 불구하고 제대로 대처하지 못했으며, 이는 임진왜란 초기에 조선의 관군이 일본군에게 패퇴한 주요 요인이 되었다.

둘째는 일본 국내 정세에 대한 정보 부족을 들 수 있다. 조선 초기에는 조선의 사절이 교토까지 왕래하면서 일본의 국내 정세를 직접 보고 들을 수 있었으며, 이를 토대로 대일 외교를 효과적으로 전개할 수 있었다. 그러나 1443년 이후부터는 조선의 사절이 교토까지 왕복하지 못했기 때문에 일본의 국내 정세에 대한 정확한 정보를 수집할 수 없었다. 그 결과 일본국왕사를 사칭한 위사가 급증했으며, 일본의 침략 계획을 사전에 파악하고 대처할 수 없었던 것이다. 반면에 일본국왕사는 조선의 사신과 달리 임진왜란 직전까지 계속해서 한성에 입성했으며, 그 기회를 이용하여 조선의 군사 체제 및 방어 상황에 대한 정보를 수집할 수 있었다. 그리하여 임진왜란이 일어났을 때 일본 사신의 상경 도로가 일본군의 주요 침략로로 이용되었던 것이다.

또한 조선에서는 일본이 섬나라이므로 육전(陸戰)보다 수전(水戰)에 능할 것이라는 판단 아래 육지에서 일본군을 방어하기 위해 경상 전라 등의 좌우병영(左右兵營)에 성곽을 증축하고 참호를 설치했다. 그러나 실제로 임진왜란의 전투 양상을 보면 육전에서는 참패를 면지 못한 반면에 해전에서는 승리를 거두었다.[37] 이는 결국 일본에 대한 정확한 정보 부족으로 인해 나타난 결과라고 생각한다.

셋째는 조선군의 전술과 무기가 일본군에 비해 매우 부족하다는 점이다. 조선은 삼포왜란 이후 왜구와 여진족의 침입에 대비해 비변사(備邊司)를 설치했으며, 을묘왜변 이후부터 지방의 방어 체제를 진관체제(鎭管體制)에서 제승방략(制勝方略)체제로 개편했다. 그러나 제승방략은 왜구가 국지적이고 일시적으로 침입하던 시기에는 왜구를 방어하는 데 효과적이었지만 임진왜란 같이 대규모 전투에서는 효과적이지 않은 전략이었으며,[38] 이는 결국 임란 초기에 조선의 관군이 일본군에게 참패를 면치 못한 요인이 되었다.

또한 임진왜란 초기에 조선의 무기를 보면 재래식 병기인 활 · 화살 · 도검, 화약 병기인 승자총통(勝字銃筒) · 천자총통(天字銃筒) · 지자총통

---

37 임진왜란기에 조선의 수군이 연이어 승리할 수 있었던 것은 전함의 구조적인 차이와 화포의 성능, 그리고 이순신의 탁월한 지휘력 등이 조화를 이루었기 때문에 가능했다. 박재광, 「정쟁의 도구」, 『새롭게 다시 보는 임진왜란』, 국립진주박물관, 1999, 116~122쪽.

38 이겸주, 「임진왜란전 조선의 국방실태」, 『한국사론』 22, 국사편찬위원회, 1992, 46~47쪽.

(地字銃筒)·현자총통(玄字銃筒), 로켓 화기인 신기전(神機箭)·화차(火車)를 비롯하여 오늘날의 폭탄과 유사한 비격진천뢰(飛擊震天雷) 등이 있었다. 반면에 일본군이 사용한 무기는 조선의 병기보다 성능이 훨씬 뛰어난 조총이었다. 일본군은 조총을 효과적으로 활용하기 위하여 재래식 무기와 화기를 적절히 이용했다. 즉 적과 대치한 상태에서 먼저 소총수가 사격을 하고 난 후 탄환을 장전하는 동안에 궁수가 활을 쏘았다. 그 후 조총수가 다시 사격을 하여 적의 전열이 흐트러트리면 창수(槍手)가 기병과 함께 진격하여 백병전을 벌임으로써 전투의 승패를 결정지은 것이다. 이와 같이 일본군은 조직적으로 조총을 이용한 전술을 구사했음에도 불구하고 조선군은 일본군의 무기나 전술에 대한 정보가 거의 없었기 때문에 일본군에 참패할 수밖에 없었다. 그 대표적인 사례가 바로 신립(申砬)이 지휘한 충주 탄금대 전투에서의 패배라 할 수 있다. 결국 일본군이 부산에 상륙한 지 20여 일 만에 한성까지 입성할 수 있었던 배경에는 조선군이 일본군의 조총 성능과 전술을 제대로 인식하지 못함으로써 효과적으로 대비하지 못한 것에서 찾을 수 있다.[39]

이와 같은 여러 가지 요인들 때문에 개전 초기에는 조선군이 일본군에게 참패할 수밖에 없었다. 그러나 시간이 지나면서 각 지방에서 일어난 의병의 활동과 이순신을 중심으로 한 수군의 승리 그리고 새로운 무기 및 전술 개발 등을 통해 초전의 패배를 극복하고 일본군을 물리칠 수 있었다.

39 박재광, 앞의 글, 2005, 89~109쪽.

〈참고문헌〉

『성종실록』

『명종실록』

『중종실록』

『선조실록』

고석규, 「상품의 유통과 공납제의 모순」, 『한국사』 28, 국사편찬위원회, 1996, 71~76쪽.

김재근, 『우리의 배: 구조와 역사』, 서울대학교출판부, 1996, 135~155쪽.

김종수, 「군역제도의 붕괴」, 『한국사』 28, 국사편찬위원회, 1996, 89~113쪽.

김태영, 「科田法의 붕괴와 地主制의 발달」, 『한국사』 28, 국사편찬위원회, 1996, 32~65쪽.

민덕기, 「조선후기의 회고와 전망」, 『한일관계사연구의 회고와 전망』, 국학자료원, 2002.

박재광, 「정쟁의 도구」, 『새롭게 다시 보는 임진왜란』, 국립진주박물관, 1999, 116~122쪽.

______, 「임진왜란 연구의 현황과 과제」, 한일관계사연구논집 편찬위원회 편, 『임진왜란과 한일관계』, 경인문화사, 2005.

오종록, 「여러 얼굴의 전쟁, 임진왜란」, 『내일을 여는 역사』 창간호, 2000년 봄, 신서원.

이겸주, 「임진왜란전 조선의 국방실태」, 『한국사론』 22, 국사편찬위원회, 1992, 46~47쪽.

이인영, 「임진왜란 이전의 대외관계」, 『이충무공-350주기기념논총』, 동연사, 1950.

이재호, 「선조수정실록 기사의 의점(疑點)에 대한 변석(辨析): 특히 이율곡의 십만양병론과 류서애(柳西厓)의 양병불가론에 대하여」, 『대동문화연구』 19, 성균관대 대동문화연구소, 1985.

조원래, 「왜진왜란사 연구의 추이와 과제」, 『조선후기사 연구의 현황과 과제』, 창작과비평사, 2000.

최영희, 「왜란 전의 정세」, 『한국사』 29, 국사편찬위원회, 1995.

하우봉, 「임진왜란 전후 한국인의 일본관」, 『새롭게 다시 보는 임진왜란』, 국립진주박물관, 1999, 198~200쪽.

한문종, 『조선전기 대일 외교 정책 연구: 대마도와의 관계를 중심으로』, 전북대학교 박사학위논문, 1996.

허선도, 「制勝防略 연구: 임진왜란 직전 방어체제의 실상(상)」, 『진단학보』 36, 진단학회, 1973.

______, 「制勝防略 연구: 임진왜란 직전 방어체제의 실상(하)」, 『진단학보』 37, 진단학회, 1974.

홍순창, 「조선조 官人國家의 변질과정(1): 그 서론적 고찰〈임진왜란 전의 국내 정치상황〉」, 『영남사학』 3, 1974.

伊藤幸司, 「中世後期の臨済宗幻住派と對外關係」, 『史學雜誌』 108-4, 1994.

_______, 「十伍・十六世紀の日明・日朝交涉と夢窓派華藏門派」, 『朝鮮學報』 71, 1999.

村井章介, 『中世倭人傳』(岩波書店, 1993), 163-164쪽 참조.

高橋公明, 「十六世紀の朝鮮・對馬・東アジア海域」, 加藤榮一 編, 『幕藩制國家と異國・異域』, 校倉書房, 1989.

제3부

임진왜란과 조선의 승리

제5장

임진왜란의 전개와 해전 승리 1

임진왜란 초기의 전황과 조선 수군의 승리 요인

제장명(해군사관학교 교수)

1. 머리말

임진왜란이 일어난 지 7주갑(周甲)이 지났다. 임진왜란 극복의 주요 동력이 조선 수군이었다는 사실은 주지하는 바다. 일본군은 개전 20일 만에 한성을 함락하고 2개월 만에 평양성마저 무너뜨렸지만 더 이상의 진격을 할 수 없었던 가장 큰 이유는 바로 조선 수군이 일본군의 해상 보급로를 차단했기 때문이다. 이 때문에 일본군은 강화교섭에 나설 수밖에 없었고, 결과적으로 조선군은 일본군을 이 땅에서 몰아낼 수 있었다. 그리고 그 중심에 이순신이 있었다.

그는 우리 민족의 진정한 영웅이다. 400여 년이라는 시공을 뛰어넘어 그의 훌륭한 정신과 리더십을 탐구하는 까닭은 바로 여기에 있다. 이순신이 해전에서 승리한 요인은 다양한 시각으로 바라볼 수 있다. 그의 리더십이 탁월한 면도 있었지만 당시 조선 수군의 우수한 함선과 함재 화포의 위력, 이순신의 전략과 전술, 이순신을 도와준 수많은 인물들의 조력과 백성들의 도움도 결코 간과할 수 없을 것이다. 이순신은 이러한 제 요소들을 잘 관리하고 통합함으로써 난관을 극복하고 승리를 이룰 수 있었다.

2. 임진년의 전황과 주요 해전의 전개

1) 임진왜란의 발발과 초기의 전황

대마도에서 출발한 일본군 제1번대 고니시군 전선 700여 척이 부산 앞바다에 도착한 것은 임진년(1592) 4월 13일 오후 5시경이었다. 일본군 선단은 조선군으로부터 아무런 저항도 받지 않고 해안으로 접근하여 절영도 앞바다에 투묘(投錨)했다. 이튿날 4월 14일 일본군은 상륙과 동시에 부산진성을 공격함으로써 임진왜란이 시작되었다. 아침 일찍 시작된 이 전투는 두 시간여 만에 끝이 났다. 이날 부산진 첨사 정발(鄭撥)이 이끈 조선군 병력은 1,000명 남짓이었는데, 고니시 유키나가의 제1군은 1만 8,700명이었다. 정발의 지휘 아래 성민들은 부산진성 고수 결의를 굳게 다졌으나 중과부적으로 첫 번째 전투에서 전원 옥쇄하고 말았다.

서전(緖戰)에서 승리를 거둔 일본군은 당시 부산 지역을 대표하는 동래부로 진격하는 한편, 병력을 둘로 나누어 동북쪽 해안의 경상좌수영과, 남서쪽 해안의 서평포, 다대포를 동시에 공략했다. 4월 14일 오후 제1군 본대는 동래부를 포위했지만 공격에 나서지는 않았다.

일본군은 서평포와 좌수영은 쉽게 점령했지만 첨사 윤흥신(尹興信)이 지키고 있던 다대포진성은 함락하는 데 실패했다. 부하들은 후퇴를 권고했지만 윤흥신은 끝까지 임지를 지켰으며, 이튿날 더 많은 병력을 이끌고 공격에 나선 일본군에 맞서 싸우다가 다대포성의 함락과 함께 장렬히 전사했다.

한편 부산을 지켜야 할 경상좌병사 이각(李珏)은 울산의 좌병영에 왜적이 대거 침입했다는 급보를 받고 15일 아침에 동래성으로 달려갔다. 경상좌수영을 지키고 있던 경상좌수사 박홍(朴泓)은 일본군 선단이 부산 앞바다에 나타난 사실조차 모르고 있다가 부산진성이 함락된 뒤에야 그 사실을 알고 조정에 성의 함락 소식을 전하는 장계를 올린 다음 언양으로 도주했다.

이처럼 수사와 병사가 우왕좌왕하고 있는 동안 부산진성을 점령한 고니시군은 15일 오전 6시경에 동래성으로 향하여 10시경 성 가까이에 접근했다. 당시 동래성은 부사 송상현(宋象賢)을 비롯하여 조방장 홍윤관(洪允寬), 양산군수 조영규(趙英珪), 울산군수 이언성(李彦誠) 등이 군민을 지휘하여 방비 태세를 갖추고 있었는데, 동래성을 포위한 일본군은 남문 밖에 "싸우려면 싸우고 싸우지 않으려면 길을 내놓아라[戰則戰矣 不戰則假道]."라는 표목을 세워 두고 동래 군민의 항복을 촉구하는 최후통첩을 했다. 그 표목을 본 송상현은 "싸워 죽기는 쉬워도 길을 내주기는 어렵다[死易 假道難]."라는 글을 쓴 판자를 성밖에 던져 단호한 항전 의지를 표시했다.

동래성은 2만여 명에 달하는 일본군의 포위 공격에 맞서 싸웠지만 동북쪽 성벽이 무너지면서 그곳으로 성내에 난입한 일본군에 의해 유린되었다. 동래부사 송상현의 순절과 함께 15일 성은 함락되었으며 양산군수 조영규를 비롯하여 대부분의 군민은 전사하고 울산군수 이언성은 포로가 되었다.

경상좌병사 이각은 동래성에 있다가 지원 요청을 핑계로 전투가 시작되기 전에 그곳을 빠져나와 울산의 좌병영으로 돌아갔다. 좌병영에는 안동판관 윤안성(尹安性) 등이 그곳에 집결한 병력으로 본영을 지키자고 주장했지만 이각은 끝내 성을 버리고 도망함으로써 경상좌도의 제1선은 무인지경으로 변하고 말았다.[1]

한편 일본군은 고니시의 뒤를 이어 후속 부대가 속속 부산에 상륙했다. 4월 18일 가토 기요마사(加藤淸正)의 2번대 2만 2,000여 명이 부산에 상륙했고, 구로다 나가마사(黑田長政)의 3번대 1만여 명이 다대포를 거쳐 김해에 상륙했다. 일본군은 그들의 진로를 중로 · 좌로 · 우로로 나누어 한성을 향하여 북상했고 그들을 지원하는 수군은 남해안을 돌아 서쪽으로 진출할 계획을 세우고 있었다. 일본군의 한성까지의 진로는 다음과 같았다.

중로: 동래-양산-청도-대구-인동-선산-상주-조령-충주-여주-양근-용진나루-한성

좌로: 동래-언양-경주-영천-신녕-군위-용궁-조령-충주-죽산-용인-한성

우로: 김해-성주-무계-지례-김산-추풍령-영동-청주-한성

임진왜란 개전 소식이 조선 조정에 전해진 것은 4월 17일이었다. 경상좌수사 박홍의 급보와 경상도 관찰사 김수(金睟)의 보고가 연이어 도달했었다. 이에 조정에서는 비상 대책으로 신립(申砬)을 도순변사, 이일(李鎰)을 순변사, 김여물(金汝岉)을 종사관에 임명하여 일본군의 침공에 대비하는 한편, 김성일(金誠一)을 경상우도 초유사, 김륵(金玏)을 경상좌도 안집사로 삼아 민심 수습과 일본군에 대한 항전을 독려토록 하는 조치를 취했다.

당시 조선의 국방 체제는 제승방략제였다. 이는 적의 대규모 침입이 있을 때, 각도의 모든 병력이 적의 침입 예상 요충지에 집결하여 적을 막는 제도다. 그러나 병력을 지휘하는 장수는 한성에서 파견되었다. 이러한 제도에 따라 임진왜란 당시 경상도의 병력은 대구에 집결한 가운데

---

1 국방부전사편찬위원회, 『임진왜란사』, 1987, 35~39쪽.

지휘관인 경장(京將) 이일을 기다리고 있었다. 그러나 이일은 임지로 거느리고 갈 정병 300명을 채우지 못하여 3일간 한성에서 지체했고, 끝내 정병을 확보할 수 없어서 겨우 60명을 거느리고 급히 남하했다. 조정에서는 류성룡을 도체찰사로 삼아 순변사 이일과 도순변사 신립을 돕도록 조치를 취하여 일본군을 조령 등지에서 막으려고 했다. 이것은 당시 조정에서 취할 수 있는 최선의 조치였으며 일본군을 한성 이남에서 막아 보려는 마지막 시도였다.

조정의 기대와 달리 이일이 대구에 도착하기도 전에 일본군이 먼저 대구에 도착하는 바람에 그곳에 집결해 있던 병력은 뿔뿔이 흩어졌다. 겨우 800여 명의 오합지졸을 거느린 이일은 상주에서 패전했다. 8,000명의 병력을 거느린 도순변사 신립도 탄금대에 배수진을 쳤다가 전멸당했다. 적의 전술과 무기에 대한 무지로 인해 전투지를 잘못 선택한 결과였다. 이일과 신립이 떠난 후, 조정에서는 일본군의 한성 침공에 대비하여 한성을 방비할 조치를 취했다. 즉 우의정 이양원(李陽元)을 수성대장으로 삼아 도성의 성첩을 급히 수축케 했고, 북병사 김명원(金命元)을 도원수로 삼아 도성의 외곽인 한강을 수비토록 했다.

4월 24일 이일의 상주 패전 소식과 4월 26일 신립의 충주 방어 실패 소식이 보고되자 도성의 인심은 흉흉해졌다. 이는 천연적으로 지세가 험한 죽령 · 조령 · 추풍령 등지에서 일본군을 막지 못했다는 사실과 충주 이북에는 어떤 방어선도 구축되어 있지 않아 한성이 위험했기 때문이다. 조정에서는 민심의 안정을 위해 왕의 둘째 아들인 광해군을 세자로 책봉했고 각 도의 관찰사는 시급히 군사를 이끌고 한성으로 와서 도성을 지키도록 명령했다. 이와는 별도로 각 지방에 관리를 파견하여 한성을 지킬 병사를 모집했다.

그러나 성을 지키려는 노력은 무산되어 4월 29일 조정에서는 논의를 거쳐 평양으로 천도하고 명나라에 구원을 요청하기로 결정했다. 4월 30일 새벽에 왕은 평양으로 가기 위해 한성을 출발했다. 이로 인해 일본군은 부산에 상륙한 지 불과 20일 만에 한성에 이르게 되었다. 일본군은 5월 2일 한강을 건너 3일에 도성에 들어섰다.[2]

일본군은 5월 3일 한성을 점령하고, 그로부터 1개월이 지난 후에는 평양성까지 함락했다. 일본군의 일부는 함경도로 진출하여 함경도를 장악했다. 일본군의 북진으로 인해 선조는 도성에서 평양을 거쳐 압록강변의 의주로 피란하게 되었고, 함경도로 들어간 왕자(임해군 · 순화군)들은 일본군의 포로가 되는 수모를 당했다. 일본군은 평양으로 진출하면서 한반도를 분지(分地)하여 참전한 제장으로 하여금 각각 점령지에서 군정을 실시하게 했다.

그러나 전라도만은 일본군이 용이하게 장악할 수 없어 끝내 전라도 점령은 포기했다. 이는 육전에서 일본군이 승승장구하던 것과 달리 해전에서는 이순신의 조선 수군에게 연전연패하며 남해안의 제해권을 장악하지 못했기 때문이다. 지리산 동쪽 지역을 중심으로 활동하던 조선 의병들이 일본군의 전라도 진입을 극렬하게 저지한 것도 한몫했다. 이로 인해 일본 수군은 전라도 쪽에서 기를 펼 수가 없었다.

조선은 곡창 전라도를 보전함으로써 명군의 참전과 의병의 활약으로 전란을 극복할 수 있는 기반을 갖게 되었다. 이러한 결과는 조선 수군의 해전 승리에 힘입은 바 컸다. 따라서 임진년 조선 수군의 해전을 살펴봄으로써 당시 조선 수군의 활약상을 구체적으로 이해하고자 한다.

2) 임진년 주요 해전의 전개 과정

제1차 출전: 옥포해전 · 합포해전 · 적진포 해전[3]

이순신은 1592년 4월 15일에 경상우수사 원균의 통보를 받고 임진왜란

---

2 국사편찬위원회, 『한국사』 29, 1995, 29~32쪽.

3 『李忠武公全書』 권2, 장계1 「玉浦破倭兵狀」.

이 발발했다는 것을 알게 되었다. 원균으로부터 구원 요청을 받은 이순신은 몇 차례의 작전 회의를 통해 부하들과 출전 의지를 다진 후, 조정에 출전 여부를 묻는 장계를 올렸다. 당시로서는 관할 구역을 임의로 이탈할 수 없었기 때문이다.

4월 27일 영남 해역으로 출전을 허락하는 조정의 지시를 받은 후, 5월 4일 새벽에 역사적인 첫 출전을 하게 되었다. 전선 24척, 협선 15척, 포작선(약간의 전투력을 갖춘 유랑 어선) 46척 등 도합 85척의 함대를 편성한 이순신은 일본 군선의 소재지를 탐색하면서 조심스럽게 남해안 동쪽으로 이동했다. 동원된 전선은 85척이었지만 실제 전투력을 갖춘 전선은 판옥선 24척뿐이었다. 그런데 이순신이 포작선까지 동원한 까닭은 경상우수사 원균으로부터 적선이 90여 척에 이른다는 정보를 받고, 첫 전투인 만큼 아군의 사기를 고려하여 대등한 세력을 형성하기 위해서였다. 아울러 포작선의 정보 수집 능력을 고려한 것이기도 했다. 아무래도 경상도 지역으로 출동하기 위해서는 적정에 대한 정보 입수가 매우 중요하다고 판단했던 것이다.

이틀 후 한산도에서 경상우수군 전선 4척과 협선 2척이 합세하여 총 91척(실제전선은 28척)의 경상 · 전라 통합 함대가 형성되었다. 이순신은 양 도의 지휘관을 소집하여 작전 계획을 세우고 거제도 송미포에서 밤을 지샌 후, 7일 아침 일본 전선이 머물러 있던 가덕 방면을 향해 항진했다. 그러던 중 정오 무렵에 거제도 옥포 앞바다에서 척후선으로부터 일본 군선을 발견했다는 연락을 받았다. 조선 수군은 옥포만으로 들어가기 전에 항해 진형을 전투 진형으로 바꾸고 좌우로 늘어서서 포구를 완전히 봉쇄한 다음 일본 함대를 향해 일제히 진격했다. 일본 전선은 30척이 옥포만에 정박 중이었는데, 바로 도도 다카도라(藤堂高虎)의 휘하 전선이었다.

그런데 일본군은 조선 수군이 해상으로부터 공격해 오리라는 것을 전혀 예상치 못한 가운데 육지에 올라 민가에 방화와 약탈을 일삼고 있었다. 옥포만은 안개가 자욱하여 일본 수군은 조선 수군이 그곳에 도착할 때까지 전혀 짐작조차 하지 못했고, 뒤늦게 조선 함대를 발견하고서 허둥지둥 배에 올랐다. 그중 6척은 조선 수군을 향하여 달려 나왔다.

이내 조선 수군의 집중포화가 시작되었고, 이순신 휘하의 조선 수군은 죽기를 각오하고 전투에 임했다. 그 결과 적의 선봉을 비롯하여 순식간에 일본 전선 26척이 조선 수군의 포화와 불화살을 맞아 격침되었다. 26척 중 21척은 전라좌수군이, 5척은 경상우수군이 각각 격침시켰다. 이로써 남해안을 침공한 일본 수군과 벌인 최초 전투는 조선 수군의 일방적인 승리로 끝이 났다.

첫 번째 해전에서 승리를 거둔 조선 수군은 거제도에 위치한 영등포 앞바다로 퇴진하여 군사들을 쉬게 했다. 하오 4시경 척후선으로부터 적의 대선 5척이 지나간다는 보고를 받고 즉시 함대를 이끌고 추격에 나섰다. 웅천땅 합포(현 창원시 진해구 행암동 학개마을)에 이르러서 적선을 모두 격침시키는 전과를 올리고 밤중에 건너편 창원 땅 남포에 이르러 정박했다.

이튿날(5월 8일) 아침에 피난민들로부터 "진해 땅 고리량에 일본 군선이 머물고 있다."라는 첩보를 접하고 즉시 출전했다. 조선 함대가 저도(돼지섬)를 지나 고성 땅 적진포에 이르렀을 때, 척후선으로부터 "일본선 대선, 중선, 소선 13척이 있다."라는 보고를 받았다. 선봉 함대가 적진포에 도착했을 때 일본 전선은 아무 경계도 없이 모두 포구에 한 줄로 늘어서 있었고, 군사들은 민가를 약탈하고 있었다. 뒤늦게 조선 함대가 도착한 사실을 알자 그 위세에 놀라 모두 산 위로 도망쳤다. 그리하여 조선 수군은 일본의 빈 전선을 모두 격침시켰다. 이로써 세 번째 전투인 적진포 해전에서도 승리를 거두었다.

제2차 출전: 사천해전 · 당포해전 · 당항포해전 · 율포해전[4]

제1차 출전에서 큰 전과를 거둔 이순신의 전라좌수군은 군사들의 휴식과 다음 전투 준비를 위해 5월 9일 여수 본영으로 돌아왔다. 5월 하순에 접어들면서 경상우수사 원균으로부터 부산 방면의 일본군이 차츰 거제도 서쪽을 침범하여 연해 등지를 분탕질한다는 정보가 접수되었다. 이에 이순신은 출전을 결심하고 먼저 관할 수군을 집결시켰다. 그리고 해남의 전라우수영에 사람을 보내어 6월 3일까지 여수 앞바다에 집결하여 경상도로 출동할 것을 약속했다.

그러던 중 5월 27일에 이순신은 "일본 군선 10여 척이 사천 · 곤양 등지에 나타났다."라는 원균의 급보를 받고, 전라우수사 이억기에게 뒤를 따르라는 글을 남기고 먼저 5월 29일 새벽에 먼저 노량으로 출발하여 그곳에서 원균 함대와 합세했다. 이때 조선 수군은 전라좌수군 전선 23척에 원균의 전선 3척을 더하여 총 26척이 전부였는데, 이순신 휘하 전선 중에는 거북선이 첫 출전을 앞두고 있었다.

제2차 출전의 첫 번째 해전인 사천해전은 일본 전선 1척을 추격하던 중 사천 선창에 열박(列泊)해 있는 일본 군선 12척을 발견하면서 시작되었는데, 조선 수군은 유인 작전과 거북선을 이용한 공격으로 적선 총 13척을 격침시켰다.

이때 이순신은 왼쪽 어깨에 관통상을 입었고, 군관 나대용을 비롯하여 사부(射夫)와 격군(格軍) 여럿이 부상을 당했다. 사천해전이 끝났을 때 이미 날이 저물었기 때문에 조선 함대는 배를 돌려 사천 땅 모자랑포에 정박했다.

이순신은 다음 날 6월 1일에 함대를 이동하여 고성 땅 사량도 뒤쪽 바다에 진을 치고 밤을 지냈다. 이튿날 아침 8시경에 "일본 군선이 당포

4 『李忠武公全書』 권2, 장계1 「唐浦破倭兵狀」.

선창에 정박해 있다."라는 소식을 듣고 곧 함대를 이끌고 10시쯤 인근 바다에 도착했다. 이곳에 정박해 있던 일본 함대는 대선 9척과 중 · 소선 12척으로 모두 21척이었다.

이에 이순신 함대는 먼저 거북선으로 층루선 밑을 향해 돌진하여 용머리의 입으로 현자철환을 쏘고, 또 천자총통과 지자총통, 대장군전을 쏘아 배를 깨뜨렸다. 그렇게 일본 전선 21척은 모두 격침되었다. 6월 2일에 펼쳐진 당포해전도 조선 함대의 승리로 끝이 난 것이다. 6월 4일이 되자 그동안 한 번도 참전하지 못했던 이억기가 전라우수군을 이끌고 전투에 합류했다. 이억기 함대는 6월 3일 전라좌수영에서 합류하기로 한 약속을 지켰고, 신속하게 이순신 함대의 뒤를 좇아 이날 당포 앞바다에서 합류한 것이다. 조선 수군은 전라우수군 전선 25척이 추가되어 전체 전선이 51척으로 배가 되어 자신감이 충천했다.

6월 5일에 귀화인 김모(金毛) 등이 "당포에서 쫓긴 일본 군선이 고성 땅 당항포에 있다."라는 소식을 알려 주었다. 이에 이순신은 급히 함대를 당항포로 이동하여 일본 군선 26척(대선 9척, 중선 4척, 소선 13척)과 전투를 벌였다.

이순신은 일본군을 해상으로 유인하는 전술을 사용했다. 그의 명령에 따라 진형을 풀고 퇴군하면서 한쪽을 개방하자 일본 함대는 대장선인 층각선을 옹위하며 모든 배들이 바다로 나왔다. 이때를 놓치지 않고 거북선이 층각선 밑에 접근하여 먼저 이 배를 깨트리고, 주변의 전선들도 집중 공격하여 대장선의 일본 장수를 사살했다. 이 과정에서 달아나는 일본 군선을 포위하여 수급 43급을 베고 군선 한 척만 남겨둔 채 나머지를 모두 격침시켰다.

이튿날(6일) 새벽에 방답첨사 이순신(李純信)은 전날 남겨 둔 한 척의 군선이 바다로 나올 것을 예상해 길목을 지키고 있다가 100여 명이 승선한 일본 군선을 급습하여 수급 50급 이상을 베었다. 특히 이날 획득한 수급은 그들의 대장을 비롯한 장수만 8명에 달하는 큰 전과였는데, 이것은 전날 뭍으로 피신했던 일본군 지휘부가 한꺼번에 잡혔기 때문이다.

조선 함대는 6월 7일 새벽에 다시 출항하여 웅천 땅 시루 섬에 이르러 주변을 탐색하다가 함대를 돌려 정오 무렵에는 거제도 인근 영등포 앞바다에 이르렀다. 이때 율포에서 부산 쪽으로 도망치던 일본 군선 7척(대선 5척과 중선 2척)을 발견하고 추격하여 모두 격침시켰다.

제3차 출전: 한산도해전 · 안골포해전[5]

이순신은 1592년 6월 10일 제2차 출전을 마치고 전라좌수영으로 귀환했다. 그는 전선을 정비하는 등 다음 전투를 준비하면서 경상도 해역의 일본 수군 동태를 탐문했다.

해전에서 연패 소식을 접한 일본군 수뇌부는 긴급 대책을 세워 육전에 투입했던 수군장 와키자카 야스하루(脇坂安治), 구키 요시다카(九鬼嘉隆), 가토 요시아키(加藤嘉明) 등에게 남하하여 조선 수군과 일전을 펼칠 준비를 하도록 조치했다. 6월 23일 세 명의 장수에게 해상 보급로를 확보하고 조선 수군을 격퇴하라는 출전 명령이 떨어졌다. 그런데 이때 전투태세를 먼저 끝낸 와키자카가 7월 6일 구키와 가토가 군선 정비를 하는 동안 단독으로 김해를 떠나 출전을 감행했다. 이때 그가 거느린 세력은 총 73척(대선 36척, 중선 24척, 소선 13척)으로 지금까지 해전에 참가한 일본 함대 중 가장 큰 규모였다.

이러한 상황에서 이순신은 "가덕, 거제 등지에 일본 군선 10여 척에서 30여 척가량이 출몰한다."라는 첩보와 함께 전라도 금산 지경에 일본군이 수륙으로 침범할 조짐이 보인다는 정보를 얻었다.

이에 이순신의 전라좌수군은 일본 수군을 공격하기 위해 이억기가 이끄는 전라우수군과 7월 4일 좌수영에서 합류했다. 전라좌우수영 지휘

---

5 『李忠武公全書』 권2, 장계1 「見乃梁破倭兵狀」.

부는 5일 작전 계획을 논의하고, 6일에 역사적인 제3차 출전을 감행했다. 이날 전라도 함대가 출항하여 남해의 노량에 도착하자 원균이 그간 준비한 전선 7척을 이끌고 합류했다. 경상도와 전라도의 수군 세력이 결합한 연합 함대가 결성된 것이다. 조선 함대의 전선은 총 58척으로 이 중 거북선 3척도 포함되었다. 조선 함대는 이날 진주 창신도에 이르러 정박하고 밤을 지냈다.

조선 함대는 출항 둘째 날인 7월 7일에 동풍이 크게 불어 항해하지 못하고 있다가 해가 저물 무렵에 고성 땅 당포에 이르러 머물렀다. 이때 이 섬의 목동 김천손이 와서 "일본 군선 70여 척이 오늘 오후 2시쯤 거제도 인근의 영등포 앞바다를 지나 고성과 거제도의 경계인 견내량에 머물고 있다."라는 중요한 정보를 알려 주었다.

이 정보에 따라 조선 함대는 작전회의를 마친 후 7월 8일 아침 일찍 일본 함대가 있는 곳으로 출발했다. 견내량 근해에 이르렀을 때, 일본의 척후선으로 보이는 대선 1척과 중선 1척이 조선 함대를 발견하고 본대가 있는 포구 쪽으로 돌아갔다. 조선 함대는 이들을 추격하여 일본 함대가 있는 곳까지 도달했는데, 첩보 내용대로 크고 작은 전선 73척이 대열을 이루고 있었다.

일본 함대가 머무르고 있던 견내량은 수심이 얕고 암초가 많아 대형 선박이 항해하기 어려운 긴 해협으로 최소 폭이 약 180미터, 최소 수심 2.8미터, 수로 길이는 약 4킬로미터인 곳이었다. 이순신은 이곳이 판옥선으로 해전을 치르기에 적합하지 않을뿐더러, 육지가 가까워 일본 수군이 상륙하기 쉬운 점을 고려하여 일본 함대를 넓은 바다로 유인하는 전술을 구사했다. 이를 위해 먼저 전선 5~6척을 투입하여 일본 함대의 선봉과 전투하다가 거짓으로 패하여 물러나는 것처럼 꾸미자, 적들이 돛을 펴고 추격에 나섰다. 이때 판옥선 5~6척을 인솔한 장수는 방답첨사였던 동명이인의 이순신(李純信)이었다.

일본 함대가 추격을 멈추지 않고 한산도 앞의 넓은 바다에 도달하자, 이순신은 휘하 장수들에게 일시에 선회하여 학익진(鶴翼陣)을 펼치면서 일본 함대에 돌진하여 공격하도록 명령했다. 이에 먼저 거북선 3척이 출전하여 지자총통과 현자총통을 발사하면서 일본군 선봉선 2~3척을 격파하자 일본 수군은 사기가 꺾여 물러났다. 그러나 조선 함대가 일시에 포위 공격을 펼치자 일본 함대는 도주하지 못하고 참패했다. 비록 양국 수군의 정예 병력이 맞붙었지만 해전은 불과 몇 시간 만에 조선 수군의 일방적인 승리로 끝났다.

한산도해전의 결과를 종합하면 조선 함대는 일본의 대선 35척, 중선 17척, 소선 7척 등 59척을 격침 또는 나포했고, 나머지 14척 만이 겨우 탈출해 돌아갔다. 이 해전에서 일본 함대를 지휘한 와키자카는 구사일생으로 도주했다.

한산도해전에서 크게 승리한 조선 함대는 견내량 앞바다에 진을 치고 밤을 보냈다. 다음 날 7월 9일에 다시 "안골포에 일본 군선 40여 척이 머물고 있다."라는 탐망선의 보고가 들어왔다. 이에 즉시 삼도 수사가 모여 일본 함대를 공격할 것을 계획했으나 이날은 역풍이 크게 불어 항해할 수 없었기 때문에 거제도 인근 온천도(현 칠천도)에서 밤을 보냈다.

조선 함대가 7월 10일 새벽에 출발하여 안골포에 도착하니 선창에는 대선 21척, 중선 15척, 소선 6척 등 모두 42척의 일본 전선이 정박해 있었다. 그곳에 있던 일본 장수는 구키(九鬼)와 가토(加藤) 등으로 도요토미 직속의 정예 수군장이었다.

안골포는 포구의 지세가 좁고 수심이 얕아서 판옥선같이 큰 배가 쉽게 들어갈 수 없었다. 이 때문에 이순신은 다시 한 번 일본 함대를 유인하는 전술을 구사했다. 그러나 견내량에서 주력 함대가 참패한 소식을 들은 일본 함대는 높은 곳을 의지한 채 나오지 않고 해전을 회피했다. 이에 이순신은 전선 몇 척으로 하여금 교대로 포구에 출입하면서 각종 총통을 발사케 하는 동시에 장편전과 화전으로 집중 공격을 가하도록 했다. 이런 방법으로 조선 함대는 정박해 있던 일본 군선을 격침시키면서 승선해 있던 장수를 비롯하여 일본군 다수를 살상했다. 이처럼 포구에서 전투가 종일 진행되자 일본 군선은 20척 정도 파괴되었고, 잔존 병력은 육지로 올라갔다. 이순신은 주변 산골에 숨은 우리 백성이 피해를 입을까 우려하여 공격을 중지하고 밤늦게 물러 나와 안골포 근처에서 밤을 보냈다.

조선 함대는 다음 날인 11일 새벽에 다시 안골포를 포위했으나 밤새 일본 함대가 도주하여 전날 전투를 벌인 참혹한 흔적만을 확인할 수 있었다. 조선 수군은 일본 수군에게 함대가 오래 주둔할 것처럼 보이도록 조치를 취한 후 그날 야간에 회항했다. 한산대첩은 임진왜란 전체 국면에 끼치는 영향이 컸다. 이를테면 한산도해전과 안골포해전에서 일본을 대표하는 수군 장수들이 모두 대패함으로써 도요토미는 일본 수군에게 '해전 금지' 명령을 내리고 해안에 성을 쌓고 기다리도록 하는 등 전략 변화를 가져왔다. 일본 수군은 이 명령에 따라 한산도해전 참패 이후에 조선 수군과 해전을 회피하는 전술로 일관했다.

제4차 출전: 부산포해전[6]

조선 수군은 1592년 5월 초부터 세 차례에 걸쳐 전투를 치르면서 한편으로는 전선을 더 건조하고 무기를 준비하는 데 박차를 가했다. 이러한 사실은 같은 해 8월 1일 전라좌우도의 수군이 좌수영에 모였을 때, 전선이 한산대첩을 치른 7월 초의 51척보다 40% 이상 늘어난 74척으로 증가한 것을 통해서도 확인할 수 있다.

그러던 중 경상우도 순찰사 김수가 공문을 보내 "일본군이 양산과 김해 등지로 내려와 도망치는 것 같다."라는 정보를 제공했다. 실상은 한산대첩 패전 이후 뱃길을 이용한 보급이 무산된 일본군이 육로를 통해 서진(西進)하고자 호남의 관문이라 할 수 있는 진주성을 공격하기 위해

6 『李忠武公全書』 권2, 장계1 「釜山破倭兵狀」.

북상하고 있던 일부 병력이었다. 그러나 외관상으로는 일본군이 바다를 통해 후퇴하려고 하는 것처럼 보였기 때문에 김수는 그렇게 전한 것이다.

조선 수군은 출항을 서둘러 8월 24일에 좌수영을 출발, 제4차 출전에 나섰다. 이때 전라좌우도의 전선은 모두 166척으로 이 중 전선은 74척이었고, 전투 능력이 없는 협선은 92척이었다. 첫째 날은 남해 관음포를 거쳐 자정 무렵에 다시 항해하여 사천의 모자랑포에 닿았다. 이어 25일에는 약속대로 사량 앞바다에서 원균과 합세하여 당포 앞바다로 이동했다. 이때 원균이 지휘한 경상우수군의 전선은 사료에 나타나 있지 않아 정확히 알 수 없으나 이전의 7척보다 늘어난 10여 척 정도일 것으로 추정된다.

출전 6일 만인 8월 29일 동래 장림포에서 일본의 대선 4척과 소선 2척을 만나 이를 모두 격침시킨 후 해질 무렵 가덕도 북쪽에 와서 정박했다.

그러고 나서 9월 1일 새벽에 출발하여 아침 8시경 몰운대를 지났는데, 이때 강한 동풍과 큰 풍랑이 일어 간신히 함대를 수습할 수 있었다. 그럼에도 불구하고 조선 함대는 동쪽으로 전진을 계속하여 화준구미에 이르러 대선 5척, 다대포에서 대선 8척, 서평포에서 대선 9척, 절영도 앞바다에서 대선 2척을 각각 만났는데, 이들 모두를 격침시켰다.

이후 부산포에 일본 군선 470여 척이 정박 중인 것을 발견하고 곧 총공격을 감행했다. 이날 새벽부터 계속된 항해와 몇 차례 전투를 수행한 뒤였기 때문에 부산포해전이 시작되었을 때는 이미 저물 무렵이었다. 조선 함대는 초량목에서 선봉으로 나온 대선 4척을 맞아 모두 격침시키고, 장사진(長蛇陣)으로 돌진하면서 일본 진영을 공격했다. 이때 일본군은 모두 산 위에 올라가 6개 처로 나누어 조선 함대를 향해 철환과 화살을 쏘면서 반격했다. 그러나 조선 함대는 천자총통과 지자총통, 불화살 등으로 공격을 계속하여 수많은 사상자를 내고 다수의 군선을 격파하는 등 일본군에 큰 피해를 입혔다.

이날의 부산포해전은 작은 함대를 이끌고 3배가 넘는 대규모 세력에 맞선 해전이었을 뿐 아니라, 일본 수군의 근거지를 공격한 의미 있는 일전이었다. 전투 결과 조선 함대가 일본 군선 100여 척을 격파하는 등 대승을 거두었는데, 아쉽게도 이순신의 핵심 참모인 용장 정운이 전사하는 안타까운 손실도 입었다.

부산 해역은 남해에서도 외해와 바로 연결되는 곳이기 때문에 파도가 심해 전선을 운용하기 힘든 곳이었다. 조선 함대는 이곳에서 전투를 벌여 큰 전과를 거두었지만, 정운 외에도 전라좌수군의 경우 전사 6명, 부상 25명이라는 인명 피해를 입었다. 전라우수군과 경상우수군도 어느 정도 피해를 입었을 것이다. 그리고 항해와 전투 과정에서 전선이 파손되면 수리를 해야 할 뿐 아니라, 군량도 소진되었기 때문에 조선의 연합 함대는 9월 2일에 해산하여 각자 본영으로 돌아갔다.

이러한 임진년의 해전 승리는 임진왜란 초기의 불리했던 전황을 호전시키는 데 큰 기여를 했다. 임진왜란을 극복해 낼 자신감을 조선 수군이 제공했던 것이다.

3. 조선 수군의 승리 요인

위와 같은 초기 해전의 전개 과정에서 볼 수 있듯이 조선 수군은 일본군을 압도한 가운데 승리를 거두었다. 그러면 조선 수군이 승리를 거둔 요인은 무엇일까. 이것을 몇 가지 요인으로 나누어 살펴보고자 한다.

1) 전선과 무기 체계의 우수성

임진왜란 당시 조선 수군은 주력 군선으로 판옥선을 보유하고 있었다. 이러한 판옥선은 구체적으로 어떤 기능을 수행했을까. 판옥선의 기능에 대해서는 다음의 기록을 통해 확인할 수 있다.

> 일찍이 들으니 임진란 초기에 고성 사람 제만춘이 사로잡혀 저 나라로 들어가 협판이라는 자의 집에 있으면서 북쪽을 침범한 적이 수길에게 보고한 글월을 보았는데, 거기에는 "조선 사람의 수전이 육전과는 크게 다르고 배가 또 크고 빠를 뿐 아니라 누각과 뱃전까지도 든든하고 두꺼워 총탄이 뚫고 들어가지 못하고 우리 배가 부딪히면 모두 부서진다."라고 했더라는 것이다.[7]

위의 기록에서 보듯이 조선 수군의 전선은 크고 빠르면서도 매우 견고했음을 알 수 있다. 그러면 당시 조선 수군의 판옥선은 일본의 전선에 비해 구체적으로 어떤 점이 뛰어났을까? 그 기능에 대해서는 크게 세 가지 특징으로 설명할 수 있다.

첫째, 전투원과 비전투원을 갈라놓고 비전투원인 노군(櫓軍)을 안전하게 보호할 수 있다는 점이다. 당시 수군에는 전투력을 가진 병사와 노역만을 하는 격군(格軍)으로 구분되었는데, 판옥선에서 격군은 판옥 안에 자리 잡고 적에게 노출됨이 없이 노역(櫓役)에만 전념하고 전투원들은 상갑판 위에서 전투에 임했다.

둘째, 전투원들이 높은 자리에서 적을 내려다보며 전투에 임할 수 있게 된 점이다. 그로 인해 적이 접근해서 배 안에 뛰어들기가 어렵게 되어 있었다. 이 두 가지 장점은 서로 밀접한 관계가 있는데, 그것은 해전의 전술과 관계가 깊다. 이를테면 일본의 수군은 무조건 적선에 접근해서 배 안에 뛰어들어 백병전을 벌여 적선을 송두리째 점령하는 전법을 잘 사용했다.[8] 그런데 판옥선은 선체가 판옥 구조로 높이 솟아 있어서 일본 군사

---

7 『李忠武公全書』 권14, 부록 「和國志」.

8 이러한 전법에 대해 유사용어로 '근접백병전'(장학근)과 '등선육박전술'(이민웅)이 있지만, 필자

들이 아무리 접근해도 기어오르기 매우 힘들게 되어 있었다.[9]

이러한 판옥선의 우수한 구조에 대해서는 노량해전이 끝난 직후 일본의 정세를 정탐하고 돌아온 전 별제(別提) 노인(魯認)의 서계(書啓)에도 잘 나타나 있다. 그의 주장에 따르면 노량해전에서 패한 일본군이 "명나라와 조선의 병선은 비록 크지만 빠르기가 나는 용과 같고 또 가까이 접근하여도 붙잡고 올라가기가 어려우며 대포도 무서워 수전하기가 어려웠다."라고 했다.[10]

셋째, 조선 수군의 판옥선에는 총통으로 대변되는 화포를 장착할 수 있었다. 조선 수군의 화포는 당시 첨단 무기였다. 여기에 대해서는 다음 장에서 자세히 설명하고자 한다.

조선 수군의 주력 군선인 판옥선 외에 특수 군선으로 거북선이 있었다. 이 거북선은 일종의 포함(砲艦)으로 정의할 수 있다. 임진왜란 당시의 거북선에는 포구(砲口)가 14개소가 있었고, 조선 후기 통제영 거북선에는 72개소, 좌수영 거북선에는 36개소가 있었다. 판옥선만으로 전술을 구사하기 어려운 상황에 처했을 때 거북선을 활용한 전술을 통해 전과를 거둘 수 있었다. 이를테면 전투 초기의 위험한 상황에서 군사들의 안전을 보장하기 위해 거북선으로 돌격전을 수행하는 경우, 학익진과 같은 공격 진형으로 전환할 때 선두에서 적의 기선을 제압하는 경우, 그리고 적이 포구 깊숙이 주둔해 있을 때 아군의 피해 없이 적진 가까이 접근하여 공격할 경우 등으로 볼 수 있다.

임진왜란 초기에 거북선은 2척에 불과했지만 후에 3척을 더 건조했다. 비록 추정이지만 1595년에는 5척의 거북선이 있었던 것으로 보이고, 칠천량해전 당시에는 5~7척에 이르는 것으로 알려져 있다. 이 거북선은

는 '등선백병전(登船白兵戰)'이라고 부른다.

9 김재근, 『續韓國船舶史研究』, 서울대학교출판부, 1994, 100~101쪽.

10 『宣祖實錄』 권119, 32년 12월 更子.

임진년 제2차 출전(1592. 5. 29.~6. 10.) 때 처음 참가하여 칠천량해전에서 모두 분멸되기까지 조선 수군의 전승을 이루는 데 크게 기여했다. 특히 전쟁이 일어난 해인 1592년 여러 해전에서 발군의 위력을 보이면서 해전 승리의 주된 요소로 작용했다.

한편 일본 수군의 전선은 대형선인 안택선(安宅船), 중형선인 관선(關船), 소형선인 소조(小早) 등으로 편성되어 있었다. 안택선은 갑판 위에 층루를 설치한 대형 군선으로 그 크기는 판옥선과 비슷했다. 관선은 중형 군선으로 판옥선보다 그 크기가 훨씬 작고, 소조는 조선의 사후선보다 조금 컸지만 소형 군선이었다. 따라서 일본의 주력 전투함은 안택선과 관선으로 볼 수 있다.[11]

조선과 일본 군선의 가장 큰 차이점은 〈표 1〉에 정리한 바와 같이 일본 군선이 조선 군선보다 속도는 빨랐지만, 재질과 두께가 약하고 대구경의 화포를 장착하지 못했다는 사실이다.

임진왜란 당시 조선 수군이 사용한 총통은 천자문의 자순에 따라 이름을 정한 대형 총통(천자총통, 지자총통, 현자총통, 황자총통)과 개인 휴대가 가능한 소형 총통(승자총통), 그리고 총통완구 등으로 분류할 수 있다. 여기서는 대형 총통에 대해서만 살펴보고자 한다.

먼저 대형 총통 중에 가장 위력이 강한 천자총통[12]은 임진왜란 당시 사용한 총통 중에 가장 큰 화기로 귀선 및 판옥선에 장착해 사용했다. 천자총통의 성능에 관하여 『화포식언해(火砲式諺解)』[13]에 의하면 대장군전을 쏠 수 있으며, 그 사정거리는 900보에 달한다.[14]

---

11 김재근, 『續韓國船舶史研究』, 서울대학교출판부, 1994, 141쪽.

12 현존 천자총통은 2점이 전해오고 있다. 하나는 명종 10년(1555)에 제작된 것으로 육군박물관에 소장되어 있으며, 보물 647호로 지정되어 있다. 또 하나는 현충사에 소장되어 있는 것으로, 명문에는 己酉라는 것만 나타나 있기 때문에 그 정확한 연대를 알 수는 없으나 그 외형이 『戎垣必備』의 내용과 비슷한 것으로 보아 임진왜란 이후의 것으로 추정된다.

13 인조 13년(1635) 이서(李曙)가 지음.

14 『火砲式諺解』 地字銃筒條. 그런데 사정거리 900보는 1보가 주척 6자(6×20=120㎝)이므로 약

〈표 1〉

구분	판옥선	안택선
재목	소나무	삼나무
두께	두껍다(4치)	얇다(3치)
저판(용골)	두꺼운 목재를 여러 개 조립 (平底船 : U자형)	두꺼운 목판 한 개 사용 (尖底船 : V자형)
노의 수	14~16개(1노에 4~5명의 노군)	50~100개(1노에 1명, 또는 2명)
돛의 수	2개	1개
속력	3노트	3노트 이상
탑재화포	사정거리 1킬로미터 이상의 대형 화포	사정거리 50~200미터의 조총(대 · 중 · 소)
정원	130여 명	140~200명

※출처: 필자가 관련 자료를 종합하여 작성하였음.

한편 『융원필비(戎垣必備)』[15]를 보면 천자총통은 대장군전이나 조란탄 400발, 수철연의환 1개를 쏠 수 있으며, 대장군전의 사정거리는 1,200보이고, 탄환은 10여 리에 달한다.

지자총통은 천자총통 다음으로 크기가 크고 조란탄 200개, 장군전 등을 쏠 수 있으며, 사정거리는 800보에 달한다.[16] 현전하는 지자총통 유물은 총 3점이 있는데, 2점은 각각 명종 12년(1557) 3월과 4월에 주조되었고, 나머지 하나는 1994년 1월 여천 앞바다에서 인양된 것으로 임진왜란 당시에 사용된 것으로 추정된다.

현자총통[17]은 지자총통 다음으로 큰 화포이지만 그 크기는 지자총통과 별반 다를 바 없다. 현자총통은 차대전이나 은중차중전, 조란탄 100

1,080미터이다.

15 순조 12년(1812) 박종경(朴宗慶)이 지음.

16 『火砲式諺解』 地字銃筒條.

17 현자총통은 현재 5점이 존재하는데 그중에서 해사박물관에 소장되어 있는 것은 선조 29년(1596) 7월에 제작된 것이며, 1994년 1월 여천 앞바다에서도 임진왜란 당시의 것이 인양되었다.

〈표 2〉

총통 종류	피사체	사정거리
천자총통	대장군전/조란환 400발	900보/10여 리
지자총통	장군전/조란환 200발	800보/10여 리
현자총통	차대전(은중차중전)/조란환 100발	800~1,500보/10여 리
황자총통	피령차중전/조란환 40발	1,100보/10여 리
별황자총통	피령목전(철령전)/조란환 40발	1,000보/10여 리

※출처: 『화포식언해(火砲式諺解)』·『융원필비(戎垣必備)』 등에서 정리함.

개를 쏠 수 있으며, 사정거리는 800보에서 1,500보다.[18]

황자총통은 크기가 너무 작아 별로 쓸모가 없어서 이를 개량하여 만든 총통이 별황자총통이다. 별황자총통은 조란탄 40개와 피령목전을 쏠 수 있으며, 사정거리는 1,000보다.[19] 위에서 살펴 본 대형 총통의 피사체와 사정거리를 정리하면 〈표 2〉와 같다.

이처럼 조선군의 총통은 그 종류가 매우 다양했고, 사정거리도 비교적 길었음을 알 수 있다. 다만 화기 발달의 초기 단계인 지화식 총통의 수준을 벗어나지 못함으로써 조준 사격이 불가능했고 그만큼 명중률도 낮았다. 총통의 규격이 통일되지 않았기 때문에 그 운용에 있어서 화약이나 탄환 장전에 혼동이 있었을 것이며 이러한 요인은 총통을 운용하는 데 커다란 장해 요소로 작용했음이 분명하다.

그렇지만 당시 일본군은 총통을 전선에 탑재하지 못한 반면에 조선 수군은 대형 총통을 전선에 탑재할 수 있어서 다양한 수군 전술을 구사할 수 있었다. 더욱이 일본의 유일한 화포인 조총은 사정거리가 200미터이고 유효사거리 또한 50미터에 불과했다. 따라서 조선 수군이 전선에 탑재한 대형 화포는 적을 압도하는 데 큰 효과를 발휘할 수 있었다.

18 『火砲式諺解』 玄字銃筒條.

19 『火砲式諺解』 別黃字銃筒條.

여기에 언급하지는 않았지만 전통적인 근접 살상 무기인 궁시와 개인 휴대용 무기인 승자총통류도 해전 수행에 활용되었다.

노량해전 당시 명의 통판(通判) 여민화(黎民化)는 선조를 만난 자리에서 "귀국의 전선은 그 제도가 매우 좋으니 반드시 미리 많이 제조하여 해변에 배치해 두고 몰래 와서 정탐하는 적이 있으면 낱낱이 죽여 없애도록 해야 합니다."[20]라고 언급했듯이 조선의 전선은 명에서도 그 우수성을 인정했다.

한편 1598년 7월 16일에 명나라 수군이 조선 수군 진영에 합류한 후 벌어진 주요 해전에서는 명 수군의 조력도 승리의 한 요인이 되었다. 명 수군의 전선은 우리의 판옥선보다 크기는 작았으나 전투에 기여한 바가 있었다. 예컨대 명이 서로군(西路軍) 대장 유정(劉綎)의 사후 임무를 맡고 있던 이덕형은 "당선(唐船)은 선체가 작아 큰 바다에서는 좋지 않으나 작은 포구에 드나들며 탄환을 쏘고 칼을 쓰는 데는 매우 신통했다."[21]라고 했다. 이것은 순천 예교성(曳橋城) 수륙 합공 당시 예교성 아래 포구에서 일본군을 공격한 명나라 군의 역전(力戰) 상황을 묘사한 것이다. 조선의 판옥선은 선체가 커서 좁은 포구에서 활동하기 불편했던 데 비해 명 수군의 전선은 이러한 단점을 보완하는 효과를 보였던 것이다.

또한 명의 전선은 판옥선보다 작지만 각종 포를 장착하여 사용함으로써 일본군을 압도하는 데 크게 기여했다. 당시 명군이 사용한 포는 호준포(虎蹲砲)와 불랑기포(佛狼機砲)가 대표적이다. 특히 호준포는 명나라가 평양성 탈환 전투에서 사용하여 큰 효과를 보았는데, 좁은 공간에서도 사용이 편리하여 노량해전에는 전선에 탑재하여 사용했다.

다른 하나는 불랑기포로 원래 15세기경 프랑스(혹은 포르투갈)에서 만들어 16세기 초 명에 전래된 것이다. 이 포는 평양성 탈환전에서 사용

20 『宣祖實錄』 권110, 32년 3월 7일 丙戌.

21 『宣祖實錄』 권109, 32년 2월 2일 壬子.

되었으므로 노량해전에도 사용되었을 것으로 추정된다.[22] 이 불랑기포는 후장식으로 철환 1개를 장착하여 사용했는데, 사정거리는 1,400미터 정도다.

이와 같이 조총 외에는 도검류로만 승부를 겨룬 일본에 비해 조선과 명은 대형 화포를 장착함으로써 전력 면에서 우위를 점할 수 있었다.

2) 이순신의 전략 사상과 수군 전술

앞에서 살펴본 조선 수군의 전선과 무기 체계의 위력은 이순신의 수군 전술 운용에 확고한 기반이 되었다. 이순신은 이러한 우수한 전선과 화포를 효과적으로 사용하면서 독보적인 수군 전술을 개발함으로써 연전연승을 거듭했다. 이러한 전술 운용은 이순신 자신의 독특한 전략 사상에서 비롯된 면이 강하다.

이순신 전략 사상의 가장 큰 특징은 그가 해전의 중요성에 대해 깊이 인식하고 있다는 것이다. 예컨대 임진왜란 직전 조선 조정이나 고위 무관들의 일반적 시각은 해전보다 육전에 더 중점을 두었다. 따라서 장차 일본군이 침략해 올 경우 그들을 육지에 상륙시켜 싸워야 한다는 인식이 팽배했다. 이때 이순신은 해전의 중요성을 강력하게 주장했다. 이순신은 당시 다른 무관과 달리 바다와 수군의 중요성에 대해 전문적인 식견을 갖고 있었다. 그래서 그는 임진왜란이 일어나기 1년 전에 전쟁이 발발하면 육지에 성을 쌓아 적을 막으라는 조정의 지시에 대해 "바다로 침입하는 적을 막는 데는 수군만한 것이 없다."[23]라고 말하면서 수군이 폐지되는 것을 막은 적이 있다.

전략가로서 이순신은 임진왜란 초기에 전라좌수사로 여수(당시 순천

22 충무공리더십센터, 『충무공 이순신』, 2007, 122~123쪽.

23 『선묘중흥지』.

오동포)에 머물고 있을 때, 초기 패전의 책임이 해전을 회피한 경상도 수군에 있다는 생각이 확고했다.

> 지난번 부산 및 동래의 여러 장수들이 배를 강력하게 정비하여 바다에 가득 진을 벌여 엄격한 위세를 보이면서 정세를 보고 힘을 헤아려 병법대로 진퇴하여 적을 육지로 기어오르지 못하게 했더라면 나라를 욕되게 한 환란이 반드시 이런 극도에 이르지는 않았을 것입니다. 생각이 이에 미치매 분함을 참을 수 없습니다.
>
> 신의 어리석은 생각으로는 적을 막는 방책에 있어서 수군이 작전을 하지 않고 오직 육전에서 성을 지키는 방비에만 전력을 다했기 때문에 나라의 수백 년 기업(基業)이 하루아침에 적의 소굴로 번지게 된 것이니 생각이 이에 미치매 목이 메어 말이 나오지 않습니다.[24]

이와 같이 이순신은 사전에 적의 침입을 효과적으로 차단하기 위해 수군의 활동이 중요하다고 인식하고 이에 대한 준비를 철저히 했다. 그의 이러한 인식은 일기와 장계에도 잘 드러난다. 이를테면 "우리나라가 믿는 바는 오직 수군뿐이다."[25]라고 말하면서 수군의 발전을 위해 각별한 노력을 기울였는가 하면, 조정에서 그의 핵심 휘하라고 할 수 있는 광양현감 어영담을 교체하려고 하자 "해전은 사람마다 능히 할 수 있는 일이 아니므로 장수를 함부로 바꾸는 것은 군사 전략상 좋은 계책이 아닙니다."[26]라며 지휘관 교체의 재고를 요청했다.

이순신은 해전이 육전보다 더 전투하기가 쉽다는 점을 간파하고 있었다. 다음의 기록을 통해 이를 확인할 수 있다.

---

24 『李忠武公全書』 권2, 장계1 「玉浦破倭兵狀」.

25 『亂中日記』 정유년 7월 16일 기사.

26 이순신, 『임진장초』, 「광양현감 어영담의 유임을 청하는 계본」.

> 해전에서는 군졸이 죄다 배 안에 있으므로 적선을 바라보고 도망칠 수 없다. 마음과 힘을 다해 싸우는 수밖에 없다. 거북선이 먼저 돌진하고 판옥선이 뒤따라 진격하여 연이어 지자총통과 현자총통을 쏘고 이어 포환과 시석을 퍼부으면…해전의 쉬운 점이다.[27]

이순신 전략 사상의 또 다른 특징은 그의 적극적인 대민관(對民觀)에서 찾을 수 있다. 즉 당시 일반적인 민본 이데올로기라고 할 수 있는 어적보민(禦敵保民, 적을 막아 백성을 보호하는 일)의 사상보다 진일보한 것이다. 다시 말해 백성들을 보호하는 일을 결코 소홀히 하지 않으면서도 유사시에 백성의 도움을 통해 전란을 극복하려고 한 것이다.

예컨대 수군의 전력이 열악했을 때는 백성의 도움을 과감히 요청하여 백성들로부터 지원을 받아서 전쟁을 수행했다. 임진년 첫 출전에서 전력의 열세를 극복하고자 포작선 46척을 동원한 것이라든지, 명량해전 이후 군량미 확보를 위해 해로통행첩 제도를 창안하여 시행한 것은 백성의 도움을 받은 전형적인 사례일 것이다.

또한 조선을 침략한 적선은 단 한 척도 그냥 돌려보내지 않겠다는 확고한 국가관이 이순신의 전략을 관통하고 있다. 수시로 장계를 올려 "적의 귀로를 차단하여 단 한 척의 적선도 돌아가지 못하게 하겠습니다."[28]라는 '편범불반(片帆不返)'의 군인 정신이 그의 전략 사상에 녹아들어 있었다.

이순신은 그동안 습득한 수많은 병법 지식을 총동원하여 수군을 운영함에 있어서 병법의 원칙을 철저하게 활용했다. 즉 모든 전투에 만전을 기해 완벽한 승리를 추구했던 것이다. 휘하 장졸들이 전심전력을 다할 수 있도록 수시로 정신무장을 다잡았으며, 병법의 기본이라 할 수 있는 정

---

27 이순신, 『임진장초』, 「해전과 육전에 관한 일을 자세히 아뢰는 계본」.
28 이순신, 『임진장초』, 「적을 무찌른 일을 아뢰는 계본」.

보 수집에도 소홀히 하지 않았다. 주변 환경을 적절하게 활용하여 전투에 유리한 장소를 선점했으며, 때로는 적을 기만하는 위계책(僞計策)도 구사했다.

한편으로 수군 전술도 새롭게 개발했다. 기존 병서에 기록되어 있는 육전 위주의 전투 수행 방법을 해전에 적용하는 창의성을 발휘하기도 했다. 적의 전술에 대비하여 거북선을 개발한 일이나 학익진 · 장사진 등의 진형을 해상에서 적절히 구사한 점이 그 대표적인 사례라고 할 것이다.

예컨대 한산도해전의 경우 견내량에 있던 일본 함대를 한산도 앞 해상으로 유인할 때 거북선은 적의 함대 진형을 교란시킴으로써 적 함대의 진로를 차단하는 한편 해상의 일정 지점에 탄착점을 형성했다. 이때 조선 수군의 본진은 학익진을 형성하면서 귀선의 역할에 의해 형성된 탄착점을 향해 포를 발사함으로써 명중률을 높일 수 있었다.

화포의 명중률을 높이기 위해 운용한 또 하나의 방안이 바로 상황에 부합한 진형의 운용이다. 당시 조선 수군의 기본 항해 진형은 오위진법에 나오는 5가지 기본적인 오행진을 변용하여 사용했다. 즉 직진, 방진, 원진, 곡진, 예진이 그것이다. 이러한 진형을 형성해 가다가 적과 교전할 상황이 발생하면 이 진을 변형했다. 이것도 크게 보아 5가지가 있는데 학익진, 장사진, 언월진, 어린진, 조운진 등이다. 학익진을 사용한 경우는 한산도해전이 대표적이고 장사진을 사용한 경우는 부산포해전에서 확인할 수 있다. 기타 진형은 사료에 잘 보이지 않는다.

당시 수군 전술의 또 한 가지 양상은 화공전에 의한 적선 분멸이었다. 당시 모든 배들은 목선이었으므로 불에 약할 수밖에 없었다. 아울러 당시 무기로는 포격만으로 배를 침몰시킬 수 없었다. 따라서 적선을 침몰시킬 수 있는 유일한 방법은 바로 불태워 없애는 것이었다.

그런데 이러한 방식으로 적선을 분멸하기 위해서는 적선에 대한 당파가 먼저 이루어져야 했다. 즉 적의 능력을 무력화시키는 작업을 선행해야 했던 것이다. 예컨대 판옥선과 거북선 등에서 대전류(大箭類)를 발사하여 적의 구조물을 손상시키고, 철환 또는 조란환을 쏘아 적의 인명을 살상하는 작업이 먼저 이루어졌던 것이다. 따라서 조선 수군의 함재 화포에 의해 적선에 대한 당파가 먼저 이루어진 후 화전으로 적선을 분멸시키는 형태를 취했던 것이다.

그리고 전투 막바지에 이르렀을 때 이순신은 어떻게 하면 화공전을 효율적으로 수행할 수 있을 것인가에 전술의 초점을 맞추었다. 당시의 기록을 참고할 때 이순신은 궁극적으로 화공 전술을 사용했음을 알 수 있다.

이를테면 이순신은 옥포해전 때부터 "왜선 30척을 불태우니 연기가 하늘을 덮었으며…."[29]라는 기록을 남겨 화공전에 대해 언급하고 있다. 그리고 마지막 해전인 노량해전에서도 "적선 200여 척을 불태우고 죽이고 노획한 것이 무수했으며…."[30]라는 기록을 통해 화공전을 일관되게 사용하고 있음을 확인할 수 있다. 당항포해전에 관한 기록에서도 "화전(火箭)으로 누선의 돛을 쏘아 불을 지르자…."[31]라는 구절이 등장한다.

아마도 화공 전술은 전투 중반에 적에게 큰 타격을 주었을 것이다. 왜냐하면 적의 배가 나무로 만들어졌으므로 배에 불이 붙으면 싸움보다 불을 끄느라 신경을 쓰지 않을 수 없었기 때문이다. 게다가 적들은 모두 개인 화기인 조총을 가지고 있었기 때문에 배 안의 화약에 불이 닿으면 삽시간에 불이 번졌을 것으로 추정된다. 『이충무공전서(李忠武公全書)』의 「시장(諡狀)」에 기록된 당포해전 기사를 통해 이를 엿볼 수 있다.

공은 잡아 온 적의 층각배를 앞으로 내어놓고 적들과 1리쯤 떨어진 곳에

29 『李忠武公全書』 권2, 장계1 「玉浦破倭兵狀」.

30 『李忠武公全書』 권13, 부록5 「紀實(上)」 '國朝寶鑑'.

31 『李忠武公全書』 권2, 장계1 「唐浦破倭兵狀」.

서 불을 지르니 배 안의 화약이 폭발하여 큰 소리와 불꽃이 진동하자 적이 또 패하여 달아났다.[32]

이 화공 전술은 적중하여 매 전투마다 적들은 크게 패할 수밖에 없었다.

3) 이순신 인맥의 활약

이순신의 인맥은 크게 세 가지로 나눌 수 있다. 이와 관련하여 기존 연구 서적을 참조하여 간단하게 요약하기로 한다.[33]

첫 번째는 조정에서 이순신을 도와준 인물들이다. 류성룡은 이순신을 일약 정읍현감에서 전라좌수사로 등용하는 데 결정적인 기여를 한 인물이다. 이후 영의정이라는 조정의 최정상 요직에 있으면서 이순신의 정책 건의를 수용하여 이순신이 포부를 마음껏 펼칠 수 있도록 도왔다.

정탁은 예지력과 인재 식별 능력이 뛰어나 당대의 명장이었던 곽재우 · 김덕령과 함께 이순신을 천거한 인물이다. 특히 정유재란 초기 이순신이 투옥되어 생사의 기로에 섰을 때 정탁은 '신구차(伸救箚, 죄인의 구명을 진정하는 상소문)'를 올려 그의 목숨을 구했다. 정탁의 눈에는 이순신이야말로 국난을 종식시킬 인물로 투영된 듯하다.

전시 행정을 지휘하는 최고 직책인 도체찰사 임무를 다년간 수행한 이원익은 이순신의 입장을 잘 이해하고 조정에 정확하게 전달함으로써 이순신의 통제사 임무를 돕고 그의 위상을 높였다. 청렴하기로 소문난 이원익의 보고는 매우 신뢰성 있게 조정에 전달되었을 것이다.

두 번째는 동료로서 이순신을 도운 인물들이다. 가장 많은 도움을

32 『李忠武公全書』 권10, 부록2 李植 撰, 「諡狀」.

33 구체적인 이순신 인맥에 대해서는 제장명, 『이순신 파워인맥33』, 행복한미래, 2012 참고.

준 인물은 판옥선을 만든 정걸을 들 수 있다. 정걸은 78세의 고령에도 이순신을 도와 부산포해전을 승리로 이끌었다. 거북선을 만드는 데 도움을 주었을 뿐 아니라 화포 제작에 관한 비결을 전수하기도 했다. 비록 조방장과 충청수사로서 이순신과 협조 관계에 있었지만 실로 이순신의 보이지 않는 멘토 역할을 맡은 사람이라고 할 수 있다.

원균은 이순신과 갈등을 겪기도 했지만 전쟁 초기에 협조 체제를 구축하여 초기 해전을 승리로 이끄는 데 기여한 인물이다. 이순신의 전라좌수군이 경상도 지역으로 출동하여 전투를 수행할 때 경상우수사 원균은 정보 제공과 선봉장으로서 역할을 맡아 해전을 승리로 이끄는 데 기여한 바가 있다.

임진년 초기 또 다른 동료로서 수사 이억기는 이순신보다 16세나 어렸지만 같은 전라도 지역의 수사로서 이순신의 작전 활동에 크게 협조했다. 37세의 젊은 나이에 칠천량해전에서 전사하기까지 이억기는 이순신을 따르면서 전쟁 극복에 묵묵히 최선의 노력을 다했고, 이순신 함대의 한 축을 차지하면서 이순신의 든든한 버팀목 역할을 수행했다.

이순신의 동기 고상안은 삼가현감으로 재직하면서 통제사 이순신의 한산도 과거 시행을 도왔다. 제1차 백의종군 당시 북방에서 사귄 벗 선거이는 충청수사로서 한산도에 내려와 이순신이 어려움에 처할 때마다 위로하면서 서로 마음을 털어놓으며 고락을 함께했다.

명나라 수군 도독 진린은 이순신과 불과 4개월간 함께 활동했지만 이순신의 인품과 능력에 탄복하여 이순신의 활동에 협조했다. 다른 명군 지휘관과 달리 전투에 적극적으로 임해서 결국 노량해전에서 대첩을 거두는 데 크게 기여한 인물이다.

세 번째는 이순신 휘하에서 승리를 도운 사람들이다. 이순신의 수군 활동을 도와 해전을 승리로 이끈 또 하나의 요인으로는 부하들의 적극적인 활약을 꼽을 수 있다. 즉 당시 수군 전력을 극대화하기 위해서는 다방면의 전문가가 필요했는데, 다행히도 이순신의 휘하에는 유능한 인물들이 많았다. 주로 전라좌수영 지휘부에 있던 인물들이 주류를 이루는데, 위로부터 아래에 이르기까지 그들의 활약이 두드러졌다. 이는 단순히 이순신의 리더십만으로 설명할 수 없는 부분이다.

이순신에게는 그를 믿고 따르는 5명의 장수들이 있었다. 우선 정운은 항상 선봉에 서서 적을 섬멸하는 데 중추적인 역할을 했다. 경상도 해역으로 출동하는 것을 가장 적극적으로 권유한 인물이기도 하며, 부산포해전에서 전사할 때까지 임진년 해전을 승리로 이끈 주역이라고 할 수 있다. 권준은 이순신의 마음을 읽으며 그의 전략을 보좌함으로써 전체 전황을 조율했다. 광양현감 어영담은 경상도 해역으로 출동할 때 조선 수군의 뱃길을 인도한 인물로 크고 작은 공과를 세웠다. 이순신과 이름이 같은 이순신(李純信)은 우직하면서도 성실하게 주어진 일을 잘 처리했다. 당항포해전에 이어 한산도해전에서 유인 작전을 잘 구사하여 승리의 일등 공신이 되기에 충분했다. 흥양현감 배흥립은 초기 해전에서 큰 전과를 거두었을 뿐만 아니라 칠천량해전 이후 수군을 재건하는 과정에서 가장 심력을 다한 인물이다.

전쟁 초기 사도첨사였던 김완은 진중의 활력소 역할을 도맡아 하면서 초기 해전에서 전과를 세웠을 뿐만 아니라 장사 수완이 좋아 수군의 군량 확보에 기여한 공이 컸다. 김완은 원균 휘하에서 조방장으로 참전한 칠천량해전에서도 고군분투하며 군인으로서 충실한 자세를 잃지 않은 인물이다. 이순신의 감조군관이었던 나대용은 거북선을 제작하는 데 기여가 컸을 뿐만 아니라 군관으로서 세운 전과 또한 무시할 수 없다. 화약 제조 비법이 비밀리에 전수되던 시절에 이봉수는 전라좌수군의 화약 제조를 담당한 최고의 화기 전문가였다. 이언량은 나대용이 만든 거북선을 타고 초기 해전 시 선봉에서 크게 활약했다. 원균 휘하의 인물이었지만 이순신을 존경하게 된 이영남은 이순신의 최측근이 되어 속마음을 나누는 관계가 되었다. 정사준은 조선의 승자총통이 일본의 조총보다 단점이 많은 것을 인식하고 정철총통을 만들어 화기의 성능을 개선시켰다. 송희립은 전쟁 초기 경상도 해역으로 출동할 것을 적극 주장한 인물로 이순신 곁에서 전술을 보좌했고, 노량해전에서 이순신의 사후 처리를 담당한 최측근이었다. 제만춘은 경상우수군 소속 군관으로서 일본에 포로로 붙잡혀 갔던 인물이다. 도요토미 히데요시의 측근에서 서기로 일하다가 탈출한 후 이순신에게 일본군 핵심부의 실상을 알린, 실로 최고급 정보를 제공한 사람이다.

삼도수군통제사 제도가 시행된 이후 이순신의 종사관으로 근무한 정경달은 이순신 휘하의 핵심 인물 가운데 몇 안 되는 문관 출신 중 한 사람이다. 그는 이순신이 해상 작전을 나간 후 이순신의 업무를 대행했고, 둔전을 관리하면서 군량을 마련하는 데 매진했다. 수군 활동과 관련하여 제반 사항에 대해 인근 고을과 원활한 협조 체제를 구축했으며 명군에게 이순신을 널리 알린 인물이다. 정운이 전사한 이후 녹도만호로서 역할을 수행한 송여종은 절이도해전에서 최고의 공을 세웠다. 전쟁 초기 육전에 투입되었지만 병에 걸려 고향에서 조리하다가 회복된 후 수군을 사랑하여 수군에 봉직한 배경남은 제2차 당항포해전에서 큰 전과를 거두었다. 거제현령 안위는 칠천량해전에서 탈출한 12척의 경상우수군 소속이었지만 이순신을 도와 명량해전에서 승리를 거두었다. 명량해전 당시 수군의 전략이 열악했을 때 마하수는 해상 의병을 이끌고 후방에서 성원하여 명량해전을 승리로 이끈 숨은 공신이었다. 명량해전이 끝난 후 무기도 군량도 부족한 현실에서 이의온은 해로통행첩제도를 시행하여 10여 일 만에 1만 석의 군량을 확보했다. 고금도에서 수군 재건에 더욱 박차를 가할 때 흥양현감 최희량은 수군 재건의 중책을 맡아 임무를 완수했다. 1598년 9월 하순, 예교성 수륙합공전을 치열하게 전개할 때 정대수는 육지에서 제대로 전투를 하지 않는 명 육군 제독 유정을 찾아가 꾸짖은 용기 있는 의사(義士)였다. 정유재란이 발발한 이후 이순신 휘하에서 본격적으로 활동한 해남현감 유형은 노량해전 승리에 크게 기여했고, 이순신이 후계자로 생각할 만큼 최고의 리더십과 전략가로서의 능력을 발휘했다.

한편 조선 수군의 승리 요인 중의 하나로 백성들의 조력도 간과할 수 없다. 예컨대 한산도해전에서 보면 적선이 견내량에 정박해 있다는 사실을 미륵도의 목동 김천손으로부터 미리 알게 된 조선 수군은 적절한 작전 계획을 수립할 수 있었다. 이것은 그만큼 백성도 조선 수군의 작전에 협조했음을 시사하고 있다.

조선 수군이 칠천량해전에서 적선에 타격을 입은 후 패잔 전선 10여 척을 수습한 가운데 벌어진 1597년 9월의 명량해전에서는 피난민들과 유기적인 협조 체제가 잘 이뤄졌다. 명량해전 당시 피난민들은 100여 척의 향선(鄕船)을 동원하여 후방에서 참전했던 것이다. 피난민들은 가까운 해안 지방의 여러 읍에서 모여든 다양한 신분 계층의 집단이었고, 그 지도자들은 모두 사인(士人)들로 구성되어 있었다.

이들 피난민들은 이순신의 요청에 적극 부응하여 명량 인근 지역을 떠나지 않고 군량이나 군복을 조달하거나 피난선을 이용하여 세력이 강하게 보이도록 응원전을 펼치기도 했다. 아울러 피난선 300여 척에서 모여든 백성들과 지역 인사들은 명량해전에서 승리한 군사들에게 군량을 지원하기도 했다. 이렇게 전라도 해안 지방 각처에서는 많은 의병들이 이순신의 휘하로 몰려와 직접 전투에 참여하거나 병참 지원 등으로 수군 활동에 도움을 주었다.

백성들의 조력은 평상시에도 잘 이뤄졌다. 수군의 전력이 미약했을 때마다 인적, 물적 지원을 아끼지 않았다. 이를테면 1595년과 1596년 사이에 판옥선을 대량으로 건조할 때 백성들의 적극적인 조력 덕분에 180여 척 규모의 함대를 건설할 수 있었다. 그리고 전쟁이 길어질수록 군량 확보가 어려운 상황에서 백성들의 둔전 경작은 큰 도움이 되었다. 아울러 명량해전 후 병력이 부족했을 때 많은 백성들이 수군 장정으로 자원 입대했고, 수군 병력 자원이 고갈된 시점에서 포작인(鮑作人)들의 참여는 수군 병력 구성에 큰 힘이 되었다. 나아가 백성들의 도움은 명량해전 후

〈표 3〉

구분	명량해전 직후 (1597.9.17.~10.28.)	고하도 주둔기 (10.29.~1598.2.16.)	고금도 주둔기 (2.17.~9.30.)
병력 확보	1,000여 명	2,000여 명	7,300여 명
전선 건조 (판옥선)	13척 (기존 전선 유지)	53척 (40척 추가 건조)	60여 척 (10여 척 추가 건조)

※출처 : 필자가 관련 문헌을 종합하여 작성했음.

불과 10여 척의 판옥선에서 60척 이상의 전선을 건조하는 데에도 기여하여 노량해전 승리의 근간이 되기도 했다.

이와 같은 결과를 〈표 3〉과 같이 정리할 수 있다.

4) 상황에 부합한 리더십의 발휘

앞에서 살펴본 승리 요인들 외에 이순신의 리더십을 결코 간과할 수 없다. 이순신은 상황에 부합하는 리더십을 발휘하여 조직이 추구하는 목표를 충실히 달성했다. 이것은 상호 사이클 형태로 작용하여 시너지 효과를 발휘함으로써 해전 승리의 근간이 되었다. 이를 전투 직전과 전투 중, 그리고 평상시(전투 후)로 나누어 정리하면 다음과 같다.

전투 직전: 유비무환(有備無患) · 만전지계(萬全之計)의 리더십

임진왜란 발발 1년 2개월 전에 전라좌수사로 부임한 이순신은 참으로 암담한 처지에 놓였다. 당시 전라좌수영에는 수군 병력도 부족하고 전선도 편제상 숫자보다 훨씬 적었으며, 무기도 녹슬어 있었다. 조선은 전반적으로 국방 태세가 와해된 상태였던 것이다.

이순신은 이전 근무지에서 발휘한 자기 직무에 대한 강한 책임감과 공직자로서의 사명감을 발휘하여 우선 군사들의 군기를 바로잡고 사기를 올리는 방안을 강구하여 시행했다. 한 예로 당시 도망했던 군사들을 붙잡아 부하들이 보는 앞에서 일벌백계로 참형에 처했다. 그런 후 이순신은 군사들과 함께 동고동락했다. 군사들과 함께 현장에서 같이 일하면서 어려움을 함께 나눈 것이다. 이것이 하루 이틀에 그치는 것이 아니라 지속적으로 이루어지다 보니 부하들은 감동하기 시작했다. 편히 지내도 될 지휘관이 어려운 일을 자신들과 함께하는 모습에 신선한 충격을 받았던 것이다.

이순신은 군사들의 군기와 사기 문제에 집중적인 노력을 경주하면서 부족한 전력을 증강하기 위한 노력도 병행했다. 깨어지고 부서진 판옥선을 보수하면서 새로운 전선을 개발하는 데도 힘썼다. 그 결과 탄생한 것이 바로 거북선이다. 거북선은 태종 임금 당시에도 있었던 전선이었지만 잠시 사라졌다가 176년 후에 다시 나타난 것이다. 이순신은 당시의 전선 구조 변화와 무기 체계의 발전 속도에 맞춰 이러한 새로운 전선을 개발한 것이다. 이는 판옥선만으로 수행하기 어려운 전투를 예상하여 승리에 만전을 기하는 과정에서 나온 것이다.

아울러 화약을 만들고 무기를 보수하는 데 매진했다. 당시 조정에 보관 중이던 화약이 동이 난 상태에서 화약을 직접 제조해야만 했다. 이순신은 휘하 인물 중 화약 전문가를 발굴하여 화약을 만들도록 하는 한편 녹슨 무기들을 정비했다. 휘하 부대를 순시하면서 이러한 노력에 박차를 가하여 전라좌수영 관하의 모든 군사들이 전쟁을 대비하는 데 매진하도록 독려했다. 당시 다른 수영에서는 해전에 대한 대비가 소홀할 때 해전의 중요성을 깨달은 이순신은 미리 준비한 것이다.

한편으로 이순신의 전라좌수영 함대가 경상도로 출전할 때 판옥선 24척만으로는 타 지역에서 승리를 장담할 수 없는 상황을 고려하여 포작선 46척을 동원했다. 포작선은 포작(鮑作, 해산물을 채취하는 사람)들이 타는 배로 일종의 어선이다. 이순신이 포작선을 많이 동원한 까닭은 외형상으로 아군의 세력을 과장하기 위한 전술의 일종이며, 다른 한편으로는 경상도 지역의 수로 상황에 대한 정보를 이들을 통해 빠르게 얻기 위함이었다.

이렇게 만전을 기한 덕분에 나타난 결과가 제1차 출전의 승리였다. 첫 출전인 옥포 · 합포 · 적진포 등 세 차례 해전에서 아군은 전사자를 1명도 내지 않고, 겨우 경상자 1명이 있었을 뿐이었다. 반면에 전과는 일본 군선 44척을 깨뜨리고 불살랐다. 이것은 완벽한 승리였고, 이 승리의 배경에는 이순신의 유비무환이 있었다. 이로 인해 조선 수군은 전쟁을 극복할 수 있다는 자신감을 가질 수 있었고 이후 전투에 승리의 기반이 되었다.

전투 중: 솔선수범(率先垂範) · 필사즉생(必死則生)의 리더십

이순신 리더십의 백미는 명량해전의 승리에서 찾을 수 있다. 이순신이 가장 어려운 상황에 처해 있을 때, 10배나 많은 적 함대를 맞이하여 극적으로 승리한 해전이기 때문이다.

명량해전을 불과 한 달여 앞둔 1597년 8월 3일 삼도수군통제사 교서를 받은 이순신은 패잔 전선 10여 척을 이끌고 명량해전을 맞이했다. 이전 칠천량해전에서 조선 수군이 궤멸 직전의 피해를 입어 이순신에게는 불과 13척의 전선과 전쟁 공포증에 감염된 군사들밖에 없었다. 이러한 상황에서 이순신은 일본군을 물리칠 비책을 강구했다. 이순신은 명량이라는 천험(天險)의 수로에서 물목을 지키면서 우수한 전선과 무기 체계를 잘 활용하고 의병전술(擬兵戰術)까지 더한다면 한 번 싸워 볼 만하다고 판단했다.

아울러 조선 수군이 어란포 앞바다에 머무르고 있을 때인 8월 28일 일본 군선 8척이 침입해 왔을 때 이순신은 선봉에 서서 부하들을 독려하면서 적을 물리쳤다. 이어서 벽파진에 머무르던 9월 7일 일본 군선들이 낮과 밤 두 차례에 걸쳐 침입을 해 왔을 때 이순신 기함은 선두에 위치하여 적을 물리쳤다.

이렇게 솔선수범의 자세로 부하들의 전의를 고양시킨 이순신은 명량해전을 하루 앞둔 9월 15일 벽파진에서 전라우수영 앞으로 진을 옮긴 후, 부하 장수들을 모아 놓고 최후의 훈시를 했다. 즉 "병법에 이르기를 반드시 죽기를 각오하고 싸우면 살고, 반드시 살려고 하면 죽는다. 그리고 한 사람이 길목을 잘 지키면 천 명도 두렵게 할 수 있다[兵法云 必死則生 必生則死… 一夫當逕 足懼千夫]."라는 말로 부하들의 전의를 고양시켰다.

드디어 9월 16일, 순류를 타고 일본 군선 130여 척이 울돌목을 통과하여 조선 수군이 진을 친 곳에 이르렀다. 이순신은 자신이 탄 배를 맨 앞에 포진시키고 그 뒤에 부하들의 전선 12척을 일자진(一字陣)으로 포진시켜 적을 맞았다. 그리고 그 뒤에는 해상 의병들이 탄 100여 척의 향선들이 저마다 배 위에 깃발을 꽂고 대기하고 있었는데, 멀리서 보면 마치 전선같이 착각할 정도였다.

순식간에 일본 전선이 이순신이 탄 기함을 개미 떼처럼 에워쌌다. 이순신은 배에 함께 탄 장졸들을 독려하면서 죽기를 각오하고 전투에 임했다. 그사이 뒤에 포진했던 부하들의 전선은 조류를 핑계로 자꾸만 뒤로 물러났다. 일본 함대의 엄청난 규모에 자신감을 상실한 것이다.

이순신 기함만 홀로 적과 상당 시간 교전하는 가운데 휘하 전선들이 참전하지 않자 기함에 승선한 장졸들마저 전의를 점차 상실하게 되었다. 이러한 상황을 목도한 이순신은 "적이 비록 1,000척이라도 감히 우리 배에는 곧바로 덤벼들지 못할 것이니 조금도 동요하지 말고 힘을 다해 쏘아라."라고 독려하면서 부하들에게 자신감을 심어 주었다. 아울러 물러나는 부하들을 초요기(招搖旗, 휘하 장수를 불러들일 때 사용하는 깃발)로 호출하여 전투에 임하도록 명령했다. 전투 초기에 이 정도로 선두에서 모범을 보여 준 만큼 부하들의 전의도 고조되었을 것으로 판단했다. 뒤로 물러나던 부하들도 지휘관이 고군분투하는 모습을 목도한 후 즉시 노를 저어 와 전투에 적극적으로 임했다.

그 결과 조선 수군은 혼연일체가 되어 적을 물리칠 수 있었다. 이

해전에서 이순신이 리더로서 한 역할은 부하들의 두려움을 해소하여 전투에서 능력을 발휘할 수 있도록 한 것이다. 그것은 전략가로서 그의 판단에 기인한 것이고, 그는 자신의 이러한 판단을 믿고 이를 적극적으로 실천한 것이다. 여기에는 이순신 자신의 목숨이 위태로울 수도 있었지만, 죽기를 각오하고 싸우면 산다는 진리를 누구보다도 신뢰했다. 그리고 그러한 행동은 부하들의 전투 의지를 고양시켜 적극적으로 참전하게 함으로써 결과적으로 명량해전에서 승리를 거둘 수 있었다.

평상시: 전공보상(戰功報償) · 의사소통(意思疏通)의 리더십

이순신은 전투가 끝난 후 공을 세운 사람들의 명단을 장계에 빠짐없이 기재하여 이들의 전공을 조정에 품의하여 상을 받도록 조치했다. 전투에서 죽거나 다친 사람도, 신분 고하를 막론하고 빠짐없이 명단을 작성하여 조정에 보고함으로써 위로와 보상을 받도록 했다. 그의 이러한 행위는 부하들의 마음을 하나로 만드는 중요한 동기가 되었다.

한편으로 이순신 리더십의 또 다른 특징은 휘하 장병들의 의견을 적극 반영한 후에 의사결정을 했다는 점이다. 그 결과 상하 간에 소통이 원활하게 이루어졌다. 그 예를 몇 가지만 들어 보자.

임진왜란 초기에 경상우수사 원균으로부터 구원 요청을 받았을 때 당시 전라좌수사였던 이순신은 경상도 지역으로 출전 여부를 결정하는 회의를 열었다. 이때 휘하장수 중 녹도만호 정운과 군관 송희립 등은 경상도도 내 나라이기 때문에 당연히 출전해야 한다는 의견을 제시했다. 반면에 낙안군수 신호를 비롯하여 일부 장수들은 각기 맡은 구역이 다르기 때문에 함부로 출전하지 말 것을 주장했다. 이러한 논의가 계속되다가 결국 출전하는 쪽으로 의견이 모아졌다. 이러한 일련의 과정을 지켜본 이순신은 출전하는 쪽으로 의사를 결정하고 더 이상의 논의를 중지시켰다. 그리고 출전하는 데 필요한 제반 준비에 집중했다. 그 결과 모두가 단합된 힘을 발휘하여 첫 해전을 승리로 이끌었다.

또한 이순신이 삼도수군통제사로서 한산도에 주둔할 때 한산도 통제영에 운주당(運籌堂)을 설치했다. 운주당은 '운주유악(運籌帷幄)'에서 유래한 말로 제각기 꾀를 내는 곳으로 오늘날 작전회의실과 같은 곳이다. 이곳에서 이순신은 휘하 참모와 장수들의 의견을 청취하고 작전 계획을 수립했다. 그리고 사안에 따라 하급자들까지도 회의에 참여시켜 의견을 듣고 타당할 경우 정책에 적극 반영했다. 이를 통해 해상 방어를 위한 유용한 방책들을 수립할 수 있었다.

이 외에도 명 수군과 원활한 협조 체제를 구축했다. 비록 일부지만 조선 수군이 승리한 배경에는 명 수군과 효율적인 연합작전을 펼친 면도 고려해야 한다. 명 수군이 적극적으로 참전하게 된 배경을 보면 한 마디로 이순신의 능란한 소통의 리더십이 기여한 바 크다고 할 수 있다. 이순신은 진린의 성품이 거만하고 포악하다는 사실을 사전에 파악한 후, 이에 대해 강온(強穩) 양면의 적절한 외교술을 발휘했다. 그 결과 당시 다른 명 장수들의 태도와 다를 바 없이 전투에 소극적이었던 진린을 감화시켜 전투 현장에 이끌어 내는 데 성공한 것이다.

물론 이러한 배경에는 이순신 자신의 뛰어난 인품과 리더로서의 능력도 한몫을 했다. 이를테면 이순신의 뛰어난 리더십과 전략 전술, 그리고 일본군을 격멸하는 데 전력투구하는 모습에 진린은 같은 무장(武將)으로서 탄복했을 것이다. 그리하여 수시로 군중의 대소사에 대하여 자문을 구했고, 중국으로 가서 벼슬할 것을 권유하기도 했으며, 선조에게 글을 올려 극찬을 표하기도 했다. 이와 같이 상호 원활한 소통을 했기에 공동의 관심사에 대한 의견의 일치를 보았고 합심하여 전투를 수행할 수 있었다.

4. 맺음말

이상에서 살펴본 바와 같이 이순신이 수많은 해전에서 승리한 것은 어느 한 가지 요소만의 작용으로 볼 수 없다. 여러 가지 전력 구성 요인이 극대화되고 조화를 이루었기에 승리를 이룩할 수 있었던 것이다. 당시의 어려운 여건에서 이순신은 전투력 발휘의 제반 요소를 잘 통합하고 관리하여 승리할 수 있었다. 이러한 과정이 바로 포괄적인 의미에서 이순신의 리더십이다.

〈참고문헌〉

『宣祖實錄』

『李忠武公全書』

『亂中日記』

『宣廟中興志』

『戎垣必備』

『壬辰狀草』

『火砲式諺解』

국방부전사편찬위원회, 『임진왜란사』, 1987.

국사편찬위원회, 『한국사』 29, 1995.

김재근, 『續韓國船舶史研究』, 서울대학교출판부, 1994.

이민웅,『 임진왜란해전사』, 청어람미디어, 2004.

제장명, 『이순신 파워인맥33』, 행복한미래, 2012.

충무공리더십센터, 『충무공 이순신』, 2007.

【부록】

대표 해전명	세부 해전명	주 지휘관 (장소)	교전 날짜	참전 세력(척)		전과	승패	피해
				조선 (판옥선·거북선)	일본 (대·중·소선)			
1. 옥포 해전	1. 옥포	이순신, 원균	1592. 5.7.	28	30	26척 분멸	승	부상 1명
	2. 합포	상동	5.7.	상동	5(대)	5척 분멸	승	부상 1명
	3. 적진포	상동	5.8.	상동	13	13척 분멸	승	부상 1명
2. 당포 해전	4. 사천선창	상동	5.29.	26	13 (대12)	13척 분멸	승	전사 13명, 부상 37명 (전라좌수군)
	5. 당포	상동	6.2.	상동	21 (대9)	21척 분멸	승	전사 13명, 부상 37명 (전라좌수군)
	6. 당항포	이순신, 원균, 이억기	6.5.	51	26 (대9)	26척 분멸	승	전사 13명, 부상 37명 (전라좌수군)
	7. 율포	상동	6.7.	상동	7 (대5)	7척 분멸	승	전사 13명, 부상 37명 (전라좌수군)
3. 한산도 해전	8. 한산도 전양	상동	7.8.	58	73 (대36)	59척 분멸	승	전사 19명, 부상 115명 (전라좌수군)
	9. 안골포	상동	7.10.	상동	42 (대21)	20여 척 분멸	승	전사 19명, 부상 115명 (전라좌수군)
4. 부산포 해전	10. 장림포	이순신, 원균, 이억기	8.29.	74이상	6 (대4)	6척 분멸	승	전사 7명, 부상 25명 (전라좌수군)
	11. 화준 구미	상동	9.1.	상동	5 (대5)	5척 분멸	승	전사 7명, 부상 25명 (전라좌수군)
	12. 다대포	상동	9.1.	상동	8 (대8)	8척 분멸	승	전사 7명, 부상 25명 (전라좌수군)
	13. 서평포	상동	9.1.	상동	9 (대9)	9척 분멸	승	전사 7명, 부상 25명 (전라좌수군)

대표 해전명	세부 해전명	주 지휘관 (장소)	교전 날짜	참전 세력(척)		전과	승패	피해
				조선 (판옥선·거북선)	일본 (대·중·소선)			
4. 부산포 해전	14. 절영도	상동	9.1.	상동	2 (대2)	2척 분멸	승	전사 7명, 부상 25명 (전라좌수군)
	15. 초량목	상동	9.1.	상동	4 (대4)	4척 분멸	승	전사 7명, 부상 25명 (전라좌수군)
	16. 부산포	상동	9.1.	상동	470	100여 척 분멸	승	전사 7명, 부상 25명 (전라좌수군)
5. 웅포 해전	17. 웅포1차	이순신, 원균, 이억기	1593. 2.10.	89	100여 (추정)	왜군 다수 사살	승	없음
	18. 웅포2차	상동	2.12.	상동	상동	상동	승	없음
	19. 웅포3차	상동	2.18.	상동	상동	왜군 100여 명 사살	승	없음
	20. 웅포4차	상동	2.20.	상동	상동	왜군 다수 사살	승	
	21. 웅포5차	상동	2.22.	상동 (상륙군)	상동	적선 50여 척 격파, 적군 다수 사살, 포로 5명 구출	승	통신선 1척 침몰(수군 다수 사망)
	22. 웅포6차	상동	2.28.	전선88	50여(추정)	왜군 다수 사살	승	없음
	23. 웅포7차	상동	3.6.	전선88	상동	왜군 다수 사살	승	없음
6. 제2차 견내량 해전	24. 견내량 입구	이순신, 원균, 이억기	6.26.	100여	10	격퇴	승	없음
7. 제2차 당항포 해전	25. 읍전포	이순신 (어영담)	1594. 3.4.	100여 척 중 30척 선발	6	6척 분멸	승	없음
	26. 어선포	상동	상동	상동	2	2척 분멸	승	없음
	27. 시굿포	상동	상동	상동	2	2척 분멸		없음
	28. 당항포	상동	3.5.	상동	21	21척 분멸	승	없음

대표 해전명	세부 해전명	주 지휘관 (장소)	교전 날짜	참전 세력(척)		전과	승패	피해
				조선 (판옥선·거북선)	일본 (대·중·소선)			
8. 장문포 해전	29. 장문포 (1차)	이순신	9.29.	140여	100여 (추정)	2척 분멸	무	전선 1척, 사후선 3척
	30. 영등포	이순신	10.1.	70여 (추정)	70~80	없음	무	없음
	31. 장문포 (2차)	이순신	10.4.	140여, 상륙군	왜성 주둔 병력	없음	무	없음
9. 기문포 해전	32. 거제 기문포	원균	1597. 3.9.	수십 척	3	3척 분멸	승	조응도 사망, 10여 명 사상
10. 제2차 안골포 해전	33. 안골포 (2차)	원균	6.18.~6.19.	100여	100여 (추정)	수척 분멸	승	안홍국 전사, 1명 부상
11. 부산 근해 해전	34. 절영도 외양	원균 (휘하 수사)	7.8~7.9.	90여	1,000여 (추정)	10여척 분멸	무	7척 표류
12. 칠천량 해전	35. 칠천량	원균	7.15.~7.16.	160여	500~1,000 (추정)	10여 척 분멸	패	140여 척 분멸·실종, 수군 지휘부 전사
13. 어란포 해전	36. 어란포	이순신	8.28.	13	8	격퇴	승	없음
14. 벽파진 해전	37. 벽파진	상동	9.7(8)	13	13(12)	격퇴	승	없음
15. 명량 해전	38. 명량 수로	상동	9.16 (17)	13	130여 (133)	31척 분멸	승	다수 인명 전사
16. 고금도 해전	39. 고금도 근해	상동	1598. 2.	40여	16척 분멸	16척 분멸	승	확인불가
17. 흥양 해전	40. 흥양 고도	상동	3.18.	상동	5척 분멸	5척 분멸	승	확인불가
18. 절이도 해전	41. 절이도 전양	이순신, 진린	7.18.~7.19.	60여/명200	100	50척 분멸	승	확인불가

대표 해전명	세부 해전명	주 지휘관 (장소)	교전 날짜	참전 세력(척)		전과	승패	피해
				조선 (판옥선·거북선)	일본 (대·중·소선)			
19. 예교성 수륙 합공전	42. 예교성 1차	상동	9.20.	60여/명400	300 (추정)	적의 기세를 꺾음	승	없음
	43. 예교성 2차	상동	9.21.	상동	상동	1척 분멸	승	없음
	44. 예교성 3차	상동	9.22.	상동	상동	없음	무	조선 장수 2명 부상, 명 장수 1명 부상, 명 수군 11명 사망
	45. 예교성 4차	상동	10.2.	60여/명500	상동	적 인명 다수 살상	승	조선 장수급 2명 사망, 5명 부상
	46. 예교성 5차	상동	10.3.	상동	상동	없음	무	명 전선 39척 침몰, 조선 장수 1명 부상
	47. 예교성 6차	상동	10.4.	60여/명4000여	300 (추정)	적 격퇴	승	없음
20. 장도 해전	48. 장도 전양	상동	11.13.	60여	10여	격퇴	승	없음
21. 노량 해전	49. 노량 수로/관음포	상동	11.19.	60여/명4000여	500여	200척 분멸	승	조선 4척, 명 2척 침몰, 인명 다수 사망

제6장

임진왜란의 전개와 해전 승리 2

임진 · 정유왜란에 있어서 일본 수군의 동향과 전략

기타지마 만지(北島万次, 교리쓰 여자대학교 교수)

1. 왜란 초기의 해전[1]

1) 최초의 전투: 옥포해전, 합포해전, 적진포해전

조선 수군의 움직임

1592년(선조 25) 4월 13일, 고니시 유키나가(小西行長)가 이끄는 일본 제1군이 부산포에 상륙하여 다음 날 부산진을 공격한다. 통상적으로 이를 임진왜란 발발(勃發) 시점으로 본다. 4월 27일, 이순신에게 경상우수사 원균과 힘을 합쳐 일본군을 격퇴하라는 조정의 명령이 하달된다(『壬辰狀草』). 5월 1일, 전라좌도 이순신은 배하(配下)에 있는 전 수군을 여수 전라좌수

1 옥포해전, 합포해전, 적진포해전에 대한 지도와 경위는 〈그림 2〉 참조.

영으로 집결시킨다. 이때부터 경상우수사 원균과 율포만호 이영남이 이순신 휘하에 배치되어 전투태세를 가다듬기 시작한다(『朝鮮王朝宣祖修正實錄』). 5월 4일, 이순신은 전라우수사 이억기와 함께 경상우도 소비포 앞바다를 거쳐 5일 당포(현 경상남도 통영시 산양군 삼덕리)에 도착한다. 6일, 경상우수사 원균도 당포에 도착하고, 이순신은 전라도와 경상도의 장수들을 소집해 작전회의를 개최한다(『壬辰狀草』, 〈그림 1〉 참조).

해전의 시작: 옥포해전(1592년 5월 7일)

1592년 5월 7일, 조선 수군은 천성포와 가덕포를 향해 출발하여 오전 11시경 옥포 앞바다에 도착한다. 해당 지역 책임자인 김완과 김인영은 이미

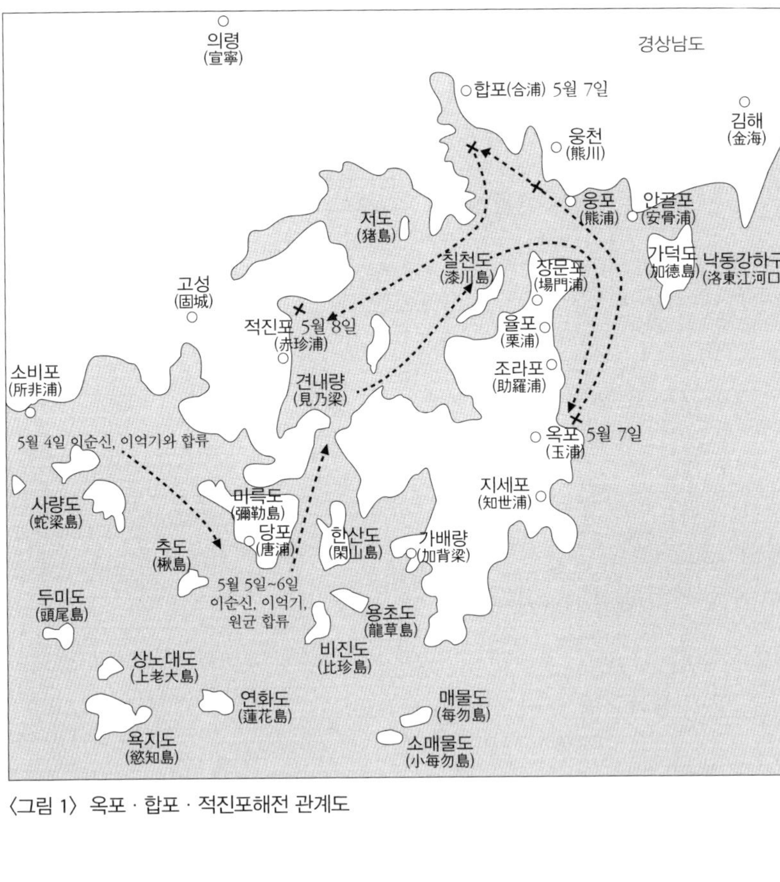

〈그림 1〉 옥포 · 합포 · 적진포해전 관계도

도망친 뒤였고, 이순신은 옥포에 일본 병선이 정박해 있다는 사실을 척후장[2]을 통해 듣게 된다. 당시 옥포에 정박하고 있던 일본 수군은 도도 다카도라(藤堂高虎)와 호리노우치 우지요시(堀内氏善)가 이끄는 50척의 선단으로 구성되어 있었다. 이순신은 장수들에게 경거망동을 금하고 침착하게 행동할 것을 명령한 다음 신속히 옥포에 돌입한다. 이것이 임진왜란 최초의 해전인 옥포해전이다.

옥포해전에 대해 일본 측 기록인 「고려선전기(高麗船戰記)」[3]는 다음과 같이 서술하고 있다.

> 5월 7일, 도도 다카도라와 호리노우치 우지요시가 이끄는 배 50척이 당책산(唐冊山) · 대단실(大丹室) · 소단실(小丹室) 세 개의 시코쿠(四國) 넓이의 섬[4]의 좁은 해협으로 출진했으나, 조선 수군 70~80척과 합전에 선제를 빼앗겨 육지로 후퇴했다. 병력은 무사했으나 배는 군데군데 불에 타 버렸다. [5]

합포해전과 적진포해전(1952년 5월 7~8일)

옥포해전 후 조선 수군은 거제도 인근 영등포(永登浦)에 머물렀다. 7일 오후 4시경, 영등포로부터 그리 멀지 않은 해역에 일본군 대선 5척이 있다는 척후장의 통보를 받고, 이순신은 즉시 수군을 이끌고 웅천의 합포(현 창원시)에서 이를 격파한다. 급습을 당한 일본 수군은 배를 버리고 육지로

---

2 조선시대 총리영(摠理營)의 종9품 무관직.

3 도노오카 진자에몬(外岡甚左衛門)의 저서로 와키자카 야스하루와 도도 다카도라 등 일본 수군의 동향에 대해 기록하고 있다. 일본 국립동문서관 내각문고에 소장되어 있다.

4 거제도 인근.

5 「高麗船戰記」, "五月七日ニ藤堂佐渡守殿船、同新宮殿舟、其外舟数以上五拾余隻、唐冊山・大丹室・小丹室と云三ツ島、四国ホトさありと云ふ、彼嶋都への瀬外口へ御働処ニ、番船大小七八十隻ト被成合戦ノ処ニ彼瀬外ヲ取切、石火矢・ばう火矢を以て散々ニうちかけ候故、しおくれ給ひ、陸地へ漕上御退候、人数ハらも無別儀、舟ハ悉く焼割候".

도망쳤다. 이를 합포해전이라 부른다.

이튿날 오전, 이순신은 진해 고리량(현 창원시 구산동)에 일본 전선이 정박 중이라는 통보를 받는다. 수색 결과 고성 적진포(현 통영시 광도면)에 일본의 대선과 중선 13척이 정박해 있었다. 당시 일본군은 마을에 상륙해 방화와 약탈을 일삼고 있었는데, 조선 수군이 나타나자 바로 도망쳤다. 낙안군수 신호, 사도첨사 김완의 수군이 일본 병선을 모두 격파하고 불태웠다[撞破焚滅]. 이를 적진포해전이라 한다. 적진포해전에서 일본군에 붙잡혀 있던 적진포 주민 이동신을 구출했는데, 그의 증언에 따르면 일본군은 적진포에 도착해 마을마다 재물은 물론이고 소와 말까지 약탈해 배에 나누어 싣고, 밤이 되면 배 위에서 이를 요리해 새벽까지 술잔치를 열었다고 한다(『壬辰狀草』).

2) 거북선의 등장: 사천해전, 당포해전, 당항포해전, 율포해전

거북선에 관한 기록: 『용사일록(龍蛇日錄)』

거북선에 관한 이야기는 주로 귀선송(龜船頌)을 통해 널리 알려져 있다. 이 때문에 여기서는 이순신 휘하의 척후장 사도첨사 김완이 남긴 『용사일록』에 기록된 거북선에 대한 서술을 소개하고자 한다. 참고로 일본의 사료인 「고려선전기」를 살펴보면, 당시 일본은 거북선을 '메쿠라부네(盲船)', 즉 '눈 먼 배'라고 부르고 있었음을 알 수 있다.

> 거북선의 외형은 선상에 거북과 같은 판을 덮고, 거북의 배 위에 십자로를 설치해 통행이 가능하도록 만들었다. 십자로 이외의 부분에는 도추(刀錐, 송곳)를 설치하고 이를 거적으로 덮어 놓아 도추가 보이지 않도록 했다. 그 때문에 적이 배의 등판에 올라타면 도추에 발을 다치도록 설계되었다. 배의 전방에는 용 머리를 달아 이를 총 구멍이 되게 하고 뒤에는

거북의 꼬리를 만들어 붙이고 그 꼬리 아래 총 구멍을 내었다. 용머리와 거북 꼬리 부분에 병사를 배치해 적에게 포위되면 일제히 화총을 발포했다(『龍蛇日錄』).

사천해전(1952년 5월 29일)

5월 27일 경상우수사 원균이 이순신에게 일본 병선 10여 척이 사천(泗川), 곤양(昆陽)으로 향하고 있다고 통보한다. 이에 이순신은 29일 23척의 병선을 이끌고 노량 앞바다에서 원균의 경상우수군과 합류한다.

조선 수군이 사천만 어귀에 당도해 사천의 선창(船倉)을 확인하니, 험준한 지형에 자리 잡은 일본군 병졸이 긴 뱀의 형태로 결진(結陣)하여 홍백기를 휘날리고 있었다. 산 정상의 별진에는 부장(部將)으로 추정되는 자가 지휘하고 있었고, 선창에는 누각(樓閣) 같은 병선 12척이 홍백의 깃발을 내걸고 정박하고 있었다. 조선 수군 병선이 이를 공격하려 해도 일본군이 산 정상의 높은 지대에서 이를 내려다보는 진형이기에 화살이 닿는 곳까지 접근할 수 없었다.

이에 이순신은 조선의 병선을 거짓으로 퇴각시켜 일본군을 앞바다로 유인한 후, 일제히 공격하는 작전을 세운다. 조선군이 서서히 퇴각하자 일본 병선이 바로 추격해 왔다. 이때 조류가 변하여 이순신은 병선을 급선회하여 거북선을 선두로 일본 병선을 뚫고 돌파를 감행한다. 그 결과, 조선 수군은 사천만에 주둔해 있던 일본 병선을 모조리 불태워 물리친다[撞破焚滅]. 이를 사천해전이라 한다(『壬辰狀草』).

당포해전(1952년 6월 2일)

사천해전 후 고성(固城) 사량해(蛇梁洋, 현 통영시 사량면 양지리)에서 휴식을 취하고 있던 조선 수군은 6월 2일 사량도로부터 동쪽으로 10킬로미터가량 떨어진 미륵도 당포 선창에 일본 병선이 정박하고 있다는 통보를 접한다. 이에 이순신은 즉시 출격 명령을 내린다.

당포만 어귀에 도달한 이순신은 일본 병선 20척이 정박하고 있음을 확인하고 전투를 개시했다. 이번에도 거북선을 선두로 돌격시켜 일본군 누각선(樓閣船)을 곧바로 들이받게 했다. 부딪힌 배의 누각에는 일본군 부장이 태연히 서 있었는데, 이에 조선 수군이 화살을 난사하여 일본군 부장이 사망했다. 곧이어 거북선의 용머리로부터 천자총통(天字銃筒)·지자총통(地字銃筒)을 발사해 배를 격파[撞破]시켰다. 그러자 일본군은 배를 버리고 육지로 퇴각[退散]했다. 곧이어 새로운 일본 병선 20여 척이 부산으로부터 내항했으나 조선 수군을 보고 개도(介島, 현 통영시 산양면 추도) 방향의 거제도로 도망쳤다. 이를 당포해전이라 부른다(『亂中日記』).

당포해전 이후 이순신 휘하의 우후(虞候, 부수사) 이몽구가 일본군 지휘선으로부터 금단선(金團扇) 한 자루를 찾아낸다. 부채에는 '6월 8일 히데요시(六月八日 秀吉)'라는 서명과 함께 우측면에는 '하시바 지쿠젠노카미(羽柴筑前守, 도요토미 히데요시의 다른 이름)', 좌측면에는 '가메이 코레노리 류큐 영주에게[龜井流求守殿]'라는 글이 기록되어 있었다. 이로 말미암아 일본 선단의 지휘관이 가메이 코레노리(亀井茲矩)였음을 알 수 있다(『壬辰狀草』).

당항포해전(1952년 6월 5~6일)

당포해전에서 패배를 맛본 일본 수군은 거제도 방면으로 도주한다. 6월 5일 이순신은 이를 추격하기 위해 출범한다. 당시 거제도 주민의 증언에 따르면 "당포로부터 도망친 일본군이 당항포(唐項浦, 현 고성군 회화면 당항리)로 이동했다."라고 한다.

당항포는 진해만(鎭海灣) 북서쪽, 고성반도 동쪽으로 동해만 안쪽에 위치한 지역이다. 동해만은 후미진 곳으로 그 입구는 남쪽의 고성군 동해면과 북쪽의 고성군 회화면에 바싹 붙어 있어 물길이 매우 좁다. 다만 만 중앙은 넓은 편이기에 전투하기에 적합한 지형이었다. 이순신은 당항포의 지형을 조사하고 복병선을 만 입구에 배치한다. 머지않아 척후선이 신기전(神機箭)을 쏘아 올리며 일본 병선이 출몰했음을 알렸다. 당항포에 정박한 일본 선단은 대선 9척, 중선 4척, 소선 13척으로 총 26척이었다. 대선에는 3층 누각이 설치된 누각선(樓閣船)도 섞여 있고, 모든 배에는 '남무묘법연화경(南無妙法蓮花經)'이라는 글이 기록된 깃발이 달려 있다. 일본 병선은 조선 병선을 발견하자마자 철포를 난사했다. 이에 조선 수군은 거북선을 선두로 천자총통과 지자총통으로 반격하며 가장 큰 누각선을 먼저 침몰시킨다. 한창 접전을 하던 중, 일본 병졸이 육지로 도망가자 전멸시킬 수 없을 것이라고 판단하여 거짓 퇴각을 명한다. 예상대로 일본 병선이 조선 수군을 추격해 왔고, 만 중앙으로 이를 유인했다. 조선 수군은 여기서 방향을 급선회해 거북선을 선두로 협공을 펼쳐 누각선의 부장을 사살한다. 이를 제1차 당항포해전이라 한다(『壬辰狀草』).

당항포해전 당시 경상도 의병은 육지에서 일본군을 막아내고 있었다. 경상우초유사(慶尚右招諭使) 김성일과 경상도 의병장 곽재우가 육지를 방어했기에 일본군은 육지에 상륙할 수 없었다. 덕분에 전라도와 경상우도의 백성들은 안정을 되찾을 수 있었다(『壬辰錄』).

율포해전(1952년 6월 7일)

6월 7일, 이순신은 일본 병선이 거제도 동북쪽 율포(栗浦, 현 거제시 장목면 대금리)에 정박하고 있다는 보고를 받는다. 이에 이순신이 복병선을 파견했는데, 마침 일본군 대선 5척과 중선 2척이 율포에서 부산포로 이동하다가 조선 수군이 추격하자 역풍을 뚫고 도망가기 위해 무기와 물자를 바다에 버린다. 그러나 조선 수군은 이를 끝까지 추격하여 침몰시킨다. 이때 참수한 일본 병졸의 수급은 36급에 달한다(『壬辰狀草』, 『亂中日記』).

율포해전에서 패전한 일본군의 구루시마 미치유키(來島通之)는 할복한 것으로 추정된다. 본래 구루시마의 수군은 일본 세토우치(瀨戶內) 지방의 해상 호족 출신으로 무라카미 수군(村上水軍)의 주력부대다. 그런 그가 패전에 책임을 지고 할복했다는 내용은 「고려선전기」를 통해서도 확인할 수 있다. 이에 따르면 "6월 7일에 시코쿠(四國) 지방의 시마노카미도노(志摩守殿)가 병선 20척을 이끌고 부산포 방면으로 향했으나 60~70척의 조선 병선과 합전하여 전멸당하고 성에 틀어박혀 할복했다." 라는 기록을 찾을 수 있다(「高麗船戰記」).[6]

도쿠토미 소호[7]는 「고려선전기」에 등장하는 시마 노카미도노가 구루시마 미치유키라고 추정한다.[8] 더불어 참모본부편에서도 율포해전에 패한 구루시마 미치유키가 육지로 돌아와 자해했다는 기록이 있다.[9] 또한 아리마 세이호(有馬成甫)[10]도 시마 노카미도노를 구루시마 미치유키라고 추정한다.[11]

「고려선전기」에 의하면 시마 노카미도노는 전선이 방화를 당하여 침몰하자 성에 틀어박혀 할복했다고 한다. 그런데 '시나노노가미(信濃守, 시나노 지방을 다스리는 관직명)'를 '시마노카미(志摩守)'라는 표기와 혼용하고 있지만, 시마노카미가 시마노노가미, 곧 구루시마 미치유키(來島信濃守通之)인지에 대해서는 명확한 근거가 없다. 따라서 추정은 가능하지만 확신하기는 어렵다.

---

6 「高麗船戰記」, "六月七日ニ四国志摩守殿船大小廿隻計ニて、彼瀬戸ロへ御働候処ニ番船六七十隻と合戦ニて一隻も不残討果し、志摩守殿ハ其嶋の城へ取籠、城ニて生害候、一家中悉く討果候、其上、船悉く焼割候"

7 일본의 언론인이자 비평가. 출판사 민유사를 설립한 이래 일본 최초의 종합지 『고쿠민노토모』를 발행했고 이후 『고쿠민 신문』, 『고쿠민 총서』, 『가정잡지』 등을 발행하여 언론계를 주도했다. 조선총독의 요청으로 『경성일보』의 감독을 맡았다.

8 『近世日本國民史 豊臣氏時代 丁篇 朝鮮役 上券』 1921년 10월호, 646쪽.

9 『日本戰史 朝鮮役 本編』 1923년 3월호, 215쪽.

10 일본의 병기전문가. 『조선역수군사(朝鮮役水軍史)』를 발행.

11 『朝鮮役水軍史』 1941년 7월호, 87쪽.

3) 왜란 초기 일본군의 수군 경시 풍조

임진왜란 당시 일본군 병력 편성 현황(〈그림 2〉 참조)

임진왜란 직전에 히데요시(秀吉)가 각 다이묘(大名)[12]에게 지시한 병력 편성은 〈표 1〉과 같다.

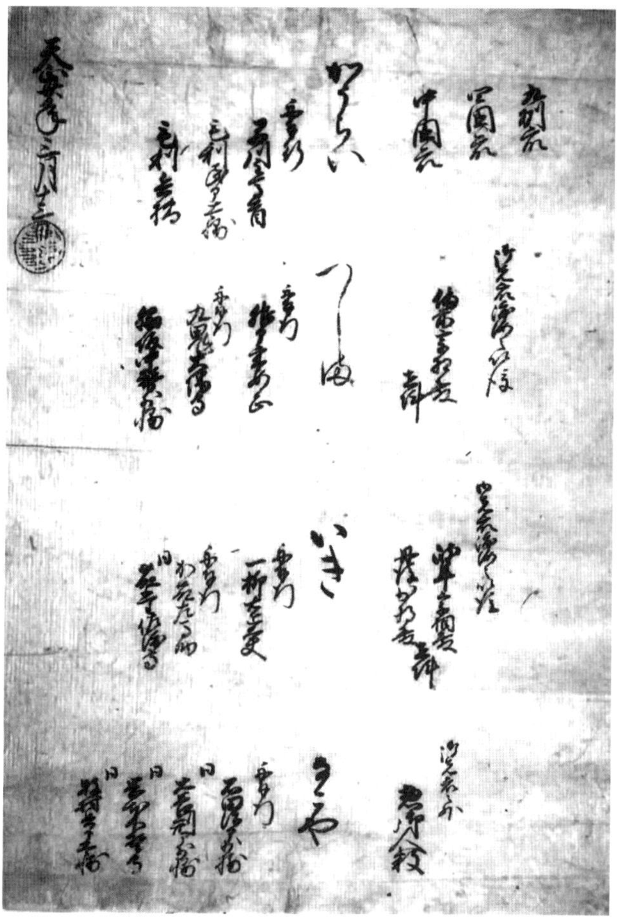

〈그림 2〉 모리케 소장문서

12 헤이안 시대에 등장하여 19세기 말까지 각 지방의 영토를 다스리고 권력을 행사했던 유력자를 지칭하는 말.

1592년 3월 13일 후나부교(舟奉行, 군선을 담당하는 일본의 관직명)의 배치는 〈표 2〉와 같다.

후나부교는 당시의 엘리트 장수라고 할 수 있다. 이시다 미쓰나리(石田三成) · 오타니 요시쓰구(大谷吉継)와 같은 도요토미 정권의 팔다리라고 할 수 있는 신하로서 이들은 일본으로부터 조선에 선박과 병력, 무기, 병량 등의 군수 물자 운송을 지휘했다. 당시 일본 수군의 병력 현황은 〈표 3〉과 같다.

일본군이 수군을 경시했다는 기록

조선에 도해한 일본군 병력은 1592년 3월 13일 기준으로 15만 8,700명에 달한다. 그러나 그중 수군 병력은 1만이 채 되지 않고(「太閤記」), 수군에 편성된 각 다이묘들이 수군 업무에만 전념한 것으로 보이지 않는다.

(1) 도도 다카도라

도도 다카도라는 이키(壹岐)의 후나부교 담당으로 부산포와 나고야를 왕복한 것으로 알려져 있다. 1592년 6월 초순경 임진강 전투를 나고야에 보고한 점을 통해 이를 확인할 수 있다(「等持院文書」). 다카도라는 옥포해전에서 대패했는데, 이는 후나부교가 본래 선박 회송, 병력 · 물자 운송을 주 임무로 하기 때문으로 추정되며, 직접 해전에 참전하게 될 것을 예상치 못했기 때문이라고 볼 수 있다.

(2) 구루시마 미치유키 · 미치후사(通總)

구루시마는 수군임에도 불구하고 후쿠시마 마사노리(福島正則) · 하치스카 이에마사(蜂須賀家政)와 함께 제5군에 편성되었다. 5월에는 같은 5군에 편성된 초소가베 모토치카(長宗我部元親)와 함께 부산 · 한성에 히데요시가 숙박할 곳을 건설하라는 지시를 받는다(朝鮮在陣衆宛 豊臣秀吉朱印狀(「加藤文書」, 「前田尊經閣所藏文書」). 수군 출신인 구루시마 형제를 해상 전

〈표 1〉

제1군	소 요시토시(宗義智) · 고니시 유키나가(小西行長)	18,700명
제2군	가토 기요마사(加藤清正) · 나베시마 나오시게(鍋島直茂)	22,800명
제3군	구로다 나가마사(黑田長政) · 오토모 요시시게(大友義統)	11,000명
제4군	모리 요시나리(毛利吉成) · 시마즈 요시히로(島津義弘)	14,000명
제5군	후쿠시마 마사노리(福島正則) · 하치스카 이에마사(蜂須賀家政) [구루시마 미치유키(來島通之) · 미치후사(通總) 700명 포함]	25,000명
제6군	고바야카와 다카가게(小早川隆景) · 다치바나 무네시게(立花宗茂)	15,700명
제7군	모리 데루모토(毛利輝元)	30,000명
제8군	우키타 히데이에(宇喜多秀家)	10,000명
제9군	하시바 히데카쓰(羽柴秀勝) · 호소카와 다다오키(細川忠興)	11,500명
총 계		158,700명

〈표 2〉 후나부교의 배치(「加藤文書」 前田尊經閣文庫 所藏)

高麗	早川主馬首(早川長政) · 毛利民部太輔(毛利高政) · 毛利兵橘(毛利重政)
對馬	服部采女正(服部一忠) · 九鬼大隅守(九鬼嘉隆) · 協坂中務少輔(協坂安治)
壹岐	一柳右近大夫(一柳可遊) · 加藤左馬助(加藤嘉明) · 藤堂佐渡守(藤堂高處)
名護屋	石田治部少輔(石田三成) · 大谷刑部少輔(大谷吉繼) · 岡本下野守(岡本重政) · 牧野兵部太輔(牧野政吉)

* 후나부교(舟奉行)는 이시다 미쓰나리(石田三成)·오오타니 요시쓰구(大谷吉繼)와 같이 도요토미 정권의 엘리트로서, 이들이 일본으로부터 조선에 선박과 병력, 무기, 병량 등의 군수물자 운송을 지휘했다.

〈표 3〉

구키 요시다카(九鬼嘉隆)(志摩國鳥羽)	1,500명
도도 다카도라(藤堂高虎)(紀伊國粉河)	2,000명
와키자카 야스하루(脇坂安治)(淡路國洲本)	1,500명
가토 요시아키(加藤嘉明)(伊豫國松崎)	1,000명
구루시마 미치유키(來嶋通之) · 미치후사(通總)(伊豫國來嶋)	700명
스게 다쓰나가(菅達長)(淡路國岩屋)	250명
구와야마 가즈하루(桑山一晴) · 마사하루(貞晴)(紀伊國和歌山)	1,000명
호리노우치 우지요시(堀内氏善)(紀伊國新宮)	850명
스기와카 우지무네(杉若氏宗)(紀伊國田邊)	650명
총계	9,450명

투 임무가 아닌, 히데요시를 위한 잡무에 투입한 것이다.

(3) 와키자카 야스하루(脇坂安治)

와키자카 야스하루는 대마(對馬)에 소속된 후나부교였으나(〈표 2〉 참조) 6월 초순경 용인전투에서 육지전으로 전라순찰사 이광(李洸)이 이끄는 전라 · 충청 · 경상 3도의 조선군을 격파했다(용인 전투).

이상의 사례로 미루어 볼 때, 일본군은 수군과 해전을 경시했음을 알 수 있다. 임진왜란 초기의 일본군은 해전을 통해 승부를 보려는 생각이 없었으며, 나아가 수군 그 자체를 가볍게 여기고 있었던 것이다.

2. 한산도해전과 일본군의 전략 변경

1) 한산도해전(1592년 7월 8일)

와키자카 야스하루의 남하와 히데요시의 해전 명령

1592년(선조 25) 6월 6일, 용인 전투에서 조선군을 격파한 와키자카 야스하루는 거제도 인근에서 일본 선박이 조선 수군으로부터 공격을 받고 있다는 정보를 접하고 용인에서 조선 수군을 공격하기 위해 구키 요시다카(九鬼嘉隆) · 가토 요시아키(加藤嘉明) 등과 함께 경상도 웅천으로 향한다. 이때 와키자카 야스하루는 용인전투 결과와 함께 향후 예정 사항을 히데요시에게 보고했다. 이에 히데요시는 용인전투의 노고를 치하하고 구키 요시다카 · 가토 요시아키와 협력하여 경상도 남안에 출몰하는 조선 수군을 공격하라는 지시를 내린다.[13]

---

13 『續群書類従』 20下, 「脇坂記」, "其頃、又、唐島表へ番船多く出るのよし、都へ聞えければ、脇坂・九鬼・加藤三人は番船押への為にとて、急き熊川に馳行ける".

(1) 와키자카 야스하루의 대패

1592년 6월 14일, 와키자카 야스하루 · 구키 요시다카 · 가토 요시아키 등은 부산항에 도착한 후, 작전을 검토하면서 잠시 그곳에 주둔한다. 그런데 구키 요시다카 · 가토 요시아키가 병선을 정비하는 것을 틈타 와키자카 야스하루가 병력을 이끌고 거제도로 출격했다가 7월 8일 한산도 앞바다에서 대패한다.[14] 이는 전국동란기(戰國動亂期)에 일본 장수들이 서로 공훈을 쌓으려고 치열하게 경쟁했음을 암시하며, 당시 히데요시가 무력으로 일본을 통일했지만 긴 전란의 역사로 인해 다이묘들이 여전히 무훈에 집착하고 있음을 말해 준다.

(2) 조선 수군의 움직임

율포해전 후 6월 10일, 이순신은 전라좌수영으로 귀환한다(『壬辰狀草』). 그러다가 경상남도 가덕도와 거제도 주변에 일본 병선이 출몰한다는 통보를 받고 7월 6일 전라좌수영에서 출선하여 노량진에서 경상우수사 원균, 전라우수사 이억기와 합류한다. 7월 7일 조선 수군은 거제도 서쪽으로 가기 위해 미륵도 당포에 도착했으나 강한 역풍으로 인해 견내량에

「脇坂文書」天正二十年六月二十三日　脇坂安治宛　豊臣秀吉朱印狀，“去六月十九日注進狀、今日廿三酉刻到来、被加披見候、然者こもかい口番船為警固相越候由尤候、九鬼・加藤両三人相談無越度様ニ令行、早速可討果候、次去五日其方陣取へ一揆数万人取懸候処、悉切崩数多討捕之首并生捕之者掛置之旨、被聞召届候、則片桐主膳正・藤掛三河守書狀同前ニ申越候、粉骨到候、其元之儀、委細石田治部少輔・大谷刑部少輔・増田右衛門尉被仰含候趣可申聞候、猶山中橘内・木下半介可申候也、六月廿三日〇（秀吉朱印）脇坂中務少輔とのへ”.

14 「脇坂記」, “脇坂・九鬼・加藤三人、都より十四日釜山海の川口に着て暫在陣し、敵の番船討取へき評定しけるか、九鬼・加藤両人は船拵に程へける間、安治一人手勢計にて七月七日に唐島表へ船を押出しける”.

「高麗船戦記」, “高麗船手ノ者共、島々ニ巣くまりて有之由、太閤様被聞召、六月廿八日ニ九鬼大隅守・脇坂中書・加藤左馬助為両三人、番船の者共可発向之旨、被成候事ニ候、然者、中書ハ熊川口滞留候条、彼御朱印ヲ釜山より為持御越候て同心ニ可申合候由被御遣候処ニ、大隅守殿・左馬助殿へハ無御届候得共、各よりすくニ七月六日ニ自分之船六七十隻ニて彼瀬戸外口へ御働候得者、敵番船七八十隻有之所へ中書之船共無体ニも仕懸候処ニ…”.

진입하지 못한다. 이때 전쟁을 피해 숨어 있던 미륵도 주민이 견내량에 일본 병선 70척이 정박 중이라고 이순신에게 제보한다.

7월 8일 와키자카 야스하루가 이끄는 일본 수군이 견내량에 침입한다. 이에 조선 수군도 견내량 진입을 시도 중이었다. 이때 일본의 대선 1척과 중선 1척이 견내량에서 나와 조선 수군을 발견하고 본진으로 돌아가려는 것을 조선 수군이 추적한다. 조선 병선이 이를 뒤쫓아 일본군의 대선 36척, 중선 24척, 소선 13척을 찾아낸다. 원균이 즉각 견내량으로 출격할 것을 주장하지만 이순신은 견내량은 지형이 좁고 어둡기에 대형 판옥선은 적의 먹잇감이 되기 좋아 전투에 적합치 않기 때문에 시간을 두고 기다렸다가 일본 수군이 상륙을 시도할 때, 한산도 앞바다로 유인해 섬멸함이 가장 효율적이라고 말한다. 그러나 원균은 이 말을 들으려 하지 않았다. 이에 이순신은 "원균, 병법을 이리도 모르다니…"라며 한탄했다고 한다. 이 시점부터 이순신과 원균은 스스로의 의견만 고집하며[確執] 좀처럼 타협하지 못했다(『朝鮮王朝實錄』).

한산도해전: 학익(鶴翼)과 유인(〈그림 3〉 참조)

이순신이 탐견선(探見船) 수척을 견내량에 정박 중인 일본 병선에 접근시키자 일본 병선이 철포를 쏘며 그 뒤를 쫓았다. 일본 병선이 탐견선을 쫓아 한산도 앞바다까지 나오자 도영(島影, 섬의 그림자 지는 부분)에 숨어 있던 조선 수군이 나타나 학익진을 펼치며 일본 수군을 궤멸(壞滅)했다(『壬辰狀草』). 이로 인해 일본 병선은 대부분 당파(撞破) 혹은 분멸(焚滅)되었다. 와키자카 야스하루의 부장 와타나베 시치에몬(渡邊七右衛門)과 와키자카 사베에(脇坂左兵衛)는 이 전투에서 전사한다. 와키자카 야스하루는 쾌속선을 타고 퇴각하여 간신히 목숨만 건졌다.[15]

---

15 「脇坂記」, "瀨戸内に番船四五艘掛り居りけるを見て、鉄炮をうちかけ、半時計いどみ戦いしか、番船少しつゝ退きけるを、透間なく攻掛、三里計追行けるか、番船せはき瀨戸内を過て、広き所へ出

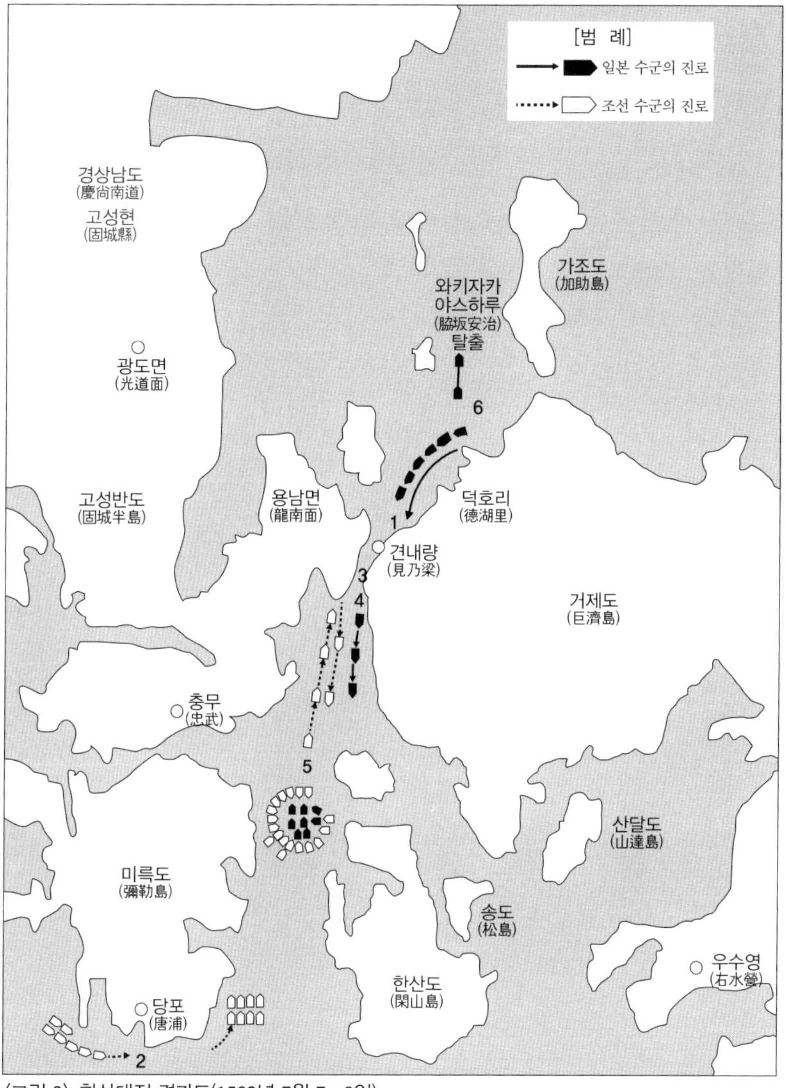

〈그림 3〉 한산대전 경과도(1592년 7월 7~8일)

1. 1592년 7월 7일. 와키자카 야스하루가 병선 70여 척을 이끌고 거제도 견내량에 당도.
2. 1592년 7월 7일. 조선 수군은 미륵도 당포로부터 견내량으로 집입을 시도했으나, 강한 동풍 때문에 진입할 수가 없었다. 이때 당포의 백성으로부터 견내량에 일본 병선 70여 척이 정박하고 있다는 첩보가 들어온다.
3. 1592년 7월 8일. 이순신은 오전 일찍 척후장을 견내량으로 파견하여 일본 병선 70여 척이 정박하고 있는지 확인한다.
4. 1592년 7월 8일. 이순신은 견내량으로 유도선을 보낸다. 이를 발견한 일본 병선은 이를 추격하여 한산도만까지 진입한다.
5. 1592년 7월 8일. 조선 수군은 학익진을 전개하여 일본 병선을 포위한 후, 이를 격파한다.
6. 1592년 7월 8일. 와키자카 야스하루는 쾌속선을 타고 도망하여 간신히 목숨만 구한다.

2) 안골포해전(1592년 7월 10일)

와키자카 야스하루가 웅천에서 견내량을 기습할 때, 구키 요시다카와 가토 요시아키는 부산포에 머물고 있었다. 이들은 와키자카 야스하루가 출격한 후에야 그가 기습 공격을 한 사실을 알게 된다(「高麗船戰記」, 「脇坂記」).

7월 8일, 구키 요시다카와 가토 요시아키는 와키자카 야스하루를 구하기 위해 병선 42척을 이끌고 가덕도에 정박한다(「高麗船戰記」, 「脇坂記」). 그리고 이튿날, 안골포에 착진(着陣)한다. 이러한 동향이 이순신에게 바로 통보되고, 조선 수군은 안골포를 향해 출격했으나 역풍으로 인해 거제도 인근 칠천도(漆川島)에 정박한다(『壬辰狀草』). 7월 10일, 조선 수군은 안골포에 정박한 구키 요시다카와 가토 요시아키의 수군을 격퇴한다. 일본 병사 대부분이 이 전투에서 전사했고, 배들도 침몰을 면치 못했다(『壬辰狀草』, 「脇坂記」).

3) 일본군의 전략 변경

히데요시는 한산도해전과 안골포해전에서 와키자카(脇坂), 구키(九鬼), 가토(加藤)가 모두 패했음을 알게 된다. 이에 7월 14~16일에 와키자카 야스하루, 도도 다카도라, 구루시마 미치후사(來島通總)에게 해전을 중지하

し、一度に梶を取なほし、大船を箕手にわけ、味方の船を引包、さしつめ引つめ討ける程に、味方の船の内に手負死人多かり、敵は大船、味方は小船なれは、叶かたくみえて、本の瀬戸内へ引退かんとしける時、敵の番船おし掛く、味方の船へほうろく火矢を投入て、即時に船を焼ける、(中略) 安治は櫓数の多き早船に乗けれは (中略) 危き事、十死一生に極れり”.

「脇阪家譜」, “安治・嘉隆・嘉明到金海川邊、為取敵船之謀、一日、安治率其私徒、到唐嶋邊、時敵船四五艘馳来、安治急放鳥銃、敵船少退、安治追之三里、敵船到広地、同返撃、裹安治、而射之、安治将退、敵大進放矢飛炮、安治兵脇坂左兵衛・渡邊七右衛門等多死、安治亦危、矢中其鎧、漸免帰金海、安治兵二百余人、逃於一嶋、敵追来焼其船”.

〈그림 4〉 구로시마 미치토시 소장문서

고 거제도에 축성한 다음, 육지전으로 전환하라는 명령을 내린다(「脇坂文書」, 「高山公實録」, 「久留島通利氏所藏文書」). 또한 히데요시는 고바야카와 다카가게(小早川隆景), 모리 히데카네(毛利秀包), 다치바나 무네시게(立花宗茂), 도도 다카도라, 구키 요시다카, 가토 요시아키, 와키자카 야스하루에게 운송선(輸送船)으로 운용 중이던 배를 병선(兵船)으로 사용하도록 지시한다(「小早川家文書」). 이러한 사실은 구루시마 가문의 후손 미치토시의 소장 문서를 통해서도 확인할 수 있다(〈그림 4〉 참조).

임진왜란은 1592년 4월에 발발했다. 당초 일본군은 파죽지세로 진격해 서울과 평양까지 위협했지만, 이듬해 1월 평양 전투에서 형세가 역전되어 4월에는 한성에서 퇴각하게 된다.

이 시기에 일본군은 군사 · 교통 요충지인 부산포에 진지를 강화한다. 1593년 3월, 경상도에 주둔한 일본군의 운용을 담당하던 모리 데루모토(毛利輝元)는 웅천 주변의 선현(船懸, 선박 정박지)에 성채를 일곱 군데 건설하고 장기 주둔을 준비한다. 또한 같은 해 4월, 조선 수군을 공격하기 위해 부산포 주구(湊口)에 위치한 성을 대수축(大修築)하는 작업에 돌입한다(「毛利家文書」). 이는 1592년 9월 부산포성이 조선 수군의 공격으로(부산포해전) 패했던 경험을 통해 학습한 것으로 추정된다.

4) 부산포해전(1952년 9월 1일)

도요토미 히데요시의 조선 침략을 통보받은 명나라는 일본의 최종 목적이 명나라 정복이라는 사실을 직감하고 조선 파병을 결심한다. 1592년 7월, 요동 부총병(副總兵) 조승훈(祖承訓)의 군병이 고니시 유키나가(小西行長)가 주둔하고 있던 평양을 공격한다. 이 전투에서 명군은 패했으나 발빠른 명나라의 조선 구원 의지가 왜군에 미친 영향력은 강력했다. 같은 해 8월 중순, 조선 부교(奉行) 이시다 미쓰나리(石田三成)는 조선에 진을 치고 있는 각 다이묘를 한성으로 소집해 군의(軍議)를 정비한다. 이때 부산포에서 일본군의 퇴각이 논의되는 등 전쟁 국면은 계속해서 변하고 있었다.

이러한 정세에 이순신은 "부산은 일본군의 거점이다. 이를 무찌르면 조선 각지에 침투한 일본군은 지배 체계를 잃게 된다."라며 일본군의 군사 거점이던 부산포를 공격하고 보급로 차단에 주력한다(『壬辰錄』).

같은 해 9월 1일, 조선 수군은 서평포(西平浦), 다평포(多大浦), 절영도(絶影島)의 왜선을 격파하고 부산포 앞바다로 진격한다. 일본 수군은 선창 동쪽에 500여 척 정도가 정박하고 있었으나 조선 수군에 지레 겁을 먹고 출격조차 하지 못한 채 고지에서 철포만 난사했다. 이 전투로 조선 수군은 이순신의 충신 녹도만호(鹿島萬戶) 정운(鄭運)과 격군(格軍, 노 젓는 병사), 사부(射夫. 화포 담당 전투원)에 이르는 많은 사상자를 냈다. 정운의 전사 소식을 접한 이순신은 "조선의 오른팔을 잃었다."라며 슬퍼했다(『壬辰錄』). 계속되는 난투 중에 이순신은 부산포의 일본군이 배후를 공격할 것을 우려해 병단을 후퇴시킨다.

조선 수군의 부산포 공격 후, 히데요시는 도도 다카도라에게 ① 큰 배를 조선(造船)해 조선 수군의 화공에 대비하고 전장을 정비할 것, ② 보다 좋은 여건을 가진 곳에 성과 새로운 경비 초소를 설계할 것, ③ 병력이 집결하는 대로 조선 수군을 공격할 것이라는 세 가지 명령을 하달한다. 이는 해당 지역의 현황을 신중히 검토한 후에 가능한 명령인데, 그만큼 도요토미 히데요시가 조선 침략에 힘을 쏟고 있었음을 알 수 있다.[16]

5) 일본 내에서의 조선(造船)과 비전투 승선원 징집

1592년 10월 10일, 히데요시는 관백(關白) 히데쓰구(秀次)에게 조선(造船)에 필요한 물자를 조달하는 한편, 조선 장인과 비전투 승선원(조선의 격군을 일본에서는 '水主'라고 함)을 확보하라는 지시를 내린다(「筑紫文書」). 세부 사항은 다음과 같다.

하나, 구키 요시다카가 히데요시에게 안택선(安宅船)의 도면을 제출하고 바로 새로운 배의 증축을 명한다. 그러나 구키 요시다카에게 전권을 부여하지 않고 관백 도요토미 히데쓰구(豊臣秀次)에게 감시권을 부여하여 조선을 재촉한다.

둘, 일본 전국에서 선박 건조에 적합한 목재를 채집하여 중앙으로 보내도록 지시했다.

셋, 구키 요시다카에게 10척을 만들게 하고, 이케다 데루마사(池田輝政)·나카무라 가즈우지(中村一氏)·야마우치 가쓰도요(山内一豊) 등 다이묘에게 각각 1~2척을 이듬해 3월까지 만들게 하고 선박에 부교(奉

16 「高山公實錄」(天正二十年九月二十二日 藤堂高虎宛 豊臣秀吉朱印狀),
"一、大船付立かこい以下丈夫申付由尤候、
一、以絵図城所其外番所儀言上段、被聞召候、其地勝手よきやう見合可申付候、
一、人数寄次第ニ番船有之浦ニて可相動旨尤思召候、其段肝要候条、聊不可由断候、能々其国様子見合無越度様ニ可申付候、来月朔日、御下向候条、自名護屋追々可被仰遣候、猶木下半介·山中橘内可申候也、
廿二日○ (秀吉朱印) 藤堂佐島とのへ".

行)의 이름을 새겨 나고야로 보내도록 했다.

넷, 후시미성(伏見城), 오사카성(大坂城), 교토 만불사(京都方廣寺) 건축을 모두 중단시키고, 심지어 불상을 만들기 위해 확보했던 목재와 철재까지 조선에 사용하도록 했다.

다섯, 도요토미 가문의 영지[豊臣直轄領]에서 수확한 쌀로 목수나 대장장이들의 일당을 지급했다. 재원이 부족하여 도요토미 자신의 재산을 사용한 것이다.

여섯, 밧줄 소재인 마(麻)를 확보하기 위해 원산지인 시나노(信濃, 현 나가노), 가이(甲斐. 현 야마시나) 지방의 마 매매를 전면 금지하고, 도요토미 가문의 영지에서 산출되는 금과 쌀로 마를 전량 매입하여 전투 물자로 사용하게 했다.

일곱, 철제 대장장이에게 낫[鎌]과 괭이[鍬] 외에는 제조를 금하고, 이를 모두 전투물자에만 사용하도록 지시했다.

여덟, 이세이(伊勢, 三重県), 오와리(尾張, 愛知県), 미카와(三河, 愛知県), 도우토미(遠江, 静岡県), 스루가(駿河, 静岡県), 이즈미(和泉, 大阪府), 셋츠(摂津, 大阪府), 하리마(播磨, 兵庫県), 오우미(近江, 滋賀県) 등 전국 각지를 가리지 않고 비전투 승선원을 징집하도록 했다.

아홉, 대철포(大鐵炮) 제작을 지시했다.

히데요시의 지시를 받은 1592년 10월 23일, 관백 히데츠구는 세토우치해(瀬戸内海)의 시아쿠 제도(塩飽諸島)에서 도요토미 가문의 직할 영지와 가신들의 영지에서 대선(大船)의 조선을 위해 목수와 뱃사공을 남기지 않고 징발하여 히젠 나고야(肥前名護屋)로 보내도록 지시한다(「塩飽島文書」).

배의 승조원인 선두(船頭)와 수주(水主)의 징발은 이듬해에도 계속된다. 이때까지 조선으로 동원된 선두 · 수주의 대부분은 병사하거나 전사했다. 따라서 히데요시는 1593년 2월, 각 다이묘에게 영내에 있는 15세부터 60세까지의 비전투 승무원을 모두 징발하여 나고야로 보내라는 지시를 내린다(「吉川家文書」, 「薩藩舊記雜録後編」).

히데요시는 각 다이묘에게 조선 명령을 내렸는데, 그중에 1592년 12월 5일, 모리 히데모토(毛利秀元)에게 모리 가문의 영지인 아키히로시마(安藝廣島)에서 대안택선(大安宅船)을 건조하라는 명령이 내려졌다. 대안택선 건조는 이듬해 6월에 종료하여 히데요시에게 헌납되었다(「毛利家文書」). 또한 백관 히데쓰구도 1592년 12월 5일 데와노 아키타(出羽秋田)에게 조선을 지시해 이듬해 2월까지 나고야로 이동시키라고 하였다(「秋田藩採集文書」).

3. 일 · 명 강화교섭기: 계속되는 수군의 대치

1) 웅천해전(1593년 2월 10일~3월 6일)

1593년 1월 7일, 평양 전투에서 고니시 유키나가가 이끄는 일본군이 패배했다. 이를 계기로 전쟁 국면은 공수의 형세가 바뀌어 일본군은 열세를 면치 못했다. 조선 조정은 이순신에게 일본군이 도피하면 그 퇴로를 차단하라고 명령했다(『壬辰狀草』).

2월 7일부터 8일까지 이순신은 경상우수사 원균, 전라우수사 이억기와 견내량(見乃梁)에서 합류해 웅천웅포(熊川熊浦)에 주둔한 와키자카 야스하루, 구키 요시다카, 가토 요시아키로 구성된 일본군에 대한 공격 작전을 세운다. 웅포(현 창원시 진해구 남문동)는 웅천 동쪽에 위치해 웅천만에서 북쪽에 위치한 만으로, 선박 관리가 용이한 지역이었다.

2월 10일, 조선 수군은 일본 병선이 정박해 있는 웅천웅포로 향했다. 이순신이 세 번에 걸쳐 이들을 유인했으나 와키자카 야스하루는 한산도 앞바다에서 유인 작전에 당해 대패를 경험했기에 쉽게 응하지 않아 섬멸할 수 없었다. 이런 식의 작은 교전은 3월 6일까지 계속되었는데, 이를 웅천해전이라 부른다.

2) 제2차 당항포해전(1953년 3월 4~6일)

1593년 6월 말 진주성 함락 후, 일본군은 경상도 남안 일대에 왜성(倭城)을 쌓고 장기 주둔 태세를 갖춘다. 왜성은 부산포에서 동쪽으로 기장 · 임랑포 · 서생포까지, 서쪽으로 구포 · 금해죽도 · 가덕도 · 안골포 · 웅천 · 영등포 · 장문포까지 축성되었다.

장기전으로 전투 양상을 전환시킨 일본군은 주변 취락으로부터 물자를 약탈하는 한편 조선 백성을 납치했다. 이에 삼도수군통제사[17] 이순신은 일본 군영에 대한 공격 계획을 세운다.

3월 3일 일본 병선 6척이 진해의 고리량(현 창원시 마산합포구 구복리)과 고성의 당항포에 정박해 있다는 사실이 파악되자 3월 4일 조선 수군은 진해 앞바다에서 일본 병선 6척, 저도(현 창원시 마산합포구 구산면)에서 2척을 격파한다. 3월 5일 조선 수군은 일본군이 육지로 도주하며 버린 공선 17척을 모두 태워버린다. 3월 6일 조선 수군은 당항포에서 일본 병선 21척을 불태운다(『亂中日記』).

3) 장문포해전, 영등포해전

1593년 중반, 일본과 명나라 사이에 화해 교섭이 추진되었다. 이에 같은 해 9월 명나라 경략(經略, 총지휘관) 송응창(宋應昌)과 제독(提督) 이여송(李如松)은 일본군이 모두 퇴각할 것으로 생각하고 더 이상 조선에 주둔[留陣]할 필요가 없다고 판단하여 귀국한다. 이에 조선에 남은 명군은 총

---

17 1593년 8월 전라좌수사 겸 충청 · 전라 · 경상 삼도수군통제사로 임명을 받음.

병(總兵) 유정(劉綎)과 유격장군(遊擊將軍) 오유충(吳惟忠)이 이끄는 1만 6,000여 명에 불과했다. 이듬해 1594년 9월, 명 황제의 지시로 전라남도에 주둔하던 유정도 귀국길에 오른다.

조선이 믿고 의지했던 명장 유정의 귀국은 조선에게 큰 충격과 실망감을 안겨 주었다. 유정이 남원에 주둔한 덕분에 일본군은 전라도를 호시탐탐 노리면서도 선불리 공격할 수 없었기 때문이다. 이로 인해 전라도와 거제도에 대한 방어가 시급해졌다. 조선은 즉시 중앙관직에 있던 좌의정 윤두수에게 경상 · 전라 · 충청 삼도체찰사[18]를 겸임시켜 남원으로 파견한다. 이에 도원수(都元帥) 권율, 경상 · 전라 양도 관찰사와 함께 전투에 임하게 된다.

반면 일본군은 거제도 왜성(倭城)과 영등포에 주둔한 시마즈 요시히로(島津義弘) 세력, 송진포와 장문포에 주둔한 후쿠시마 마사노리(福島正則) 세력, 도다 가쓰타카(戸田勝隆) 등에 의해 4국세(四國勢)를 보이고 있었다(島津家「征韓錄」). 장문포해전과 영등포해전의 세력도는 〈그림 5〉을 참조하면 된다.

9월 27일, 이순신은 거제도로 출선하여 29일 거제도 장문포에 주둔하고 있는 4국세의 군영을 공격했다. 이러한 급보를 전해 들은 영등포의 시마즈 요시히로는 가신 이주인 호우세쓰(伊集院抱節)를 필두로 구원 부대를 구성해 장문포로 급파한다. 계속되는 조선 수군의 공격에 일본군은 높은 지형을 선점해 누각을 설치하고 봉우리마다 요새를 건설하여 방어 일변도로 대응한다. 결국 조선 수군의 공세는 해안에 정박해 있던 일본 병선 2척을 불태우는 데 그쳤다(『亂中日記』).

10월 1일 조선 수군은 장문포의 4국세와 영등포의 시마즈 요시히로의 세력을 무너뜨리기 위해 화전(火箭)과 반궁(半弓)을 이용해 공격에 박

18 의정(議政)이 겸임하는 임시직의 하나. 특정한 지역의 군정(軍政)과 민정(民政)을 총괄함. 별칭은 체상(體相)임.

〈그림 5〉 장문포 · 영등포해전 관계도(1594년 9월 29일~10월 4일)

차를 가한다. 그러나 효과는 없었다. 일본군은 여전히 방어 일변도로 요새에 숨어 철포만 쏘아댔다(「島津家文書」). 10월 2일부터 3일까지 조선 수군과 일본 수군은 계속해서 대진(對陣)하며 교착 상태가 계속된다. 마침내 4일, 조선 수군과 육군은 장문포로 협격을 시도했으나 작전은 실패로 돌아간다(『亂中日記』).

이전의 웅천해전, 장문포해전, 영등포해전과 마찬가지로 일본군은 견고한 요새와 성벽으로 항구를 틀어막고 상대를 유인하여 반격하는 전술을 사용했다. 이는 해전을 중지하고 육지로 유인해 조선군을 지치게 하라는 히데요시의 명령으로부터 기인한 것이다.

4) 왜란 당시 조선 병선의 성능: 시마즈 가문의 기록

1594년 10월 30일, 시마즈 요시히로의 아들 시마즈 마타하치로(島津又八郎), 다다쓰네(忠恒)가 영등포의 시마즈 군영에 착진한다(「高麗入日記」). 이는 1593년 9월 시마즈 요시히로와 함께 조선에 출진했던 적자 시마즈 마타이치로(島津又一郎), 히사야스(久保)가 거제도에서 병사했기 때문이다. 그 때문에 히사야스의 동생 마타하치로와 다다쓰네가 시마즈 가문[島津家]의 후계자가 되어 히데요시에게 인사하기 위해 교토에 들렀다가 히젠 나고야를 경유하여 아버지가 재진한 거제도 영등포로 출진한 것이다.

이와 관련하여 시마즈 다다쓰네가 일본에서 거제도로 오는 과정에서 아버지 시마즈 요시히로부터 받은 편지 내용이 무척 흥미롭다. 1594년 8월 25일 다다쓰네는 히젠 나고야에 도착하고, 10월 8일 나고야를 떠나 이키(壹岐)에 착선했는데, 10월 11일 아버지 시마즈 요시히로로부터 이키에 있던 다다쓰네에게 편지 한 통이 도착한 것이다.

편지 내용은 9월 29일부터 시작된 거제도 장문포해전, 영등포해전의 형국을 전달하며, 조선 수군이 매우 위협적이기 때문에 거제도를 바로 건너지 말고 부산포를 경유하여 거제도로 들어오라는 것이다(「島津家文書」).

또한 시마즈 가문의 가신 이주인 고칸(伊集院幸侃), 조주인 모리아쓰(長壽院盛淳)에게 보낸 편지에는 조선 수군이 일본군에 비해 해전술이 매우 능하므로 일본군 재하선(荷積船, 짐을 싣는 배)과 같이 노(櫓)의 수가 적은 배는 해전이 벌어지면 도망조차 불가능하여 절망적이라고 전하고 있다(「島津家文書」). 이는 시마즈 요시히로가 장문포해전과 영등포해전에서 조선 병선의 무서움을 직접 겪고 나서 아들을 걱정하는 마음에 보낸 것으로 여겨진다. 이는 안택선(安宅船)과 운송선 등 조잡한 배를 병선으로 활용하던 일본 수군과, 왜구의 침략을 대비해 전투선(戰船)을 만들어 온 조선 수군의 질적인 격차를 말해 주는 일화다.

4. 명량해전: 구루시마 미치후사의 전사

1) 명량해전

1597년 7월 14일, 조선 수군통제사 원균은 전 수군을 동원하여 부산포 일대에 정박하고 있던 와키자카 야스하루, 가토 요시아키, 시마즈 요시히로가 이끄는 일본 수군을 습격한다. 일본 수군은 장기전을 이용해 피로를 유발하는 작전으로 조선 수군의 정신을 흩트려 놓았다[四散]. 원균은 병선을 정비해 거제도, 영등포로 대피하다가 복병을 만나 칠천도(漆川島)로 퇴각한다. 15일 밤중 일본군은 칠천도에 정박해 있던 조선 병선에 밀정을 보내 동태를 살피다 16일 새벽 잠을 자고 있던 조선 병선을 기습한다. 이 전투에서 원균과 전라수사 이억기, 충청수사 최호가 전사했다. 경상우수사 배설은 휘하의 전선 12척을 이끌고 도주했고, 남은 조선 수군은 궤멸했다(거제도 칠천량해전). 이후 일본군은 한산도를 공공연하게 침범한다. 수군의 패보를 접한 조선 국왕은 이를 명나라에 보고하는 한편, 도원사 권율과 이순신에게 수군의 재건을 강구하라고 명령한다.

7월 22일, 이순신에게 삼도수군통제사 복귀령이 떨어진다. 1597년 8월 14일과 16일 사이에 벌어진 남원 전투에서 남원성이 함락된다. 남원 전투에 참전했던 도도 다카도라의 일본 수군은 전주 함락 후, 전라도부터 수중에 넣자는 군 회의 방침에 따라 병선으로 전라도 남안에 진격한다. 시마즈군은 육지 동향과 바다 동향을 계속해서 살폈다.

8월 28일, 전라남도 어란포에 일본 병선 8척이 불시에 침입하여 이순신은 이를 뒤쫓아 공격한다(『亂中日記』). 9월 8일, 일본 병선 13척이 어란포 앞바다를 내습하였으나 이순신이 격퇴한다. 벽파진으로 귀환한 이순신은 장수들에게 야습에 대한 경계를 늦추지 말라는 군령을 내린다(『亂中日記』). 9월 15일, 이순신의 군관 임준영은 일본 병선 55척이 어란포 앞바다에 접근하고 있음을 보고하고, 이 소식을 접한 이순신은 피난민을 상륙시킬 수 있도록 우수영에 전령선을 파견한다(『亂中日記』).

9월 16일, 이순신은 수군을 전라우수영 앞바다에 모두 집결시키고, 결사의 각오로 전투에 임할 것을 군율로서 엄히 명령하며 전투 태세에 돌입한다(『亂中日記』). 9월 17일, 이순신은 전라남도 명량해협에서 13척의 전선으로 133척의 일본 수군과 격전을 벌인다. 이순신은 정면승부를 피하고, 병선으로 가장한 어선을 바다에 포진시켜 일본 수군을 유인한다. 일본 수군이 이를 제압하려 했으나 조류가 역류하여 실패한다. 조선 수군은 때를 놓치지 않고 일본 병선을 격파한다(『亂中日記』). 이 해전에서 항복한 왜인 출신의 준사(俊沙)가 왜장 구루시마 미치후사(來島通總)를 알아보고 급히 이순신에게 알린다. 적군의 지휘관을 식별한 조선 수군의 총공격에 미치후사는 전사한다(명량해전).

훗날 도도 다카도라는 조선 수군이 명량 앞바다의 조류(潮流)를 숙지하고 있었으며, 또한 이를 이용해 대비하고 있었음에 크게 개탄한다. 바다를 잘 아느냐, 모르느냐의 차이가 전쟁의 성패를 가른 것이다(「高山公實錄」). 명량해전의 경과도는 〈그림 6〉과 같다.

2) 구루시마 미치후사의 전사: 구루시마 가문의 기록

명량해전에서 전사한 일본군 지휘관 구루시마 미치후사(來島通總)의 손자는 아직 살아 있다. 그중 한 명인 구루시마 미치토시(久留島通利)에게는 당시의 문서가 상당수 남아 있는데, 여기에서는 명량해전과 구루시마 미치후사의 전사에 관한 내용을 소개하고자 한다.

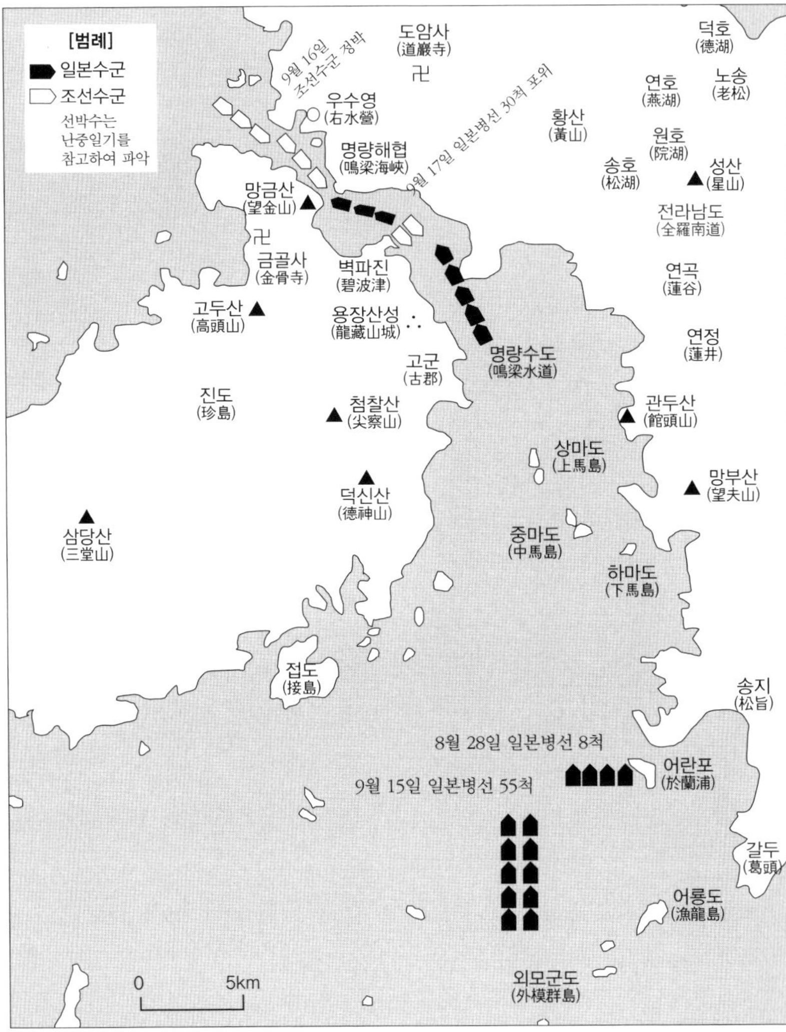

〈그림 6〉 명량해전 경과도(1597년 9월 17일)

(1) 1597년 10월 15일 모리 다카마사(毛利高政), 와키자카 야스하루, 가토 요시아키, 간 미치나가(菅達長), 도도 다카도라에게 보낸 도요토미 히데요시의 명령서[朱印狀]의 요약(「久留島文書」, 〈그림 7〉 참조).

하나, 9월 18일(명량해전 직후)의 서장을 통해, 전라도 명량해협에 정

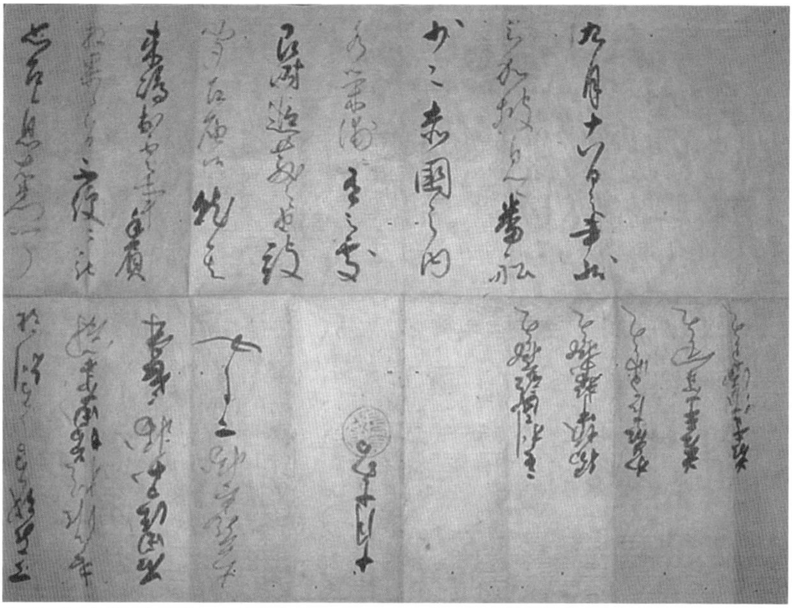

〈그림 7〉 구루시마 미치토시 소장문서

박하고 있던 조선 병선을 쫓아 흩어 버렸다는 말을 들었다.

둘, 이때 구루시마 미치후사가 전사했음을 알고 히데요시는 슬퍼하며 자식 우에몬이치로(右衛門一郎)에게 후계 상속을 약속하고 구루시마 가문의 지위를 보장했다.

셋, 자세한 사항은 마시타 나가모리(增田長盛), 이시다 미쓰나리(石田三成), 나쓰카 마사이에(長束正家)를 통해 히데요시의 부교가 전달한다.

이때 히데요시가 보낸 편지의 수신처가 도도 다카도라를 포함한 수군이며 노량해전에 참가했던 하나부교이자, 히데요시의 군 감시자[軍目付, 병력의 동정을 기록하여 히데요시에게 보고하던 직책] 모리 다카마사(毛利高政)라는 사실에 주목할 필요가 있다. 이들에게 향후 조선과의 전쟁에서 전사하더라도 구루시마 가문과 같이 후계상속을 인정하며 다이묘로서의 지위를 충분히 보장할 것임을 공공연히 알려 주는 것이기 때문이다.

(2) 1597년 10월 17일 모리 다카마사, 와키자카 야스하루, 가토 요시

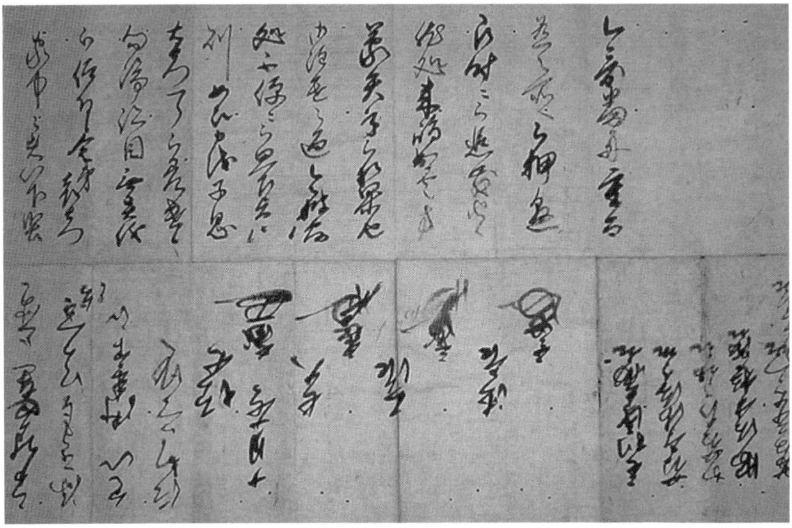

〈그림 8〉 구루시마 미치토시 소장문서

아키, 간 미치나가, 도도 다카도라에게 히데요시가 보낸 전언문의 요약(「久留島文書」, 〈그림 8〉 참조).

하나, 조선 병선이 정박하고 있던 곳(명량)을 습격해 이를 물리쳤음을 치하한다.

둘, 이때 구루시마 미치후사가 전사했다는 급보를 히데요시에게 알린 것과 관련하여 히데요시는 매우 슬퍼하며 그의 자식 우에몬이치로(右衛門一郎)에게 후계 상속을 승낙한다.

셋, 후계 상속과 관련하여 우에몬이치로의 동생 히코에몬(彦右衛門)을 구루시마 가문의 사람들에게 동일하게 적용될 것을 알린다.

넷, 히데요시는 도도 다카도라에게 구루시마 가문을 각별히 신경 쓸 것을 지시한다.

앞서 소개한 히데요시 전언문은 3일 전(10월 15일) 도도 다카도라에게 보낸 히데요시 명령서의 의도를 파악하고, 도도 다카도라를 비롯한 장수들에게 지위 보장에 대해 안도감을 주어 수군 결속을 강화하려고 했던

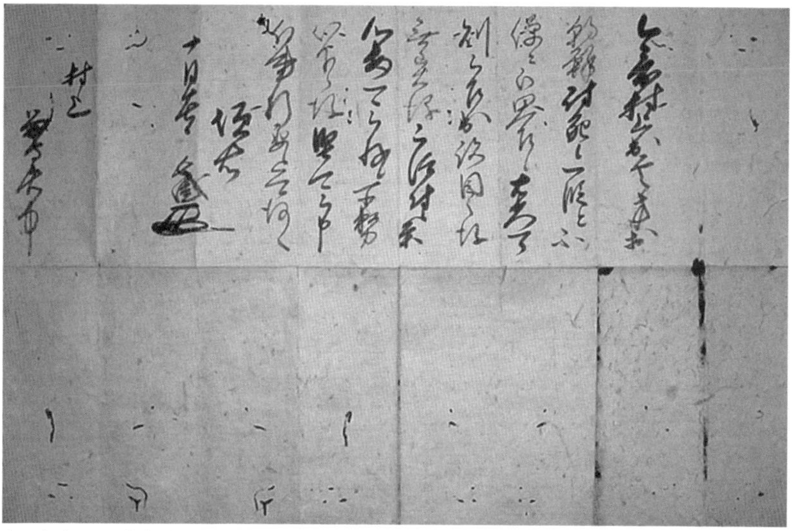

〈그림 9〉 구루시마 미치토시 소장문서

것이다.

(3) 1597년 10월 17일 무라카미 루스이나카(村上留守居中)에게 보낸 마시타 나가모리 전언문 요약(「久留島文書」, 〈그림 9〉 참조).

하나, 히데요시가 구루시마 미치후사의 전사 소식에 듣고 슬퍼하며, 우에몬이치로를 구루시마 가문의 후계자로 인정했으므로 무라카미(村上) 가문과 구루시마(來島) 가문은 모두 안심하고 전쟁에 집중하라.

둘, 수군으로서 군역에 충실히 임하라.

이를 통해 구루시마 미치후사가 전사했어도 후계자를 인정해 줌으로써 수군의 형세를 유지하려는 도요토미 히데요시의 의도와 노력을 확인할 수 있다.

〈참고문헌〉

『亂中日記』

『龍蛇日錄』

『壬辰狀草』

『朝鮮王朝實錄』

「加藤文書」

「吉川家文書」

「高麗船戰記」

「高麗入日記」

「高山公實錄」

「久留島文書」

「島津家文書」

「等持院文書」

「小早川文書」

「秋田藩採集文書」

「協坂記」

「協坂文書」

「協坂家譜」

제4부
이순신의 리더십

제7장

실용적 리더십

역사에서 그 원리를 찾는다

송 복(연세대학교 명예교수)

1. 머리말

역사학자가 보는 역사와 사회학자가 보는 역사는 무엇이 다른가. 역사학자와 사회학자는 '역사적인 사건'을 다룬다는 점에서는 꼭 같다. 물론 여기서 말하는 사회학자란 사회학 전 분야의 학자가 아니라 역사적인 사건을 다루는 학자만을 지칭한다. 역사적인 사건이 아닌 현재의 사건을 다루는 사회학자도 역사적 접근 방법(historical approach)을 사용하는데, 이들 또한 역사적인 사건을 다루는 사회학자와 동일 범주에 넣어 생각할 수 있다.

다시 말하지만 역사학자가 보는 역사와 사회학자가 보는 역사는 어떻게 다른가. 이미 말한 대로 역사적으로 일어난 사건을 다룬다는 점에서 연구 대상은 동일하다. 시제상으로는 과거에 일어난 일이고, 따라서 언어 형태로 보면 과거형이든 과거진행형이든 혹은 과거완료형이든 모두 현재의 것이 아니라 과거의 것이다. 그 과거를 역사학자는 어떻게 보고 어떻게 다루며, 사회학자는 또 어떻게 보고 어떻게 다루는지 살펴보는 것은 의미 있는 일이 될 것이다.

역사학자는 과거를 과거의 시각으로 본다. 지나간 시대의 일들을 그 시대 사람들이 겪고 보고 느끼고 생각했던 그대로 기록하고 서술하는 것이 역사학의 기본 전제이고 역사학자들의 임무다. 누구나 재미있게 읽는 역사소설에서 허구적인 이야기를 뺀 사실 그대로의 과거사가 곧 역사다. 사실 그대로의 과거사를 역사학자들은 어느 쪽으로든 치우침이 없는 객관적인 눈으로 가감 없이 기술하고 해석하는 것이다. 그러나 어떻게 기술하고 어떻게 해석해도 역사학자의 기본 임무는 과거에 일어난 일들을 과거의 시각으로 다루는 것이다. 쉽게 말하면 역사학자는 과거를 보고 그 '과거에서 과거의 이야기'를 하는 것이다.

그러나 사회학자는 그렇게 할 수 없다. 똑같은 과거를 다루어도 사회학자가 역사학자들처럼 과거의 시각으로 과거를 다루면 그것은 바로 역사학의 영역이 되고, 그 사람은 사회학자 아닌 역사학자가 되는 것이다. 역사학자들처럼 '과거에서 과거의 이야기'를 캐낸다면, 그것은 오로지 역사학자들이 하는 일을 되풀이하는 것에 불과하고, 기껏해야 역사학자들이 하는 것을 도와주거나 부연하는 일이 될 뿐이다. '부연'은 덧붙여 설명하는 것이고 이미 해 놓은 말을 늘려서 하는 말이다. 그렇게 된다면 역사를 연구하는, 혹은 과거사를 다루는 사회학자의 정체성은 사라지고 만다.

그렇다면 사회학자는 역사를 어떤 시각, 어떤 방법으로 다루고 연구하는가? 과거사를 다루는 사회학자도 과거사를 다룬다는 점에서 역사학자와 다를 바 없지만, 그 과거를 '과거의 시각'으로 보지 않고 '현재의 시각'으로 본다는 것이 결정적으로 다르다. 사회학자는 같은 과거라도 그 과거에서 역사학자들처럼 과거의 이야기가 아니라 현재의 이야기를 하는 것이다. 사회학자들에게 과거는 그냥 '지나간 시대'가 아니라 아직도 '작동하고 있는 시대'다. 작동하고 있다는 것은 생동하고 있다는 의미이고, 생동하고 있다는 것은 그 지나간 과거 속에 지금도 진행되고 있는 '현재'가 있다는 것을 의미한다.

사회학자는 그 '과거' 속에서 그 '현재'를 캐낸다. 광석을 캐는 채광(採鑛)에 비유한다면, 자기가 필요로 하는 오직 한 가지 광석이 든 광맥만 찾는 사람처럼, 사회학자는 역사라는 땅에서 '현재'라는 광맥만 찾아서 그것을 오늘의 일로 재생하고 재현하는 것이다. 영국의 역사학자 E. H. 카의 말을 빌리면 역사는 '과거와 현재의 대화'라고 할 수 있다. 이는 역사학자의 역사 연구 방법이 아니라 사회학자의 역사 연구 방법이다. 과거 속에서 현대성을 찾는 것이 역사를 연구하는 사회학자들의 임무이기 때문이다.

2. 임진왜란의 현재성

400년 전의 임진왜란은 오늘날 우리에게 어떤 의미가 있는가? 그것이 지금 우리에게 어떤 현실로 다가오고 있는가? 과거사로서 역사적 교훈이나 시사성을 갖는 이야기로서가 아니라 아직도 작용하는 실제(practice)로서 어떤 의미가 있는가? 그 '실제'가 어떻게 작용해서 오늘날 우리의 현재에 어떤 영향을 미치고, 그 현재의 방향과 진로를 설정해 주는가?

그 4세기 동안 우리는 농업사회에서 산업사회로 바뀌었고, 탈산업사회, 지식기반사회로 발돋움하고 있다. 그 4세기 동안에 우리는 가장 가난하고 가장 약했던 나라에서 세계 10대 경제 대국으로 도약했고, 군사력 또한 10대 강국의 하나로 자랑할 만큼 강해졌다. 모든 것이 임진왜란을 깡그리 잊어도 될 만큼 파천황(破天荒)의 변화를 겪었다. 그럼에도 임진왜란은 아직까지 우리에게 '작용하는 현실'이 되어 있고, 그 전쟁을 치러 낸 인물의 리더십은 현재 우리에게 그대로 작동하는 리더십이 되어 있다.

그러나 역사학자들을 비롯한 많은 사람들은 그 임진왜란을 한낱 쓰라린 역사의 경험으로서만 생각한다. 기껏해야 약소국의 비애로서 경계심을 가져야 한다거나, 스스로 힘을 갖지 못한 나라가 겪는 곤욕에 대한 경각심만 되새긴다. 그리고 덧붙여 당시 군주와 신하들의 무능, 무력, 무책임, 무자각만을 묶어 질타하고, 그 질타와 질책으로 후인의 경고로 삼는다. 그것이 임진왜란의 전부다.

그것은 역사를 읽는 사람의 소감에 지나지 않고, 어느 교과서에나 다 있는 상투적인 풀이와 다를 바 없다. 중요한 것은 그 임진왜란이 지금 우리에게 과거가 아니라 현재이고, 지난날의 일이 아니라 오늘날의 일이라는 것이다. 무엇보다 당시 전쟁을 치러낸 인물의 리더십이 지금 우리에게 가장 필요한 리더십이라는 것이다. 비단 정치인으로서의 리더십뿐만 아니라, 글로벌(global) 기업을 이끄는 CEO들에게 보다 절실히 요구되는 리더십이다. 적나라한 경쟁 상태에 있는 조직이라면 그 어떤 조직이든 그 조직의 리더에게 절체절명이 되고 있는 리더십, 그 리더십의 원류가 모두 여기서 시작되고 있다. 그런 이유에서 임진왜란은 지금 우리에게 재현되고 있는 것이다.

임진왜란의 현재성은 지금 우리가 당면하고 있는 남북 분단의 현재성이기도 하다. 당시 한강 이남에서 왜가 장악한 힘은 오늘날 대한민국에 미치고 있는 일본의 영향력 바로 그것이다. 정치, 경제, 문화 거의 모든 면에서 현재 우리는 임진왜란 당시와 다름없는 엄청난 일본의 자장권 안에 들어 있다. 보다 유사한 당시의 오늘날 재현은 바로 지금의 북한에서 찾아볼 수 있다. 당시 명나라가 평양에서 왜를 저지해서 북경과 요동을 지키고, 더 넓게는 자기 나라를 지키는 '울타리 기능[藩籬之役]'으로서의 전쟁을 수행한 행태가 현재 북한에서 벌어지고 있는 것이다.

2008년 베이징 올림픽 성화 봉송 과정에서 북한이 보여 준 행태는 임진왜란 당시 조선이 명에 취한 속국의 모습 그 자체였다. 40만 명의 군중을 동원하고, 봉송로의 아스팔트를 새로 포장하고, 걸레로 그 길을 닦는 북한 정권의 행태야말로 중국의 속국임을 여실히 보여 준 것이다. 우리나라에 대해 중국이 취하고 있는 행태 또한 명이 당시 조선 이남에 대해 취한 행태를 그대로 재현하고 있다. 평양 중심의 한강 혹은 임진강 이북만 고수하고, 이남은 그대로 방치해 두었다가 기회만 있으면 '울타리 기능'에 포함시키려 하고 있다. 이번 성화 봉송 과정에 중국 유학생들을 동원한 것 역시 옛날이나 다름없는 중화주의, 왜곡된 중국 애국주의, 민족주의를 보여 준 것이라고 할 수 있다.

임진왜란의 현재성과 함께 여기서 다시 밝히고 논의하려는 또 하나의 현재성은 임진왜란을 극복한 류성룡이라는 인물이 보여 준 '리더십의 현재성'이다. 도저히 살려낼 수 없는 나라를, 그것도 가장 심각한 중병에 걸린 나라를, 그것도 가장 가혹한 전쟁에서 지켜 낸 한 인물의 리더십이 바로 지금 이 시대가 가장 절실히 요구하는 리더십이기 때문이다. 이를 요약하면 ① 통찰(洞察)의 리더십, ② 지감(知鑑)의 리더십, ③ 준비의 리더십, ④ 방법의 리더십, ⑤ 유연(柔軟)한 리더십, ⑥ 권력 탈이념화의 리더십, ⑦ 물러남의 리더십이다.

3. 류성룡의 리더십

1) 통찰(洞察)의 리더십

리더에게 가장 중요한 것은 상황 인지와 상황 통찰이다. 상황은 생물처럼 살아서 변화하는 정세(情勢)다. 정세는 그 변화하는 사태가 돌아가는 모습이자 경로이며 결과다. 사태가 어떻게 시작해서 어떤 경로를 밟으며 마침내 어떻게 되는가이다. 리더가 그 동태를 남달리 느끼고 파악하는 것이 상황 인지이며, 그것이 나아가는 진로와 그것이 야기하는 결과를 남보다 먼저 알아내는 것이 상황 통찰이다. 리더는 그 상황을 인지하는 힘, 즉 상황 인지력과 상황을 통찰하는 능력, 즉 상황 통찰력을 갖고 있어야 한다. 그것이 리더의 첫 번째 자격이다.

류성룡은 1580년대 이후 조선을 둘러싼 동아시아 정세를 남달리 감지하고 있었다. 중국 남동 해안인 광동성, 절강성, 강소성 등을 수시로 침략하는 왜의 동태를 명나라 장수 척계광(戚繼光)이 쓴 『기효신서(紀效新書)』를 통해 자세히 알고 있었고, 임진왜란 2년 전에 대마도주 소 요시토시(宗義智)가 가져온 조총을 보고 활의 전쟁에서 총의 전쟁으로 전쟁 기술이 바뀌고 있음을 인지했다. 그리고 총으로 무장한 왜가 쳐들어올 때는 육전으로 상대할 수 없음을 직감했다. 이순신을 임진왜란이 일어나기 1년 2개월 전에 수군 장수로 기용한 것도 이 같은 상황 판단과 통찰력에서 기인한 것이다.

2) 지감(知鑑)의 리더십

지감은 지인지감(知人之鑑)의 준말이다. 지인지감이란 사람을 알아보는 눈이다. 즉, 그 눈은 사람의 능력을 판별하는 눈인 것이다. 리더의 판별은 그 사람의 능력 유무를 구분하는 것이 아니라 그 사람이 갖고 있는 능력을 식별하는 것이다. 사람은 누구나 능력을 갖고 있다. 리더의 지감은 그 사람이 어떤 종류, 어떤 범주의 능력을 갖고 있느냐를 식별(판별해 구분)하는 것이고, 그 능력을 얼마만큼 활용해, 얼마만큼 성과를 거둘 수 있느냐를 식별하는 것이다. 그 분야에 가장 정통한 인재를 골라 그 능력을 최대한 발휘할 수 있는 자리에 그 인재를 앉히는 것, 이른바 적재적소의 배치는 리더의 이런 식별 능력에서만 가능하다. 인재는 맞는 자리에 앉아 능력을 발휘하기 전에는 그 누구도 인재가 아니다. 인재는 리더에게 특정한 자리에 발탁돼 그 자리에서 최대의 실력을 발휘할 때 비로소 인재가 된다. 그 전에는 그 누구도 인재가 아니다.

류성룡의 지인지감은 조선조 어느 정치인보다 뛰어났다. 그 지감

능력이 어디서 나왔는지 알 수 없지만, 아마도 타고난 선천적 능력에 후천적 노력이 따라붙은 결과라 할 수 있다. 그는 첫눈에 이순신과 권율을 알아봤다. 이순신이 수군의 장재(將材)이고, 문신 권율이 육군의 장재임을 직감한 것이다. 이성중(李誠中)의 성심과 성실을 알았고, 고언백(高彦伯)과 홍계남(洪季男)의 무인다운 용기와 충성을 느꼈으며. 이원익(李元翼)과 정탁(鄭琢)의 무욕, 무당파심, 무사심을 읽었다. 이항복(李恒福)과 이덕형(李德馨)의 유위, 유능을 누구보다 잘 알았고, 신립(申砬)과 이일(李鎰)이 장군으로서 어떤 일을 해낼 수 있을지도 저울에 단 듯이 파악했다.

명나라 장수나 관리를 보는 안목 또한 탁월했다. 그는 이여송(李如松)과 첫 대면에서 말도 통하지 않으면서 그의 장군으로서의 능력과 인격의 수준을 알았다. 의심이 많고, 거짓이 많으며, 병법에 어둡고, 전략과 전술에 빈 구석이 많다는 것을 직시했다. 선조가 그토록 받드는 명군의 총책 양호(楊鎬)의 능력도 미리 알아차렸고 선조를 갈아치우겠다고 나온 사신 사헌(司憲)의 심중을 꿰뚫어 그의 마음을 하루아침에 돌려놓는 독심술도 가지고 있었다. 그는 명나라 장수들 중에서 척계광(戚繼光)의 조카 척금(戚金)을 가장 높이 평가했으며, 다른 장수들은 모두 왜 장수에 미치지 못함을 지감했다.

3) 준비의 리더십

리더는 언제나 준비하고 있어야 한다. 유비무환은 전쟁 시나 평화 시, 어려울 때나 편안할 때 늘 따라다니는 경구다. 실제 준비하지 않고 준비심이 없는 리더는 그만큼 상황 통찰력과 상황 판단력이 없거나 모자란다. 상황을 잘 아는 것도 중요하지만 그 상황에 따라 적절히 대비책을 강구하는 것. 그것이 바로 준비하는 리더십이다.

류성룡은 임진왜란이 일어나기 훨씬 전에 기무십조(機務十條)라는 역사적인 설계안을 내놓는다. 일종의 대규모 프로젝트라 할 수 있는 이 설계는 이제까지 전쟁을 수행하면서 사실 군이라 할 수 없는 수준의 조선군을 대변신시키는 방책이라 할 수 있다. 적군의 동정을 정찰하는 척후에서부터 적과 아군의 장단점을 비교하는 장단은 물론이요, 사(司, 사단) · 초(哨, 연대) · 기(旗, 대대) · 대(隊, 중대) · 오(伍, 소대)로 편제된 군의 조직 체계와 성을 만드는 중호(重壕), 보루와 진지를 만드는 설책(設柵) 등 기타 10개의 전쟁 대비 혁신안을 내놓았다. 문제는 국력이 이 설계를 따라주지 못했고, 백성을 동원할 능력이 부족했기 때문에 임진왜란의 비극을 초래하게 된 것이다. 청(淸)이 일어날 것을 예측해서 산성을 수축하고 포를 개발해야 한다는 것도 그의 대비책 중의 하나였다.

4) 방법의 리더십

서구 정치 사상가들의 글 속에는 공통적으로 "이념이 방법이고(ideology is methodology), 방법이 이념이다(methodology is ideology)."라는 인식이 깔려 있다. 쉽게 말해 뜻과 방법은 하나이고 같은 것이라는 말이다. 우리 속담에 "뜻이 있는 곳에 길이 있다."라는 말과 일면 상통하는 말이다. 그러나 서구 사상은 뜻과 방법을 같은 것으로 보고, 둘 다 꼭 같은 무게의 꼭 같은 주격으로 다루지만, 우리 속담은 어디까지나 뜻이 주(主)이고 방법은 부수적인 것으로 본다는 점이 다르다. 그래서 우리는 일이 잘못되었을 경우, 혹은 성과나 결과가 기대만큼 만족스럽지 않을 경우, "뜻은 좋았는데 방법이 잘못되어서" 혹은 "동기는 좋았는데 일(방법)을 잘못해서"라며 방법의 문제에 대해서는 면죄부를 준다.

그러나 서구의 관행에서는 방법이 잘못된 것도 뜻이 잘못된 것만큼 용서하지 않는다. 그만큼 방법을 중시하고, 경우에 따라 뜻보다 방법을 더 중시하기도 한다. 그러나 우리는 고래로 방법론에 신경을 쓰지 않고 방법론은 기술자들이나 강구하는 정도로 격하시키는 인습적 사고에 빠져 있다. 이 인습적 사고가 서구와 동양을 갈라놓았고, 일본과 조선을 갈라

놓았다.

오늘날 류성룡을 연구하는 대부분의 글에 나타나는 공통된 견해는 류성룡이 체(体)와 용(用)을 겸비했다는 것이다. 체는 뜻이고 용은 방법이다. 당시의 류성룡을 평가하는 글에서도 "류성룡은 시무(時務)에 밝다'는 공통성이 있다. 시무의 자전적(字典的) 의미는 그 시대의 시급한 일, 그 시대에 가장 시급히 처리해야 할 정무(政務)나 사무(事務)를 가리킨다. 용(用: 오늘날 의미로 방법론)의 시작은 가장 시급한 일, 즉 급선무가 무엇인지 가려내는 데서 비롯된다. 그 다음 그것을 제대로 할 수 있는지 어떻게 할 것인지, 면밀하고 정확하게 현실적인 계산을 하는 데서 성취된다.

류성룡은 그러한 면에서 그 시대의 방법론적 선구자, 방법론의 달인이라고 할 수 있다. 사실 임진왜란의 대처 방법은 모두 그의 머릿속에서 나왔다. "왕과 조정은 동북면(함경도)이 아닌 서북면(평안도)으로 가야 한다." "압록강에서 한 발자국이라도 나가면 조선은 우리 땅이 아니다." "압록강 이남에 머무를 때만 명의 구원병을 끌어올 수 있다." "수군을 키워야만 보루인 호남을 지키고, 나라를 이어갈 수 있다." "이순신의 제해권만이 금주, 복주, 천진 등의 요동 연안을 보호해 명군을 육로로 이동시킬 수 있다." 등이 그것이다.

5) 유연(柔軟) 리더십

유연은 부드러움이며 연함이다. 연함은 무름이며 산뜻함이다. 연한 색깔은 무성한 여름 초목처럼 짙음이 아니라 신록처럼 옅음이다. 민주주의는 부드러움이다. 물처럼 순하다. 권위주의와 전체주의는 거셈이며 매서움이다. 돌처럼 굳고 딱딱하다. 그 부드러움이 굳셈을 이긴다. 그 순함이 매서움을 몰아낸다. 그래서 유능제강(柔能制剛)이라 했다. 부드러움이 굳셈을 능히 제압하고 능히 이긴다는 말이다. 이는 인간의 오랜 경험에서 나온 말이다. 그만큼 실증적이고 그만큼 살아 있는 사실이다. 리더와 리더십 또한 부드러운 리더, 유연의 리더십이 누구에게나 지지를 받는다. 그 지지에 생명이 있고, 따라서 지속력이 있다. 민주적 리더십이 결국은 승리하는 이유가 거기에 있다.

류성룡은 조선조 500년을 대표하고도 남음이 있는 정치 리더십의 소지자였다. 그는 정말 온유했다. 온유했으므로 강직한 정치인이라고 할 수는 없다. 바위처럼 굳고 대나무처럼 곧은 정치인은 아니었다. 부드러워서 능히 물러서기도 했고, 무르고 연해서 능히 굽히기도 했다. 그러나 그 부드럽고 무름으로 인해 횡포한 명나라 장수와 관리들을 경략할 수 있었다. 지략도 없으면서 오만하던 이여송을 예의를 갖춰 말하고 행동하게 만들었고, 선조를 갈아치우겠다고 기세등등하던 사신 사헌(司憲)의 결심을 돌려 순순히 돌아가게 만들었다. 그야말로 유능제강의 리더였던 것이다. 조선 왕을 왕으로 보지 않을 정도로 콧대가 높았던 조선 종책 양호(楊鎬), 마귀(麻貴), 유정(劉綎), 동일원(董一元) 등 각 군의 사령관들을 자존심 상하지 않게 콧대를 꺾어서 조선의 요구에 따르도록 한 것, 그리하여 마지못해 왜의 진지 앞으로 그들의 군대를 끌고 가 전투를 하게 한 것은 오로지 류성룡이 가진 유연한 리더십 덕분이었다.

6) 권력 탈이념화의 리더십

권력 탈이념화란 권력 비이데올로기화를 의미한다. 조선조 권력은 이데올로기였다. 이데올로기는 그 자체가 실현하려는 목적이고, 도달하려는 목표다. 이데올로기는 마음속에 깊이 잠재되어 있어 염두에서 항시 떠나지 않는 고정관념이다. 바깥 상황이 아무리 변해도 변하지 않는 고착화된 생각이다. 조선조의 권력은 모든 조신들에게 그 같은 이데올로기였다. 권력의 자리라는 목표에 도달하기 위해 공부를 했고 과거를 보았으며, 그 목적을 달성하기 위해 혼신의 노력을 평생 동안 바쳤다. 조선조의 피비린내 나는 권력투쟁은 그래서 일어났다. 당파는 이념화된 권력의 수단이었다. 하나의 이데올로기만을 점유하듯, 권력 또한 오로지 독점하려고만 했다. 그 독점을 위해 끝없이 파당을 짓고, 그 파당을 세력화했다.

그 지독한 권력 이데올로기, 그 이데올로기화한 권력이 갖는 '배제와 닫힘의 정치'에서 류성룡이 드물게 생존할 수 있었던 이유는 무엇일까? 무엇이 그로 하여금 드문 기록을 남기는 재상으로 남게 했을까? 그는 관직에만 1566년에서 1598년까지 만 32년을 있었다. 그것도 대사헌, 대제학, 병조판서, 이조판서, 우의정, 좌의정 그리고 영의정 등 초기의 청직(淸職) 외에는 모두 요직을 두루 거쳤다. 그 긴 관직 생활 중에 영의정으로 물러날 때까지 한 번도 탄핵을 받지 않았고, 한 번도 유배되지 않았다. 탄핵은 물러날 때가 유일했다. 유배가 일상화된 조선조 관직 사회에서 어째서 그는 한 번도 유배를 당하지 않은 걸까. 이는 류성룡이 조선조 정치사에서 보기 드문 기록을 남긴 것이라 할 수 있다.

이는 실로 오늘날 사회학자들이 연구하고 규명해야 할 정치 리더십의 전형적인 사례라고 할 수 있다. 일찍 은퇴한 퇴계 이황, 율곡 이이, 일체 나섬이 없는 종친 이원익, 요절한 이덕형을 제외하면 류성룡처럼 요직을 두루 거치며 오랫동안 자리를 지키며 탄핵받지 않고 유배되지 않은 사람은 없다. 류성룡은 어떻게 그것이 가능했을까. 흔히 하는 말로 '비결'이 무엇이었을까? 그것은 무엇보다 권력을 '이데올로기화'하지 않았다는 것, 즉 권력을 이념화하거나 '가치화'하지 않았다는 것에서 찾을 수 있다. 그는 어느 요직에 앉든 그 자리를 "힘 쓰는 자리에서 일하는 자리"로 바꾸었다. "세(勢)를 누리는 자리가 아니라 임무를 수행하는 자리로" 탈바꿈시켰다. 윗자리에 오를수록 '파벌(派閥) 규합의 행태'에서 '인재 등용과 발탁의 기능'으로 자리를 혁신했다. 오늘날 소위 말하는 '제도 형성' 혹은 '제도 건설', 즉 '기관 형성(institution-building)'의 역할을 담당한 것이다 그래서 그가 발탁하고 기용한 인재들은 한결같이 이순신, 권율, 고언백, 이성중처럼 열심히 '일하는' 사람, 그야말로 진충보국(盡忠報國)하는 사람들이었다. 권세를 탐하거나 세력을 규합하려는 사람은 한 사람도 없었다. 그의 '생존'은 오로지 권력의 이 같은 '탈이념화-탈가치화'에 있었던 것이다.

7) 물러남의 리더십

리더는 물러날 때 반드시 물러나야 한다. 물러남의 리더십은 자리에 연연하지 않는 리더십을 의미한다. 그것은 두 가지 이유에서 그렇다. 첫째, 자리에 연연하면 사심이 생긴다. 사심은 정책의 객관적 판단을 흐리게 만든다. 어떤 정책도 어떤 공적인 나라 일도 모두 자기 자리 유지와 연관해 생각한다. 기득권 유지라는 말이 그래서 생겨난 것이다. 둘째, 자리에 연연하는 것만큼 권력을 세력화한다. 그 자리에 오래 앉아 있기 위해 언필칭 권좌, 권력의 영속화를 위해 권력을 세력화한다. 권력의 세력화는 능력의 유무와 상관없이 자기편을 끌어모으고, 자기편 사람에게 중임을 맡기는 것이다. 그야말로 인재 등용의 편중화이며, 부정적인 의미의 코드 인사가 되는 것이다.

류성룡은 1598년 9월 '양호 변명'의 진주사(陳奏使)를 거절하면서 이이첨 등 반대파로부터 공격을 당했고, 즉각 물러나겠다는 사직서를 냈다. 그러나 선조는 받아들이지 않았다. 그로부터 그가 자리에서 물러나는 11월 18일(1598년)까지 두 달 동안 조선조 역사상 유례를 찾아보기 드문 한 편의 드라마가 전개된다. 조정은 파당을 지어 류성룡을 공격하고, 류성룡은 사직서를 임금에게 올리고, 임금은 사직서를 받아들이지 않는 '투소(投疏)-차사(箚辭)-불윤(不允)'의 쳇바퀴가 날마다 이어진다. 그리고 그가 파직된 이튿날 그는 즉각 행장을 꾸려 한성을 떠난다. 그러고 나서 죽는 날(1607년 5월 6일)까지 다시는 한성으로 돌아오지 않았다. 이 또한 조선조 일반적인 관인(官人)의 길과는 전혀 다른 점이다.

전반적으로 조선조에 벼슬을 한 관리들은 은퇴라는 것이 없었다. 임금이 부르면 언제나 돌아갔고, 끝없이 불러주기를 고대했다. 송강 정철의 '관동별곡(關東別曲)'에 나오는 구절처럼 임금이 불러만 주면 "어와, 성은이야 가디록 망극하다."였던 것이다. 임금님이 자신을 다시 불러주고, 다시 벼슬자리에 앉혀 줄 것을 요망하고 또 요망했다.

그래서 물러나도 도성을 멀리 떠나지 못했다. '부르시기만 하면' 그날로 곧장 달려갈 수 있는 곳, 오늘날로 말하면 수도권 내에 항시 머물렀다. 당시 수도권도 오늘날과 면적이 비슷해서 경기도 중부 이남과 충청도 북쪽 지역, 곧 내포 10현(內浦十縣)이라 하여 천안에서 태안반도를 잇는 북부 지역을 벗어나지 않았다. 물러났다면 고작 이 지역 정도이고, 그래서 당시는 물러나는 벼슬아치들이 귀향한다 하지 않고 낙향한다 했다. 고향으로 '돌아가는 것'이 아니라 시골로 '떨어지는 것'이라 생각했던 것이다.

그러나 류성룡은 완전히 돌아갔다. 선조의 몇 차례 소명이 있었지만 번번히 사절했다. '임금님의 부르심' 이른바 '성은(聖恩)'에 일체 응하지 않은 것이다. 심지어 충훈부(忠勳府)에서 화사(畵師)를 보내 초상화를 그리려고 했으나 그 또한 거절했다. 나라에 큰 공을 세운 사람에게 공식적으로 요청하는 초상화까지 거절한 이유는 무엇일까? 물론 사절의 변(辯)은 스스로 생각하기에 나라에 이렇다 할 공을 세운 적이 없다는 것이었다. 하지만 진정한 이유는 무엇이엇을까? 옛 글에 선비는 수영지절(瘦影之節)이라 했다. 선비는 짙은 그림자를 남기지 않는다. 공적이 아무리 커도 그림자는 엷게 희미하게 남기는 것이 선비의 절개라 했다. 그래서 그런지, 아니면 다른 이유가 있어서인지 알 수는 없다.

그러면서 그는 엄청난 기록을 남겼다. 눈을 감기 3년 전(1604년 7월)에 명작 『징비록(懲毖錄)』의 저술한 것이다. 그리고 『진사록(辰巳錄)』, 『군문등록(軍門謄錄)』, 『근폭집(芹曝集)』을 위시하여 많은 저술들이 은퇴한 덕분에 세상에 나올 수 있었다. 한성을 떠나 10년이 채 못 되는 사이에 이룩한 이 저술들의 지침은 선대의 전철을 철저히 징계하고 후대의 후환을 철저히 경계하는 것이었다. 그 요지(要旨)는 자강(自彊)이었다. 이 많은 저술의 전체를 하나로 꿰뚫어 뽑어낸 절규는 다름 아닌 자강이었다. "우리가 강해지지 않으면 안 된다", "바로 우리가 다시 일어나지 않으면 안 된다", "우리가 이제 다시 중흥하지 않으면 안 된다" 바로 그것이었다. "남을 믿어서도 의뢰해서도 안 된다. 바로 우리가 독립해야 한다."가 이 저술의 핵(核)이요 줄기요 요체였다. 물러남의 리더십이란 바로 이 저술들로 드러났고, 그 참모습이 이 저술의 지침으로 구현되었다.

제8장

이순신의 승리 리더십

임원빈(순천향대학교 이순신연구소장)

1. 이순신 생애 개관: 이순신, 그는 누구인가?

이순신은 덕수 이씨 12대 손으로 평범한 가정에서 출생했다. 할아버지 이백록(李百祿)은 그리 높지 않은 관직 생활을 했으며, 아버지 이정(李貞)은 관직에 출사하지 않은 평범한 선비였다. 그러나 이순신 집안 사람들은 나름대로 자기 가문에 대한 자긍심을 지니고 있었다. 이순신의 직계 조상 가운데 조선시대에서 눈에 띄는 족적을 남긴 분은 5대조인 이변(李邊)과 증조할아버지 이거(李琚)이다. 5대조 이변은 세종 때부터 성종 때까지 여섯 임금을 모시면서 형조, 예조, 이조, 병조참판(종2품), 형조판서, 공조판서(정2품), 예문관 대제학(정2품) 등을 역임했으며, 사망하기 1년 전에는 최고위 관리직인 보국숭록대부 영중추부사(정1품)에 오른 고위 관료였다. 그리고 증조할아버지 이거는 세자를 가르치는 강관(講官), 관료들의 비리나 부정을 탄핵하는 사간원 정언(정6품), 관료들의 비리를 조사하는 사헌부 장령(정4품) 등을 역임하면서 원리 원칙을 준수하는 선비의 표상으로 널리 이름났다. 특히 이거는 '호랑이 장령'이라고 알려질 정도로 당시 조선 조정에 위명이 자자해서 이순신이 관료 생활을 하고 있을 당시에도 그 명망을 기억하는 사람들이 많이 있었다.

이순신은 1545년 4월 28일 한성(漢城)의 건천동에서 태어났는데 현재 명보극장 근처로 알려져 있다. 임진왜란 당시 조선의 명재상이었던 서애 류성룡이 같은 동네에 살아 교분을 나누었는데, 이때 각인된 이순신의 사람됨에 대한 좋은 기억이 토대가 되어 이후 그는 이순신의 후원자 역할을 자임했다.

이순신이 무과(武科)로 전향한 것은 22세 무렵이었다. 그 이전까지는 형들을 따라 서당에 다니면서 문과(文科) 과거 시험 준비를 했는데, 나름대로 자질이 있어 문과 시험을 보았어도 성공할 수 있었을 것이라고 전해진다. 6년을 준비하여 28세 때 처음으로 무과 시험에 도전했으나 말에서 떨어지는 사고로 낙방했다. 그 후 다시 4년을 준비하여 32세 때 무과 시험에 재도전하여 총 합격자 29명 중 12등으로 합격했다.

무과에 합격한 이후 처음으로 받은 직책은 함경도 동구비보 권관이었다. 권관은 종9품의 벼슬로 오늘날로 치면 소위나 중위 정도에 해당하는 계급이다. 이순신은 초급 관료 시절부터 능력과 실력 그리고 도덕성을 인정받았다. 함경도 동구비보 권관으로 있을 때 감사 이후백(李後白)이 순시를 나와 변방을 지키는 관료들의 임무 수행 상태를 점검했는데, 지적이나 처벌을 받지 않는 관리들이 거의 없었다. 그러나 이순신에게는 매우 호의적으로 대했는데, 그 이유는 이순신의 업무 능력과 전투 준비 태세가 다른 관리들에 비해 탁월했기 때문이다. 훈련원 봉사 시절에는 직속 상관인 서익(徐益)이 차례를 무시하고 아는 사람부터 승진시키려 하자 이를 거절한 일이 있었다. 진급 서열이 아래에 있는 사람을 승진시키면 마땅히 승진해야 할 사람이 승진하지 못하게 된다는 것이 그 이유였다. 당시 이 사건은 조정 안팎에 널리 소문이 났었던 것 같다. 하급 관리로서 불이익을 감수하면서 직속 상관의 의지를 꺾는 일은 그리 쉬운 일이 아니었기 때문이다. 이런 소문을 들었는지 당시 병조판서로 있던 김귀영(金貴榮)이 자신의 서녀(庶女)를 이순신에게 시집 보내고 싶다는 뜻을 전해 왔다. 이순신은 이 또한 거절했다. 관료 사회에 막 발을 들여놓은 사람이 권세 있는 집안과 혼인 관계를 맺는 것은 떳떳한 일이 아니라는 것이 그 이유였다. 이 때문에 이순신은 관료 생활을 한 지 6년째 되던 38세에 처음으로 파직된다. 원칙을 준수하는 그의 올곧은 성격으로 인해 직속 상관과 갈등이 있었기 때문이다. 이런 이순신을 안타깝게 생각했던지 당시 이조판서로 있던 율곡 이이(李珥)가 류성룡을 통해 만나고 싶다는 뜻을 전했다. 그러나 이순신은 정중히 거절했다. 같은 덕수 이씨이기 때문에 만나 볼 수도 있지만 그가 관료들의 인사를 담당하고 있는 이조판서로 있는 동안에 사사롭게 만나는 것은 옳지 않다고 여겼기 때문이다.

이순신은 초급 관료 시절 고속 승진을 했다. 36세가 되던 해, 이순신은 전라도 좌수영에 소속된 발포(鉢浦)의 수군 만호(萬戶)가 되었다. 수군 만호는 종4품으로 오늘날 계급으로 보면 해군 대령쯤 되는 계급이다. 32세에 관료 생활을 시작했으니, 4년이 못 되어서 대령까지 진급한 셈이다. 발포 만호 시절에도 여러 가지 사건이 있었는데, 대표적인 것이 오동나무 사건이다. 발포의 관청 뜰에 오래된 오동나무가 있었는데 직속 상관인 전라좌수사 성박(成鎛)이 이것을 베어서 거문고를 만들려고 한 것을 좌절시킨 사건이다. 대령급 지휘관이 직속 상관인 소장급 수사의 뜻을 받아들이지 않는다는 것은 관료 생활을 포기하겠다는 것과 다름이 없는 것이었다. 어린 시절부터 정의감이 남달랐던 이순신은 관료가 되어서도 이런 평소의 생활 습관을 초지일관했다. 그의 인생 행로를 가늠할 수 있는 좌우명이 남아 있는데 소개하면 다음과 같다. "대장부가 세상에 태어나서 쓰이게 되면 죽기로써 일할 것이요. 쓰이지 못한다면 들판에서 농사짓는 것으로 만족할 것이다. 권세 있는 곳에 아첨하여 한때의 영화를 누리며 사는 것은 내가 제일 부끄럽게 여기는 것이다." 이런 좌우명을 실천하면서 관료 생활을 이어 가던 이순신은 여러 직속 상관과 갈등 관계에 놓이게 되었다. 심지어 통제사 시절에는 수군의 전략을 두고 임금과 갈등을 빚기도 하였다. 그 결과 파직과 투옥 그리고 백의종군을 하지 않을 수 없었다. 이순신은 임진왜란 발발 1년 2개월 전 전라좌수사로 발탁되는데, 그 이전까지 2번의 파직과 1번의 백의종군을 하는 등 시련을 겪어야 했다.

이순신이 전라좌수사로 발탁되기 직전의 직책은 정읍 현감이었다. 정읍 현감은 종6품의 직책이고, 전라좌수사는 정3품의 직책이니 7계급을 특진한 것이다. 비록 올곧고 정의롭게 살겠다는 그의 인생관 때문에 우여곡절은 있었지만 조선 조정은 무인 관료로서 이순신의 실력과 능력, 인품을 높이 평가했기 때문에 이와 같은 파격적인 인사가 이루어진 것이다. 전라좌수사가 된 이순신은 곧바로 전쟁준비에 돌입했다. 그는 자신이 왜 전라좌수사로 발탁되었는지 잘 알고 있었다. 이순신의 전쟁 준비의 백미는 거북선 건조다. 거북선에 돛을 달고 지자총통과 현자총통을 싣고 나가 사격 훈련을 마친 날이 정확히 임진왜란 발발 하루 전인 1592년 4월 12일이었다. 적어도 이순신이 지휘하는 전라좌수군은 임진왜란 발발 하루 전까지 전투 준비를 끝내놓고 있었던 것이다. 이런 전투 준비에 기초하여 이순신은 임진왜란, 정유재란이 벌어진 7년여 동안 40여 회의 해전에서 전승무패의 신화를 창출했다. 그는 이 기간 중에 700여 척 이상의 일본 함선을 격파했으며, 5만 명 이상의 일본 병사를 전사하게 하였다. 이런 전과를 바탕으로 이순신은 임진왜란을 극복하는 역사의 주역이 되었으며 1598년 11월 19일 마지막 노량해전에서 장렬히 전사한다. 향년 54세였다. 마지막 노량해전이 있던 날 자정에 이순신은 배에서 하늘을 향해 기도했다. "이 원수 모조리 무찌를 수만 있다면 이제 죽는다 해도 여한이 없겠나이다[此讐若除, 死卽無憾]."

이순신이 전라좌수사로 임명될 즈음 이순신의 친한 친구가 꿈을 꾸었다. 높이는 하늘을 찌를 만하고 가지가 빽빽한 큰 나무가 있는데, 그 위에 헤아릴 수 없을 만큼 많은 사람들이 올라가 몸을 기대고 있었다. 그런데 그 나무가 사람들의 무게를 지탱하기 어려워 장차 뿌리째 뽑혀 쓰러지려고 하는데 어떤 사람이 홀연히 나타나 몸으로 그것을 떠받들어 세우는데, 자세히 보니 그가 다름 아닌 이순신이었다는 것이다. 이순신이 우리의 역사에서 차지하는 위상을 상징적으로 나타내 주는 꿈의 내용이다.

2. 임진왜란을 대비한 전쟁 준비

아니 땐 굴뚝에 연기가 나지 않는 것처럼 준비 없는 승리는 없다. 임진왜란을 극복하는 데 위대한 수군의 리더 이순신도 큰 몫을 했지만 그렇다고 모든 공로를 이순신에게만 돌리는 것도 올바른 시각이 아니다. 이순신은 홀로 싸운 것이 아니라 고려 말 이후 왜구의 침입에 대비하여 착실하게 준비해 온 자랑스런 수군의 전통을 등에 업고 싸웠기 때문이다. 지금부터는 임진왜란을 대비하여 조선 수군과 조선 조정, 그리고 이순신의 전쟁 준비 상황에 대해 살펴보기로 한다.

1) 조선 수군의 전쟁 준비

조선 수군의 전쟁 준비는 멀리 고려 말까지 거슬러 올라간다. 고려 때까지는 해전을 전문으로 하는 독립된 군으로서의 수군은 존재하지 않았다. 그러나 고려 말 수많은 왜구의 침략으로 인해 수군의 필요성이 제기되었으며 이 땅에 수군이 발전하게 되는 원인이 되었다. 고려가 멸망하고 새로 개국한 조선은 초기부터 해전을 전문으로 하는 독립된 군으로서의 수군을 운영하였다. 수군력을 가늠하는 첫 번째 척도는 수군의 정원과 함선의 척수다. 『세종실록지리지』나 『경국대전』에 명시된 수군의 정원은 약 5만 명이며, 함선의 척수는 700척에서 800척 정도다. 당시 인구를 500만 명에서 600만 명 정도로 추산해 볼 때 엄청난 규모의 병력이 아닐 수 없다.

수군력을 가늠하는 두 번째 척도는 무기 체계다. 임진왜란 당시 조선 수군의 무기 체계는 천자총통과 지자총통으로 대표되는 대형 화약 무기 이른바 함포였다. 대형 화약 무기인 함포 운영의 효시는 고려 말 고려 수군으로 거슬러 올라간다. 최무선 장군을 비롯한 고려의 군사 전문가들은 첨단 무기인 함포를 만들어 곧바로 왜구를 퇴치하는 해전에 투입했다. 1380년 지금의 군산 앞바다에서 고려의 장수 나세(羅世), 최무선(崔茂宣), 심덕부(沈德符) 등의 지휘로 500여 척의 왜구 함선을 화약 무기인 함포를 사용하여 불태운 적이 있다. 이른바 금강 어구인 군산 앞바다에서 벌어진 진포(鎭浦)해전이다. 3년 뒤인 1383년에도 남해의 관음포(觀音浦)에서 정지(鄭地) 장군의 지휘로 120여 척의 왜구 함선을 불태우는 쾌거가 있었다. 함포를 사용한 최초의 해전이 자랑스럽게도 우리나라 역사에 있었던 것이다. 이렇게 볼 때 임진왜란 당시의 조선 수군은 고려 말 이래로 200여 년 동안 함포 운영의 노하우가 축적된 첨단 수군이라고 할 수 있다.

수군력을 가늠하는 세 번째 척도는 함선의 성능이다. 잘 알려진 대로 임진왜란 당시 조선 수군의 주력 함선은 판옥선(板屋船)이다. 판옥선의 특징은 일본 배보다 크다는 데 있다. 판옥선 건조에 대한 논의는 임진왜란 발발 71년 전부터 기록에 보인다. 그렇다면 당시 해양 방위 전문가들은 왜 큰 배를 만들어야 한다고 극력 주장했을까? 그것은 칼 싸움을 잘하는 일본의 병사들로부터 조선의 수군을 보호하기 위한 것이었다. 함포 포격 전술이 도입되기 이전에 동서양의 보편적 해전 전술은 등선육박전술(登船肉薄戰術)이다. 이른바 원거리에서는 활이나 조총을 쏘면서 접근하다가 근접해서는 적선에 사다리를 걸쳐 놓고 넘어가 백병전으로 승부를 내는 것인데, 이때 병사들에게 가장 중요한 것이 칼을 다루는 능력이다. 그런데 한 · 중 · 일 동양 삼국 가운데 칼을 가장 잘 다루는 나라가 일본이었다. 조선의 해양 방위 전문가들은 일본의 함선보다 큰 배를 만들면

마치 성 위에서 성 아래에 있는 적을 공격하는 것과 같은 양상이 되기 때문에 칼 싸움에 능한 일본 병사들의 전투력을 무력화시킬 수 있다고 생각했다. 한산도해전의 경우, 일본 병사들은 9,000명 정도가 전사한 반면 조선 병사들은 50명 미만이 전사했다는 사실에서 왜구의 해전 전술에 대비해서 만들어진 판옥선의 전투력이 얼마나 막강하고 효과적이었는지 확인할 수 있다. 판옥선은 명종 10년(1555)에 첫 시제품이 나왔으며 이후 10여 년 동안 대대적으로 건조되어 대략 임진왜란 발발 27년 전쯤에는 각 수영에 배치가 완료되었다. 그리고 한산도해전의 사례에서 보듯이 그 전투력을 유감없이 발휘했다. 이른바 판옥선은 왜구 대비용 맞춤형 함선이었던 것이다.

2) 조선 조정의 전쟁 준비

임진왜란을 대비하여 조정에서는 어떤 전쟁 준비를 했는가? 과연 동인, 서인으로 나뉘어 당파 싸움에만 열중하면서 전혀 전쟁 준비를 하지 않은 것인가? 이런 역사관은 부분적으로는 옳지만 모두 맞는 것은 아니다. 당시 조선 조정에는 일본이 침략해 올 것이라는 위기감이 감돌고 있었다. 가장 노심초사한 사람은 아마도 임금인 선조였을 것이다.

임진왜란이 발발하기 2~3년 전 임금인 선조는 대신들에게 명령을 내린다. 직책이나 계급에 관계없이 유능한 무인을 천거하라는 지시였다. 이른바 '불차탁용(不次擢用)' 제도의 시행이다. 많은 대신들이 나름대로 유능한 무인을 천거했는데 『조선왕조실록』의 기록에 의하면 이순신은 당시 이산해(李山海), 정언신(鄭彦信) 두 사람으로부터 각각 3위로 복수 천거되었다. 임금인 선조는 대신들이 천거한 무인들을 일본군이 침략해 올 길목에 지휘관으로 임명했다. 임진왜란 발발 1년 2개월 전에 전라좌수사 이순신, 전라우수사 이억기가 임명되었으며, 임진왜란 발발 2개월 전에는 원균이 경상우수사로 임명되었다. 이순신의 경우 정읍 현감으로 근무하고 있을 때 고사리진(高沙里鎭) 첨사, 만포(滿浦) 첨사, 진도(珍島) 군수, 가리포(加里浦) 첨사 등 여러 번의 관직 임명과 취소가 되풀이되었는데 결국 마지막으로 임명된 직책이 정3품 전라좌수사였다. 7계급 특진이라는 파격적인 인사에 대해 사간원, 사헌부 등에서는 비판이 거세었다. 인사의 원칙이 무너진다는 것이 그 이유였다. 그러나 임금인 선조는 강력하게 이순신의 전라좌수사 임명안을 관철시켰다. 임진왜란을 대비하여 조정에서 취한 가장 훌륭한 조치가 이순신을 전라좌수사로 임명한 것이 아닐까 생각된다.

3) 이순신의 전쟁 준비: 유비무환형 리더십

이순신에게 임진왜란을 위해 준비할 수 있는 시간은 1년 2개월이었다. 1591년 2월에 전라좌수사로 부임한 이순신은 부임하자마자 전쟁 준비에 돌입했다. 무너진 성을 보수했으며, 보관하고 있는 무기를 점검하여 관리를 소홀히 한 관리에 대해서는 일벌백계 책임을 물었다. 이순신의 전투 준비 태세는 거북선 건조에 이르러 절정에 달한다.

이순신이 거북선을 만든 것은 판옥선의 문제점을 보완하기 위한 것이었다. 조선 수군은 당시로서 최첨단 함선인 포함 판옥선을 보유하고 있었지만 판옥선도 나름대로 문제가 있었다. 그것은 원거리 명중률이 현저히 떨어진다는 것이며, 명중률을 높이기 위해서는 가능한 한 가까이 접근해서 함포를 쏘아야 하는데 너무 가까이 접근했다가는 백병전에 능한 일본 병사에게 당할 수 있다는 취약점이 있었다. 이를 보완하기 위해 등장한 것이 바로 거북선이다.

돌격선인 거북선이 만들어지자 이순신은 곧바로 새로운 해전 전술을 개발했다. 해전이 벌어지면 가장 먼저 거북선이 적의 지휘선을 향해 돌격한다. 그리고 30미터 이내까지 접근하여 선수에 있는 용의 입구에 설치되어 있는 현자총통을 발사하여 적의 지휘부를 궤멸시킨다. 그리고 돌아 나오면서 현측에 설치되어 있는 총통을 활용해 지휘선을 격파한다. 그 다음 조선의 주력 함선인 판옥선이 일제히 전진하면서 지휘관을 잃고 우왕좌왕하는 일본 함대를 각개 격파한다. 처음에는 총통을 쏘아 함선의 갑판과 상부 구조물을 격파하고, 은신처를 잃은 일본 병사들이 갈팡질팡할 때 조선 병사들의 장기인 활이 위력을 발휘한다. 일본 병사들의 칼 싸움 능력이 동양 삼국 가운데 최고라면, 활 쏘는 실력은 조선 병사들이 단연 최고였다. 갑판 위의 일본 병사들은 조선의 사부(射夫)에 의해 모조리 사살되었다. 그렇게 갑판 위가 조용해지면 조선 함선들은 일본 함선에 가까이 접근하여 화약과 짚을 버무려 불을 붙인 물체를 투척하여 태워 버린다. 이른바 분멸(焚滅)이다. 이순신의 신예 해전 전술은 거북선으로 지휘선을 마비시킨 다음, 판옥선에서 총통 공격과 활을 이용한 사살, 화약을 이용한 분멸이라는 일관된 패턴으로 정형화되었으며, 이런 해전 전술은 임진왜란 해전에서 매우 큰 효과를 보았다.

이러한 전쟁 준비 과정이 있었기 때문에 지상전에서의 패퇴에도 불구하고 조선 수군은 옥포해전부터 승전보를 올릴 수 있었으며, 임진왜란을 극복하는 역사적인 주역이 될 수 있었다. "준비 없는 승리는 없다."라는 평범한 사실을 이순신은 우리에게 다시 한 번 보여 준 것이다.

3. 이순신의 승리 리더십

똑같이 조선 수군을 지휘했음에도 불구하고 이순신이 지휘했을 때는 전승무패의 승리 신화를 창출한 반면, 원균이 지휘했을 때는 전멸에 가까운 패배를 당했다. 이런 상반된 결과는 전쟁에서 리더의 역할이 얼마나 중요한지 반증해 준다. 이순신은 어떻게 모든 해전에서 승리할 수 있었을까? 이순신은 어떤 리더십을 발휘했길래 그와 함께하는 해전에서 조선 수군 장병들은 죽기를 각오하고 싸웠을까? 이와 관련하여 승리를 가져오는 이순신의 리더십을 실력형 리더십, 변화 혁신형 리더십, 수평 소통형 리더십, 가치 지향형 리더십, 인격 감화형 리더십 등 5가지 유형으로 세분하여 살펴보도록 한다.

1) 실력형 리더십: 이순신의 실력을 확인할 수 있는 6가지 병법

통합된 세력으로 분산된 열세의 적을 공격하라: 병력 집중의 원리

이순신이 위대한 것은 열세한 상황에서 우세한 적을 만나 승리를 거두었기 때문일까? 13척과 133척이 싸운 명량해전, 58척과 73척이 싸운 한산해전을 보면 그런 것도 같다. 그러나 이순신은 이 두 해전과 마지막 노량해전에서만 병선의 열세를 보였지 나머지 해전에서는 항상 우세한 상황에서 해전을 벌였다. 이를 토대로 필자는 이순신에 대한 해석의 관점을 바꿨다. 이순신이 위대한 것은 "언제나 열세한 상황에서 우세한 적을 만나 승리를 거두었기 때문이 아니라 언제나 적을 분산시켜 인위적으로 적을 열세한 상태로 만들어 싸워 이겼기 때문이다."라는 관점의 전환이 그것이다.

임진왜란이 발발하는 1592년에 이순신은 총 4차례의 출동을 감행한다. 첫 출동인 제1차 출동에서는 주력 전투함인 판옥선 28척을 포함하여 총 91척의 함선이 동원되었다. 이는 자신이 지휘하는 전라좌수영 소속 함선 전부와 경상우수영 소속의 잔여 함선 모두를 총동원한 것이었다. 최초의 승전보를 올린 옥포해전에서 이순신은 일본 함선 30여 척과 조우하여 그 가운데 26척을 격파했으며, 합포해전에서는 5척과 만나 5척 모두를, 적진포에서는 13척과 만나 11척을 격파했다. 즉 91척 대 30척, 91척 대 5척, 91척 대 13척이라는 절대 우세의 싸움을 한 것이다.

임진년(1592) 제2차 출동에서는 최초 26척의 함선이 동원되어 사천해전에서 일본 함선 13척을, 당포해전에서 21척을 각각 격파하였다. 제

2차 출동 세 번째 해전인 당항포해전 직전에는 이억기 수사가 이끄는 전라우수영의 함선이 합세하여 총 51척의 통합 함대가 구성되었다. 조선 수군은 당항포에서 일본 함선 26척을, 율포해전에서 7척을 각각 격파하였다. 제2차 출동 중에 있었던 4번의 해전에서도 26척 대 13척, 26척 대 21척, 51척 대 26척, 51척 대 7척의 우세한 해전을 벌인 것이다.

임진년(1592) 제3차 출동 중에 있었던 한산도해전의 경우 이순신이 지휘한 조선 수군은 전라좌 · 우수영과 경상우수영 산하의 전 함선이 총동원되어 주력 전투함인 판옥선 및 거북선의 숫자가 1차 출동에 비해 두 배 이상인 58척에 달했다. 비록 함선 숫자에서는 일본 함선 73척에 비해 열세인 것처럼 보이지만 전투력 면에서는 일본 수군을 훨씬 능가했다. 그 결과 조선 함선은 단 한 척의 손실도 없었던 반면 일본 함선은 대 · 중 · 소선 총 73척 가운데 59척이 격파됐고, 이 중 주력 전투함인 대선은 총 36척 중 35척이 격파됐다. 제3차 출동 중에 있었던 두 번째 해전인 안골포해전에서는 일본 함선 42척을 맞아 30여 척을 격파했다.

임진년 제4차 출동에서는 개전 이후 가장 많은 함선이 동원되었다. 동원된 조선 수군의 함선은 총 166척이었다. 제4차 출동의 공격 목표는 일본군의 본거지인 부산포였다. 조선 수군은 부산포로 향하는 길목인 장림포에서 6척, 화준구미에서 5척, 다대포에서 8척, 서평포에서 9척, 절영도에서 2척, 초량목에서 4척을 만나 모조리 격파했다. 그리고 부산포로 나아가니 500여 척이 포구에 정박해 있었다. 조선 수군의 막강한 전투력에 기가 죽은 일본 함선들은 감히 바다로 나오지 못하고 육지로 올라가 저항을 했다. 조선 수군은 포구를 들락거리며 일본 함선을 공격하여 100여 척의 함선을 격파하는 전과를 올렸다.

임진년 제1차 출동에서 제4차 출동까지 동원된 양측의 함선 세력을 모두 모아 놓고 넓은 대양에서 결전(決戰)을 벌였다면 이순신은 이처럼 완벽한 승리를 거두지 못했을 것이다. 그러나 이순신은 언제나 통합된 전투력을 운영하여 구체적인 해전 국면에서 우세를 점유하였다. 작게는 전라좌수영 소속 함선을 통합하여 운영했고, 크게는 전라좌 · 우수영, 경상 우수영, 충청 수영 등 삼도의 함대를 통합했다. 통합된 조선의 함대와 조우한 일본 함대는 거의 대부분 분산된 상태에서 각개 격파되었다.

적의 주력함이나 지휘선에 화력을 집중하라: 화력 집중의 원리

'병력 집중'이 해전 전체 국면에서 병력 운영의 원리라면 '화력 집중'은 구체적인 전투 현장에서 화력 운영의 원리다. 이순신은 해전이 벌어지면 가장 먼저 적의 지휘선이나 주력함에 병력과 화력을 집중하여 격파함으로써 개전 초기에 유리한 형세를 조성했다. 앞에서 살펴본 대로 병력 집중을 통해 전체 전장(戰場)에서 우세한 상황을 조성했을 뿐만 아니라 화력 집중을 통해 실제 전투가 벌어지는 전투 현장에서까지 전투력의 우세 상황을 조성했던 것이다.

다음은 임진년(1592) 제2차 출동 중의 당포해전의 상황을 묘사한 것이다.

> 왜선은 크기가 판옥선만한 것 9척과 중 · 소선 12척이 선창에 정박해 있었는데, 그 가운데 한 대선에는 높이가 3, 4장이 될 듯한 높은 층루가 우뚝 솟아 있었고, 밖으로는 붉은 비단 휘장을 두르고 휘장의 사면에 '황자(黃字)'를 크게 써 놓았습니다. 그 속에 왜군 장수가 있는데 앞에는 붉은 일산을 세우고 조금도 두려워하지 않는지라 먼저 거북선으로 하여금 층루선 밑으로 곧바로 충돌해 들어가면서 용(龍)의 입으로 현자철환을 치쏘고, 또 천자, 지자총통으로 대장군전(大將軍箭)을 쏘아 그 배를 격파한 뒤, 뒤따르고 있던 여러 전선들로 하여금 철환과 화살을 번갈아 쏘게 하였습니다. 중위장 권준이 돌진해 들어가 왜군 장수를 쏘아 맞추었는데, 활을 당기는 소리에 맞추어 거꾸로 떨어지므로 사도 첨사 김완과 군관 진무성이 그 왜장의 머리를 베었습니다. 적도들은 겁이 나서 도망치는데… (『李忠武公全書』, 「唐浦破倭兵狀」)

일본 수군 장수가 탄 지휘선은 붉은 비단 휘장을 두르는 등 호화로운 장식을 하고 있어 식별하기가 매우 용이했다. 이순신은 해전이 벌어지면 가장 먼저 거북선을 일본 수군의 지휘선을 향해 돌격시키면서 뱃머리의 용(龍)의 입에 설치된 현자총통으로 공격하여 기선을 잡고, 이어서 현측에 설치된 천자 · 지자총통으로 대장군전을 발사하여 적선을 격파하는 작전을 구사했다. 그 다음에는 갑판 위에서 허둥대는 일본 수군 장수와 병사들을 향해 철환과 화살을 마구 쏘아 댔다. 마지막으로 철환이나 화살을 맞고 바다에 떨어진 일본 장수를 건져 올려 목을 베는 식이다. 가용한 화력을 일시에 적의 지휘선에 집중하여 전광석화처럼 격파하고 적의 장수를 사살하여 효시(梟示)하는 해전 전술은 개전 초기에 일본 수군의 지휘 체계를 마비시킬 뿐만 아니라 일본 병사들의 사기를 꺾어 전의를 상실하게 하는 이중효과를 얻을 수 있었다.

임진왜란 3대 승첩 중 하나로 꼽히는 한산도해전에서 사용한 학익진(鶴翼陣)은 판옥선의 현측에 배치된 각종 총통의 화력을 선두에서 추격해 오는 일본의 함선에 집중시키기 위한 진형법이다.

> "먼저 판옥선 5~6척을 시켜 선봉에 나선 적선을 뒤쫓아 습격할 기세를 보였더니 여러 배의 적들이 일시에 돛을 달고 쫓아 나왔습니다. 바다 가운데 나와서는 다시 여러 장수들에게 명하여 학익진(鶴翼陣)을 펼쳐서 일시에 진격하여 각각 지자, 현자, 승자 등의 총통을 쏘면서 먼저 2~3척을 쳐부수자 수 척의 왜선이 사기가 꺾여 도망쳤습니다. 여러 장수나 군사들이 승기를 뽐내며 앞을 다투어 돌진하면서 화살과 불화살을 번갈아 쏘니 그 형세가 바람과 우레 같았습니다. 일시에 적의 배를 불태우고 적을 사살하여 거의 다 없애버렸습니다."(『李忠武公全書』, 「見乃梁破倭兵狀」)

이순신은 와키자카 야스하루가 지휘하는 일본 함대를 좁은 견내량으로부터 넓은 한산도 앞바다로 유인하는 한편 일시에 학익진(鶴翼陣)을 펼쳐 선두에서 추격해 오는 일본 함선 2~3척에 화력을 집중함으로써 순식간에 격파했다. 이렇게 초전에 승기를 잡은 이순신 함대는 학의 날개 안에서 우왕좌왕하는 일본 함대를 일제히 각개 격파하여 전멸에 가까운 패배를 안겼다. 한산도해전은 화력 집중의 원리를 구사한 대표적인 해전이다.

유리한 장소와 시간을 주도적으로 선택하라: 주동권 확보의 원리

주동권(主動權)은 전장의 상황을 아군이 주도적으로 이끌어 가는 권한이다. 주동권 확보의 요체는 지금 싸우고 있는 해전의 장소와 시간을 누가 선택했느냐에 달려 있다. 임진왜란 중의 가장 중요하고 의미 있는 해전인 한산해전, 명량해전, 노량해전에서 싸울 장소와 시간을 주도적으로 선택한 리더는 바로 이순신이었다.

조선 수군의 통합 함대는 임진 · 정유 왜란 기간 중 오직 한 번 칠천량해전에서만 주동권을 빼앗겼는데, 그 결과는 조선 수군의 궤멸이라는 치명적 패배를 가져왔다. 칠천량 해역은 조선 수군이 싸우고자 한 장소가 아니었다. 정유년(1597) 7월 14일 아침 부산포로 출동한 조선 수군은 폭풍을 만나 해전다운 해전도 못해 보고 저녁 무렵 가덕도로 후퇴하여 상륙하였는데 여기서 매복해 있던 일본군에게 400여 명이 살해당했다. 7월 15일 조선 수군은 다시 함대를 수습하여 영등포를 거쳐 칠천량 앞바다로 후퇴하여 정박했다. 결과적으로 그곳은 일본의 지상군과 수군에 의해 포위된 일종의 함정과 같았다. 7월 16일 새벽 겹겹이 포위된 상태에서 야간 기습을 받은 조선 수군은 제대로 싸워 보지도 못하고 궤멸되었다. 주동권 확보에 실패하였기 때문이다.

임진년(1592) 제1차, 제2차 해전에서 조선 수군은 일본 수군의 배치 상황을 정확히 알고 해전에 임했던 반면에 일본 수군은 그렇게 못했으며 설상가상으로 해전을 위한 준비도 미흡했다. 당시 일본 수군은 지상전의 승리에 도취되어 있었다. 그들은 자만에 빠진 채 해안 곳곳에서 노략질에 여념이 없었던 상황에서 갑자기 나타난 조선 수군과 해전을 벌여야 했다. 일본 수군은 철저히 피동(被動)의 국면에 처하게 되었으며, 결과적으로 잘 조직되고 통합된 조선 수군과의 해전에서 항상 전멸에 가까운 패배를 당하지 않을 수 없었다. 해전에서의 주동권을 상실했기 때문이다.

제3차 출동 중에 벌어진 한산도해전에서도 이순신은 해전 장소를 주도적으로 선택함으로써 주동권을 장악했다. 한산도해전에서 이순신은 유인술을 구사했다. 그 이유는 조선 수군의 주력함인 판옥선이 활동하기 편하고, 나아가 전과(戰果)를 극대화하기 위해서는 해역이 좁은 견내량보다 넓은 한산도 앞바다가 유리한 장소였기 때문이다. 한산도해전을 앞둔 이순신은 승리를 확신했다. 이에 따라 평소 해전에서 불리할 경우 배를 버리고 육지로 도주하는 일본 수군의 행태를 보아 온 이순신은 육지로 도주할 수 없는 한산도 앞 넓은 바다를 해전 장소로 정하고 견내량에 있는 일본 수군 함대를 유인한 것이다. 한산도 앞바다에는 조선 수군의 주력 함대가 기다리고 있었다. 유인하던 5~6척의 함선을 포함해 총 58척에 달하는 조선 수군 통합함대는 사전의 작전 계획에 따라 학익진을 펼쳐 일제히 총통 공격을 감행함으로써 일본 함선 73척 가운데 59척을 격파했다. 대승이요 완전한 승리였다.

불가사의한 해전으로 평가되는 명량해전에서도 이순신은 싸울 장소를 주도적으로 선택함으로써 주동권을 확보했다. 전라도 장흥의 회령포에서 12척을 수습한 이순신은 300여 척의 일본 수군의 추격을 피하며 이진, 어란포, 벽파정으로 후퇴하면서 고민에 고민을 거듭했다. 과연 어디서 싸워야 승산이 있을까? 명량해전이 있기 하루 전 이순신은 진도의 벽파정에서 해남의 우수영(右水營)으로 진(陣)을 옮겼다. 그 이유가 『난중일기』에 나타난다.

조수를 타고 여러 장수들을 거느린 채 진을 우수영 앞바다로 옮겼다. 그

> 것은 벽파정 뒤에 명량(鳴梁)이 있는데, 수가 적은 수군으로 명량을 등지고 진을 칠 수가 없기 때문이었다. … "한 사람이 길목을 지키면 천 명도 두렵게 할 수 있다."라는 말이 있는데, 모두 오늘 우리를 두고 이른 말이다.(『亂中日記』, 정유년 9월 15일)

명량의 물목을 해전 장소로 택한 가장 큰 이유는 "한 사람이 길목을 지키면 천 명도 두렵게 할 수 있다."라는 병법의 원리를 이용하기 위한 것이었다. 한 마디로 관운장(關雲長)나 장비(張飛) 같은 힘센 장수가 외나무다리를 지키고 있을 경우 수백 명이라도 당해 낼 수 있다는 원리다. 적군이 아무리 많더라도 외나무다리를 타고 오는 자는 한 명일 수밖에 없기 때문이다. 이순신은 300여 척의 일본 수군 함대를 명량의 좁은 물목에 가두어 놓은 채로 조선 수군 13척 모두가 전투력을 발휘할 수 있도록 물목 바깥의 넓은 해역에서 싸운다면 승산이 있을 것이라고 생각했다. 이순신은 명량의 좁은 물목을 해전의 장소로 선택함으로써 13대 300이라는 수적 열세를 극복할 수 있는 전기를 마련했다. 결과적으로 명량의 좁은 물목은 일본 수군에게는 가장 불리하지만 조선 수군에게는 가장 유리한 해전 장소였던 것이다.

마지막 해전인 노량해전에서도 싸울 장소를 먼저 선택한 쪽은 이순신의 조선 수군이었다. 고니시 유키나가의 부대를 해상 봉쇄하고 있던 이순신은 사천 · 남해 · 부산 등지에 있던 일본 수군이 고니시 유키나가를 구원하기 위해 전면 출동했다는 정보를 입수하자 곧바로 봉쇄를 풀고 노량으로 함대를 이동했다. 고니시 유키나가를 계속해서 봉쇄할 경우 앞뒤의 적에게 협공을 당하게 될 위험성이 있었기 때문이다. 결국 마지막 해전 장소인 노량도 이순신이 선택한 장소였던 것이다.

정확한 정보 없이는 함부로 부대를 움직이지 마라: 정보 획득의 원리

이순신의 모든 전략 전술과 작전 계획은 언제나 사전에 얻은 정확한 정보 분석을 토대로 수립되었다. 다음의 계사년(1593) 장계는 이순신의 정보 수집 체계의 일면을 잘 보여 준다.

> 신이 거느린 함선은 전선이 42척이고 정탐용 작은 배가 52척이며, 우수사 이억기가 거느린 함선은 전선이 54척이고 정탐용 작은 배가 54척이며, 전쟁 기구는 배의 척수에 따라 정비했습니다. (『李忠武公全書』, 「請湖西舟師繼援狀」)

이 기록을 토대로 계사년의 전라좌 · 우수영의 함선 세력을 정리해 보면 전투함이 96척이요, 정보를 수집하는 탐망선이 106척이다. 특히 일본군과 접전 지역에 있는 이순신의 전라좌수영에는 탐망선이 전투함보다 10척이나 더 많음을 알 수 있다.

계사년부터 정유년(1597)까지 한산도에 통제영을 둔 이순신은 일본군의 정세를 파악하기 위해 탐망선 이외에 별도로 육상의 정찰 부대를 운용했다. 거제도의 안쪽 바다로 통하는 칠천량 앞바다를 감시하는 영등(永登) 정찰 부대와 거제도의 바깥 바다로 통하는 해로와 웅천 및 가덕도 앞바다를 감시하는 대금산(大金山) 정찰 부대, 그리고 고성 쪽의 육지와 바다를 감시하는 벽방산(碧芳山) 정찰 부대가 그것이다. 이 부대의 활약을 통해 이순신은 안골포, 가덕도, 제포, 웅포, 거제 등을 오가는 일본 수군과 고성 쪽의 일본 지상군의 동태를 소상히 파악할 수 있었다. 심지어 육로로 정찰 임무를 띤 군관을 직접 보내 거제 동쪽에 자리 잡은 적의 동태를 살피기도 했다.

정확한 정보 없이는 함대를 움직이지 않았던 이순신은 가토 기요마사를 잡으러 출동하라는 조정의 명령을 받아들이지 않았다. 정확하지 않은 정보에 기초하여 수군을 움직일 수 없다는 것이 이순신의 입장이었다.

이는 전투 지역에서 멀리 떨어져 있는 조정의 정보 획득 및 분석 능력에 대해 신뢰할 수 없다는 의미이기도 하다. 이순신은 그 자신이 파직되어 투옥되고 임금을 능멸했다는 죄로 죽임을 당할지언정 거짓 정보에 기초하여 부하 병사들을 사지로 내모는 무모한 작전 명령을 내릴 수가 없었던 것이다. 반면에 이순신을 대신하여 통제사가 된 원균은 조정의 강요된 명령에 따라 감행한 출동으로 칠천량에서 결정적이고도 치명적인 패배를 당했다. 원균과 달리 이순신은 자신의 영예를 초개와 같이 버림으로써 조선의 최후 보루였던 수군을 온전히 보존하고자 했던 것이다.

지형의 이점을 최대한 활용하라: 지리(地利) 이용의 원리

『맹자』에 "천시(天時)는 지리(地利)만 못하고, 지리(地利)는 인화(人和)만 못하다[天時不如地利, 地利不如人和]."라는 말이 있다. 의역하면 전쟁을 승리로 이끄는 데 있어 전장에서의 시간적 조건은 공간적 조건만 못하고 공간적 조건은 인화 단결만 못하다는 말이니 지형의 이점을 안고 싸우는 것이 비록 인화 단결보다는 못하다 하더라도 전쟁 승패에 매우 중요한 요소임을 강조한 내용이다.

이순신이 지형의 이점을 활용한 사례 가운데 제일로 꼽을 수 있는 것은 1 : 30의 열세 상황을 반전시켜 승리로 이끈 명량해전이다. 정유년(1597) 7월 통제사 원균의 지휘하에 조선 수군이 칠천량해전에서 대패하고 통제사 원균조차 전사하자 조정에서는 이순신을 다시 통제사에 임명했다. 8월 3일 진주의 굴동(屈洞)에서 통제사 임명 교지를 받은 이순신은 8월 17일 장흥에 도착하여 회령포(會寧浦)에서 전선 12척을 수습하고, 이진(梨津)을 거쳐 8월 24일 어란포(於蘭浦)에 도착했다. 8월 27일 어란포에서 조선 수군은 칠천량해전 패배 이후 처음으로 일본 수군의 공격을 받는다. 일본 수군의 추격을 피하기 위해 이순신은 8월 29일 진도의 벽파진(碧波津)으로 함대를 이동시키고 그곳에서 9월 15일까지 해전을 준비하며 작전을 구상했다. 9월 14일 육지로 정찰을 나갔다 돌아온 탐망군관 임준영(任俊英)으로부터 "일본 함선 200여 척 가운데 55척이 벌써 어란포에 도착했다."라는 보고를 받은 이순신은 명량해전 하루 전인 9월 15일 진을 벽파진에서 전라우수영으로 옮겼다. 진을 옮긴 이순신은 장수들을 모아놓고 일장 훈시를 했다.

> 병법에 이르기를 "죽기를 각오하고 싸우면 살고, 살려고 꾀를 내고 싸우면 죽는다."라고 하였고 또 "한 사람이 길목을 지키면 천 명이라도 두렵게 할 수 있다."라는 말이 있는데, 모두 오늘 우리를 두고 이른 말이다.
> (『亂中日記』, 정유년 9월 15일)

이순신은 열세인 조선 수군으로는 명량을 등지고 진을 펼칠 수 없다고 생각했다. 명량의 좁은 물목을 등지고 싸울 경우 수효가 적은 조선 수군조차도 전투력을 동시에 발휘할 수 없기 때문이다. 이순신이 명량의 물목을 해전 장소로 택한 것은 우세한 일본 수군 함대를 좁은 물목에 가두어 놓고 열세한 조선 수군으로 하여금 명량 해협 입구에 포진시켜 기다리고 있다가 해협을 빠져 나오는 선두 함선을 집중 공격하기 위한 것이었다. 명량의 지형적 여건을 이용하여 절대적인 수적 열세를 만회하고자 한 것이 이순신의 계산이었던 것이다.

실제로 일본 수군은 전체 300여 척의 함선 가운데 협수로에서 기동이 원활하지 않은 대선인 아다케부네(安宅船)를 제외하고, 판옥선보다 작은 세키부네(關船) 133척을 주력 함선으로 편성하여 명량해전에 투입했다. 기록에 따르면 일본 함선 133척은 조수를 타고 명량해협을 빠르게 통과하여 조선 수군 함선 13척을 공격하는 것으로 명량해전이 시작된다. 그리고 실제 전투 국면에서는 133척 가운데 31척이 조선 수군 함선 13척을 에워싸고 공격하는 양상으로 해전이 전개되었다. 이렇게 볼 때 당초 이순신이 계획했던 것처럼 "한 사람이 길목을 지키면 천 명도 두렵게 할 수 있다."라는 병법의 원리가 정확히 구현된 것은 아니었다. 그러나 어란포에 집결되어 있었던 일본 함선의 수를 기준으로 보면 최초 13 : 300척이라는 절대 열세 상황에서 명량의 좁은 물목은 13 : 133척으로 열세 상황을 완화해 주었으며, 실제 해전 국면에서는 다시 13 : 31척의 상황으로 열세 상황이 크게 축소되었다. 결국 이순신은 명량의 좁은 물목을 이용하여 1 : 30의 열세 상황을, 1 : 3으로까지 완화시키는 데 성공했던 것이다.

임진년(1592) 이후 해전 상황이 증명하듯 1 : 1의 경우 화력 면에서나 함선 성능 면에서 일본 함선은 조선의 주력함인 판옥선의 적수가 되지 못했다. 비록 어려운 해전이었지만 조선 수군의 판옥선 13척은 에워싸고 있던 일본 함선 31척을 모조리 격파했다. 명량해전은 조선의 판옥선 1척이 일본의 세키부네 3척 이상을 대적할 수 있는 전투력을 보유하고 있음을 보여 주었다. 이순신은 명량해전을 제외한 모든 해전에서 좁은 협수로를 무대로 해전을 벌이지 않았다. 그러나 천하의 명장 이순신도 1 : 30 이상의 절대 열세의 상황에서는 어쩔 수 없이 명량의 지형적 이점을 등에 업고 싸우지 않을 수 없었던 것이다.

이겨 놓고 싸운다 – 선승구전(先勝求戰)의 원리

승리하는 군대는 먼저 승리할 수 있는 여건을 만들어 놓은 뒤에 싸워서 항상 승리하지만, 패배하는 군대는 먼저 싸우고 나서 요행으로 승리하기를 바란다. 이른바 전투는 이기게 되어 있는 싸움을 구체적으로 확인하는 절차에 지나지 않는다는 말이다. 이순신은 전투에 관한 한 완벽주의자였다. 그는 승리의 확신이 없는 해전은 결코 벌이지 않았다.

이순신은 거의 모든 해전에서 일본의 수군을 좁은 포구로부터 넓은 바깥 바다로 유인하여 격멸하는 함대결전(艦隊決戰) 전략을 적극적으로 구사했다. 좁은 포구에서 해전을 할 경우 형세가 불리함을 느낀 일본 수군이 육지로 상륙하여 도주하는 일이 종종 벌어졌기 때문이다. 넓은 바다로 유인하여 싸우는 해전 전술은 승리에 대한 확신 없이는 사용하기 어려운데 그 대표적인 해전이 임진년(1592) 제3차 출동 중에 벌어진 한산도해전이다. 임진년 1, 2차 출동 때의 해전이 남해연안에서 노략질을 일삼던 일본 수군에 대한 기습 공격이었다면, 3차 출동의 한산도해전은 일본 정예 수군 함대와 벌인 한판 승부였다. 이순신 함대는 전라좌 · 우수영과 경상우수영 소속의 전선 58척이 주력이었고, 일본 수군 함대는 판옥선과 크기가 비슷한 대선이 36척, 중선이 24척, 소선이 13척으로 총 73척이었다.

이순신은 한산도해전 하루 전인 9월 6일 저녁 일본 수군 70여 척이 견내량에 정박하고 있다는 정보를 입수하고 작전 계획을 구상했다. 이순신은 한산도해전에 임하면서도 승리를 의심하지 않았다. 다음의 인용문은 한산도해전이 끝난 뒤 이순신이 조정에 보낸 장계의 일부다.

> 견내량은 지형이 매우 좁고, 또 암초가 많아서 판옥 전선끼리 서로 부딪히기 쉬워 싸우기가 곤란할 뿐만 아니라 적은 형세가 불리해지면 기슭을 타고 육지로 올라갈 것이 틀림없으므로 한산도 바다 가운데로 유인하여 모조리 잡아버릴 계획을 세웠습니다. (『李忠武公全書』, 「見乃梁破倭兵狀」)

이 장계를 보면 이순신의 고민이 단순히 전쟁의 승패가 아니라 "어떻게 하면 전과(戰果)를 극대화할 수 있을까?"에 있었음을 확인할 수 있다. 이순신이 고민한 내용을 요약하면 다음의 세 가지로 정리할 수 있다. 첫째, 견내량은 해역이 좁아 당시로서는 큰 배에 속하는 판옥선의 기동이 불편하여 전투력을 제대로 발휘할 수 없다. 둘째, 이전의 해전 경험에 비추어 볼 때 적들은 형세가 불리해지면 배를 버리고 곧장 육지로 도망할 것이다. 셋째, 이와 같은 한계를 극복하고 전과(戰果)를 극대화하기 위해서는 한산도 앞 넓은 바다로 유인하여 격파해야 한다. 이순신의 구상은 밤새 계속되었다.

이튿날 아침, 사전에 수립된 작전 계획에 따라 이순신은 판옥선 5~6척을 견내량에 보내 공격을 시도했다. 일종의 유인술이었는데, 적들은 일시에 돛을 달고 달려 나왔다. 조선의 함선 5~6척이 뱃머리를 돌려 한산도 앞바다로 퇴각하자 일본 수군 함대는 기다렸다는 듯이 바다 한가운데로 따라 나왔다. 거짓으로 퇴각하던 조선의 함선들은 한산도 앞바다에 이르자 기다리고 있던 수군 본대와 합류하면서 뱃머리를 돌려 학익진을 펼쳤다. 조선 수군 함대는 선두에서 추격해 오는 일본 함선 2~3척에 화력을 집중하여 깨뜨린 뒤에 총공격을 감행하여 일본 함대의 대선 35척, 중선 17척, 소선 7척 등 도합 59척을 일시에 격파했다. 일본 함대는 거의 전멸에 가까운 패배를 당했다. 반면에 조선 수군은 단 1척의 함선 피해도 없었을 뿐만 아니라 인명 피해도 많지 않았다. 한산도해전의 전투 결과는 조선 수군의 전투력이 일본 수군에 비해 월등했음을 보여 준다. 게다가 화력을 집중시킬 수 있는 진형법으로 학익진을 운영하는 등 이순신의 주도면밀하고도 탁월한 병법의 구사는 조선 수군의 전투력을 극대화시키는 데 크게 기여했다.

이렇게 볼 때 이순신의 진정한 위대성은 열세한, 그래서 보통 사람으로는 승리할 수 없는 극악한 상황에서 해전을 승리로 이끌었다는 데 있는 것이 아니라, 어떠한 상황에서도 승리할 수 있는 조건을 만들고 싸웠던 그의 탁월한 군사 전문가적 역량에 있다고 보아야 할 것이다.

2) 변화 혁신형 리더십

이순신 하면 거북선이 떠오르고, 거북선 하면 이순신이 떠오른다. 거북선은 이순신의 상징처럼 우리에게 각인되어 있다. 거북선 그것은 이순신 승리의 상징이요 새로운 변화를 주도한 창의적 사고의 성과물이다. 조선이 임진왜란을 극복할 수 있었던 것은 모든 분야는 아니더라도 어떤 분야에서는 세계 최고였기 때문이다. 그것이 바로 해양 분야요 수군 분야였다.

당시는 동서양을 막론하고 세계 무기 체계 발달사 측면에서 볼 때 획기적인 시기였다. 이른바 칼과 창, 활과 같은 재래식 무기에서 화포로 대변되는 새로운 화약 무기로 일대 전환하는 시대였기 때문이다. 이런 변화의 시기에 리더의 변화에 대한 대처 능력은 작게는 조직, 크게는 국가의 존망을 좌우한다. 일본은 진작부터 서양에서 개발된 조총을 도입하여 지상군의 개인 휴대 무기를 활 위주에서 조총으로 전환했다. 그리고 통일 전쟁 시기에 3열 횡대의 조총 전술을 숙달했다. 반면에 조선의 지상군은 조총과 비견될 수 있는 승자총통이 있었지만 전술을 가미시키는 정도까지는 발전시키지 못했으며 여전히 활을 선호했다.

반면에 수군은 달랐다. 고려 말 최무선 장군의 주도로 만든 화약과 화포는 조선에서도 그대로 계승되어 꾸준히 발전했다. 백병전에 능한 왜구의 해전 전술에 대응하려면 백병전이 아니라 일정한 정도의 거리를 둔 상태에서 총통으로 공격하여 기선을 제압하는 것이 중요하다는 것을 알고 있었기 때문이다.

이순신이 전라좌수사로 부임한 시기에 조선 수군은 이미 총통 포격 전술을 해전 전술로 채택하고 있었다. 문제는 명중률이었다. 명중률을 높이자면 가까이 접근하여 총통을 쏘아야 하는데 가까이 접근할 경우 자칫 일본의 등선백병전술(登船白兵戰術)에 당할 수 있기 때문이었다. 이순신은 고민하였다. 가까이 접근하여 총통을 쏘아 명중률을 높이고 또 그 배에 타고 있는 조선 수군 장병들을 보호할 수 있는 그런 배를 만들 수 없을까? 이런 요구 조건을 만족시키며 탄생한 배가 바로 거북선이다.

거북선은 해전이 벌어지면 곧바로 적의 지휘선을 향해 돌격한다. 그리고 뱃머리의 용 입에 설치되어 있는 현자총통을 지휘선의 천수각(天守閣)을 향해 발사한다. 인명 살상용 조란탄 등을 사용하기 때문에 지휘선의 일본 수군들이 상당수 피해를 입는다. 그리고 뱃머리를 돌려 현측에 있는 6개의 화포 구멍이 적선을 향하도록 하고 지자, 현자총통을 발사한다. 30미터 이내의 거리이기 때문에 피사체의 대부분이 적선에 명중한다. 그러나 이때가 거북선이 가장 취약한 시기다. 일본 함선이 쏜살같이 접근하여 백병전을 시도하면 위험한 상황에 처하기 때문이다. 거북선에 거북 등 모양의 덮개를 씌운 것은 백병전을 시도하기 위해 접근하는 일본 병사들이 배 안으로 진입하지 못하도록 하기 위한 것이다. 거북선의 건조 척수는 한산도대첩 때 확인된 것이 3척이고, 그 이후의 자료에 보면 5척이 확인된다. 우리가 생각하는 것처럼 많은 척수가 건조된 것이 아님을 알 수 있다. 그러나 비록 그 수는 적지만 돌격선으로서 거북선이 일본 수군에게 준 영향은 엄청났다.

일본 측 자료를 보면 그들은 거북선을 맹선(盲船)이라고 불렀다고 한다. 조총과 활을 쏘아대도 꿈쩍도 하지 않고 돌격해 오는 거북선, 마치 장님처럼 눈이라도 보이지 않는 듯 성큼성큼 다가와 지자, 현자총통을 쏘아대는 거북선, 그야말로 거북선은 일본 수군들에게 공포의 대상이었다. 6·25 전쟁 때 북한군의 탱크에 맞서 카빈 소총이나 M1 소총으로 대응하면서 우리 국군이 가졌던 심리적 공포감과 유사한 효과를 준 것이 거북선이었다. 전투력뿐만 아니라 심리적 측면에서도 매우 큰 효과를 보았던 것이다.

주력 함선인 판옥선은 어떤 전술을 구사했을까? 임진왜란 당시 조선 수군은 총통 포격 전술을 구사했다. 당시 조선의 주력 전투함인 판옥선에는 선수에 2개, 현측에 8~10개, 돌격선인 거북선에는 선수에 1개, 현측에 6개씩 총통 구멍이 있었다. 그렇다면 어떻게 기동해야 조선 수군이 가지고 있는 총통의 화력을 가장 효과적으로 사용할 수 있을까. 근접할 때까지는 선수에 있는 총통을 사용하지만 궁극적으로 명중률 문제가 해결되는 사정거리 내에 들어왔을 때는 다수의 총통을 배치할 수 있는 현측이 적선을 보도록 기동하는 것이 중요하다. 한산도해전 당시 사용된 학익진은 다수의 총통이 배치되어 있는 현측이 적선을 보도록 기동하면서 화력을 집중시키기 위한 기동전술이다. 한산도해전에서 이순신은 일본 수군을 한산도 바깥의 넓은 바다로 유인한 뒤 학의 날개 모양으로 적선을 에워싸면서 현측의 총통이 적선을 보도록 기동하면서 선두의 일본 함선 2~3척에 화력을 집중시켜 일시에 격파했다. 그리고 승기를 타고 일제히 전진하여 일본의 함선 73척 중 59척을 격파 및 나포하여 완전한 승리를 일구어낸다. 한산도해전에서 구사한 학익진은 이후 근대 함포 포격전의 모델이 되었다. 300여 년 뒤 일본의 도고 제독이 러시아 발틱 함대와 싸울 때 사용했던 티(T)자, 정(丁)자 전술은 적선이 사정거리 내에 들어왔을 때, 함선의 현측 포를 효과적으로 사용하기 위한 전술로서 그것은 학익진의 원리에서 시작된 것이다.

거북선과 학익진은 이순신의 변화 혁신형 리더십의 상징이다. 세상은 끊임없이 변화한다. 인류의 역사도, 사회도 마찬가지다. 위대한 리더는 변화의 방향을 읽고 미리 준비하여 창의적 사고로 대처하는 자다. 대한민국의 현재는, 변화의 시기이며 변화해야만 하는 시기임이 분명하다. 정치도 변화되어야 하고, 경제 정책이나 기업 문화도 바뀌어야 한다. 이런 변화에 적응하고, 변화를 주도하기 위해 우리 대한민국은 무엇을 준비하고 있는가? 무기 체계, 해전 전술의 변화를 정확히 읽어 내고 그 변화를 능동적으로 주도하기 위해 거북선과 학익진을 창안했던 리더 이순신, 그의 승리는 변화 혁신의 승리였다. 미래 대한민국의 리더를 꿈꾸는 사람들의 귀감이 아닐 수 없다.

3) 수평 소통형 리더십

이순신이 살았던 조선은 신분 차별 사회였다. 지금보다도 훨씬 권위적이고, 차별적인 사회였다. 그러나 이순신은 요즈음 리더들보다 소통이 원활했다. 함께 밥을 먹고, 함께 활을 쏘며 뒤풀이로 술을 먹었다. 군사에 관한 중요한 일은 언제나 지휘관과 참모들이 상의했다. 문제가 있을 때는 언제든지 휘하 지휘관들이 이순신을 찾아 자신의 견해를 허심탄회하게 피력하였다. 임진왜란 발발 초기 원균의 구원 요청 공문을 받고 경상도 해역으로 출동할 것인가 아니면 전라도 해역을 지킬 것인가의 문제를 놓고 이순신은 휘하 장수들과 열띤 토론을 벌였다. 그리고 “나라를 구하는 데 경상도, 전라도가 웬 말인가. 경상도 해역으로 출동하는 것이 옳다."라고 대의명분에 기초한 결론을 내린다. 그 다음에는 출동 날짜를 결정하는 것이 문제였다. 이억기가 지휘하는 전라우수영의 함대가 빨리 도착해야 함께 출발할 수 있는데 그의 함대는 약속보다 도착이 지연되고 있었다. 이때 용장(勇將)으로 소문난 녹도 만호 정운(鄭運)이 수사(水使) 이순신과 독대를 신청해 자신의 의견을 피력한다. "전라우수사는 오지 않고 왜적은 점점 한성 가까이 다가오니 통분한 마음 이길 길 없거니와 만약 기회를 늦추다가는 후회해도 소용이 없습니다."(『亂中日記』, 임진년 5월 3일) 이날이 임진년(1592) 5월 3일이었다. 이순신은 정운 장군의 건의를 듣고 곧바로 그 자리에서 출동 명령을 내린다. 이렇게 해서 조선 수군의 첫 출동이 이루어지니 임진년 5월 4일 새벽이었다.

이순신은 해상 작전에 관해 늘 전라우수사와 휘하 5관 5포의 부사, 첨사, 만호, 현감들과 상의하면서 일을 처결했다. "진해루(鎭海樓)에 앉아서 방답 첨사, 흥양 현감, 녹도 만호를 불러들였다. 그들은 모두 분격하여 제 한 몸 잊어버리는 것이 과연 의사(義士)들이라 칭할 만하다."(『亂中日記』, 임진년 5월 1일) 여수 본영의 진해루, 한산도의 운주당(運籌堂)은 소통의 공간이었다. 이순신은 소통을 통해 전라좌수영 소속의 순천 부사 권준, 방답 첨사 이순신(李純信), 녹도 만호 정운, 광양 현감 어영담, 흥양 현감 배흥립 등의 장수와 의형제에 버금가는 결속력을 지닐 수 있었고, 전라좌수군의 전투력을 통합할 수 있는 토대가 되었으며 나아가 모든 해전을 승리로 이끄는 원동력이 되었다.

그런데 전승무패의 승전가도를 달리던 조선 수군은 정유년(1592) 2월 통제사의 교체를 계기로 파국의 국면을 맞이한다. 새로운 통제사 원균이 지휘하는 조선 수군은 칠천량에서 전멸에 가까운 패배를 당했기 때문이다. 그토록 막강했던 조선 수군이 어떻게 이처럼 무참히, 힘 한 번 제대로 쓰지 못하고 궤멸되었을까? 칠천량해전의 패전 원인에 대해서는 그 이후 두고두고 이야깃거리가 되었다. 그 실마리가 여러 자료에서 보인다.

> 순신(舜臣)이 진영에 있을 때 운주당을 짓고 여러 장수와 더불어 그 속에 모여 일을 의논했는데, 원균은 기생 첩을 두고 울타리를 둘러치고 술에 취하여 일을 살피지 않으니 모든 군심(軍心)이 이반되어 모두들 "적이 오면 달아날 따름이다."라고 하였다.(「菊圃瑣言」)

유사한 내용이 백의종군 중이었던 정유년 5월 이순신의 일기에도 보인다.

> 늦게 충청 우후(虞侯) 원유남이 한산도로부터 와서 원균이 한 못된 짓을 전하고 또 "진중(陣中)의 장졸들이 모두 다 배반하므로 앞으로 일이 어찌 될지 알 수 없다."라고 하였다.(『亂中日記』, 정유년 5월 5일)

조선 수군의 최고 리더인 통제사 원균과 예하 지휘관, 참모 간에 전혀 소통이 안 되는 상황이 칠천량해전을 앞둔 조선 수군의 모습이었다. 해전에 앞서 적전(敵前) 분열된 상황이 되었으니 칠천량해전의 패배는 이미 예견된 일이었다. 실제 칠천량해전에서 조선 수군은 일본 수군의 야간 기습으로 전열을 가다듬기도 전에 궤멸되는 양상을 보인다. 대부분의 장수들이 열심히 싸우기는커녕 도망가기에 바빴기 때문이다. 칠천량해전 후 보존된 조선의 함선은 10여 척에 불과했다. 그것도 경상우수사 배설이 몰고 도망쳐 온 함선들이었다.

칠천량해전의 패배 원인은 몇 가지가 있다. 첫째는 일본군이 재침하지 못하도록 부산 앞바다를 가로막으라는 선조와 도원수 권율 등 조정의 전쟁 지휘부와 부산 앞바다를 가로막으려면 웅천, 안골포 등에 포진해 있는 일본군을 격파하면서 수륙으로 함께 나아가야 한다고 주장하는 수군 지휘부 간의 갈등이요, 둘째는 수군의 최고 리더인 통제사 원균과 휘하 장수들 간의 불통(不通)이 그 원인이다. 따지고 보면 첫 번째 원인도 조정의 전쟁 지휘부와 수군의 전쟁 지휘부 간의 소통의 부재가 빌미가 되었으니 칠천량해전의 패인은 결국 불통(不通)으로 귀결된다.

한때 대한민국은 대선철만 되면 영남과 호남의 지역 갈등이 조장되고 정치인들은 그것을 이용하여 권력 쟁취에 열을 올렸다. 또한 자본의 양극화에 따라 진보는 서민과 노동자, 보수는 중산층 이상의 부자를 대변하는 개념으로 이해되어 왔다. 또한 세대 간의 경험 차이에 따라 50대 이상 산업화 시대를 주도했던 세대는 보수, 그 열매를 향유하는 40대 이하 세대는 진보라는 관점도 있고, 성장을 지지하면 보수, 분배나 복지를 강조하면 진보라는 인식도 있다. 그러나 역사적 진실은 그 어느 관점도 우리를 행복하게 하는 절대적 진리는 아니며 양자택일의 문제는 더더욱 아니라는 것이다. 오늘의 이 시대는 자유냐 평등이냐 또는 성장이냐 분배냐를 양자택일하라는 흑백논리의 시대가 아니다. 우리는 이미 냉전의 산물인 비극적인 흑백논리의 시대에서 벗어나 다양성, 융복합성을 이야기하는 시대에 살고 있다. 이런 면에서 미래 대한민국의 리더를 꿈꾸는 사람들은 자유냐 평등이냐, 성장이냐 분배냐, 진보냐 보수냐의 문제에서 벗어나 "이런 개념이나 가치들을 어떻게 융복합시켜야 대한민국 국민 모두를 행복하게 할 수 있을까?"를 고민해야 한다. 바로 지금은 대한민국의 역사 발전에 있어서 인식의 대전환이 필요한 시점이라는 이야기다.

이런 때 필요한 것이 소통이다. 소통의 일상화를 통해 조선 수군의 전투력을 극대화시킨 이순신, 불통(不通)으로 인해 칠천량해전에서 전멸에 가까운 패배를 자초한 조선 조정과 리더 원균에게서 우리는 과연 어떤 교훈을 얻을 수 있을까. 그것은 바로 소통의 중요성이다. 소통을 통해 자유와 평등, 진보와 보수, 성장과 분배 등의 다양한 가치를 통합하고 지역 간, 세대 간, 부처 간, 직종 간의 갈등을 해소하여 국력을 통합하는 것이야말로 오늘날 이 땅의 리더들에게 부여된 역사적 소명인 것이다.

4) 가치 지향형 리더십

이순신이 위대한 리더로 추앙받을 수 있는 까닭은 그가 국난 극복이라는 뛰어난 업적을 이루었기 때문이며, 그의 내면에 뚜렷한 가치관과 역사의식이 깃들어 있었기 때문이다. 뚜렷한 가치관이란 무엇이 가치 있는 일인지 올바르게 인식하고 그것을 적극 실천하려는 의식이다. 역사의식이란 역사에 관통하는 보편적 가치가 무엇인지를 알고 그 보편적 가치가 역사 속에서 구현되도록 적극 참여하려는 의식이다.

이순신은 어떤 가치관, 어떤 역사의식의 소유자였을까? 그가 지향했던 인생의 최고 가치는 의리 그리고 충과 효였다. 이순신의 좌우명이 이를 확인해 준다.

> 장부가 세상에 태어나 쓰이게 되면 죽기로 일할 것이요, 쓰이지 못하면 들판에서 농사짓는 것으로 만족할 것이다. 권세 있는 곳에 아첨하여 한때의 영화(榮華)를 훔치는 것 같은 것은 내가 제일 부끄럽게 여기는 것이다.(『忠愍詞記』)

한 마디로 이순신은 출세 지향이 아니라 가치 지향, 의리 지향을 인생의 목표로 삼았다. 그리고 전 생애를 걸쳐 이를 실천하였다. 병조판서 김귀영(金貴榮)이 자신의 서녀(庶女)를 시집 보내기 위해 이순신에게 중매인을 보내자 "관직에 막 나온 내가 어찌 권세 있는 집에 발을 들여놓을 수 있겠는가?"라며 중매인을 정중히 돌려보낸 일이나 이조판서로 있던 율곡 이이(李珥)가 류성룡을 시켜서 만나 보기를 청하자 "율곡과 내가 같은 덕수 이씨라 한 번 만나 봄직도 하지만 그분이 관료의 인사를 담당하고 있는 이조판서로 있는 동안에 만나는 것을 옳지 않다."라고 거절한 일은 이순신의 인생관, 가치관을 확인할 수 있는 대표적인 사례다.

정유년(1597) 초 통제사에서 파직되고 의금부에 하옥되어 심문을 받던 이순신은 백의종군 처분을 받고 풀려난다. 그리고 진주에 있는 도원수 권율의 휘하에서 백의종군하러 가는 길에 고향인 아산을 들렀다. 마침 여수 고음내에 있던 어머니 초계 변씨가 배를 타고 아산으로 오고 있는 중이었다. 의금부에 하옥되어 있던 아들 이순신과 조금이라도 가까운 곳에 있고자 한 때문이었다. 그런데 80이 넘은 노구를 이끌고 바닷길을 배를 타고 오는 것은 애당초 무리였다. 결국 초계 변씨는 아산으로 오는 배 위에서 운명한다. 아산의 해암(蟹岩) 포구에서 어머니의 시신을 만나게 된 이순신은 몸부림치며 절규한다. "내가 일생을 충과 효에 전념했건만 오늘에 이르러 모두 허사가 되어 버렸구나." 백의종군의 몸이니 나라에 죄를 지은 것이요, 어머니를 돌아가시게 했으니 불효가 막심한 처지를 비관한 절규였다. 이순신은 소문난 효자였다. 아들 이순신으로부터 지극정성의 봉양을 받은 이순신의 어머니도 참으로 멋있고 강직한 한국형 어머니의 표상이었다. 여수 고음내에 있을 때 자신을 보러 온 아들 이순신이 어머니와 이별을 아쉬워하며 머뭇거리자 "어서 가거라. 그리고 나라의 치욕을 크게 씻으라."라고 당부한 이가 어머니 초계 변씨였다. 유학의 나라 조선에서 가족 윤리와 국가 윤리가 얼마나 절묘하게 융합되었는지 보여 주는 상징적인 사례다.

그뿐만 아니라 이순신은 "정의가 승리하는 역사를 만들어야 한다."라는 역사의식의 소유자였다. 이순신은 침략자 일본인에 대해 어떤 인식을 가지고 있었을까? 명나라 도사(都事) 담종인(譚宗仁)이 강화의 기간이니 일본군을 공격하지 말라는 내용의 패문(牌文)을 보내자 이순신은 "강화한다는 것은 속임수에 불과하다. 옛날부터 일본인들이 신의를 지켰다는 말을 들어 본 적이 없다."라고 하면서 분개했다. 수천 년 동안 조선의 은혜를 입어 온 일본이 어느 날 갑자기 아무 이유 없이 침략하여 백성을 도륙하는 참상을 보면서 이순신은 하늘에 맹서한다. "단 한 척도 돌아가지 못하게 함으로써 나라의 원수를 갚을 것이다." 이순신에게 임진왜란은 침략자 일본군을 응징하기 위한 정의(正義)의 전쟁이었다. 그리고 마지막 노량해전은 이순신의 가치 지향적 역사의식이 반영된 대표적 해전이다. 왜냐하면 노량해전은 한 척도 돌아가지 못하겠다고 한 평소의 약속을 지키기 위한 해전이었기 때문이다.

그동안 대한민국은 60여 년 동안 양적 팽창을 이룩하면서 가치의 문제를 소홀히 해 온 것이 사실이다. 한강의 기적이라 불리는 비약적 경제 발전, 세계 최고의 IT 강국, 세계 조선 수주량 1위 등 대한민국을 수식하는 자랑스런 지표들이다. 그러나 대한민국의 국민이 모두 행복해지기 위해서는 양적 성장에 걸맞는 가치 의식이 정립되어야 한다. 경제적으로나 문화적으로 소외된 이웃, 비약적 성장에 따른 양극화의 갈등, 인간성 함양은 도외시한 채 출세 지향적 학교 교육, 하루가 멀다 하고 매스컴을 오르내리는 다양한 성 범죄 등은 양적 성장을 따라가지 못하는 가치 의식, 역사의식의 부재에서 오는 어두운 그림자들이다.

가치관과 역사의식은 고리타분한 것이 아니다. 뚜렷한 가치관과 역사의식이 있어야 사람은 비로소 자기 중심의 삶의 태도에서 벗어나 이웃이나 국가, 인류 전체의 행복한 삶을 위해 기여할 수 있는 만물의 영장이 되는 것이다. 부모를 위해 헌신할 수 있었던 이순신, 나라를 위해서라면 언제든지 목숨까지 던질 각오로 살았던 이순신, 정의가 구현되는 관료 사회를 만들기 위해 3번의 파직과 2번의 백의종군을 감내한 이순신, 그가 이런 삶을 살 수 있었던 것은 뚜렷한 가치관과 역사의식을 지녔기 때문이다. 권력욕, 명예욕, 출세욕, 재산욕으로 가득 차 있는 우리 사회가 소외된 이웃을 배려하고 고통을 함께할 수 있는 품격 있는 선진 일류 사회로 도약하기 위해서는 가장 먼저 우리 사회의 리더들이 이순신처럼 뚜렷한 가치관과 역사의식으로 무장해야 한다. 이순신처럼 부모에게 효도하는 삶, 나라와 임금, 백성을 위해 충성을 다하는 삶, 불이익을 감내하며 관료 사회의 부조리에 분연히 저항한 정의로운 삶, 침략자를 철저히 응징하여 정의가 승리하는 역사를 만들겠다는 역사의식을 지닌 삶의 족적은 오늘날의 대한민국 리더들이 본받아야 할 한국적 리더의 표상이요 상징이다.

5) 인격 감화형 리더십

리더 이순신의 주변에는 사람들이 모여들었다. 반면에 리더 원균의 주변에는 사람들이 흩어졌다. 무엇이 이런 상반된 결과를 낳았을까. 그것은 전적으로 고결한 인격 때문이었다. 인격이란 무엇인가. 그것은 동물과 구별되는 사람의 고유한 품격이다. 동물은 생리적인 욕구나 본능대로 행동한다. 그들에게는 타자가 존재하지 않는다. 종족을 보존하는 데 필요한 모성애, 부성애가 본능적으로 존재할 뿐이다. 사람이 다른 동물과 구별되는 유일한 영역이 타자에 대한 배려, 희생, 헌신, 사랑이다. 이것은 동물들의 본능적인 모성애, 부성애와 달리 자각적으로 나를 넘어 가족을, 이웃을, 국민을, 인류를 사랑할 수 있는 능력이다.

이순신은 유학의 가르침대로 부모에 대한 사랑, 가족에 대한 사랑으로부터 타인까지 사랑하는 역량을 키워 나갔다. 이순신이 39세 때에 함경도 건원보에서 권관 생활을 할 때 아버지 이정(李貞)이 유명을 달리했다. 이후 홀로 남은 어머니에 대한 이순신의 효성은 남달랐다. 일기의 상당 부분이 어머니 안부에 관한 이야기일 정도다. 음력 5월 4일 어머니 초계 변씨의 생일에 남긴 글에서도 그의 효성이 그대로 드러난다. "이날은 어머님 생신이건만 적을 토벌할 일 때문에 가서 축수의 술잔을 드리지 못하게 되니 평생 유감이다."(『亂中日記』, 계사년 5월 4일) 어머니에 대한 효성은 그대로 가족에게도 연결된다. 이순신의 두 형인 희신(羲臣), 요신(堯臣)은 일찍 세상을 떠났다. 그렇게 되자 조카들을 돌보는 일이 이순신의 몫이 되었다. 정읍 현감 시절 조카들을 모두 데리고 부임하자 사람들이 관리가 식구들을 너무 많이 데리고 다닌다고 수근댔다. 당시 규정에는 관리가 식구를 지나치게 많이 데리고 다니면 남솔(濫率)이라고 하여 처벌의 대상이 되었는데, 이순신은 고민 끝에 "내가 식구들을 많이 데리고 다닌다고 처벌을 받을지언정, 차마 이 어린 조카들을 내치지 못하겠다."라고 하며 처벌을 감수하며 끝까지 돌보았다. 그리고 모든 일에 있어서 자식보다 조카들을 먼저 챙겼다. 이순신의 사람 됨됨이를 짐작하기에 충분한 대목이 아닐 수 없다.

이런 이순신의 고결한 인격은 병사들에 대한 사랑으로 이어진다. "바람이 몹시 차가워 뱃사람들이 얼고 떨 것을 염려하여 마음을 안정할 수 없었다." "흐리고 가는 비가 오더니 저녁에 큰비가 시작하여 밤새도록 내려 집이 새어 마른 데가 없었다. 여러 사람들의 거처가 괴로울 것이 무척 염려스러웠다." "군사 5,480명에게 음식을 먹였다." 이순신의 부하 사랑은 투항한 일본인들에게도 예외가 아니었다. "늦게 대청에 나가서 서류를 처결한 다음 투항한 왜인들에게 술과 음식을 먹였다." 나아가 이순신의 사랑은 백성들에게도 전파되었다. 둔전을 경작하게 하여 삶의 터전을 만들어 준 것이다. "신(臣)이 피란민들이 들어가 살 곳을 생각한바, 돌산도만한 곳이 없습니다…. 지금은 국사가 어지럽고 백성이 살 길을 잃었으므로 의지할 곳 없는 백성들이 들어가 농사를 짓더라도 말을 먹이는 일에 해로움이 별로 없을 것인즉, 말을 먹이고 백성도 구제하니 모두가 다 편리할 것이라 망령되이 생각합니다." 여수의 돌산도는 원래 말을 기르는 곳이었다. 그러나 전쟁의 와중에 생계가 막막한 백성들에게 돌산도를 개간하여 경작할 수 있도록 조정에 건의했으니 이순신의 백성 사랑을 짐작하기에 모자람이 없다. 그러자 이순신이 근무했던 여수의 돌산도, 정유재란 이전까지 조선 수군 통제영의 전진기지였던 한산도, 명량해전 이후 삼도 수군 통제영의 역할을 한 고금도(古今島)에는 백성들이 모여들었다. 결국 수군 기지 주변의 민, 관, 군의 전투 역량을 통합시키는 중심에 이순신의 고결한 인격이 자리하고 있었던 셈이다. 이순신은 맹자가 말한 인자무적(仁者無敵)의 철저한 실천자였던 것이다.

고결한 인격은 하루아침에 만들어지는 것이 아니라 꾸준한 사랑의 실천, 지속적인 욕구의 극복을 통해 함양되는 것이다. 이순신은 매일매일 일기를 쓰고, 시를 짓고, 음악을 감상하면서 부하들과 백성, 나라를 사랑하는 힘을 키워 갔다. 이순신은 감성이 매우 여린 사람이었다. 비가 주럭 주력 내리는 날에는 마음이 심란하여 대금을 잘 부는 군관을 불러 음악을 감상하기도 했다. 달이 대낮처럼 밝은 날이면 어머니 생각, 임금님 생각, 백성 생각에 잠을 못 이루었다. "한산섬 달 밝은 밤에…."로 시작되는 한산도가(閑山島歌)는 이순신의 감성을 이해할 수 있는 대표적인 시다. 이런 순수한 감성을 유지할 수 있었기 때문에 이순신은 자신의 욕망을 넘어 백성과 나라를 위한 삶을 살 수 있는 고결한 인격을 지닐 수 있었던 것이다.

고결한 인격은 모든 리더십의 토대다. 언제나 나라와 국민을 위한다고 하지만 부정 축재와 뇌물 수수, 공금횡령, 불법 투기, 탈세, 불법 상속 및 비자금 조성 등으로 우리를 실망시킨 정치가나 기업의 총수들이 한두 사람이 아니다. 정치권력이나 거대 자본도 이기적 욕망을 넘어서 진정 나라와 국민, 인류에 대한 헌신이 있을 때 지속되고 성장할 수 있는 것이다. 대한민국의 리더를 꿈꾸는 사람들이 자신의 이기적 욕망을 넘어설 수 있는 고결한 인격을 갖추고 있는지, 이기적 욕망을 넘어서기 위해 어떤 희생과 헌신을 해 왔는지 돌이켜 볼 일이다. 평소 "권세 있는 곳에 아첨하여 한때의 영화(榮華)를 훔치는 것 같은 것은 내가 제일 부끄럽게 여기는 것이다."라는 말을 좌우명으로 삼고 평생을 실천해 온 고결한 인격의 소유자 이순신, 우리가 바라고 희망하는 미래 대한민국 리더의 모습이다.

4. 맺음말: 위대한 리더 이순신

실력과 전문성을 갖추고 괄목할 만한 성과를 창출한 리더를 필자는 '유능한 리더'라고 한다. 40여 회의 해전을 승리로 이끌면서 최소 700여 척 이상을 격파 또는 나포하고, 5만 명 이상의 일본 병사들을 전사시킨 이순신의 전과는 그를 '유능한 리더'라고 불러도 손색이 없다. 그러나 우리는 이순신을 '유능한 리더'를 넘어 '위대한 리더'라고 부른다. '위대한 리더'는 단순히 성과 창출로만 되는 것이 아니며 창출된 성과 속에 인류의 보편적 가치가 내재되어 있어야 하며 나아가 고결한 인격까지 갖추고 있어야 한다.

이순신이 창출해 낸 승리의 성과 속에는 "정의가 승리하는 역사를 만들어야 한다."라는 가치관이 내재되어 있다. 그가 단순히 병법과 전략 전술에 탁월한 재능을 가진 리더였다면 우리는 그를 '유능한 리더'라고 부를지언정 '위대한 리더'라고 추앙하지는 않았을 것이다. 그는 전쟁을 일으킨 침략자 일본군을 철저히 응징하는 것이야말로 이 땅에 평화를 지키고, 정의가 흘러넘치는 역사를 만드는 지름길이라고 생각했다. 그런 면에서 "단 한 척도 일본으로 돌아가지 못하게 하겠다."라는 평소의 신념을 실천한 마지막 노량해전은 이순신의 승리가 단순한 승리가 아닌 역사의식이 내포된 위대한 승리였음을 보여 준다.

어려운 시대를 살아갔지만 이순신의 주변에는 언제나 유능한 지휘관과 참모, 의병, 승병 심지어 백성들로 넘쳐났다. 자신보다 나라와 백성을 먼저 생각하고, 불의와 타협하지 않으며 꿋꿋하게 정의로운 길을 향해 가는 이순신의 고결한 인격에 감화되었기 때문이다. 이순신의 고결한 인격이야말로 조선의 민, 관, 군의 전투 역량을 결집시켜, 모든 해전에서 승리할 수 있었던 원동력이었다. 정의롭고 올곧은 이순신은 상관과 마찰을 겪으면서 22년간의 관료 생활을 하는 동안 총 3번의 파직과 2번의 백의종군이라는 징계를 받았다. 그러나 나라가 이순신을 필요로 할 때 그는 언제나 위기 극복의 중심에 있었다. 이순신의 주변에는 그의 능력과 인품을 높이 산 류성룡을 비롯하여 많은 후원자들이 있었기 때문이다. 우리 사회 곳곳에 '전문성'과 '가치관' 그리고 '고결한 인격'까지 갖춘 이순신 같은 위대한 리더가 살아남을 수 있는 생태계가 조성되는 날이 대한민국이 선진 일류국가가 되는 날일 것이다.

〈참고문헌〉

『중종실록』
『선조실록』
『사대문궤(事大文軌)』
류성룡, 『징비록(懲毖錄)』
이항복, 『백사집(白沙集)』
이항복, 『忠愍祠記』
권덕주 외 역, 『국역 대동야승IX』(再造藩邦志), 민족문화추진회, 1985.
이민웅, 『임진왜란 해전사』, 청어람미디어, 2004.
이은상, 『李忠武公全書』(影印本), 성문각, 1989.
이은상 역, 『完譯 李忠武公全書』, 上 · 下卷, 성문각, 1989.
임원빈, 『이순신 병법을 논하다』, 신서원, 2005.
임원빈, 『이순신 승리의 리더십』, 한국경제신문사, 2008.
제장명, 『이순신 파워인맥』, 행복한 나무, 2008.

퍼이어(Puryear. Jr. Edgar F.), 『아메리칸 제너럴십』, 국방부, 2004.
맥스웰(Maxwell, John C.), 『리더십의 법칙』, 강준민 역, 비전과 리더십, 2005.

제5부
이순신 리더십의 원천

제9장 이순신 리더십의 원천

김종대(국회공직자윤리위원장, 삼일회계법인 고문)

1. 머리말

이순신의 일대기를 쓰고 또 쓰고, 고치고 또 고치기를 수없이 반복하다 보니 세상에서 흔히 거론되는 선공후사, 솔선수범, 유비무환, 신상필벌, 진인사대천명, 애국, 소통, 창의, 개척 정신, 용기 등 이순신의 리더십을 설명하는 말들이 모두 다 타당성 있는 말임을 알 수 있었다. 그런데 그것들이 각각 독자적으로 발현된 것인지, 아니면 어떤 연관성을 갖고 있는지, 연관성이 있다면 어떤 상관관계가 있는지, 지속적인 의문을 갖게 되었다.

이순신에 대한 공부는 그 의문을 푸는 연마의 과정이었고, 구체적인 연마의 방법은 "왜 선공후사했을까, 왜 솔선수범했을까?"라는 질문을 던지고, 그 질문에 답을 찾으면 또 다시 그 답에 대한 원인을 찾는 식으로 끝없이 되풀이되었다. 그 결과 지금까지 우리가 찾아낸 이순신의 리더십은 그 밑바탕에 감추어진 뿌리가 있고, 그것은 사태의 종류와 변화에 따라 적절히 발현됨을 알게 되었다. 이를 글로써 나타내고 싶었다.

물론 짧고 좁은 안목으로 그의 리더십을 표현하는 데 필경 한계가 있을 수밖에 없을 것이다. 게다가 다분히 주관이 개입되어 있음도 자인한다. 그렇지만 남보다 먼저 그의 일대기를 수없이 읽었고, 또 그에 관한 글과 책을 수십 년간 집필한 사람으로서 이순신과 독자에 대한 일종의 책임을 느껴, 그 뿌리를 캐 보려는 만용을 부리게 되었다.

이순신 리더십의 뿌리를 파악하기 위해서는 다음 두 가지 측면에서 접근해야 한다. 첫째, 영웅의 리더십은 그가 한 말, 그가 쓴 글, 그가 한 행동을 종합적으로 들여다봄으로써 찾아낼 수 있다. 그중에서도 특히 어려운 일을 당하거나 중요한 일을 겪을 때 확연히 드러나기 마련이므로 영웅이 겪은 고난에 포커스를 맞추면 그 뿌리를 명확히 볼 수 있다. 이순신의 리더십을 명량해전을 전후해 그가 한 말과 행동에서 추론하려는 것은 바로 그 때문이다. 이를 위해 먼저 명량해전 전후사를 간략히 살펴본 뒤 이순신 리더십의 뿌리를 찾아보겠다.

둘째, 영웅과 대비되는 특정 인물이 있다면 그를 등장시켜 두 사람을 비교함으로써 영웅의 리더십 뿌리를 쉽게 파악할 수 있다. 이러한 관점에서 이순신의 리더십은 그를 원균이나 진린 등과 대비함으로써 쉽게 이해할 수 있다. 특히 같은 시대를 살며 같은 일을 하면서 서로 경쟁하다 사라진 원균만큼 이순신의 리더십을 드러나게 해 주는 동시대의 인물은 드물다. 따라서 이 글의 배후에는 자연히 패장 원균이 은연중에 대비되고 있다.

흔히 이순신이 싸울 때마다 승리를 거둘 수 있었던 원인을 왜군에 비해 조선 수군의 우월성, 즉 거북선과 판옥선 등 전선의 성능이 뛰어나고, 포격술이 탁월하며, 조선 수군의 전통과 용기, 애국심에서 찾는다. 또는 학익진과 같은 전략 전술의 탁월함을 꼽기도 한다. 물론 틀린 말은 아니다. 하지만 전투의 승패는 눈에 보이는 조건과 눈에 보이지 않는 조건이 모두 충족되었을 때 이루어지는 법이다. 흔히 외견상의 조건만으로 승리의 원인을 규명하려 들기도 하는데, 이는 잘못된 방법이다.

그 예로 원균은 칠천량해전에서 객관적인 승리 요건을 모두 갖추고도 패했고, 이순신은 명량해전에서 외견상 이길 수 있는 조건이 단 하나도 없었건만 승리했다. 원균은 이순신이 완벽히 준비해 둔 인적, 물적 전력을 인수했으면서도 왜 완패했으며, 이순신은 원균이 패전한 뒤에 최소한의 병력만으로 어떻게 완승을 거둘 수 있었을까? 그 이유를 묻고 또 묻는 것이 이순신 리더십의 뿌리를 찾아가는 핵심적인 방법이라고 본다. 이 방법으로 이순신 리더십의 뿌리를 캐다 보면 자연히 눈에 보이지 않는 지휘관 이순신의 내면세계에 들어가게 될 수 있을 것이다.

2. 명량해전 전후사

이순신은 전라좌수사가 된 지 1년 2개월 만에 4차례나 경상 바다로 원정을 나가 모든 대첩에서 승리를 거둔다. 그리고 그 이듬해 한산도로 진을 옮겨 삼도수군통제사가 되었다. 강화 정국을 맞아 전쟁이 소강 상태에 빠진 4년 동안에는 군비를 강화하며 서해로 가려는 왜군의 뱃길을 봉쇄했다.

1597년(선조 30) 2월 초 이순신은 안팎의 모함을 받아 한성으로 압송되고, 이후 정유재란이 발발한다. 뚜렷한 증거도 없이 투옥되어 심한 고문을 받았으나 다행히 목숨은 붙어 있었다. 하지만 왕은 기어이 그를 죽이려 했다. 신하들의 간청으로 겨우 사형은 면했으나 통제사 직책은 사라지고 계급 없는 군인이 되어 백의종군하라는 명령이 떨어졌다. 그런데 그의 뒤를 이어 새 통제사가 된 원균은 7월 16일 칠천량 바다에서 이순신이 5~6년간 양성한 조선 수군을 전멸시키고 그 자신도 전사하고 만다. 왕은 할 수 없이 이순신을 다시 통제사로 임명한다.

임지가 적의 수중에 떨어진 상황에서 거느릴 군사도, 싸울 병기도, 전선도, 대포도, 그리고 애써 만든 거북선마저 모두 불타 버린 뒤였다. 그래도 그는 거부하지 않고 교서를 묵묵히 받는다. 수백 리 길을 돌아 흩어진 병사들을 다시 모으고 무기를 찾아냈다. 적을 피해 도주했던 12척의 전함도 돌아왔다. 그러던 중에 피란민을 만나면 말에서 내려 위로하는 것을 잊지 않았다. 나라에서는 수군이 이미 무력해졌다고 판단해 그를 육군에 들어가 싸우라고 했지만 그는 아직 12척의 배가 있으니 싸울 만하다는 사자후로 수군 폐지론을 잠재운다.

명량은 그가 더 이상 피할 곳이 없는 막다른 곳으로 그에게는 사생결단의 장소이기도 했다. 적의 10분의 1도 안 되는 병력으로 싸워서 이길 수 있는 장소는 오직 그곳뿐이었기 때문이다. 겨우 12척만으로 이길 수 있다고 장담했지만 통제사로 복직한 지 겨우 40일 만에 아무런 준비도 없이 치러야 하는 전투에서 기세가 등등한 침략군에 맞서 싸워 이기기 위해서는 "죽으려 하면 살고 살려고 하면 죽는다."라는 말밖에 할 수 없었다. 겁이 나서 뒤로 물러서는 장병들을 달래고 꾸짖어 가며 참담한 심정으로 치룬 전투가 바로 명량해전이다.

그런데 놀라운 일이 일어났다. 9월 16일 전투가 끝났을 때, 조선 판옥선 13척은 모두 온전했고 적은 반 이상이 침몰하고 도주함으로써 완승을 거둔 것이다. 이순신 스스로도 하늘의 도움이 없었다면 이길 수 없는 전투라 했다.

그런데도 왕은 이순신 휘하 장수들에게는 모두 승진 포상을 하면서 정작 이순신에게는 아무런 포상도 하지 않았다. 이순신은 서운하다는 말 한 마디 하지 않았다. 이 전투로 인해 조선 수군은 다시 남해의 제해권을 장악했으며 왜적은 이번에도 서해를 넘지 못했다.

3. 이순신의 리더십과 그 뿌리의 탐색

이순신 리더십을 공부하는 것이 어떤 의미인지 먼저 말해 두는 것이 순서라고 생각한다. 무엇보다도 이순신은 자기 삶의 목표를 이루어 낸 성공한 사람이다. 성공했다는 것은 목표를 향해 가면서 실패에 빠질 위기에 봉착했을 때마다 이를 잘 극복했다는 것을 의미한다. 그러므로 이순신 리더십을 공부한다는 것은 자신에게 닥친 안팎의 온갖 위기를 어떻게 극복하면서 목표한 바를 이루어 성공했는지, 그 방법과 까닭을 공부하는 것과 다르지 않다. 이를 다른 말로 표현하면 이순신의 성공법을 찾아보자는 것이다. 이순신이 아니라도 성공한 사람은 많고, 그 많은 사람들에게는 그들만의 독특한 성공법이 있듯이 이순신에게도 그만의 성공법이 있었을 것이다. 이는 이순신처럼만 산다면 누구나 성공할 수 있는 법이기에 의미가 남다르다 할 것이다.

이를 위해 이순신의 내면 깊숙이 들어가 그 속에 자리 잡은 그의 핵심적 가치를 추출해 그 가치들이 그의 성공에 어떻게 작용했는지 그 회로를 관찰함으로써 분명해질 수 있다. 그러므로 이를 찾는 공부법이야말로 이순신 리더십의 뿌리를 탐색하는 가장 중요한 작업이 될 것이다.

1) 나라 사랑하는 마음으로 충만한 삶

나라 사랑이란 국토와 국민, 그리고 사직을 사랑하여 나라의 이익을 자신의 이익에 앞세우는 마음가짐을 말한다. 그는 진정으로 자기가 태어나 자라고 죽을 이 나라의 땅을 사랑했고, 함께 살아가는 이 나라의 동포를 사랑했다. 이러한 사랑은 그의 삶에 일관되게 나타나며, 이 지극한 사랑으로 말미암아 그와 국민이 하나가 되어 마침내 기적적으로 구국의 목표를 달성할 수 있었다.

먼저 그의 국토 사랑에 대해 살펴보자. 이순신은 웅천에 진을 구축한 왜적 진영 가까이 가지 말라는 명나라 도사 담종인의 패문과 관련하여 "거제, 웅천이 다 우리 국토인데 우리더러 왜의 진영에 가까이 가지 말라고 하는 것은 무슨 말이냐?"라고 당당히 따진 일이 있다. 한산도 곳간에 따로 벼 500섬을 준비해 놓고 "왕이 압록강을 넘을 형편이 되면 서해로 올라가 왕과 더불어 죽기로 싸워 국토를 지켜야 하고, 그럴 수 없을 때에는 군신이 서로 안고 이 땅에서 죽어야 한다."라는 말을 하기도 했다. 이 두 가지 사례를 통해 국토 사랑을 나라 사랑의 출발점으로 보는 그의 자주적 애국심을 쉽게 읽을 수 있을 것이다.

또한 그는 백성을 진심으로 아끼고 사랑했다. 그의 글 속에는 한결같이 전란으로 고통받는 백성들의 아픔이 언급되어 있다. 먹을 것이 없어 떠도는 피란민들에게 노획한 쌀과 옷, 베를 나눠 주고 수백 명에게 살 수 있는 장소를 제공했다. 바쁘게 길을 가다가도 피란민 행렬을 마주치면 말에서 내려 일일이 손을 잡아 주었고, 잘 숨어서 적에게 잡히지 말라고 위로했다. 싸움을 할 때에는 적선을 남김없이 다 파괴해 전공을 높일 수 있었지만 궁지에 몰린 적들이 혹시나 우리 백성을 해칠까봐 도망갈 배 몇 척은 남겨 두었다는 이야기도 전한다. 명량해전 전에 백성들을 먼저 전장에서 피란케 한 얘기는 그에게 전쟁의 목적이 백성을 보호하고 사랑하는 것이었음을 단적으로 보여 주는 일화다.

그의 이 같은 백성 사랑은 가족 사랑, 부하 사랑으로부터 비롯된다. 그는 누구 못지않게 가족을 사랑했다. 자식들을 사랑했고, 아내를 사랑했으며, 의지할 곳 없는 조카들을 친자식처럼 돌봤다. 특히 그의 어머니를 진중 가까이 모셔 놓고 조석으로 문안하며 효를 다한 것은 유명하다. 나아가 부하 장졸들에 대한 사랑도 뜨거웠다. 부산포해전 당시 정운 장군을 잃고 애통해하는 것에 머물지 않고 위에 포상 장계를 올려 사당까지 지어 최상의 예우를 갖추었다. 전투가 끝나면 항상 군졸들이 세운 공을 빠뜨리지 않고 위에 보고했으며, 혹 전쟁터에서 싸우다가 다치면 극진히 치료해 주고, 죽으면 정성껏 장례를 치르며 유족을 위로했다. 심지어 유행

병으로 죽은 군졸들까지 뒤처리를 소홀히 하지 않았다. 가족와 부하, 백성에 대한 그의 행적을 통해 우리는 그의 품성에서 사랑으로 충만한 어진 심성을 읽을 수 있다.

여기서 하나 짚고 넘어가야 할 중요한 점이 있다. 그것은 이순신의 가족 사랑이 자연스럽게 부하 사랑, 백성 사랑, 나라 사랑으로 이어지면서 서로 충돌하지 않는다는 점이다. 그것은 이순신에게서 나온 각양의 사랑이 인위적으로 만들어진 것이 아니라 하나의 원천에서 자연스럽게 발현된 것이기 때문이고, 따라서 그의 사랑에는 계산된 두 마음이 없었다.

그 다음으로 주권 사랑에 대하여 살펴보자. 주권에 대한 사랑은 통상 통치자에 대한 충성심으로 나타나는데, 이순신에게 충성의 대상은 통치자인 왕이 아니라 오로지 사직, 즉 국가였다. 그의 삶은 철저히 탈정치 · 비정치적이었다. 참 군인은 정치권을 기웃거려서는 안 된다. 군인이 정치에 눈을 뜨면 그가 맡은 국가적 책무가 개인의 정치적 욕구에 따라 왜곡되고 경시됨으로써 본연의 소임을 다할 수 없게 되기 때문이다. 이순신의 눈에 보이는 것은 오직 나라뿐이었다. 왕이나 대신들이 가진 정치권력은 안중에도 없었다. 물론 그가 바친 충성의 추상적 대상으로 "무릇 남의 신하된 자로 임금을 섬김에는 죽음이 있을 뿐 다른 길이 없다."라는 글에서도 알 수 있듯이 왕이 자주 등장한다. 그러나 그가 위에 바친 충성을 찬찬히 살펴보면 자기 출세를 위한 사욕에서 비롯된 적이 한 번도 없고, 왕에게 바친 충성에는 한 점 비굴함도 찾아볼 수 없으며, 또 그가 전념한 것은 왕의 사적인 일이 아니라 오직 바다를 지키는 나라의 공적인 일이었다. 그래서 우리는 그의 사랑, 충성의 진정한 대상은 통치자라기보다 국가임을 간파하는 일이 별로 어렵지 않다.

이처럼 이순신은 평생을 두고 국민 · 국토 · 사직에 지고지순의 사랑을 바치고, 충성을 다함으로써 마침내 국토와 국민, 나라를 구해 내는 기적을 이룰 수 있었다.

2) 정성일념의 삶

이순신은 지극히 정성스러운 사람이었다. 불성무물(不誠無物)이란 옛말이 있듯이 정성이 없으면 어떤 일에도 성공할 수 없다. 이순신에게 정성이야 말로 그 성공의 요체다. 이순신의 정성스러움은 일이 있기 전에는 철저히 준비하는 것으로, 일이 있을 때에는 목숨을 걸고 그 일에 전심전력을 다하는 것으로, 일이 끝나면 결과에 연연하지 않고 담담히 받아들이는 것으로 나타난다.

일이 있기 전에는 철저하게 준비한다(유비무환)

성즉명(誠則明)이란 옛말이 있듯이 정성이 지극하면 미래를 볼 수 있다. 이순신은 지극히 정성스러웠기에 나라의 앞날에 환란이 있을 것을 미리 내다보았다. 이순신이 환란을 예측한 것만으로 구국의 목표를 이룰 수 있었을까? 그렇지는 않다. 미래를 예측하는 능력만으로는 부족하고, 그 예측과 안목을 기초로 위기를 극복할 완벽한 준비를 마쳐야 한다. 예측만 했지 준비를 못했다면 이는 점쟁이일 뿐 정성스런 지도자가 아니다.

전쟁에서 준비란 상대방의 전력에 대비한 준비를 의미하므로 유비무환의 정신 속에는 적을 가볍게 보지 않는 정신이 내포되어 있음은 말할 필요도 없다. 이같이 유비무환 정신으로 무장된 그는 무슨 위기가 발생할 때면 항상 "신은 이미 준비를 마치었나이다."라고 대답했다는데 이 말에는 적의 전력까지 미리 알고 적을 깰 준비를 다 해 놓았다는 뜻이 내포되어 있다.

전라좌수사로 부임해 임진왜란이 일어나기까지 그는 철저하게 전란에 대비했다. 각종 정보를 통해 왜의 사정을 면밀히 파악했고 류성룡이 보낸 『증손전수방략』도 감탄하며 연구했다. 경상도 수사나 병사들이 모두 전쟁 준비를 외면하고 안일한 세월을 보낼 때 오직 그만이 나라의 변란을 예견하여 훈련하고 또 준비했다.

준비하지 않은 장수는 위기를 당하면 두려움에 빠져 도주하려고만 한다. 전쟁이 일어나자 경상좌 · 우수사, 경상좌병사 모두 도주했다. 심지어 왕도 도주하고 말았다. 아무런 준비를 하지 못했기 때문이다. 그러나 이순신은 난을 미리 예견하고 충분히 준비를 했기에 도주하지 않았다. 오히려 수백 리 경상도 바닷길로 원정을 나가 다른 장수가 버리고 간 우리 바다를 되찾았다.

이순신은 전라좌수사가 되고 나서도 1년 2개월간 쉼 없이 정성을 다해 준비했다. 그렇게 했기에 전쟁 발발 하루 전에 거북선도 만들 수 있었다. 첫 옥포해전뿐만 아니라 다른 어떤 전투에서도 항상 용의주도하게 뱃길과 물길, 적의 주둔 상태, 전력 규모, 지형 지세 등을 소상히 조사했고, 그에 따라 훈련을 게을리하지 않았기에 4대 승첩이 가능했다. 울돌목을 명량해전의 장소로 준비한 것이 승전의 성공 요인이 되었으며, 7년간 전대를 풀지 않고 긴장 속에서 온갖 준비를 마쳤기에 왜적과 싸운 전쟁에서 백전백승할 수 있었다.

이순신에게 유비무환의 정신이란 평소 자기 관리와 공부에 철두철미하여 향후 닥칠 어려운 문제들을 해결할 수 있는 충분한 실력을 쌓아 놓았음을 의미한다. 그러면 그는 어떻게 평소 실력을 쌓았을까?

이순신은 결혼하기 전에는 물론이고, 결혼 후부터 첫 관직에 나아간 10년 동안 끊임없이 무술을 연마하고 병서를 공부했다. 그러나 더 중요한 것은 이 황금 같은 10년의 청 · 장년 기간에 그는 치열한 정신 수양으로 성숙한 인격과 창의적 지혜를 갖추었으며, 흔들리지 않는 인생관과 사생관, 국가관을 확립했다. 이는 이순신을 본 당시의 수많은 사람들이 이순신을 깊은 수행을 쌓은 선비로 묘사하고 있는 점을 상기해 볼 때 의심할 여지가 없다.

이같이 이순신은 수양을 통해 자신을 이기는 큰 힘을 얻었다. 적과 싸우기 전에 먼저 자신을 이기는 큰 힘을 얻었고 이 힘을 얻기까지 이순신은 준비하고 또 준비했다.

일을 당해서는 그 일에 목숨을 걸고 전심전력한다

다음으로 그는 일을 당해서는 항상 지극한 정성으로 오직 그 일에만 몰입했다. 이순신에게 지극한 정성으로 전심전력한다는 것은 '죽음으로써' 최선을 다함을 뜻한다. 세상에서 목숨을 거는 것보다 더 최선을 다하는 것이 무엇이며, 명(命)을 떼어놓고 나오는 군대를 누가 막을 수 있겠는가.

그는 항상 최악의 조건에서 시작했다. 임진년의 4차례에 걸친 전투만 보더라도 그는 왜적의 절반에도 못 미치는 함대로, 그것도 수백 리 먼 뱃길로 원정을 나와 10여 차례의 크고 작은 전투를 치러야 했다. 명량해전에서는 12척의 전함과 패잔병을 모아 그 10배가 넘는 적의 정예병과 싸워야 했다. 그렇지만 단 한 번도 패하지 않는 기적을 이룰 수 있었을까?

그 질문에 답을 찾고자 한다면 일에 임하는 그의 정신 자세를 살펴보아야 한다. 임진년 첫 해전 출전을 앞두고 그는 왕에게 이렇게 고했다. "원컨대 한 번 죽음으로써 기약하고 즉시 범의 소굴을 바로 두들겨…." 명량해전을 앞두고 조선 수군 폐지론이 나올 때에는 "아직도 신에게는 12척의 전선이 있습니다. 죽을힘을 다해 막아 싸우면 아직도 할 수 있습니다. 전선이야 비록 적지만 신이 죽지 않았으니 적이 감히 우리를 업신여기지 못 하리이다."라고 하였다.

"죽으려 하면 살고 살려고 하면 죽는다. 너희 여러 장수들은 오늘 살려는 생각을 하지 말라."라는 말에서도 잘 나타나듯이 그는 어려운 일을 당할 때마다 죽음으로써 전심전력하면 반드시 뜻을 이룰 수 있음을 굳게 믿고 있었다. 또 마지막 노량해전 몇 시간 전에 "이 원수를 무찌른다면 죽어도 유한이 없겠습니다."라며 저 유명한 최후의 선상 기도를 올렸다. 그리고 적의 총탄에 맞아 숨이 넘어갈 때도 "지금 싸움이 한창 급하니 내가 죽었단 말을 내지 말라."라고 당부한 끝에 승리를 거둘 수 있었다.

바로 이것이다! 이순신이 만 가지 위기를 극복하고 승리할 수 있었던 것은 이같이 오직 지성으로 매사에 임하고, 목숨을 걸고 최선을 다해 죽음에 이르러서도 이 정신 자세가 오직 구국에 집중되어 흩어지지 않았기 때문이다. 24척이 있으면 24척으로, 12척이 있으면 12척으로 죽기로서 최선을 다해 집중하는 가운데 백전백승의 기적을 이루어 낸 것이다.

일이 끝나면 그뿐, 결과야 어찌 되어도 괘념하지 않는다

지극히 정성스러운 사람은 무슨 일이든지 그 일이 끝나면 지나간 일을 다시 되짚어 앞날의 발전에 참고로 삼을 뿐, 이미 끝나 버린 일이 초래할 결과를 두고 염려하지 않는다.

이순신도 오직 일념으로 목숨을 걸고, 털끝만큼의 사심도 없이, 매사에 집중하여 최선을 다했기 때문에 일이 끝나고 나서 나타날 결과에 대해 그냥 기다릴 뿐 일체 괘념하지 않았고, 남들이 그 결과를 두고 무어라 얘기할 것인지에 대해서도 좌고우면하지 않았다. 진인사대천명(盡人事待天命)이란 말 그대로 그는 그 일에 최선을 다했다. 첫 출전에 앞서 임금에게 보낸 글의 말미가 이러하다. "…성공과 실패, 날쌔고 둔한 것에 대해서는 신이 미리 헤아릴 바가 아닙니다." 명량해전에서 기적적인 승리를 거두고도 그는 "이는 오직 하늘이 도운 것이다."라며 결과에 초연한 심경을 일기에 썼을 뿐 상을 내리지 않은 선조에 대해 한 마디 불평도 하지 않았다.

그는 전투에 임할 때마다 잘 싸우면 무슨 상을 받고, 잘못 싸우면 무슨 벌을 받을지 계산한 적이 없다. 공과와 상벌을 미리 계산하는 마음에는 사심이 개입되게 마련이다. 오직 공심으로 최선을 다한 이상 이로운 결과가 와도 좋고 불리한 결과가 따라도 좋았다. 최선을 다해 싸웠는데 죽게 되면 죽는 것이다. 또 밝지 못한 군주를 만나 음해를 받으면 죽을 수도 있는 것이다. 백의종군인들 수용하지 못할 이유가 없고, 죽음인들 받아들이지 못할 까닭이 없다. 그에게 중요한 것은 오직 일념(一念)으로 싸워 나라를 구하는 일에 최선을 다하는 것뿐이었다. 이순신이 만약 이러한 신념 없이 공을 탐하고 이에 연연했다면 결코 성공할 수 없었을 것이며, 구국의 목표 또한 이루지 못했을 것이다.

그런데 묘하게도 최선을 다해 정성 일념으로 일하는 사람에게는 결과 따위에 괘념하지 않아도 좋을 심리적 평화와 희열이 따른다. 이 기쁨은 실로 사심 없이 최선을 다한 사람에게만 하늘이 내리는 한없는 위로이다. 이순신에게도 하늘은 한없는 위로를 주었다. 그렇기 때문에 그는 주위의 평판에 흔들리지 않고, 벼슬이 높아도 넘치는 바가 없었으며, 벼슬을 빼앗겨도 원망과 타락함이 없었다.

3) 정의로운 삶

이순신은 구국을 목표로 삼아 살아가되 그릇된 길로는 가지 않았다. 목표를 달성하기 위해 수단과 방법을 가리지 않은 것이 아니라, 오직 바른 방법과 수단으로써만 구국의 목표를 이루어 냈다. 목적이 아무리 좋다 해도 부정한 방법과는 절대로 타협하지 않았다. 진실을 가장해 꾸밈과 꼼수를 쓰지 않았고, 옳고 바른길이면 아무리 힘들어도 그냥 갈 뿐 좌고우면하면서 지름길을 찾아가지 않았으니, 그가 나아가는 길은 오직 바른 정의의 외길이었다. 이순신의 성공이 이 같은 정의에 바탕했기에 그의 성공은 결코 무너지지 않았다.

정의의 외길을 갔다는 것은 그가 매사를 원칙에 따라 처리했지 이런저런 이유로 예외를 만들지 않았다는 뜻이기도 하다. 상사의 눈치를 보아 예외를 만들고, 자신의 출세를 위하여 예외를 인정하고서는 바른길로 갈 수 없다. 그 당시로는 괴롭고 힘든 길이었지만 지나고 보면 그것이 그를 무너지지 않는 영원한 승자로 만들었다. 오늘날 우리가 이순신을 배우고 본받자는 것도 그가 걸어간 위기 극복의 길이 오직 바른길이었고, 바른길을 가고서도 위기를 극복하고 성공할 수 있었기 때문이다.

훈련원 봉사직에 있을 때 직속상관인 서익의 강압적 인사 요구에

법과 원칙에 어긋난다는 이유를 들어 거절한 일이나 발포만호 시절 직속 상관인 수사가 거문고를 만들기 위해 만호영 뜰에 있는 오동나무를 베려 할 때 공물을 사사로이 처분할 수 없다며 거절한 일, 금오랑이 조대중의 집을 수색할 때 압수 물품 가운데 이순신의 편지가 발견되자 혹시라도 구설수에 오를까 걱정이 되어 금오랑이 이순신의 편지를 빼내려 하자 이순신은 공물을 사적으로 처분하는 것은 옳지 않다며 금오랑의 호의를 거절한 일은 유명하다.

이순신은 원칙주의자였고 오직 바르고 항상 정직했다. 그는 어떤 경우에도 꾸미거나 남의 눈치를 보아 가면을 쓴 일이 없었다. 체면 때문에 없는 것을 과대포장한 일도 없고, 상사나 동료, 부하에게 거짓을 말하지 않았다. 그래서 그는 쉽게 동료와 부하의 협력을 얻어 낼 수 있었으며, 어려운 사정도 잘 정리할 수 있었다. 또 꾸며대는 비용을 들이지 않았기에 불리한 싸움에서도 큰 어려움 없이 승리할 수 있었다.

여기서 우리가 관심을 가져야 할 것이 하나 있다. 그것은 이순신이 정의와 승리를 어떻게 연관지어 생각했는지, 즉 임진왜란을 정의와 불의의 관점에서 어떻게 이해했는지 하는 것이다. 이것은 장수가 국운을 걸고 전투를 치러 승패를 결정함에 있어 결정적 작용을 하는 중요한 정신 자세의 문제이기 때문이다.

이순신은 첫째, 삼국시대의 김유신[1]과 같이 정의가 불의와 싸우면 정의가 반드시 이긴다는 신념을 가지고 있었다. 둘째, 우리는 왜국에 아무런 해를 끼친 적이 없는데 왜국은 자신들의 가당찮은 욕심을 채우려고 이 나라를 짓밟고 수많은 백성을 살해한 천인공노한 죄를 지었으므로 사악한 쪽은 그들이며 우리는 바르다는 확신을 가졌다. 따라서 이순신 군대

---

1 김유신도 이순신과 더불어 패전을 모르는 우리 역사상 가장 걸출한 장수였다. 그도 내전을 수습할 때나 적과 싸울 때 "우리는 바르고 적은 사악하니 바른 것으로 사악함을 치면 바른 것이 반드시 이긴다"는 확신을 가졌고, 그 확신으로 부하 장병들을 감동시켜 백전백승할 수 있었다.

는 정의의 군대로서 하늘이 도와줄 것이므로 사악한 왜적과 싸우면 반드시 이기게 된다는 신념을 가지고 있었고, 그 신념으로 생사를 초월하는 단결을 이루어 마침내 승리한 것이니, 이순신은 정의의 길이 곧 승리의 길임을 분명하게 보여 주었다.

4) 자력의 삶

이순신은 어떤 어려운 문제를 만나더라도 그 문제를 풀 주체는 자신이며, 풀 수단은 자기가 가진 정신적 자주력과 물질적 자립력이라 생각했다. 그래서 그는 주위 사람들에게 항상 "제힘으로 세상을 살아, 쓰이면 죽기로서 충성을 다하고, 쓰이지 못하면 농사짓고 살면 족하지, 권세 있는 남에게 아첨하고 의지하여 뜬 영화를 구하지는 않겠다."라고 말했다. 그는 오직 자신의 힘만으로 닥쳐온 위기를 극복하려 했고, 설정한 목표를 이루려 했다. 자기에게 부여된 책임을 제힘만으로 완수코자 하는 이 자력의 정신이야말로 진정한 주인정신이요, 자주정신이며, 자립정신이다. 이순신의 성공이 이같이 그의 자력에 바탕을 두었기 때문에 그의 성공은 남의 것이 아니라 자기의 것이 되었다.

제힘이란 자신의 실력을 말하며 실력은 신념을 낳는다. 이순신은 허세나 타력이 아닌 오직 자신의 실력만으로 신념에 찬 행동을 했기에 온갖 위기를 극복하고 마침내 그 목적한 바를 이룰 수 있었다. 그래서 그의 성공은 그의 것이 되었다. 그는 결코 아첨으로 당파에 기대거나 남의 힘에 의존해 자신의 목표를 해결하려 하지 않았다. 소극적으로 배경(속칭 '백')에 의지하지 않는 정도를 넘어 적극적으로 배경을 거부하고 살았으니 그의 자력 정신은 순일하기 그지없었다.

류성룡이 파면되어 쉬고 있던 이순신에게 이조판서 이율곡을 한 번 찾아가 보라고 권했다. 이순신은 같은 덕수 문중이라 찾아갈 수도 있지만 그가 인사권을 갖고 있는 동안에는 만나지 않겠다고 대답했다. 또 병조판서가 이순신의 화살통을 탐내어 달라고 하자 서로의 이름을 더럽힐 수 없다며 이를 거절했고, 다른 병조판서는 자신의 서녀를 첩으로 주어 그를 사위로 삼으려 했으나 이 또한 거절했다. 파면에서 벗어나 복직해야 하는 너무도 절박한 상황에서 그는 오직 스스로, 자신의 실력으로, 자기 힘으로만 일어서려 했다.

이순신의 이 같은 주인정신, 자주·자립정신은 젊은 시절을 지나 죽을 때까지 이어진다. 전라좌수사가 되어 거북선을 만들고 전쟁 준비를 할 때도, 삼도수군통제사가 되어 군비를 확장할 때도, 정유재란이 나고 전멸한 조선 수군을 재건할 때도, 그는 권세 있는 자에게 아첨하거나 남(조정)의 도움을 기다리지 않고 제힘으로 그 힘들고 거대한 일을 일구어 냈다.

만약 이순신이 자력을 바탕으로 하지 않고 아첨으로 남의 힘을 이용해 자신에게 닥친 문제들을 풀어 가려고 했다면 그는 자신의 성공을 남에게 바쳐야 했을 것이니 그다운 값진 성공을 이룰 수 없었을 것이다.

5) 기타

구국제민이란 뚜렷한 목표를 세움

정도의 차이는 있지만 성공을 바라는 사람은 누구나 미래를 내다보는 안목으로 목표를 정하고 살아간다. 각자 안목에 따라 높은 관직에 오르고 싶은 사람은 그 관직을 목표로, 큰 부자가 되고 싶은 사람은 재벌을 목표로 살 것이다.

목표 의식이 뚜렷하지 않은 사람도 자세히 들여다보면, 부귀와 명예를 이룰 나름의 목표를 정해 놓고 살아간다. 거기에는 원대한 인생 목표도 있지만 내일의 상황에 대처하기 위한 그때그때의 작은 목표도 있다. 여하튼 뚜렷한 목표를 갖고 사는 사람일수록, 또 그러한 목표 의식이 강한 사람일수록 더 열심히 살기 마련이며, 미리 준비하며 살기 때문에 성공적인 삶을 살 수 있다.

이순신은 어떤 안목으로 미래를 내다보았으며, 어떤 목표를 세워 살았을까? 그는 22세에 이미 편한 문관의 길을 버리고 하층 계급 구조를 가진 무관의 길에 들어섰다. 이때 그는 "내적으론 군자가 되어 인격을 갖추고, 외적으론 무관이 되어 나라와 백성을 지키겠다."라는 인생 목표를 정했다. 전라좌수사에 임명되었을 때 "왜적은 반드시 쳐들어올 것이고, 남해 바다를 지켜 적으로부터 이 나라를 지킬 것이다."라는 예측과 확신이 있었기에 머뭇거리지 않고 바다를 지키는 준비에 착수했다. 이때부터 자연스럽게 자신의 목표를 구국제민(救國濟民, 나라를 지키고 백성을 보호하는 일)에 두었으니, 결국 이순신의 목표는 한 마디로 말해 '구국'이었고, 따라서 구국은 그가 이루어야 할 가장 중요한 가치였다. 어떠한 역경 앞에서도 자신의 목표를 굴하지 않았고, 구국제민과 무관한 일에는 아예 눈을 돌리지도 않았다.

이처럼 그가 자나 깨나 구국제민 한 가지 뚜렷한 목표만을 세워 살 수 있었던 원천은 무엇일까? 사람은 누구나 사랑하면 꿈을 갖게 된다. 그리고 꿈은 목표를 갖게 한다. 이순신의 지극한 나라 사랑은 자연스럽게 위기에 처한 나라를 구하고자 하는 꿈을 꾸고 목표를 갖게 했다. 그러므로 그가 구국제민의 목표를 세우게 된 원천도 결국 지극한 나라 사랑에 있었음이 아니고 무엇이겠는가.

선공후사(先公後私)

그는 매사를 처리함에 공과 사를 분명히 했다. 공과 사가 충돌하면 공을 앞에 놓고 사를 뒤에 놓았다. 그는 공직자였으니 그가 맡아 일심 전력할 일은 오직 공무다. 그러니 공을 사 앞에 놓았다는 것은 그가 맡은 공무에 오롯한 사랑과 정성을 바쳤다는 말과 같은 뜻이다.

일찍이 이순신을 연구한 노산 이은상 선생은 이순신을 정돈된 인격자라고 평가했다. 정돈되었다는 말은 앞에 놓을 것을 앞에 놓고 뒤에 놓을 것을 뒤에 놓는다는 뜻이고, 모든 일을 순서에 맞게 제자리를 찾아 처리했다는 말이다. 이순신의 모든 행적을 통틀어 볼 때 공을 앞에 놓고 사를 뒤에 놓는 이 원칙에는 단 한 건의 예외도 찾아볼 수 없다. 이런 점에서 노산 선생의 평가는 이순신의 인품에 대한 정곡을 찌르는 평가라 할 만하다. 그는 매사 선공후사의 길이 무엇인지 깊이 생각했고 사(私)의 길이 아니라 공(公)의 길로만 결단했으며, 용기 있게 행동으로써 그 길로 나아갔다.

한산도 시절 몸이 몹시 불편하여 앉아 있기조차 어려웠을 때 부하들이 잠시 누워 쉬기를 권하면 "적과 상대하여 승패를 가르는 것이 호흡 사이에 달렸는데 장수된 자로서 죽지 않았거늘 어찌 편히 누울 수가 있을까 보냐?" 하고 앉아 버티며 앓기를 18일 동안이나 한 일이나 아산에 있는 부인의 병이 위중하다는 소식을 듣고도 "나랏일이 이 지경에 이르렀으니 다른 일이야 생각할 겨를이 없다." 하고 군무를 벗어나지 아니한 일, 자기를 죽이려 했던 왕과 지배층이 수군을 몰살시킨 후에 뻔뻔스럽게 재임명 교서를 내릴 때 사적인 감정이나 분노로 이를 거절하지 않고 공심(公心)으로 담담히 받아들인 일, 절이도전투가 끝나고 명나라 진린 도독이 우리 군사가 베어 온 적의 수급을 탐하자 이를 기꺼이 넘겨준 일, 진린 도독을 오직 공심으로 상대하고 뇌물의 유혹을 물리쳐 마침내 그의 충심 어린 협력을 이끌어 낸 일 등 이순신의 생애 전부를 통틀어 항상 공심(公心)이 사심(私心)의 앞자리에 있었다.

특히 원균과 비교하면 그의 선공후사 정신은 확연히 돋보인다. 사천해전에 임하여 이순신은 군사들에게 이렇게 당부했다. "적의 머리 베는 데 힘쓰지 말고 적을 죽이기만 해라. 그러면 내가 이를 보고 너희의 공로를 적어 보고하겠다."라고 하였다. 과연 이순신의 말을 믿은 조선 수군은 열심히 싸워 그 전투에서 승리를 거두었다. 그러나 전투에 이긴 다음날 원균은 어제 싸운 곳을 둘러보겠다며 나갔다가 죽은 왜적의 수급을 베어 와 자신의 공로로 보고했다. 이순신은 싸움에 이겨 나라를 지키는 공적 가치가 개인적 공적에 앞섰건만 원균은 나라가 이겨도 자신의 사적 공이 알려지지 않으면 아무런 의미가 없다고 보았으니 두 장수의 승패를 갈라놓은 요체가 바로 여기에 있는 것이 아닐까.

항상 공(公)을 앞세우는 이러한 정신 때문에 이순신의 부하들은 그의 생각에 무언으로 공감했고, 그 공감은 서로에게 신뢰를 만들어 격의 없는 소통을 만들어 냈으며 거기에서 단결과 용기, 창의의 리더십이 용출되었다. 그러므로 사랑과 정성이 공직자에게 적용되면 선공후사의 정신으로 그 이름이 바뀌어 나타나게 되는 것이다.

끊임없는 노력

이순신의 성공은 선천적으로 타고난 남다른 능력에도 그 이유가 없지 않겠지만 그보다는 끊임없는 노력으로 얻었다고 할 수 있다. 그는 결코 우연을 바라지 않았다. 활쏘기 연습을 하지 않아도 명궁이 될 수 있다는 생각을 하지 않았던 것이다. 간절히 원하고 끊임없는 노력해야만 성공할 수 있다고 믿었다.

그는 문벌이나 타고난 조건에 의지하지 않고 자기 노력으로 실력을 갖춤으로써 뜻을 이루고자 했다. 22세부터 병학 등을 열심히 공부했으며, 어려운 가정환경과 무과 낙방이라는 시련에도 불구하고 중도에 포기하지 않고 10년 이상 꾸준히 노력했기 때문에 마침내 미관말직이나마 관직에 나아갈 수 있었다. 그 이후 15년간 중간관리자를 거치면서도 치열한 노력으로 구국의 대임을 수행할 지혜와 능력을 갖춰 나갔고, 그렇게 노력함으로써 얻은 지혜와 능력으로 마침내 성공을 이룰 수 있었던 것이다.

개개의 전투에서 가장 효과적인 필승 전략을 수립하는 능력도 모두 그의 끊임없는 노력에서 나왔다. 평소 꾸준히 병법과 지리 공부를 게을리하지 않았고 거의 날마다 활쏘기 연습을 해 스스로 명궁이 되었기에 그가 이끄는 군대는 강군이 될 수 있었다. 한산대첩에서 적을 유인해 학익진으로 섬멸한 일과 울돌목 지형을 이용해 10분의 1의 군사로 능히 적을 무찌른 일, 한산도를 지키면서 서해로 나가려는 적의 목을 누르는 전략으로 결국 전쟁을 승리로 이끈 일, 한심한 명나라 수군을 다스려 우리를 도와주는 진정한 우군으로 만든 일도 모두 간절한 바람과 꾸준한 노력으로 얻은 능력과 지혜가 바탕이 되었기에 가능했다. 그러므로 이 끊임없는 노력은 그의 정성스러운 성품에서 나온 것임이 분명하다.

창의성과 개척 정신

이순신은 항상 앞길이 꽉 막힌 답답한 상황에서 출발했다. 태생부터가 몰락한 양반 집에서 출발했으나 무인의 삶으로 새로운 길을 개척했다. 압도적인 군사력의 열세를 안고 싸워야 하는 답답한 상황 속에서 그는 백전백승의 길을 개척했으며, 수군이 전멸한 상황에서도 흩어진 군사와 배를 모아 적의 대선단을 격파했다. 보통 사람이라면 길이 없어 그냥 주저앉고 말 상황에서도 그는 좌절하지 않고 창의적인 새 길을 찾아내는 개척의 삶을 살았다.

이처럼 자신에게 주어진 최악의 조건을 최선의 조건으로 개척해 나가는 창의성과 개척 정신을 지녔기에 무사안일의 관료적 틀 속에 안주하지도 않았고, 복지부동하지도 않았다. 경직된 사고에서 벗어나 일찍부터 열린 사고를 했으며, 부하들의 의견을 수렴해 합리적으로 일을 처리했다.

그가 창의성과 개척 정신을 발휘한 경우를 보면 항상 문제의식을 갖고 있었음을 알 수 있다. 가령 왜적은 거리가 떨어졌을 때에는 조총으로, 붙어서는 칼로 싸운다. 우리는 활을 주 무기로 사용하기 때문에 불리할 수밖에 없다. 이 문제를 어떻게 풀어야 하나? 조총과 칼을 든 채로 접근해 오는 왜적을 막아내기 위해서는 쇠못을 박아 지붕을 만들고 방패막이를 둘러친 특수한 장갑선이 필요했고, 이에 따라 창안해 낸 것이 바로 거북선이다. 따라서 거북선의 개발이야말로 이순신이 무사안일에 안주하지 않은 가장 확실한 증거이며, 매사에 문제의식을 갖고 창의적으로 앞날을 개척한 이순신 정신의 상징이다. 조정에서 시키는 대로만 하면서 무사안일에 빠져 있었다면 그는 결코 거북선을 만들 수 없었을 것이다(당시 조정은 아무런 아이디어를 주지 않고, 물자 공급도 하지 않았다).

그 밖에도 이순신의 창의적 정신은 여러 군데에서 돋보인다. 학익진으로 적을 포격하여 섬멸했고, 조정으로부터 군량미도, 군수품도, 군사도 지원받지 못한 최악의 상황에서 통행첩으로 군사 자금을 마련했으며, 둔전을 개발해 부족한 전력을 충당해 나간 것 등도 모두 창의적인 개척 정신의 산물이다.

이 창의성과 개척 정신은 어디에서 온 것일까? 사랑과 정성에서 나온다고 본다. 나라를 걱정하고 사랑하는 마음이 충만하고, 그 사랑과 걱정을 오랫동안 머릿속에 담아놓고 해결책을 찾아 정성을 다할 때 비로소 문제를 풀 창의성이 발현되는 것이지, 정성과 사랑이 없고 아무런 걱정도 안 했는데 갑자기 창의성이 생겨나지는 않는다. 이순신은 지극한 애국심으로 나라를 사랑했고, 그 사랑하는 마음으로 나라를 지키기 위한 효과적 방안을 마련하기 위해 늘 정성을 다해 고뇌했기에 앞서 본 각종 새로운 방안들이 용출된 것이다.

어떤 역경도 극복해 내는 신념과 용기

이순신이 스스로 옳다고 믿고 가는 길에는 수많은 장애와 위협이 따랐다. 그래도 이에 굴복하지 않았고, 어떠한 장애도 결국은 극복하고 말 것이라는 신념을 가지고 살았다. 그리고 그 신념에 찬 자신을 믿었다.

죽음의 위협을 만날 때도, 또 비교도 안 될 약한 전력으로 강적과 싸울 때도, 그는 항상 이 같은 신념으로 죽음을 초월한 용기, 주위를 빨아들이는 열정을 발휘했고, 그 열정적 용기에 감동한 조선 수군은 항상 사기가 충천했다. 이러한 용기는 다른 모든 것에 대해 눈을 감은 채 오직 바른길, 구국제민의 길에만 모두를 걸고 정성과 사랑으로 하면 마침내 이룰 수 있다는 신념에 차 있었기에 나올 수 있었다. 이것이 용기의 원천이다.

여진족과 싸울 때에는 화살을 맞고, 사천해전에서 탄환을 맞았지만 용기는 꺾이지 않았다. 군사가 부족하고 군수물자가 동이 나도, 전염병으로 인해 사랑하는 수많은 부하들을 잃었을 때도 용기를 잃지 않았다. 그의 용기는 울돌목해전에서 가장 잘 나타난다. 원균이 지휘한 칠천량해전에서 우리 수군은 거의 전멸했다. 그때도 그는 좌절하지 않았다. 실패를 딛고 일어서 무서운 복원력으로 흩어진 병사들을 모으고 숨어 있던 전선을 찾아내 적과 싸울 태세를 갖추었다. 겨우 찾은 배 12척으로는 싸움이 불가능할 것으로 여긴 조정에서는 육지로 올라와서 싸우라고 명령했지만 그 12척만 갖고도 자기가 죽지 않았으니 싸워 이길 수 있다고 사자후를 토한 것은 실로 만용에 가까운 엄청난 용기가 없으면 할 수 없는 일이었다.

그는 죄 없는 우리 백성과 국토를 짓밟은 왜적의 무리를 불의와 죄악의 집단으로 확신했고, 그들에겐 반드시 하늘의 응징이 뒤따라 결국 패망할 것이라고 믿었다. 왜적을 보는 이 같은 그의 눈은 한시도 흔들린 적이 없다. 그는 우리가 옳고, 적은 그르므로 우리가 목숨을 걸고 싸우면 반드시 이긴다는 필승의 신념에 차 있었다. 그의 용기는 이러한 신념에 바탕을 두었기 때문에 더욱더 불가사의한 승리를 얻게 된 것이다.

그 다음으로 명나라 진린 도독과 충돌에서도 그의 용기는 빛을 발한다. 명나라 군사가 우리 백성들을 약탈하자 명나라 수군을 버리고 진을 옮기겠다고 엄중 항의한 일(당시 상국의 장수에게 이같이 위협적인 항의를 하는 것은 엄청난 용기가 없으면 감히 생각할 수도 없는 일이었다)이나 마침내 명의 군졸에 대한 처벌 권한을 얻어 낸 일, 뇌물을 받고 마음이 흔들린 진린이 왜적에 퇴로를 열어 주려고 남해로 가서 포로를 치려 하자 남해의 적이 곧 우리 동포이니 절대 쳐서는 안 된다고 항의하여 막은 일이 그 좋은 예다. 이때 진린이 "황제가 준 칼을 갖고 있다."라고 위협해도 눈 하나 깜짝하지 않고 "한 번 죽는 것은 아깝지 아니하오. 나는 한 나라의 대장이 되어 결코 적을 놓아 주고 내 동포를 죽일 수는 없소."라며 위협에 굴하지 않은 일 등은 모두 동포에 대한 지극한 사랑이 만들어 낸 용기였다. 오직 동포를 살려 내려는 순수한 사랑의 일념에서 나오는 용기였기에 급기야 안하무인이던 진린을 승복시킬 수 있었던 것이다.

이같이 온갖 전투와 위기에 부닥칠 때마다 그는 잔꾀를 부려 이를 피해 가지 않고 용기 있게 정면 승부를 걸어 돌파했다.

전라좌수군을 불패의 군대로 만든 것도 이순신이 가진 신념과 용기가 부하들에게 그대로 전해져서 부대 전체가 "사또와 함께라면 우리는 이긴다."라는 전라좌수군의 필승 문화(必勝文化)를 정착시켰기 때문이다. 그러므로 이 신념과 용기도 결국은 사랑과 정성에서 발원된 리더십이 아니고 무엇이겠는가.

청렴

이순신은 청백리의 표본이다. 어려서부터 가난했기에 권력과 부(富)에 대한 욕망이 있었으련만 그는 천성이 깨끗하고 성격이 올곧은 데다 치열한 자기수양으로 일찌감치 인격을 정돈해 애초부터 부정부패와 상종하지 않았다. 오직 바른길로만 살아가는 그의 품성은 재물에 대해서는 자연스럽게 청렴으로 나타난다.

충청도 해미에 복무할 당시 고향에 부모를 뵈러 가면서 타 가지고 갔던 양식이 남으면 양식 맡은 이에게 돌려줬다는 유명한 이야기 외에도, 그는 평소에 "대장부 세상에 나서, 쓰이면 죽을힘을 다해 충성할 것이요, 쓰이지 못하면 농사짓고 말아도 또한 족한 것이니, 권세 있는 자에게 아첨하여 뜬 영화를 탐내는 것은 나의 부끄러워하는 바다."라고 하면서 말한 그대로 살았으니, 그에게 청렴은 일상생활에 녹아 있었다.

특히 그의 청렴함은 임진왜란이 발발한 후 원균과 대비되면서 뚜렷이 드러난다. 운주당에서 먹고 마시고 놀면서 한양으로 뇌물을 보내려니 스스로 많은 뇌물을 끌어 모아야 했던 원균과 달리, 이순신은 군사 먹이고, 군비 확장하고, 백성 구휼에 돈을 썼다. 정유년(1597)에 출옥하여 백의종군할 때 스님들이 용품을 가져오면 꼭 그 대가를 쳐서 갚아 주었다고 그의 일기에 쓰여 있다. 진린 도독이 왜로부터 뇌물을 받은 것을 안타까워했고, 스스로 왜적이 주려는 뇌물을 호통을 쳐서 거절한 것 또한 유명하다.

이처럼 그의 청렴한 성품은 조상 대대로 이어져 온 것을 수양을 통해 더욱 양성했기 때문인데, 청렴했기 때문에 그의 통솔력은 더욱 빛을 발하여, 결국 그가 이끄는 부대의 사기는 전투를 치를 때마다 충천하여 가공할 위력을 발휘할 수 있었다.

책임 완수

이순신은 맡은 바 책임을 다했다. 이 말에는 두 가지 뜻이 내포되어 있다. 첫째는 투철한 책임감으로 자기가 맡은 일에 전심 전력하여 그 목표를 달성했다는 뜻이다. 이순신은 공인이 책임을 회피하고 은둔하는 것을 아주 못마땅하게 생각했다. 그의 투철한 책임 정신은 '송나라 역사를 읽고'라는 글에서 뚜렷이 나타난다. 이강이라는 송나라 정승이 금나라와 싸우자는 자신의 주장이 받아들여지지 않자 분개하여 시골로 가버린 것을 두고 "…신하된 자로서 몸을 버려 나라의 은혜를 갚아야 할 때인데…떠난다는 말을 어찌 입 밖으로 낼 수 있으랴…."라며 질타했고, 그 스스로 죽음으로써 책임을 완수하는 일 외에 공인이 따로 갈 길이 없음을 전 생애를 통해 확연히 보여 주었다.

그의 책임 완수 정신은 위의 글에서도 알 수 있듯이 소극적으로 책임 회피를 하지 않는 데 머물지 않고 적극적으로 전심전력하여 책임을 완수해 내는 것을 의미한다.

또한 그는 자신이 맡은 책임 완수를 위해 지성을 다하는 한편 부하들의 책임 완수도 엄격히 독려했다. 만약 기일 내에 명령을 이행하지 못하는 장수가 있으면 불러서 곤장을 치는 등 엄정히 대처하고 감독했다. 이처럼 상하가 모두 책임을 다하는 부대라야 서릿발 같은 군기가 확립되고, 이러한 부대라야 상승(常勝), 필승(必勝)의 부대가 될 수 있는 것이다.

둘째는 오직 자기가 맡은 일, 관할하는 분야에 대한 책임만을 다할 뿐 다른 사람의 일에는 까닭 없이 관여하지 않았다는 것이다[無關事不動]. 이순신은 전라좌수사와 통제사로서 책임만 다했을 뿐이다.

나라를 구한다는 명분으로 육군의 일이나 조정 대신의 일을 넘보는 일은 없었다. 그래도 그는 나라를 구할 수가 있었다. 오직 자기에게 부여된 책임의 완벽한 완수, 그것만으로 구국의 최종 목표를 달성할 수 있었던 것이다. 견내량을 통해 남해안의 제해권을 장악하는 책임, 그 책임의 완벽한 이행, 그것이 그를 구국의 영웅으로 만든 이유이자 원인이다. 그가 주제넘게 조정에 나아가 국방 정책을 바꾸고 왕의 소견을 움직이려 했다면 책임 완수나 구국의 영웅은커녕 전쟁 중에 살아남을 수도 없었을 것이다.

그러므로 이 책임 완수의 정신도 나라 사랑과 지극한 정성이 합해진 곳에서 나오는 한 가지임에 틀림없다.

솔선수범과 신상필벌

이순신은 위험한 전투에 임할수록 자기 몸을 아껴 뒤로 물러나지 않았다. 이순신이 치른 전투 중 가장 힘든 전투는 12척으로 133척의 적선과 싸운 명량해전이었다. 12척이 수백 척과 싸워야 하는데, 두려움에 사로잡힌 부하들은 슬금슬금 뒤로 물러날 뿐이었다. 오직 이순신의 대장선 한 척이 맨 앞에 서서 물경 한 시간을 버틴 결과 마침내 승리할 수 있었다. 그는 위험한 전투일수록 항상 진두에 섰고 솔선수범했다.

이순신은 전공(戰功)을 모두 부하들에게 돌린 것으로 유명하다. 전투가 끝나면 자기 공은 뒤로 놓고 그 공을 부하의 공으로 보고해 반드시 상을 받도록 했다. 그는 스스로 부하들을 칭찬하며 상을 내리는 데 인색하지 않았다. 그가 왕에게 보낸 장계(전투 보고서)에는 부하들의 용맹스러움을 자세히 보고했다. 그리고 자신은 그 속에 숨어 버린다. 상을 줄 만한 곳에는 반드시 상을 줌으로써 장졸들에게 승리를 향한 강한 동기를 부여한 것이다.

그가 이처럼 신상필벌에 투철했기 때문에 사천전투에서 부하 장병들은 "적의 수급을 베는 데 너무 연연해하지 말라. 너희들의 용전 여부는 내가 지켜보고 있지 않느냐."라고 한 이순신의 독려를 그대로 믿고 전투에 전념하여 승리를 거둘 수 있었다.

반면 부하 중에 잘못이 있거나 군율을 어기면 지위고하를 막론하고 엄중 문책했다. 우리는 그가 지방 수령이나 장수들에 대해서도 기한을 어길 때에는 반드시 곤장으로 엄히 다스렸다는 것을 그의 일기에서 자주 읽을 수 있다. 이 같은 엄정한 신상필벌은 이순신 함대가 단결을 이루어 승리를 차지하는 데 중요한 요소가 되었다.

그러므로 이 솔선수범과 신상필벌의 리더십도 위에서 살펴본 사랑의 한 방편이요 정성과 정의의 뿌리에서 발현된 한가지라 할 수 있다.

4. 이순신 리더십의 원천

1) 리더십의 4가지 원천

이제, 지금까지 살펴본 그의 리더십과 그 원천을 정리해 보자. 앞서 살펴본 그의 온갖 리더십은 단순히 병렬적 · 산발적으로 발현된 것이 아니다. 또 그가 벼슬에 나가서 죽을 때까지 한 번도 굴절하지 않고 일관되게 훌륭한 삶을 살 수 있었던 점을 감안할 때, 시기적으로 벼슬에 나가기 전에 이미 이 리더십의 원천을 마련했다고 볼 수 있다.

나는 이순신이 젊었을 때부터 정돈하고 확립한 것으로 짐작되는 내면적 가치를 다음 4가지로 정리해 보았다.

나라 사랑(忠)에 충만하여 살았다.

지극한 정성으로 살았다.

오직 바른길로만 살았다.

제힘에 따라 주인정신으로 살았다.

이 4가지 내면적인 삶의 가치가 한결같은 목표인 구국제민에서 하나로 집중될 수 있었기에 그는 기적적인 승리자가 될 수 있었다.

2) 4가지 가치의 발휘 정도

그런데 자력으로 바르고 정성스럽게 산 사람이 어찌 이순신뿐이겠으며 나라에 사랑을 바친 사람 또한 어찌 이순신뿐이겠는가. 그러나 그 자력과 정성, 정의의 강도는 사람에 따라 다르고, 나라 사랑의 정도도 사람에 따라 차이가 난다. 이 나라 역사에서 이순신만큼 지성스럽게 오직 자력으로 정의의 외길을 걸으며 나라를 사랑했던 사람이 과연 얼마나 될까? 보통은 적당히 정성스럽고, 적당히 남의 힘에 의지하며, 바르게 산다고 하면서도 때와 장소에 따라 적절히 굴절되면서 원만하게 살아가고, 또 적당히 애국하다가 자기 이해와 나라의 이해가 충돌할 때는 슬그머니 피하기 좋고 편한 길로 돌아서 가지 않았던가.

하지만 이순신에게는 '적당히'가 없었다. 적당히 남에 기대고, 적당히 정성스럽고, 적당히 바르고, 적당히 애국한 그런 사람이 아니었다. 그는 태어난 자신의 바탕과 치열한 자기 수행을 통해 그의 정성스러운 정도, 자력 자립의 정도, 바른 정도, 나라 사랑의 정도를 인간이 접근할 수 있는 최고 수준으로 끌어올렸다. 그렇기 때문에 평생토록 자신과 어긋나는 다른 가치와 어떤 타협도 하지 않았고, 매사에 주인정신으로 열정을 갖고 임할 수 있었으며, 오직 정의의 외길만을 걸으며 나라 사랑에 목숨까지 던질 수 있었던 것이다.

3) 4가지 가치의 중층구조

그렇다면 이 자력(自力) · 정(正) · 성(誠) · 애(愛)의 4가지 가치는 또 어떤 심층구조를 가지고 있을까?

공부가 부족하여 단정하기는 어렵지만 넷 중에서도 그를 성공으로 이끈 일반적이고 기층적인 가치는 지극한 정성(誠)과 충만한 사랑(愛)이라고 생각한다. 정성과 사랑이야말로 만사를 이루게 만드는 가장 기본적인 원천이기 때문이다.

성공의 핵심 요소인 성과 애는 성공을 이루는 동전의 양면이요, 실과 바늘 같은 것으로 목표에 대한 애정이 없으면 힘이 나오지 않고 목표 달성에 성심이 없으면 계속해서 힘을 쓸 수가 없다. 성공을 위해서는 애정과 힘이 나오지 않아서도 안 되지만 나온 애정과 힘이 바로 사라져서도 안 된다. 애와 성은 정도의 차이는 있을지언정 반드시 합쳐야 성공을 낳는다. 모든 성공의 가장 기본적인 요체는 바로 이 애와 성이라고 보면 틀림없다.

여기에서 이순신 특유의 두 가치가 중층적으로 추가되니 그것이 곧 자력(自力)과 바름[正義]이다. 이순신의 성공은 제힘으로 하는 것이요, 바른길로 통하므로 그의 성공은 항상 온전한 자기의 것이 되고 영원히 무너지지 않는다. 그러므로 자력과 바름은 이순신의 성공을 더 위대하게 만드는 특별한 성공 요인이라 할 수 있다.

4) 4가지 가치의 합일

이순신에게 성(誠) · 애(愛) · 자력(自力) · 정(正)이라는 4가지 가치는 확고부동한 절대 가치였다. 그리고 이러한 가치들은 그의 치열한 수행을 통해 최고도로 발휘되면서 한 인간인 이순신의 내면에서 합일되어 구국제민이란 목표 달성에 집중되었다. 이것은 합일되고 집중되면 또 다른 상승 효과를 낸다.

최고도로 발휘된 성(誠) · 애(愛) · 자력(自力) · 정(正)의 합일(合一), 그 합일을 통한 상승(相乘, 이를 이순신의 인격이라 부를 수 있다)이 그를 상승(常勝)의 초인으로 만든 리더십의 원천이요, 구국의 기적을 달성케 한 실체이다.

이 합일된 자력(自力) · 성(誠) · 정(正) · 애(愛)의 품성을 바탕으로 앞서 살펴본 그의 리더십이 상황에 따라 다양한 형태로 발현되고, 그 발현된 리더십으로 온갖 위기를 극복하고 자신이 세운 구국제민이란 목표를 이룰 수 있었다. 그러므로 그의 백전백승 리더십의 뿌리는 자력 · 성 · 정 · 애의 합일을 이룬 인격이요, 앞서 살펴본 리더십은 그 뿌리 위에 핀 꽃과 열매라 할 수 있다.

5) 4가지 가치의 검증

이를 다시 풀어 앞서 개별적으로 얘기한 리더십의 원천이 과연 그러한지 검증해 보자. 제힘으로 나라를 사랑하는 사람은 바로 그 나라의 주인이다. 그런 사람은 나라가 위기에 처하면 다른 데 의지하지 않고 제힘으로, 나의 안위는 불고하고 오직 나라 사랑하는 마음에 열정을 바쳐 구국의 책임을 완수할 것이다. 사랑하는 제 나라의 운명을 어찌 남의 손에만 맡길 것이며, 나라 구하는 일 외에 어디에 한눈을 팔겠는가. 그러니 자연히 선공후사의 정신으로 살지 않을 수 없을 것이다.

또 지극히 정성스러운 사람은 일을 당하기 전에 미리 철저히 준비할 것이며, 일을 당해서는 오직 그 일에만 죽음으로써 최선을 다하고, 일이 끝나면 자신을 반성하는 일 외에 일의 결과나 남의 평판 따위에는 초연할 것이다. 그런 사람은 요행을 바라지 않고, 끊임없이 노력하여 어떤 문제라도 풀어 나갈 자기만의 실력을 갖출 것이며, 그 실력을 바탕으로 용기와 신념을 갖고 스스로의 운명을 개척해 나갈 것이다.

오직 정의의 길로만 살아가려는 사람은 원칙을 따를 뿐, 편의를 좇아 예외를 인정하거나 불의와 타협하는 왜곡된 사술이나 꼼수를 쓰지 않는다. 공직에 몸을 던진 이상 바르고 청렴하게 살아갈 따름이다.

제힘으로 나라를 사랑하고 정의와 지극정성이 합일된 이런 사람은 나라가 위기에 처할 형편에 이르면 나라의 위기를 구해 내는 것을 최고 유일의 목표로 삼고 살 것은 자명하다. 그런 사람은 지공무사(至公無私)하여 천지신명을 감동시켜서 나라의 위기를 능히 예견할 수 있고, 그 위기를 구할 창의력과 지혜도 얻게 된다. 또 나라와 백성을 구하겠다는 강한 책임감도 가지게 마련이다. 이런 사람은 스스로에게 엄하지만 부하들에게는 자상하고, 모든 공을 부하들에게 돌려 줌으로써 그들과 하나로 소통하여 어떤 어려운 상황을 맞이해도 솔선수범과 엄격한 신상필벌로 단결을 이루어 낼 것이다.

그러니 앞서 살펴본 이순신의 온갖 리더십은 그가 가장 소중히 가꾸어 닦은 성 · 애 · 자력 · 정의의 네 가치가 합일되어 상황에 따라 발현되는 일정한 체계를 가진다고 할 것이다.

5. 맺음말

마지막으로 정리하면, 이순신은 관직에 나아갈 때 벌써 치열한 자기 수양을 거쳐 평생을 일관하는 네 가지 내면의 가치를 최고도로 양성하여 확립했다. 그 4가지 가치 중 일반적이고 기층적인 두 가지 가치는 사랑[愛, 忠誠]과 정성(誠)이며 거기에 이순신 특유의 중층적인 두 가지 가치, 즉 정의(正義)와 자력(自力)이 더해졌다. 이 4가지 가치들은 이순신이란 한 인간 속에서 양성되고 합일되어 그의 인격을 이루었고, 그 인격을 뿌리로 하여 앞서 살펴본 이순신의 리더십이 발현되어 아름답고 찬란한 꽃과 열매를 맺기에 이른 것이다.

그러므로 이순신 리더십은 한 마디로 인격의 리더십이라고 할 수 있고, 그 내용을 넷으로 나누면 사랑의 리더십, 정성의 리더십, 정의의 리더십, 자력의 리더십이라고 해도 좋으리라.

이순신의 리더십은 이같이 그의 내면적 가치, 즉 인격에 뿌리를 내리고 있으므로 그의 리더십을 성공을 위한 기술쯤으로 가벼이 여겨서는 안 된다. 기술은 한 번 쓰고 나면 효용이 다하지만, 인격에서 발현되는 리더십은 상황에 따라 다양하게 전개되면서 영속적으로 발현된다. 상대방의 기술에 넘어간 사람은 이긴 자를 존경하지 않는다. 그러나 인격에 넘어간 사람은 비록 졌다 해도 이긴 자를 존경하게 된다. 오늘날 일본에서 우리 못지않게 이순신을 존경하고 배우려 하는 이유도 여기에 있지 않을까?

우리가 그를 단순히 성공한 공직자를 넘어서 정신적인 지도자, 영원한 스승으로 기꺼이 받들 수 있는 것도 그가 이같이 정돈된 인격을 이루고 그 인격에 바탕해 각종 리더십을 발현하고 구국의 목표를 구현한 지도자이기 때문이다.

제10장

대항해시대에 동아시아의 천명을 따랐던 '정돈된 인격자'

임채원(서울대학교 국가리더십연구센터 연구원)

1. 물의 나라[水國]에서 수기치인의 길을 열다

1) 1595년, 이순신 '하늘의 소리'를 듣다

1595년 선조 28년 을미년 정월 초하루, 이순신은 견내량을 앞에 두고 한산도에서 '하늘의 소리'를 듣는다. 동아시아에서는 나이 50세를 '지천명(知天命)'이라고 한다. 이는 '인생의 덧없는 욕망을 털어 내고 자기분수를 안다'는 소극적인 의미가 아니라, 은미(隱微)한 하늘의 소리인 천명(天命)을 들을 수 있다는 것이다. 대학(大學)은 '본다고 보는 것이 아니고 듣는다고 듣는 것이 아니다[視而不見, 聽而不聞]'는 가르침으로 육안으로 볼 수 있는 세계를 넘어선 도심(道心)을 일깨우고 있다.[1] 육체적이고 인간적인

1 봉기종, 『대학강해』, 「정심편」, 2008, 257쪽.

희로애락(喜怒哀樂)을 넘어서 원형이정(元亨利貞)의 천명과 도심(道心)으로 세상을 보고 실천할 수 있는 경지를 동아시아의 사유는 '지천명'으로 보았다.

"촛불을 밝히고 혼자 앉아 생각이 나랏일에 이르자 모르는 사이에 눈물이 흘렀다."[2] 이때 이순신의 나이는 51세였다. 당시 자기 수양에 힘쓰는 사람들이 꿈꾸는 인생의 경지는 나이 오십에 '천명을 아는 것'이었다. 세상의 숱한 풍파와 전란의 아수라장을 거친 이순신에게서 이때 즈음에 '지천명'의 면모를 느낄 수 있다.

유구하게 면면히 흐르는 동아시아의 철학과 사유에서 사람들이 추구하는 성숙한 정신적 인격은 순임금이 선양을 하면서 우임금에게 전해 주었다는 16자의 심법(心法)에서 드러난다. "인심은 위태롭기만 하고, 도심은 지극히 은미하니, 오직 순수하게 하고 오직 마음을 한결같이 하여야 진실로 그 중심을 잡을 수 있다[人心惟危, 道心惟微, 惟精惟一, 允執厥中]."[3] 도심을 알고 실천하는 것이 천명을 알고 실행하는 것이었다. 이순신은 이 시기를 지나면서 인생의 희로애락과 사사로운 감정을 뛰어넘는 초월적인 인간의 면모를 보여 주고 있다.

백의종군과 삼도수군통제사로 복귀 과정에서 보여 준 이순신의 허허로운 초월성은 이 한산도 시절에 깊은 고요 속에서 세월과 함께 빚어졌다고 할 수 있다. 명량해전에서도 그는 생사의 경계를 넘어선 평정심을 보여 주었고 어떤 순간에도 흔들리지 않았던 담대함은 이 시기에 훨씬 성숙한 단계로 접어 들었다. 유속이 심한 견내량 너머에 있는 고요한 호수 같은 바다, 진해만(괭이바다)에 그의 내면은 물들어 간 것으로 보인다. 이 무렵 그는 무심한 초월성으로 지천명의 경지에 이르렀다.

---

2 이순신 저, 이은상 역, 『난중일기』, 1968, 96쪽.

3 『서경』, 「대우모편」; 김병섭 등, 『대학연의의 국가리더십 이해』(가제), 서울대학교 행정대학원 국가리더십연구센터, 2015년(출간 예정) 재인용.

이순신은 대항해시대의 격동기에 동아시아에서 유구한 전통적인 수기치인의 성숙한 인격으로 그 파고를 슬기롭게 타고 넘었다. 이순신은 동아시아가 요순 시대 이래로 지향해 왔던 천명과 도심을 따르는 인격의 수련 속에서 단련되어 나타난 전형적인 모습이었다. 16세기 조선은 무관과 문관할 것 없이 누구나 이순신과 같이 인심을 경계하고 도심을 추구하는 것을 이상적인 방향으로 삼았다. 당시 퇴계 이황은 자신의 학문세계를 집대성한 『성학십도』를 64세의 나이에 편집을 하여 국왕이었던 선조에게 국정운영하는 기본철학으로 추천하였다. 비슷한 시기에 율곡은 『성학집요』를 선조에게 헌사하였다. 이것이 여말선초에 전해진 성리학적 인간의 완성형으로 조선에서 제시된 인간상이었다. 위태로운 인심을 경계하고 은미한 도심을 감정이 미발한 고요한 평정심 속에서 유지하는 것은 조선의 성리학자들이 추구한 '정돈된 인격자'의 모습이었다.

이순신은 전란이 소강상태로 접어든 4년차에 한산도에서 정월 초하루의 해풍 속에서 '천명'을 듣는다. 때때로 육효점을 치면서 천명을 가늠해 보곤 했던 이순신은 사사로운 감정으로 이익을 좇지는 않았다. 인욕(人慾)으로서 인심을 비워 내고 도심으로 '하늘의 소리'를 들으려 했다. 지극한 정성으로 정해(靜海)의 고요한 바다, 견내량과 진해만에서 왜선을 앞에 두고 천명에 귀 기울인다. 이순신의 지천명은 갑자기 하늘로부터 섬광처럼 온 것이 아니라, 요순 시대 이래로 동아시아가 추구해 왔던 인심과 도심의 통일이었다. 『시경(詩經)』에 이르기를 "하늘의 상제가 너를 굽어보시니 네 마음을 두 가지로 하지 말라. 두 마음을 품지 말고 근심하지 말라. 하늘의 상제가 너를 굽어보신다." 이를 일러 주자(朱子)는 "천명이 필연적임을 알아서 그 결단을 도운 것이다."라고 하였다.[4]

4 정민정 저, 성백호 역주, 『心經附註』, 「上帝臨女章」, 전통문화연구회, 2006.

2) 정해(靜海)에서 성의정심의 변모

임진왜란이 일어난 다음 해인 1593년 7월 14일 이순신은 한산도로 주둔지를 옮긴다. 1593년 4월 8일에 있었던 용산회담을 기점으로 1597년 정유재란이 일어날 때까지 조선에서 동아시아 전쟁은 사실상 휴전상태에 접어들었다. 용산회담의 석 달 뒤에 이순신은 3년 8개월 동안의 긴 동면 같은 한산도 웅거 시간으로 들어갔다. 50에 접어든 이순신은 이 시기에 전혀 다른 변모의 과정을 겪는다.

이순신은 한산도에서 견내량과 괭이바다(진해만)를 사이에 두고 4년간 극적인 전선의 대치를 하였다. 괭이바다는 바다라기보다는 호수에 가까웠다. 4년 동안 조선과 왜의 수군이 대치한 이곳은 웅포 밖으로 바다를 거제도가 감싸고 있어 고요한 호수 같은 정해(靜海)다. 『대학』의 성의정심이 이 휴전기간에 이순신에게서 움튼다. '뜻을 성실히 한다'는 것은 마음에 느끼는 대로 스스로 속이지[無自欺] 않고 군자는 홀로 삼가는 것[愼獨]이다. '뜻이 움트는 것'은 정(靜)에서 동(動)으로 바뀌는 것이고, 마음이 미발(未發)에서 이발(已發)로 변하는 것이다.[5] 그 뜻이 지극 정성을 다하여 인심(人心)이 아니라 도심(道心)으로 움틀 때 천명(天命)을 알게 된다.

이순신에게 천명이 들린 것은 한산도 생활이 3년으로 접어든 갑오년 가을부터였다. 이 시기에 이순신은 극심한 스트레스로 고통을 받는다. 언제 쳐들어올지 모를 왜군을 경계해야 하고 부족한 군량미의 조달에 신경이 곤두서 있다. 무엇보다 조정의 선조는 백성들의 지지를 받고 있던 이순신을 경계하고 경쟁자인 원균 등은 수시로 그를 모함하였다. 이순신은 이 기간 동안 건장한 무장임에도 불구하고 끊임없이 병고로 고통을

5 봉기종, 『대학강해』, 「성의정심편」.

받는다.

이 긴장과 고통 속에서 이순신은 다른 차원의 사람으로 변모를 해 간다. 우선 한산도 생활의 2년에 접어든 갑오년과 그다음 해인 을미년의 정월 초하루의 일기 내용이 전혀 다르다. 갑오년에는 설날에 가족 걱정이 우선이었다. "갑오년 정월 초하루. 비가 퍼붓듯이 내렸다. 어머님을 모시고 함께 한 살을 더하게 되니 이는 난리 중에도 다행한 일이다."[6] 그런데 다음 해 을미년 정월 초하루에는 "촛불을 밝히고 혼자 앉아 나랏일을 생각하니 모르는 사이에 눈물이 흘렀다. 또 병드신 팔십 노친을 생각하며 뜬눈으로 밤을 새웠다."로 감정의 깊이가 달라져 있다.[7]

한산도에서 이순신은 내면 속에서 변화를 겪고 있었다. 신독(愼獨)의 진정한 의미는 혼자 있을 때 삼간다는 것을 지나서 여러 사람 가운데 있을 때도 혼자만 느끼는 마음의 변화다. 다른 사람은 그 마음의 변화를 알 리가 없다. 이는 이순신에게 진정한 면모의 과정이었다. 갑오년 9월 3일. "비가 조금 왔다. 초저녁에 촛불을 밝히고 홀로 앉아 스스로 나랏일이 기울어지건만 안으로 건질 길이 없음을 생각하며 탄식했다."[8] 이 시기 즈음에 이순신은 그의 대표적인 시를 쓴다.

비바람 부슬부슬 흩뿌리는 밤
생각만 아물아물 잠 못 이루고
쓸개가 찢기듯 아픈 이 가슴
살을 에는 양 쓰린 이 마음
강산은 참혹한 꼴 그냥 그대로
물고기 날새들도 슬피 우노나

---

6 이순신 저, 이은상 역, 『난중일기』, 58쪽.
7 같은 책, 96쪽.
8 같은 책, 87쪽.

나라는 허둥지둥 어지럽건만
바로잡아 세울 이 아무도 없네
제갈량 중원 회복 어찌했던고
재우치던 곽자의가 그리웁구나
몇 해를 원수막이 해 놓을 일들
이제 와 돌아보매 임만 속였네.[9]

명징하게 시각적으로 관상기도 같이 담백하게 흐르던 일기가 마음의 변화를 전하고 있다. 감정의 변화를 잘 드러내지 않는 평소 언행으로 보면 이 시기 즈음에 마음속에서 깊은 변모를 겪고 있는 것을 볼 수 있다. 괭이바다의 고요함을 닮아 가는 듯 그는 한산도 생활 2년차에 깊은 내면적 성찰을 하고 있다. 가장 깊은 곳에서 일어나는 마음의 울림에 귀 기울인다. 무극에서 태극으로 변하듯 허령(虛靈)·지각(知覺)·신명(神明)의 생각이 움튼다.

"5월 13일. 비가 퍼붓듯이 왔다. 종일 그치지 아니했다. 혼자 대청에 앉으니 온갖 회포가 끝이 없었다." "5월 29일. 비바람이 그치지 아니하고 종일토록 퍼부었다. 사직의 위엄과 영험을 힘입어 겨우 조그마한 공로를 세웠는데, 임금의 총애와 영광이 너무 커서 분에 넘치는 바가 있다. 장수의 직책을 띤 몸으로 티끌만한 공로도 바치지 못했으며 입으로는 교서를 외면서 얼굴에는 군인으로서의 부끄러움이 있음을 어찌하랴." "6월 초6일. 종일 비가 왔다. 몸이 몹시 불편했다." "7월 10일 맑음. 몸이 몹시 편안하지 아니했다. 밤이 깊어 다락 위에 누웠으니 초생달빛은 다락에 가득 차고 정회를 이길 길이 없었다."[10]

7월 1일에는 나라를 맡길 인재가 없음을 한탄한다. 당시 조선 수군

9 이은상 역, 『이충무공전서(상)』, 99쪽.
10 이순신 저, 이은상 역, 『난중일기』, 103~110쪽.

의 최고지휘관으로서 수군뿐만 아니라 육군 그리고 왜와 명의 전력까지 그는 꿰뚫고 있었다. "잠깐 비가 왔다. 나라의 제삿날이라 공무를 보지 않았다. 혼자 다락에 의지했다. 나라 정세가 아침 이슬같이 위태로운데 안으로는 정책을 결정할 만한 기둥 같은 인재가 없고 밖으로는 나라를 바로잡을 만한 주춧돌 같은 인물이 없음을 생각해 보니 사직이 장차 어떻게 될지 몰라 마음이 산란했다. 종일토록 누웠다 앉았다 했다."[11] 조선 수군은 매월 초하루와 보름날에 망궐례(望闕禮)를 지냈다. 한양의 궁궐을 보면서 국가를 위한 예를 올렸다. 이날 이순신은 나라의 상황에 대한 깊은 회한을 느낀다.

『중용』에 "성(誠)한 것은 하늘의 도(道)요, 성(誠)하려는 것은 사람의 도(道)니."[12]라고 했다. 『대학』에 "그 뜻을 성실히 하는 것은 스스로 닦음의 머리니라. 반드시 여기에 삼가서 써 그 기미(機微)를 살필지니라."[13]라고 했다. 이순신은 갑오년부터 마음속에서 움트고 있는 '천명'을 분명하게 자각하게 된다. "바다에 맹세하니 고기와 용이 움직이고 산에 맹세하니 풀과 나무가 알더라."[14] 그의 곡진한 성의정심은 더 넓은 괭이바다의 봉곳이 솟은 괭이섬처럼 그의 마음 한가운데 오롯이 움튼다.

그가 들은 '하늘의 소리'는 요순임금의 삼대(三代) 이래로 동아시아가 추구해 온 수기치인(修己治人)의 최고 가치다. 대학의 3강령과 8조목은 조선의 유학자들이 갈고 닦아 온 자기 수련의 길이었다. "대학의 도는 밝은 덕을 밝히고 백성을 새롭게 하며 지극한 선에 이르는 것이다."[15] 이순신은 이 시기에 삶에 대해 '활연관통'한다. "무릇 천하 사물에 나아가

11 위의 책, 108쪽.

12 봉기종, 『중용강해』, 367~370쪽.

13 봉기종, 『대학강해』, 220~227쪽.

14 이은상 역, 『이충무공전서(상)』, 122쪽. 이 구절은 이보다 앞선 연대에 적었다는 설도 있다. 그러나 이 무렵의 이순신의 심중을 가장 잘 집약한 표현이다. 이 글은 정조도 감동하여 이충무공 전서의 제문에서 인용하였다. 그리고 조선 후기의 거유였던 송시열도 이 시문에 경탄하고 있다.

15 위의 책, 67쪽.

서 이미 알고 있는 이치대로 궁구하여 그 궁극의 끝에 이르지 않음이 없게 되는 때가 있다. 노력하고 힘을 쓴 지 오랜 후에 쌓이고 또 쌓여서 하루아침에 활연히 세상 이치에 관통하게 된다. 모든 물건의 겉과 속, 정밀함과 거침이 이르지 않음이 없고 내 마음의 전체와 대용이 밝지 않음이 없게 된다."[16]

추석날인 8월 15일에 "이날 밤 희미한 달은 수루에 비치고 잠이 오지 아니하므로 밤이 깊도록 노래를 읊었다"고 한다.[17] "한산섬 달 밝은 밤에 수로에 혼자 앉아 큰 칼 옆에 차고 깊은 시름하는 차에 어디서 일성 호가는 남의 애를 끊나니."[18] 이순신은 이날 낮에는 조선 수군의 망궐례를 지냈다. 그는 요순시대 이래로 내려온 동아시아적 지천명을 마음 깊숙이 알아듣게 된다. 그는 무장이지만 가족사에는 동아시아적인 성학(聖學) 혹은 유학의 전통이 고스란히 배여 있다. 아버지 이름 정(貞)은 주역의 처음인 건괘에 나오는 원형이정의 정이다. 정(貞)은 우주의 춘하추동의 동(冬)을 의미하는 것으로 겨울 직전의 '결실을 맺는다'는 뜻을 함축하고 있다. 정은 그 결정의 소산으로 4명의 아들에게 붙인 이름은 지극히 성리학적인 이름들이다. 희신(羲臣), 요신(堯臣), 순신(舜臣), 우신(禹臣)이다.[19] 16세기 성리학자들이 본받아야 할 이상적인 인물인 요, 순, 우였던 것이다. 희신은 삼황오제의 처음인 복희(卜羲)씨를 지칭함을 쉽게 짐작할 수 있다.

이순신은 한산도에서 갑오년과 을미년을 보내면서 "구름은 용을 따르고, 바람은 호랑이를 따른다."라는 주역의 건괘와 같이 '비룡이 하늘에 있어 대인을 보는 것'처럼 '하늘의 소리'에 귀 기울인다. "군자는 종일토록 부지런히 굳세게 나아가고 저녁에도 염려하고 더 정성을 쏟는다. 그렇

16 위의 책, 202쪽, 204쪽.

17 이은상 역, 『이충무공전서(상)』, 122쪽.

18 위의 책, 112쪽.

19 박혜일 외, 『이순신의 일기』, 7쪽.

게 조심해서 끝맺음을 잘하여 허물이 없게 되었다. 이 단계에서 한 번 더 위로 뛰어 오르기 전에 한동안 연못에 빠져 있는 것이 알맞다."[20] 주역 건괘 구이를 따라 '평소의 말도 미덥게 하고, 평소의 행실도 삼가며 사악함을 막고 성실함을 보존하고[閑邪存誠]'[21] '군자로서 스스로 굳세게 해서 쉬지 않는[自彊不息]'[22] 자기 수양의 길을 닦았다. 이순신에게 한산도에서 이 두 해는 연못에 빠져 있는 듯 긴 사숙의 시간이었다. 불혹의 40세 이후로 함경도로, 삼남지방으로 전장에서 성의정심의 지극정성을 다하는 시간을 보내어 왔다. 그리고 임진왜란의 소강상태에서 연못에 빠진 해룡이 비룡으로 인간적인 고통과 번민을 뛰어넘어 초월적인 '천명'을 깨닫게 되었다. 인심의 단계를 넘어 도심으로 스스로의 인격을 정돈해 나갔다.

그는 삶과 죽음의 경계를 초월하였다. 9월 14일 충청수사 선거이와 작별을 할 때 이 절구의 시를 『난중일기』에 실어 놓는다. 떠나보내는 동료에게 그의 죽음을 넘어선 변화의 일단을 드러낸다.

> 북쪽에 갔을 때도 같이 일하고
> 남쪽에 와서도 생사를 같이하더니
> 오늘밤 이 달 아래 잔을 들고는
> 내일은 우리 서로 나뉘겠구려.[23]

전장은 끝 모를 장기전으로 들어가고 승패를 예단할 수 없는 상황에서 50세를 넘어선 이순신은 한치 앞을 모르는 가운데 생사의 경계를 넘어서는 결기들을 보여 주기 시작한다. 일찍이 이 일을 달리 대신할 사람이 없음을 직감하고 그는 삶과 죽음의 경계를 초월한 것으로 보인다.

---

20 봉기종, 『주역이해(상)』, 55~59쪽.

21 정민정 저, 성백효 역주, 『심경부주』, 53쪽.

22 봉기종, 『주역이해(상)』, 78~79쪽.

23 위의 책, 99쪽; 박해일 역, 『이순신의 일기』.

10월 20일에는 "맑음, 이날 밤 바람은 몹시 싸늘하고 차가운 달빛이 낮과 같아 잠들지 못하고 밤새도록 뒤척거렸다. 온갖 근심이 가슴을 치밀었다."[24] 이즈음에 적은 것으로 보이는 시는 조선 후기의 수많은 선비들의 공감을 얻고 있다.

물의 나라[水國] 가을 빛 저물었는데
놀라서 차가운 기러기떼들이 높이 날고
근심어린 마음으로 전전하는 밤
새벽달이 활과 칼을 비춘다.[25]

이순신에게 한산도 일대는 '물의 나라[水國]'였다. 주역의 곤(坤)은 "후덕하고 만물을 빠짐없이 포함할 만큼 넓어서 모든 것이 형통하게 자라난다"[26]고 하였다. 후덕하고 만물을 품는 이 물의 나라에서 이순신의 마음속에는 동아시아의 천명이 움튼다. 호수 같은 바다에서 정중동의 변화가 마음에서 자라난다. 가을 저녁에 놀라서 날아오르는 기러기 떼처럼 요순의 천명이 그의 마음속에서 피어오른다. '오직 순수하게 하고 오직 마음을 한결같이 하여야 진실로 그 중심을 잡을 수 있다.' 군자는 이로써 하늘을 따르고 덕을 쌓아 천명에서 쉬게 되었다[順天休命].[27]

그는 수국에서 '하늘의 소리'를 듣는다. 백의종군 이후에 보여 준 그의 인격적 초연함은 이때 형체를 갖추었다. 이순신은 동아시아의 수기치인이 이루고자 했던 생사의 경계를 넘어서 초월적 지점에 이르게 되었다. 그는 수국에서 '정돈된 인격자'로 스스로를 담금질해 내었다.

---

24 이순신 저, 이은상 역, 『난중일기』, 116쪽.
25 이은상 역, 『이충무공전서(상)』, 101쪽. 김종대, 『여해 이순신』, 177쪽. 조선 후기에 무려 28명의 선비들이 이 시문에 대해 31편의 화답 시를 적어 이순신의 면모를 추앙하고 있다.
26 봉기종, 『주역이해(상)』, 146~148쪽.
27 봉기종, 위의 책, 408~410쪽, 『주역』「대유」 참고.

2. 조선의 고전적 리더십으로서 『성학집요』

1) 16세기 조선의 수기치인

이순신이 온갖 시련과 역경 속에서 '정돈된 인격자', '수양을 쌓은 단아한 선비'로 스스로를 단련시킬 수 있었던 원천은 무엇일까? 이순신은 치열한 내적 수양 통해 정돈된 인격자의 틀을 확립한 사람, 정신을 수양하고 사물의 궁극적인 이치를 터득함으로써 욕심을 억제할 힘을 가진 사람, 안으로는 군자요 밖으로는 무인이라는 평가를 받는다.[28]

이는 이순신이 살았던 당대의 평가다. 그의 평생지기 류성룡은 그를 가리켜 "순신의 사람됨은 말과 웃음이 적고, 얼굴은 단정해 몸을 닦고 언행을 삼가는 선비와 같았으나 그의 뱃속에는 담기가 있어 자신을 잊고 국난에 몸을 바쳤으니 이는 평소 수양을 많이 쌓았기 때문이다."라고 평했다. 대제학 이민서는 "공은 평소 차근차근해서 단아한 인품이 마치 선비와 같았다."라고 했고, 대제학 이식은 "공은 무부들과 사귈망정 기상이 높고 조용하고 침묵했다."라고 했으며, 영의정 김육은 "죽고 사는 것으로 마음을 요동하지 않았으니, 공은 본시부터 수양한 바가 있으므로 지혜와 생각을 내면 한 가지도 빠지는 것이 없었다."라고 했다.[29]

'깊은 수양을 쌓은 단아한 선비'로서 이순신은 16세기 사림을 중심으로 한 우리나라 성리학에서 추구한 이상적인 인격자의 면모를 그대로 갖추었다. 16세기 조선 선비들이 사숙한 '성학론(聖學論)'은 이순신 리더십을 이해하는 원천이 될 수 있다. 16세기 전반에 조선의 국왕과 신하들은 『대학』의 최종 목표인 성인(聖人)의 학문, 즉 성학(聖學)에 대한 관심이 많았다. 성학은 유교에서 성인의 학문을 뜻하는 것으로 성인들이 등장

28 김종대, 『이순신, 신은 이미 준비를 마치었나이다』, 시루, 2012, 26~27쪽.
29 김종대, 위의 책, 2012, 43~44쪽.

하는 삼대(三代)를 동양의 이상적인 사회로 보고 이때 이루어진 동양적인 이상 정치를 실현하기 위해 왕의 수양법을 논한 학문이다. 성학은 '성인이 배우는 학문'으로 현실적으로 왕이 배우는 학문을 의미한다. 이런 의미에서 성학은 왕의 학문인 제왕지학(帝王之學)으로 이해되었다.

15세기에 제시된 성학은 국왕의 학문이라는 의미로 요순의 성학을 내포하는 것이었다. 국왕은 성학의 담당자이자, 국정 운영의 주체로 설정되었다. 그러나 16세기에 들어와서 성학의 대상은 국왕만이 아니라 좀 더 보편적인 개념으로 확대되었다. 성학은 비단 왕의 학문만이 아니라 성인이 되기 위한 학문으로 점점 선비까지 그 대상을 넓혀 갔다. 그 결과 선조 대에 이르러 이황의 『성학십도』, 이이의 『성학집요』가 조선의 성학으로 집대성되었다.[30] 이들과 동시대에 살았던 이순신도 이러한 자기 수양론에 공감하며 실천했다고 볼 수 있다. 16세기 조선의 선비들은 요순 시대를 이상적인 시대로 삼고 삼대의 성인들을 본받아 자기 수양에 힘쓰는 것을 선비의 길이라고 인식하고 있었다. 이순신도 당대 선비들의 이상과 크게 다르지 않았고 요순과 우임금 등 삼대의 이상적인 성인들을 배우고 익히기 위해 평생을 자기 수양을 쌓는 것을 이상으로 삼았다고 할 수 있다.[31]

이러한 성학론은 16세기 조선에서 돌출적으로 생성된 것이 아니라 동아시아의 고전적 리더십 이론에 그 뿌리를 두고 있다. 여말 선초 조선의 경연(經筵)에서 가장 중요하게 읽힌 교과서는 남송의 진덕수가 쓴 『대학연의』다. 공민왕 때 윤택에 의해 처음 소개된 이 책은 공민왕의 경연에도 소개되었으며 이성계와 이방원이 왕으로 즉위하기 이전에도 국정 운영의 교과서로 통용되던 저서다. 『대학연의』는 세종의 국정 이념이 되었

30 정재훈, 「조선 전기 『대학』의 이해와 성학론」, 『진단학보』 86, 진단학회, 1998; 정재훈, 「『성학집요』를 통해 본 조선 중기의 정치사상」, 『규장각』 22, 규장각, 1999.

31 김종대, 앞의 책, 2012, 24~26쪽.

고 15세기를 통틀어 국왕들에게 '제왕의 정치 지침서'로 경연과 서연에서 읽혔다.

『대학연의』는 남송 시대에 주자의 재전 제자인 진덕수가 저술했지만, 원나라 세조 쿠빌라이에게 소개된 이래 인종, 영종, 진종에게 진강되어 원 제국의 세계주의 국정 운영에 영향을 끼쳤다.[32] 이후 황제들이 국정 운영의 지침서로 삼았으며 명나라와 청나라도 경연의 교재로 사용했다. 이 책은 남송에서 시작된 성리학적 보편주의를 철학적 내용으로 하고 있으며, 여말 선초에 원나라를 통해 조선에 전해졌고, 조선 500년 동안 경연의 기본 교재가 되었다.

『대학연의』가 전하는 성인의 길과 국정 운영의 방향은 역설적으로 국가 통치의 근간이 거대한 국가 구조의 이해와 복잡한 행정 체계를 구축하는 데 있는 것이 아니라 수기치인을 통해 자기 수양에 힘쓰는 것을 근본으로 삼는다는 데 있다. 이 책은 『대학』의 8조목에 따라 격물치지(格物致知), 성의정심(誠意正心), 수신제가(修身齊家)에 힘쓰면 치국평천하(治國平天下)가 자연스럽게 이루어진다는 내용을 담고 있다.[33]

「대학연의」를 보완하는 작업으로 명대에 구준(丘濬)의 『대학연의보(大學衍義補)』, 양겸(楊廉)의 『대학연의보절략(大學衍義補節略)』, 『성학격물통』 등이 저술되었다. 명대에 이르러 『성학격물통』에서 보듯 『성학론』이 『대학』과 『대학연의』를 좀 더 보편적인 성인의 학문으로 자리잡는 방법으로 모색되었다.

16세기 조선의 『성학론』은 요순시대 이래로 동아시아에 뿌리 내린 보편 철학에서 발전한 국가 리더십 이론이자 선비들의 수양론이었다. '정돈된 인격자', '수양을 쌓은 단아한 선비'로서 이순신을 분석하는 데는 성학론을 주체적으로 소화한 이이의 『성학집요』가 가장 적절할 것이다. 이

32 정재훈, 「세종의 국정운영과 대학연의」, 국가리더십센터 리더십포럼, 2013.
33 위의 글.

순신 스스로가 무과를 준비하기 전부터 형제들과 성리학적 전통 아래서 유교적 교육을 받았고 무인이 된 후에도 '단아한 선비'로서 수양하는 태도를 견지했기 때문이다.

2) 『성학집요』의 방법론

『성학집요』는 이이 스스로 그 서문에서 밝히고 있듯 『대학연의』의 기본 정신을 이어받고 있다. 그 이론적 토대를 그대로 유지하되 산만한 인식을 줄이고 좀 더 체계를 갖춘다는 전제하에 이전과 다른 이론적 전개를 하고 있다. 『성학집요』는 크게 「총설(總說)」, 「수신(修身)」, 「정가(正家)」, 「위정(爲政)」, 「성현도통(賢道統)」의 다섯 편으로 나누어져 있지만 본문에 해당하는 부분은 「수신」, 「정가」, 「위정」 세 편으로 구성되어 있다. 이는 『대학』의 논리를 그대로 따른 것이다.

율곡은 『성학집요』를 대학의 '명명덕-신민-지어지선'의 구조를 그대로 가져와서 성학론을 쓰고 있다. 『성학집요』는 율곡이 스스로 밝히고 있듯이 대학의 체계를 활용하고 확장한 것이라고 할 수 있다. 성학이 제왕의 학문이지만 신하에게 '성인이 베풀어 준 가르침, 성인을 이루기 위한 학문'의 의미를 내포하고 있는 것이다. 율곡을 비롯한 조선의 선비들은 수양론이 경세론으로 실현되고, 경세론이 수양론에 바탕을 두어야 한다는 일원적 통합성을 믿고 있었다.[34]

「수신」편은 상 · 중 · 하 3편으로 「정가」편이나 「위정」편보다 분량이 많고 상세하여 이이가 어디에 중점을 두고 있는지 어렵지 않게 추측할 수 있다. 이 편에서는 제왕의 학문에서 가장 중요한 것이 수신인 점을 상기시키고 군주가 지켜야 할 내용을 서술하기보다 사대부가 보편적으로

34 금장태, 『경전과 시대』, 지식과교양, 2012, 56~57쪽.

지켜야 할 논리로 내용을 구성하고 있다. 이는 『대학』의 격물치지, 성의정심, 수신에 해당하는 것으로 성학론의 가장 기본이 되는 부분이다. 율곡 이이는 방향을 정하고 흩어진 마음을 구하여 『대학』을 세우며, 격물치지를 구하고 기질을 바로잡고 기를 기르고 마음을 바로잡는 것이 성의정심(뜻을 성실히 하여 마음을 바로잡음)에 해당한다고 했다. 수신은 몸을 단정히 하는 것과 함께 덕의 역량을 넓히고 돈독하게 하는 것이다. 그는 이런 수양을 통해 지극한 선[至善]에 머물 수 있다고 했다.

「정가」편에서는 부모에게 효도하고 아내와 자식에게 본보기가 되며 형제 간에 우애하는 도리를 말한다. 그는 집안을 바르게 하는 데 근엄과 절약, 검소가 필요하다며 집안에서 이를 통해 지선에 이를 수 있다고 설명하고 있다.

「위정」편에서는 현명한 인재를 중용하고 선을 취하는 것, 시무를 알고 선왕을 본받는 것, 하늘의 경계를 조심스럽게 지키는 것, 백성을 편안히 하는 것, 교화를 밝히는 것을 제시하고 있다. 이를 통해 나라를 다스리고 세상을 평화롭게 하여 지선에 이를 수 있다고 설명한다.[35]

『성학집요』는 조선 중기의 군주학을 집대성한 것으로 중국의 제왕학을 조선화(朝鮮化)한 것으로 볼 수 있다. 조선 전기에 군주학과 연결된 경전이 『대학』이라면 『성학집요』는 『중용』과 함께 학문의 전체적인 체계를 제시하면서 수기치인의 방법론을 제시한다. 『성학집요』에서 군주는 독존(獨存)적인 존재로 설정되어 있는 것이 아니라 심학(心學)의 충분한 수련을 통해 끊임없이 성인이 될 것을 요구받는 존재로 설정되어 있다. 그래서 『성학집요』는 단지 군주학에 머무는 것이 아니라 사대부 일반, 혹은 보편적 인간에게 적용할 수 있는 성리학의 논리로 확대될 수 있다.[36]

---

35 이이 저, 김태완 역, 『성학집요』, 청어람미디어, 2007, 21~22쪽.

36 정재훈, 「조선 전기 『대학』의 이해와 성학론」, 『진단학보』 86, 진단학회, 1998; 정재훈, 「『성학집요』를 통해 본 조선 중기의 정치사상」, 『규장각』 22, 규장각, 1999.

이는 사림을 중심으로 한 16세기 성학론이 비단 군주뿐만 아니라 보편적 인간에게 성인이 되기 위해 수기치인에 힘쓰는 수양론으로 다가왔음을 의미한다. 이런 조선 사회의 지적 전통 속에서 성장한 이순신을 『성학집요』의 관점에서 '정돈된 인격자' 혹은 '수양을 쌓은 단아한 선비'로 이해할 수 있는 것이다.

3. 『성학집요』로 본 이순신의 리더십

1) 이순신의 '수기(修己)'

『성학집요』에서도 「수기」편의 비중이 가장 크듯 이순신의 리더십에서도 수기는 '정돈된 인격자'로서 이순신을 이해하는 데 가장 큰 비중을 차지한다. 『성학집요』와 『대학』의 틀을 근간으로 이순신의 내면세계를 들여다 보면 격물치지, 성의정심, 수신의 가치관이 드러난다. 『성학집요』에 의하면 수기는 자기를 수양하는 공부로서 여기에는 앎의 측면과 행함의 측면이 있으며, 앎으로써 선한 것을 밝히고 행함으로써 자신을 참되게 한다고 했다. 율곡에 따르면 자기를 수양하는 공부는 경전을 유지하고 진리를 탐구하며 힘써 실행하는 것에서 벗어나지 않는다고 했다.[37]

격물치지는 『대학』에서 "나의 지식을 극진하게 이루는 것은 사물의 이치를 궁극에까지 이르는 데 달려 있다."라고 설명하듯 세계에 대한 인식의 지평을 넓히는 것을 의미한다. 이순신에게 격물치지란 판옥선과 같은 전선(戰船)과 무기 체계에 대한 이해, 수군 전략과 전술에 대한 탐구, 군대 내부의 분위기와 민심에 대한 파악, 그리고 적군인 일본과 지원군인

---

37 이이 저, 김태완 역, 『성학집요』, 청어람미디어, 2007, 40~42쪽.

중국뿐만 아니라 조선 조정에 대한 인식을 포함한다.

이순신의 리더십에서 첫 번째 덕목으로 꼽히는 유비무환과 만전지계는 격물치지에 대한 인식이 있을 때 비로소 가능하다. 이순신이 전라좌수사로서 임진왜란을 대비하여 준비한 것은 조선 수군의 전통과 능력에 대한 이해에서 출발한다. 격물치지란 "나의 앎을 이르고자 할진대 물건에 나아가서 그 이치를 궁리함에 있다."라는 의미이고 조선 수군의 수장으로서 격물치지의 기초는 여말 선초 이래로 조선 수군의 군사기술을 이해하고 그 이치를 궁리함으로써 수군의 전투력을 향상시키는 데 최선을 다하는 것이다.

이순신의 격물치지는 선박의 건조와 대포의 제작에서 출발한다. 임진왜란 당시 조선 수군의 주력 군선은 판옥선이었고, 이는 을묘왜란 이후 조선 수군이 왜구의 침입에 대비하여 고안한 크고 빠르면서 견고한 선박이다. 이순신은 주력 군선인 판옥선을 잘 이해했을 뿐만 아니라 이를 기초로 돌격용 함선인 거북선을 제작했다. 임진왜란 당시 처음에는 거북선이 2척에 불과했지만 이내 3척을 더 건조했고, 칠천량해전이 벌어졌을 때는 5~7척이 있었던 것으로 추정된다. 거북선은 선수와 선미에 각각 1문씩 그리고 좌우에 각각 6문씩 총 14문의 총통을 배치한 최첨단 돌격선이다. 최선두에서 돌격용으로 고안된 거북선은 해전이 시작되면 가장 먼저 적의 지휘선을 향해 돌격하는데, 이때 상대의 집중 공격으로부터 수군을 보호하기 위해 판옥선의 선체를 기초로 상갑판 위에 거북이 등 껍데기 같은 덮개를 씌우고, 그 표면에 칼이나 송곳으로 보호 장치를 만들었다.[38]

격물치지가 이치를 궁극으로까지 추구한다는 의미라면 이순신은 거북선을 제작함으로써 격물치지를 통해 공격 전술을 발전시켰다고 볼

---

38 제장명, 「임진왜란 초기의 전황과 조선 수군의 승리요인」, 국가리더십연구센터 리더십포럼, 2013, 임원빈, 「역사 속의 리더십: 이순신 병법과 리더십」, 국가리더십연구센터 리더십포럼, 2013.

수 있다. 전투가 시작되면 제일 먼저 거북선이 적의 지휘선을 향해 5~10미터 이내로 근접한 다음, 선수의 용 머리에 설치된 현자총통을 발사하여 적의 지휘부를 타격했다. 그리고 측면에 설치되어 있는 6문의 총통을 발사하여 지휘선을 침몰시켰다. 일본 수군이 지휘선을 잃고 우왕좌왕할 때, 주력 함선인 판옥선이 나타나 왜선을 각개 격파했다.[39] 수군 이순신의 격물치지는 다양한 총통의 개발과 제작에서도 나타난다. 총통은 고려 말 최무선 이래로 조선 수군의 강력한 군사 무기로서 수차례 왜구와 전투를 치르면서 그 성능이 입증되었다. 이순신은 총통의 잠재 가치를 충분히 인식하고 다양한 총통을 개발하여 실전에 배치했다. 총통의 이름은 천자문 자순에 따라 정했는데, 대형 총통에는 천자, 지자, 현자, 황자총통이 있고 휴대가 가능한 소형 총통에는 승자총통, 총통완구 등이 있다. 조선 수군이 제작한 총통은 그 종류가 다양하고 사거리도 비교적 길었다. 다만 화기 발달의 초기 단계였기 때문에 조준 사격이 불가능해서 명중률은 낮았다. 총통의 규격이 통일되지 않아 그것을 운영할 때도 제약 요소가 적지 않았다. 그럼에도 불구하고 일본 수군이 전선에 대포를 탑재하지 못했던 것에 비해 조선 수군은 총통을 전선에 탑재함으로써 다양한 수군 전술을 구사할 수 있었다. 조선 수군이 전선에 탑재한 대형 화포는 적을 압도하는 데 매우 효과적이었던 것이다.[40]

군사기술에 대한 이순신의 격물치지는 조선 육군과 비교할 때 확연히 드러난다. 조선 육군도 수군과 마찬가지로 무기 체계의 발전 가능성을 내포하고 있었다. 최무선의 화약 기술을 기초로 세종 30년에 여러 종류의 신기전을 개발하기도 했다. 신기전은 고려 말 화약국에서 제조한 로켓형 화기인 주화(走火)를 개량한 것이다. 그런데 이를 개발하여 실전에 배치한 육군 장수는 찾아볼 수 없다. 선조 대에 비격진천뢰가 개발되었다

39 임원빈, 위의 글, 2013.
40 제장명, 앞의 글, 2013.

는 기록이 있지만 이것이 실전에 배치되어 조선 육군의 전술에 효과적으로 사용되었다는 기록은 찾기 힘들다. 조선이 전통적으로 수군보다 육군이 우위에 있었던 것을 고려하면 이순신의 격물치지가 얼마나 탁월한 것인지 짐작할 수 있을 것이다.

수군으로서 이순신의 격물치지는 판옥선, 거북선 등 군선의 제작이나 대형 총통의 개발뿐만 아니라 해전 전술의 개발에서도 드러난다. 이순신은 기존 병서에서 보이는 육전 위주의 전투 수행 방법을 해전에 창의적으로 응용했다. 학익진과 장사진 등 진형을 해상에서 적절하게 구사한 것이다. 한산도 해전에서 사용한 학익진은 '대포로 무장한 함선'이 현측(뱃전)의 대포를 효과적으로 활용하기 위해 해전에서 독창적으로 개발한 새로운 전술 개념이었다. 또한 화포의 명중률을 높이기 위해 상황에 부합한 진형을 운용했다. 조선 수군은 직진, 방진, 원진, 곡진, 예진 등 기본 항해 진형을 5가지 기본 오행진과 병용하여 운용했다. 이 오위진법으로 수군이 대형을 이루어 전진하다가 적과 교전이 시작되면 이 진을 학익진, 장사진, 언월진, 어린진, 조운진 등 5가지로 바꾸었다. 학익진은 한산도해전에서, 장사진은 부산포해전에서 운용되었다. 다른 진형을 구사했다는 기록은 사료에서 찾아볼 수 없지만, 이순신의 진법에서 격물치지를 확인하기란 어려운 일이 아니다. 그는 다양한 해군 전술을 탐구함으로써 실전에서 사용된 진법뿐만 아니라 이론상으로만 존재하는 새로운 진법을 모색하기도 했다. 언월진, 어린진, 조운진에서 이순신의 격물치지로서 '이치에 대한 궁극의 탐구'라는 한 측면을 볼 수 있다.[41]

이순신의 '성의정심'은 그의 인격을 잘 보여 주는 덕목으로 그의 일생을 관통하는 삶의 자세이기도 하다. "사람과 일에 정성을 다한다."라거나 "지극정성을 다한다."라는 평은 끊이지 않았다. 이순신의 평생지기였

41 제장명, 앞의 글, 2013.

던 류성룡은 이순신의 리더십을 통찰의 리더십, 지감(智鑒)의 리더십, 준비의 리더십, 방법의 리더십, 유연한 리더십, 권력에 초연한 리더십, 진퇴를 분별하는 리더십으로 평가한다. 이는 동시대의 성리학적 리더십으로서 자기 수양을 쌓은 선비들에게 공통적으로 나타나는 덕목이었고, 이순신에게서도 마찬가지였다. 사심 없이 일에 정성을 다할 때 통찰의 리더십이 발현되고, 사람에 대해 성의와 정성을 다할 때 사물을 깨달아 아는 지감의 리더십이 생성된다.[42]

이처럼 이순신의 삶은 '정성일념의 삶'으로 평가할 수 있다. 이를 '성의정심'이란 말보다 더 잘 표현할 수 있는 말은 없을 것이다. 성의정심은 "그 뜻을 성실히 한다는 것은 스스로 속이지 않고 자신을 수양한다는 것이며 다른 사람이 미처 알지 못하는 바도 홀로 알고 있으니 반드시 삼가서 부실한지 그 기미(幾微)를 살피는 것"을 내용으로 한다.[43]

이순신은 지극히 정성스러운 사람이었다. 불성무물(不誠無物)이란 옛말이 있듯이 정성이 없으면 어떤 일에도 성공할 수 없다. 이순신에 있어서도 정성이야말로 그 성공의 요체다. 이순신의 정성스러움은 일이 있기 전에는 철저히 준비하는 것으로, 일이 있을 때에는 목숨을 걸고 그 일에 전심전력하는 것으로, 일이 끝나면 결과야 그냥 담담히 받아들이는 것으로 나타난다.[44]

이순신의 성의정심은 유비무환의 정신에 그대로 녹아 있다.

성즉명(誠則明)이란 옛말이 있듯이 정성이 지극하면 미래를 볼 수 있다.

---

42 송복, 「실용적 리더십」, 국가리더십연구센터 리더십포럼, 2013.

43 봉기종, 『대학강해』, 전학출판사, 2008, 205~227쪽.

44 김종대, 「이순신 리더십의 원천」, 국가리더십연구센터 리더십포럼, 2013.

> 이순신은 지극히 정성스러웠기에 나라의 앞날에 환란이 있을 것을 미리 내다보았다. 이순신이 환란을 예측한 것만으로 구국의 목표를 이루어 낼 수 있었을까? 그렇지는 않다. 미래를 예측하는 능력만으로는 부족하고, 그 예측과 안목을 기초로 위기를 극복해 낼 완벽한 준비까지 마쳐야 위기를 극복해 낼 수가 있는 것이다. 예측만 했지 준비를 못했다면 이는 점쟁이일 뿐 정성스런 지도자가 아니다. 전쟁에서 준비란 상대방의 전력에 대비한 준비를 의미하므로, 유비무환의 정신 속에는 적을 가볍게 보지 않는 정신이 내포되어 있음은 말할 필요도 없다. 이같이 유비무환의 정신으로 무장된 그는 무슨 위기가 발생할 때면 항상 "신은 이미 준비를 마치었나이다."라고 대답했다는데 이 말에는 적의 전력까지 미리 알고 적을 깰 준비를 다 해놓고 있다는 뜻을 포함하는 말이다.[45]

이순신은 전라좌수사로 있는 1년 2개월 동안 정성을 다해 전란을 대비했다. 그는 전투를 준비하면서 용의주도하게 뱃길, 물길 등 지형과 적의 상태를 소상히 조사했고, 그에 따른 대비 훈련을 했다. 7년간 전대를 풀지 않고 긴장 속에서 온갖 준비를 마쳤기에 승리할 수 있었던 것이다. 이순신은 수양을 통해 적과 싸우기 전에 먼저 자신을 이기는 큰 힘을 얻었고, 그 힘을 얻을 때까지 정성을 다해 준비했다. 그는 준비 과정뿐만 아니라 일을 당했을 때도 지극한 정성으로 오직 그 일에만 몰입했다. 이순신에게 지극한 정성으로 전심전력을 한다는 것은 '죽음으로써' 최선을 다한다는 말이다. 이순신이 만 가지 위기를 극복하고 승리할 수 있었던 것은 오직 지성으로 매사에 임하고 목숨을 걸고 최선을 다해 죽음에 이르러서도 그 자세가 흩어지지 않았기 때문에 가능한 일이었다. "신에게는 아직 12척의 배가 있습니다."라는 결기로 최선을 다해 집중했기에 백

45 김종대, 위의 글, 2013.

전백승의 기적이 이루어진 것이다. 지극히 정성스런 사람은 그 일이 끝나면 지난 일을 앞날의 발전에 참고로 삼을 뿐, 이미 끝나버린 일이 초래할 결과에는 연연하지 않는다.[46]

성의정심은 전쟁의 긴장과 생사의 갈림길 속에서 고요함을 잃지 않는 것이다. 고요함이란 "한 곳에 집중하는 것은 움직임과 고요함을 포괄한다. 일이 없을 때에는 마음이 담담해서 늘 보존되는데 이것은 고요하면서 한 곳에 집중하는 것이다. 일이 있을 때에는 마음이 이 일에 반응하여 다른 일을 생각하지 않는데 이것은 움직이면서 한 곳에 집중하는 것이다."라는 말이기도 하다.[47] 이순신에게 성의정심의 고요함이란 전란 속에서도 평정심을 유지하는 것이다. 군사력의 열세 속에서 4년 동안 견내량을 사이에 두고 긴장된 생활을 하면서도 이순신은 언제나 마음의 고요함을 잃지 않았다. 마지막 전투인 노량해전에서 숨을 거두기 직전까지도 "지금 싸움이 한창 급하니 내가 죽었다는 말을 내지 마라."라는 명령을 내렸다. 그는 전투를 치를 때마다 죽음을 각오했고, 마음의 준비를 마쳤던 것이다. "그는 진즉 죽음이란 두려움에서 벗어났고 생사를 초월해 있었다. 그의 얼굴에 고요함과 평온은 생사를 초월한 성인이 목숨을 다해 책임을 다한 뒤에 모든 것을 놓아버리고 오로지 천명에 몸을 맡길 때, 하늘에서 주는 지극한 은혜였다. 그는 젊어서부터 뚜렷한 사생관을 확립하고 있던 터라 녹둔도 둔전관 시절부터 초지일관 죽음에 달관한 태도를 보였다. 그는 삶과 죽음의 갈림에 초연한 자세를 잃지 않았다."라고 한다.[48]

수신은 "말과 행동으로 삼가고 위엄과 의례를 갖추는 것"을 뜻하는 말이다. 단아한 선비가 드러나는 것은 수신의 마지막 단계다. 격물치지라

---

46 김종대, 위의 글, 2013.
47 이이 저, 김태완 역, 『성학집요』, 청어람미디어, 2007, 187쪽.
48 김종대, 『이순신, 신은 이미 준비를 마치었나이다』, 시루, 2012, 341~343쪽.

는 이성적인 인식과 성의정심이라는 마음가짐이 갖추어진 후에 이 두 가지를 바탕으로 몸과 행동을 삼가는 것이 선비가 추구하는 수양의 본모습이다. 영의정 김육은 이순신이 아무 잘못도 없이 옥에 갇힐 때에도 죽고 사는 것으로 마음이 동요하지 않았는데, 이는 평소 수양한 바가 있어서 지혜와 생각이 내면 속 한 곳에서도 빠지지 않는다고 평했다.[49] 여기에서 주목할 점은 당대의 이순신을 평가하는 인식의 틀이다. 그들 스스로가 16세기 성학론을 추구했던 선비들이었고 그들도 수양을 통해 단아한 선비가 되기를 지향했던 사람들이다. 삼대(三代)를 정치적 이상으로 삼고 요순과 같은 성인의 인식과 삶을 지향했던 조선의 사대부들은 이순신에게서 단아한 선비의 풍모를 느낀 것이다.

2) 이순신의 '정가(正家)'

『성학집요』에서 이이는 "자기가 몸소 도(道)를 행하지 않으면 아내와 자식에게도 도가 행해지지 않고, 도로써 사람을 다스리지 않으면 아내와 자식에게도 명령이 행해지지 못한다."라고 했다. 대체로 자기를 수양한 뒤에 집안을 바르게 할 수 있기 때문에 「정가」를 「수기」 다음에 두었다. 이이는 "온 세상을 다스리는 데 근본이 있다는 것은 자신을 다스리는 것을 말하고 온 세상을 다스리는 데 법도가 있다는 것은 집안을 다스리는 것을 말한다. 근본은 반드시 단정해야 한다. 근본을 단정하게 하는 것은 마음을 성실하게 하는 것뿐이다. 법도는 반드시 선해야 한다. 법도를 선하게 하는 것은 친족을 화목하게 하는 것뿐이다."라는 말로 「정가」편을 시작한다. 아울러 "자기 집안을 교화하지 못하면서 남을 교화할 수 있는 사람은 없다. 그러므로 군자는 집안을 나가지 않고서도 나라에 교화를 이룰

---

49 김종대, 위의 책, 2012, 43~44쪽.

수 있다. 효도는 임금을 섬기는 원리이고 공경은 어른을 섬기는 원리이며 자애는 무리를 다스리는 원리다."라고 했으며, "부모가 부모답고, 자식이 자식답고, 형이 형답고, 아우가 아우답고, 남편이 남편답고, 아내가 아내다우면 집안의 도리가 바르게 된다. 집안을 바르게 하면 온 세상이 안정된다."라고 했다. 율곡은 "집안을 바르게 하는 도리는 인륜과 질서를 바로잡고 은혜와 의리를 두텁게 하는 이 두 가지에서 벗어나지 않는다."라는 점을 강조한 것이다.[50]

이순신의 정가는 그의 일상의 통해서도 애틋한 가족애로 잘 드러나고 있다. 그는 자식과 아내를 사랑했으며 의지할 곳 없는 조카들을 친자식처럼 돌보고 진중에서 어머니를 모시고 조석으로 문안드리며 효를 다했다.[51] 이순신은 정읍현감으로 부임할 때 노모와 함께, 의지할 곳 없는 어린 조카까지 20여 명의 식구를 거느리고 갔다. 조선 사회에서 지방관으로 부임할 때 직계 가족 외에 방계 가족까지 데리고 가면 남솔이라는 비난을 받았다. 관원들이 가렴주구로 백성을 착취하는 일이 흔했기 때문에 선비들은 이를 남솔이라 하여 경계한 것이다. 실제로 이순신이 부임할 당시 두 형이 일찍 죽어 조카까지 포함해 20여 명의 대식구가 이동할 때 주위에서 남솔이란 따가운 시선이 있었다. 그런데도 이순신은 "내 비록 남솔이라는 허물을 쓰고 파직이 될지언정 의지할 곳 없는 어린 조카들을 어찌 내버릴 수 있겠는가."라며 당당히 대답했다.[52]

이순신은 남다른 효자였다. 함경도에 있을 때 뒤늦게 아버지의 부음을 듣고 1,000여 리가 넘는 길을 밤낮으로 달려가 3년상을 치렀는가 하면, 전란 중에 어머니를 전라좌수영에서 멀지 않은 여수 곰내마을에 모시고 5년 동안 조석으로 문안을 드렸다. 그의 일기를 보면 "어머니에 대한

50 이이 저, 김태완 역, 『성학집요』, 청어람미디어, 2007, 264~267쪽.

51 김종대, 「이순신 리더십의 원천」, 국가리더십연구센터 리더십포럼, 2013.

52 김종대, 『이순신, 신은 이미 준비를 마치었나이다』, 시루, 2012, 67~69쪽.

이야기들이 자주 나온다. 하루가 멀다 하고 어머니께 문안한 일, 어머니 소식에 반가움을 감추지 못한 일, 단 며칠이라도 소식이 막히면 걱정한 일, 색다르게 맛있는 음식이 생기면 어머니께 보낸 일, 밥을 전처럼 못 드신다고 답답해한 일이 소상히 적혀 있다."[53] 그만큼 그에게 어머니는 소중한 존재였던 것이다.

이순신의 애틋한 가족애는 어머니가 임종했을 때 잘 드러난다. 좀처럼 감정을 내보이지 않던 이순신도 이때만은 달랐다. 그는 어머니의 시신을 부둥켜안고 몸부림치며 울었다. "충성을 다하려 했더니 죄가 이미 이르렀고 효성을 바치려 했건만 어버이마저 가버렸네. 이제 어서 죽기만 기다려야 할런가, 마음을 돌아보니 가슴은 찢어지고 비조차 내리는데 금오랑은 길 재촉하네. 천지에 나 같은 사람 또 어드메 있을꼬." 이순신은 어머니의 시신을 끌어안고 한없이 통곡했다.[54]

3) 이순신의 '위정(爲政)'

『성학집요』에서 이이는 나라를 다스리는 일이나 집안을 다스리는 일이 다르지 않다고 말한다. 즉, 집안을 바로잡은 뒤에 나라를 바로잡을 수 있고, 집안을 바로잡은 다음에 비로소 정치를 할 수 있다는 것이다. 여기에는 충보다 효가 먼저라는 16세기 사림의 세계관이 반영되어 있다. 정치를 행하는 데 근본이 있고 규모가 있으며 차례가 있다는 것이 그들의 공통된 생각이다.

『성학집요』의 「위정」편은 「수기」편이나 「정가」편보다 군주의 제왕학에 더 비중을 두고 있지만 정치의 요체를 성실함에서 찾는다는 점에서 『성학집요』의 흐름을 따르고 있다고 볼 수 있다. "오직 하늘과 땅은 만물

53 김종대, 위의 책, 2012, 242~245쪽.

54 김종대, 위의 책, 2012, 275쪽.

의 부모이며 사람은 만물 가운데 가장 신령한 존재다. 진실로 총명한 사람이 임금이며 임금은 백성의 부모가 된다."라는 것이 그의 지론이며 이러한 생각은 "정치는 임금이 중심을 세우는 것이며 덕으로써 정치하는 것은 북극성이 제자리에 있고 뭇별이 그것을 향해 도는 것과 같다."라는 세계관에서도 여실히 드러난다.[55]

『성학집요』에서 이이는 정치의 근본을 밝히고 있다. "임금이 덕을 닦는 것이 정치의 근본이다. 먼저 임금의 직분이 백성의 부모가 되는 데 있다는 것을 알아야 한다. 그런 뒤에 중도를 세우고 중심을 세워서 표준으로 삼으면 그 효과가 마치 뭇별이 북극성을 향해 돌아가는 것과 같다."라고 했다. 이와 같은 정치의 근본에 대한 이해를 바탕으로 이이는 세상을 다스리는 데 9가지 보편적인 원칙이 있다고 말한다. "자신을 수양하고, 어진 이를 존경하며, 친족을 아끼고 대신을 공경하며, 뭇 신하를 내 몸과 같이 여기고, 백성을 자식처럼 사랑하며, 온갖 공인을 불러들이고, 멀리서 온 사람을 편안히 해 주며, 제후를 회유한다." 등이 여기에 포함된다. 더 나아가 이이는 9가지 보편 원칙을 관통하는 하나의 원리가 있다고 보았다. 즉, "온 세상의 나라를 다스리는 데에는 아홉 가지 보편적인 원칙이 있지만 그것을 시행하는 원리는 하나"라는 것이다. "그 하나는 성실이다. 성실하지 않은 것이 하나라도 있으면 이 아홉 가지가 모두 빈말이 되고 말 것이다. 이것이 아홉 가지 보편적인 원칙의 실상이다."[56]라고 하였다. 『성학집요』의 「위정」편에서 "하늘의 경계를 조심스럽게 지키기 위해"에서 권선징악의 이치에 대해 논하고 '기강'과 '안민'에서 정의와 이익을 분별하고 정의가 이익을 이기면 치세가 되고 이익이 정의를 이기면 난세가 됨을 강조한다. "임금이 위에서 하늘의 경계를 삼갈 수 있으면 신

55 이이 저, 김태완 역, 『성학집요』, 청어람미디어, 2007, 358~366쪽.

56 이이, 위의 책, 2007, 269~377쪽.

하는 아래에서 떳떳한 법도를 지킬 수 있다."[57]라고 보았다.

『성학집요』가 「위정」편에서 특별히 주목하는 것은 '용현(用賢)'이다. 율곡은 "정치를 하는 것은 사람을 얻는 데 있다. 현명한 사람을 쓰지 않고서 잘 다스릴 수 있는 사람은 없다. 임금의 직분은 오직 현명한 사람을 알아보고 그에게 임무를 맡기는 것을 급선무로 삼아야 한다."라고 했다. 또한 "오직 어진 사람만이 남을 좋아할 수 있고 남을 미워할 수 있다."라고도 했다. 이는 어진 사람이 현명한 인재를 등용하고 교류할 수 있다는 성리학적인 인사 정책의 근본을 반영한 말이다. 인재를 등용하고 못하고는 임용권자의 인격과 안목에 달린 것이다. 능히 인재를 등용할 자질이 있는 성인의 주변에는 인재가 모이고, 그런 자질이 없는 소인의 주변에는 인재가 모이지 않는다는 것이 성리학적인 인사 정책에 대한 기본 시각이다. 이순신의 용현은 크게 3가지로 나눌 수 있다. 류성룡은 이순신의 평생지기로서 조정에서 그를 도왔다. 조정의 원로였던 정탁은 예지력과 인재 식별 능력이 뛰어났던 인물로 '신구차(伸救箚)'라는 상소를 올려 모함을 받아 투옥된 이순신을 방면케 했다. 청렴하기로 소문난 이원익은 전시 행정의 최고 직책인 도체찰사로서 이순신의 든든한 후원자였다. 이들은 수차례 이순신에게 도움을 주었다. 참으로 어진 인물들 간의 교류였다고 할 수 있다. 비록 이순신은 원균과 갈등을 빚었지만 전라우수사 이억기와는 동료로서 좋은 관계를 유지했고, 명과 조선의 해군 작전권을 가지고 있던 명나라 도독 진린은 이순신의 인품과 능력에 탄복하여 이순신의 견해를 존중했다. 이순신의 휘하에는 다방면에서 뛰어난 장수들이 많았다. 5명의 핵심 장수들뿐만 아니라 모든 지휘관과 수군이 이순신 리더십을 신뢰하고 진심으로 협력했다.[58] 백의종군에 나선 이후 이순신이 혈

57 이이, 위의 책, 2007, 469~470쪽.

58 제장명, 「임진왜란 초기의 전황과 조선 수군의 승리요인」, 국가리더십연구센터 리더십포럼, 2013.

혈단신으로 삼도수군통제사로 복귀했을 때, 그의 휘하로 수많은 장졸들이 몰려들고, 백성들마저 적극적으로 협력한 것은 그동안 이순신이 보여준 용인술과 리더십 덕분이었다. 그것은 다시 말해 어진 인물을 인재로 등용했던 그의 능력이기도 했다.

4) 이순신의 수기치인

『성학집요』는 「수기」편을 체(體)로 삼고, 「정가」와 「위정」편을 용(用)으로 삼는다. 성리학적 세계관에서 체는 근본이요 용은 응용이므로 체가 잘 다스리면 용은 자연스럽게 이루어진다. 『대학』의 8조목인 격물치지, 성심정의, 수신제가, 치국평천하에서 '수신'까지는 명명덕(明明德)을 체로 삼고, '제가'부터는 신민(新民)을 용으로 삼는다. 『성학집요』는 『대학』의 이 논리를 그대로 따른다. 즉, 율곡은 격물치지, 성의정심, 수신을 「수기」편으로 체를 삼고, 「정가」와 「위정」편으로 용을 삼은 것이다. 모름지기 체가 잘 갖추어지면 용은 자연스럽게 이루어져서 지어지선(止於至善)할 수 있다. 『성학집요』는 「대학」의 8조목을 「수기」, 「정가」, 「위정」의 3편으로 간결하게 정리하고, 이를 성리학적인 수기치인(修己治人)의 인식과 실천으로 활용한다. 일반적으로 이 수기치인이 이루어진 단계를 성현도통(聖賢道統)이라고 한다.

이순신의 수기치인에서 가장 두드러진 특징은 성의(誠意)에 있다. 이는 "지극히 정성을 다한다."라는 말로서 이순신 리더십에서 가장 자주 등장하는 말이다. 실례로 "지극히 정성스러운 사람은 일을 당하기 전에 미리 철저히 준비할 것이며, 일을 당해서는 오직 그 일에만 죽음으로써 최선을 다하고, 일이 끝나면 자신을 반성하는 것 외에 일의 결과나 남의 평판 따위에는 초연할 것이다. 그런 사람은 요행을 바라지 않고, 끊임없이 노력하여 어떤 문제라도 풀어 나갈 자신만의 실력을 갖출 것이며, 그 실력을 바탕으로 용기와 신념을 갖고 스스로의 운명을 개척해 나갈 것이다."[59]에도 잘 나타나 있다. "이 나라 역사에서 이순신만큼 지성스러웠고, 오직 자력과 정의의 외길로만 살면서 나라를 사랑했던 사람이 과연 얼마나 될까? 이순신에게는 '적당히'가 없었다. 그는 태어난 자신의 바탕과 치열한 자기 수행을 통해 그의 정성스러운 정도, 자력 · 자립의 정도, 바른 정도, 나라 사랑의 정도는 인간이 접근할 수 있는 최고의 수준으로 끌어올렸다. 그랬기 때문에 평생토록 자신과 어긋나는 다른 가치와는 어떤 타협도 하지 않았고, 매사에 주인정신으로 열정을 갖고 임할 수 있었으며, 오직 정의의 외길만을 가면서도 나라사랑에는 목숨까지 던질 수 있었던 것이다."[60]에도 잘 나타나 있다. 『대학』의 8조목 중에서도 성의가 가장 두드러지는 리더십이라고 할 수 있다.

격물치지란 사물의 품격을 인식하고 그 사물의 내용과 관계의 궁극적 이치를 아는 것으로, 점증적으로 쌓이는 단계를 뛰어넘어 어느 순간 질적으로 한 단계 차원이 다른 경지에 도달함을 뜻하는 말이다. 사물의 이치를 깨닫기 위해 학문을 시작해서 공부에 힘쓰고, 끊임없이 노력하면 어느 순간 물리(物理)를 터득하게 된다. 『대학』은 이를 '활연관통(豁然貫通)'이라고 한다. 이순신이 동아시아의 제해권을 장악한 조선의 삼도수군통제사로서 격물치지의 활연관통을 어느 단계까지 성취했는지 분명치 않다. 그것은 평생 공부와 수양을 게을리 하지 않은 자신만이 느낄 수 있다. 활연관통은 성의와 상호작용함으로써 성취할 수 있는 단계다. 견내량에서 4년 동안 시련을 겪으면서 이순신의 활연관통은 좀 더 높은 차원으로 승화되었을 것이다. 1593년 강화회담이 시작되어 전쟁이 소강상태에 돌입할 때까지 이순신은 4차례 출전하여 실제 전투 경험을 쌓았는데, 전쟁을 준비하는 순간부터 깊은 숙고의 시간을 보냄으로써 완숙한 해군 수장으로서의 면모를 갖추었을 것이다.

---

59 김종대, 「이순신 리더십의 원천」, 국가리더십연구센터 리더십포럼, 2013.

60 김종대, 위의 글, 2013.

『대학』의 「성의(誠意)」편은 자겸(自謙)과 신독(愼獨) 그리고 기미(幾微)로 이루어진다. "그 뜻을 성실히 한다는 것은 스스로를 속이지 않는 것이며 이를 일러 자겸, 즉 스스로 넉넉함이라고 한다."라고 한다. 스스로를 속이는지 아닌지는 자신만이 알 수 있으며 스스로 속이지 않고 정성을 다하면 겸손하고 넉넉한 성의에 이르게 된다. 따라서 "군자는 신독(愼獨), 즉 홀로 삼가게 된다."라고 하며, "성의, 즉 그 뜻을 성실히 하는 것은 자수(自修), 즉 스스로 닦음의 처음이고, 무(毋), 즉 스스로 삼가는 금지의 마지막 단계다."라고 한다. 성의를 다하는 것은 "자겸으로 나에게 유쾌하고 족한 것이며 부질없이 구차하게 밖을 따르고 다른 사람을 위한 것이 아니다. 그러나 이러한 실(實)과 부실(不實)은 대개 다른 사람이 미처 알지 못하는 것이어서 나만 홀로 아는 것이다. 그래서 반드시 여기서 삼가고 그 기미, 즉 작은 차이나 낌새를 잘 살펴야 한다."

성의는 스스로에게 정성스러움이 먼저이고 이것이 발현되어 다른 사물과 사람에게도 정성스러움이 묻어나는 것이다. 이순신 리더십의 가장 큰 특징인 지극한 정성스러움은 이 성의가 『대학』의 8조목 중에 가장 중요한 기초임을 알 수 있다. 성의, 그 뜻을 성실히 하고 난 뒤에는 정심(正心), 곧 마음을 정해야 한다. "마음이 있지 않으면 보아도 보지 못하고 들어도 듣지 못하고 먹어도 그 맛을 알지 못한다."라는 말이 있다. 정심은 수신을 위한 기초다. "수신, 몸을 닦음은 정심, 즉 그 마음을 바르게 함에 있다." 이순신은 사람과 사물에 지극정성을 다하고 그 성의를 바탕으로 노여워하거나 두려워하거나 좋아하고 즐기는 것을 멀리하고 마음을 바르게 하는 것을 정심이라 했다. 『대학』은 성의를 바탕으로 정심, 마음을 바르게 된 다음에 이를 통해 수신, 즉 몸을 닦는 단계로 나아갈 수 있다고 본다.

이순신의 정돈된 인격이 외적으로 가장 잘 드러나는 것은 수신의 단계다. 수신은 내적 수양이 쌓여서 밖으로 드러나는 것을 의미한다. 사람이 지식으로만 가꾸어 놓으면 밖으로 엄밀하게 보이지 않는데, 수신은 엄밀함이 자르는 듯하고 쪼는 듯하며 가는 듯하고 닦는 듯하여[切磋琢磨] 그 사람이 밖으로 드러나는 것이 엄밀함을 의미한다. 수신을 하면 밖으로 드러남이 엄밀하고 씩씩하게[瑟僩] 보이며 그 몸 안에서 환하게 빛나고 인품이 바깥으로 풍겨나와 남들이 떠들썩하게[赫] 칭송하게 된다. 『대학연의』는 수신을 "언행을 삼가고 위엄과 거동을 바르게 하는 것이다[謹言行 正威儀]."라고 했다. 위엄은 가히 두렵게 함이요, 거동은 가히 본받게 함이다. 위(威)는 위엄을 내려고 해서 내는 것이 아니라, 덕이 안에 쌓여 있으면 저절로 밖으로 발산되어 보는 사람으로 하여금 함부로 못할 위엄이 내비치는 것을 말한다. 의(儀)는 인자함이 풍겨 사람들이 본받게 하는 것을 의미한다.[61]

당대의 식자들이 이순신을 가리켜 '정돈된 인격자', '수양을 쌓은 단아한 선비'라고 칭송한 것은 수신의 결과가 자연스럽게 위엄과 거동으로 드러났기 때문이다. 이순신의 삶의 태도가 지극정성하고 그의 마음가짐과 생활태도가 고스란히 인격에 묻어난 것은 수신의 단계로 볼 수 있다. 삼도수군통제사로서 갖추어야 할 격물치지가 어느 단계에서 활연관통하게 되자 수신은 성의정심의 마음가짐을 거쳐 언행을 삼가고 위엄은 자연스럽게 배어나며 거동은 인자함으로 다른 사람의 본받음을 받는 면모를 보이게 된 것이다.

이순신의 「수기」가 체라면, 「정가」와 「위정」은 용이다. 이순신의 수기치인에서 용으로서 「정가」와 「위정」은 가족 사랑과 나라 사랑으로 요약된다. 이순신은 어머니에 대한 효도가 지극했고 어린 조카에게도 아낌없는 사랑을 보여 준다. 그의 가족 사랑은 자연스럽게 부하 사랑, 백성 사랑 그리고 나라 사랑으로 이어졌다. 이순신의 수기치인은 지극히 정성을 다하는 자기 수양에 기초한다.[62] 격물치지에서 나라 사랑까지 이순신의

61 봉기종, 『대학강해』, 전학출판사, 2008, 181쪽.

62 김종대, 「이순신 리더십의 원천」, 국가리더십연구센터 리더십포럼, 2013.

인격 속에 체화되어 그의 성품으로 드러난 것이다.

이순신 리더십은 동아시아의 고전적 리더십에 뿌리를 두고 있다. 다시 말해 『대학』이 그 이론적 토대인 것이다. 따라서 그가 지향하는 인간형은 16세기 성학론의 이상이라 할 수 있는 삼대(三代)의 요순시대에서 찾을 수 있다. 동아시아의 리더십은 요순시대를 지나 면면히 남송 시대의 주자와 진덕수(眞德秀)에 의해 재해석되고 원나라의 세계주의를 거치는 유구한 전통을 가지고 있다. 이 리더십이 여말 선초에 조선에 소개되고 16세기 조선 내부에서 주체적인 조선의 성학론으로 완성되었다. 그래서 이순신 리더십은 동아시아의 고전적 리더십으로 자리를 잡을 수 있다. 16세기 '대항해시대'의 세계사적 격랑 속에서 이순신 리더십은 동아시아의 질서가 재편되는 위기 속에서 새로운 리더십으로 자리매김했다. 대항해시대의 도전을 조선은 이순신 리더십을 중심으로 대처해 나간 것이다.

4. 글로벌 시대에 '천명'의 민주화

1) 16세기에 이순신은 성웅(聖雄)이었는가?

이순신이 영웅의 칭호를 얻은 것은 1908년 신채호가 『대한매일신보』에 「수군제일위인(水軍第一偉人) 이순신」을 연재하면서 시작되었다. 신채호는 1905년 을사조약 이후 민족적 각성을 불러 인물전을 여러 편 썼다. 「을지문덕전」, 「최영전」 등이 이 시기에 나온 글들이다. 이탈리아의 국권회복운동(Regimiento)에도 크게 감명을 받아 『이탈리아삼걸전』도 썼을 만큼 대중운동보다는 위대한 인물이 역사에서 중요한 역할을 한다고 강조하였다. 그가 1925년 이후로 아나키즘적인 인물 중심의 독립운동에 경도된 것에서도 알 수 있다. 이순신을 영웅시하는 흐름은 이광수가 1931년에 『동아일보』에 '이순신'을 연재하면서 되풀이되었다.

그러나 16세기 이순신이 사망한 후 당대의 기록에서 이순신은 잘 드러나지 않는다. 백성들 사이에서 이순신은 국민적 지지를 받는 장군이었지만, 선조를 비롯한 집권세력에게는 '불편한 존재'로 애써 외면하는 대상이었다. 임금과 집권세력은 임진왜란이 일어나자, 변변한 정규전도 한 번 못해 보고 몽진이란 이름으로 한양의 백성들 몰래 북쪽으로 야반도주하였다. 정권은 백성들에게 신뢰를 전적으로 상실했다. 7년의 전쟁 동안 왜군과 명군이 전국을 쑥대밭으로 만들고 백성을 수탈해도 속수무책이었던 정권을 백성들은 용납할 수 없었다. '왜군은 얼레빗, 명군은 참빗'이라는 당시의 유행어처럼 지원군으로 온 명군의 수탈과 횡포는 조선의 백성이 감내하기 힘든 것이었다. 그 대척점에서 백성의 마음을 사로잡고 있는 존재가 이순신이었다. 이런 이유로 이순신은 정권에 '부담스러운 존재'이고 '기억하지 싫은 인물'이었다. 이순신은 집권세력에 의해 권율, 원균 등과 함께 논공행상에서 비슷한 평가를 받았을 뿐이다.

정권에 의해 잊혀진 인물 이순신을 복원한 것은 18세기의 정조였다. 정조는 유득공에게 『이충무공전서』를 발간하도록 하였다. 그리고 정조는 이 전서의 제문에서 '바다에 맹세하고 산에 명세하면 물고기와 용이며, 풀과 나무도 이순신의 이름을 안다'는 극찬을 이순신의 유명한 시구를 인용하며 적고 있다.[63] 정조가 잊혀진 인물인 이순신을 부활시킨 이유는 당시까지 중국과 일본에서 여전히 평가받고 있는 이순신의 평판 때문이었다. 임진왜란 이후 이순신은 조선에서는 애써 잊혀진 인물이 되어가고 있었지만 동아시아의 국제전쟁의 당사자였던 두 나라는 기억하고 있었다.

18세기에 정조는 새로운 조선을 꿈꾸었다. 집권하자마자 규장각을

---

63 이은상 역, 『이충무공전서(하)』, 312쪽.

설치하고 젊은 학자들을 불러 모아 조선의 도서를 정리하고 중국과 일본의 책들을 수집해서 새로운 조선에 대한 청사진을 연구했다. 청나라는 『사고전서』와 『고금도서집성』을 제작하면서 고증학적인 새로운 학풍을 불러일으키고 있었고 정조는 이 책들이 만들어지고 있는 상태에서 직수입해 왔다. 그는 할아버지 영조와는 다른 탕평정책을 추구하였다. 영조가 정파의 이해관계를 거중조정하는 수준에서 머물러 있었다면 정조는 학술관료들과 새로운 국제적 감각을 익혀 새로운 통합적 정치로 정치를 주도해 나갔다. 이 와중에서 중국과 일본을 통해 조선은 이순신을 재발견하게 되었다.

정조는 이전 시기와 달리 당대에 중국과 일본의 변화를 바로 흡수하려고 하였다. 이런 활발한 국제적 교류가 가능했던 것은 대항해시대 이래 동아시아에서 정착해 있었던 은(銀) 경제 덕분이었다. 청의 건륭제는 '해금정책'으로 사실상 국제교류를 폐쇄했고 중국과 일본 간에 대항해시대 이래로 활발하게 거래되던 은의 수출입은 통로가 막혔다. 이 기회를 이용한 것이 조선의 상인들이었다. 조선의 상인들은 동래와 의주를 개방해서 은 거래가 가능하도록 하는 중계 무역에 눈을 떴다. 정권은 이 두 곳을 지방임에도 불구하고 중앙정부가 직접 통제하고 조세를 거두어들였다. 이에 따라 정조시대의 조선은 그 이전시기보다 풍부한 자금의 여력을 갖고 있었다. 정조는 수도인 한성을 인구 30만 명의 국제도시로 발전시킬 계획도 갖고 있었다.[64]

이러한 활발한 국제 교류 속에서 조선에서는 잊혀지고 있었지만 중국과 일본에서 여전히 평가받고 있던 대표적인 인물이 이순신과 임경업이었다. 정조는 규장각의 학술관료였던 유득공에게 이순신 기록을 정리할 것을 명하였고 그에 따라 발간된 것이 『이충무공전서』다. 200년 만의

---

64 박광용, 「탕평정치, 이념과 제도의 변화」, 서울대학교 국가리더십연구센터 발표자료, 2014.

이순신의 부활이었다. 이순신 사후 여기저기 흩어져 있던 이순신에 대한 사료가 국가수준에서 최초로 정리되었다.

1969년에 이은상이 『성웅 이순신』을 발간하고 정부가 민족적 영웅으로 홍보되자 이순신은 갑자기 역사에도 없었던 '성웅'의 호칭을 받게 되었다. 이은상은 이미 1946년에 『이충무공일대기』를 섰고 1960년대에 정조가 편찬한 『이충무공전서』를 번역하였다. 이때까지는 이순신 연구는 이은상 개인적 차원에 머물러 있었다. 그는 경남 창원 출신으로 왜군 주둔지 웅포(진해), 진해만(괭이바다) 등에서 성장한 개인적 인연과 관심이 자신의 연구와 결합된 것이라고 할 수 있다.

그러나 1968년에는 『이충무공전서』 중에서 일부를 『난중일기』로 분리해서 따로 출간하였다. 『난중일기』는 이순신이 붙인 이름이 아니었다. 유득공이 이순신 문집 중에 전쟁 기간에 적었던 일기를 모아서 그 이름을 붙였던 것이다. 그리고 다음 해 1969년에 이은상은 『성웅 이순신』을 출간한다. 이순신이 성웅으로 국가체제 이데올로기로 전화하는 순간이었다.

그런데 이 책에는 이순신이 왜 '성웅'인지에 대한 설명이 빈약하다. 3페이지의 짧은 서문에서 "한글을 창제하여 글로써 우리 민족을 중흥시킨 세종대왕과 나라 전체가 무너지던 위급한 때에 다달아 한 손으로 떠받들어 우리 민족을 다시 살리신 이 충무공을 나란이 일러, 성군이라, 성웅이라 함은 결코 지나친 칭호가 아니다."라는 설명이 전부다.[65] 위대한 인물의 역사적 역할을 강조했던 신채호는 이순신을 영웅이라고 그의 소설에서 평가하고 있다. 이광수의 소설에서도 크게 다르지 않다. 그러나 이들은 이순신을 성웅이라고 성역화하지는 않았다.

이은상이 말하는 성웅은 23전 23승이라는 전쟁의 업적과 조선을 위

65 이은상, 『성웅 이순신』, 2쪽.

기에서 구한 탁월성 때문에 붙여진 이름이다. 이순신의 인격을 미루어 보면 그는 자신을 이렇게 성역화하는 것을 원치 않을 것이다. 성웅 이순신은 1970년대 체제 이데올로기에 박제화되어 있다. 시대가 변하자, 이에 대한 반작용으로 오히려 이순신의 진면목이 정서적인 반감을 일으키는 것으로 역효과를 내고 있다. 1970년대는 이순신을 정치체제의 필요 때문에 이념의 틀에 가두어 두었고 이에 대한 반감으로 지금 시대에 이순신에 대한 냉소적인 시선들이 있다.

이 두 가지 경향은 이순신을 선택적 필요에 의해 이순신을 박제화하고 왜곡하고 있고 외형적인 평가에 치우치게 하고 있다. 그 사람에 대한 평가는 외형적인 것보다 그의 내면세계에 대한 이해가 선행되어야 한다. 1970년대 이래 이순신은 너무 잘 알려진 인물이지만 그 내면과 정신세계에 대한 이해는 거의 전무하다. 무엇보다 조선의 역사와 문화 전통, 그리고 이순신이 살았던 16세기 당대의 시각으로 이순신을 이해하려는 노력은 거의 찾기 힘들다. 신채호처럼 구국의 영웅으로 보는 시각이나, 이광수와 같이 당쟁과 사익에 찌든 조선을 비판하는 도구로 활용하는 특정한 필요에 의해 이순신이 해석되고 있다.

이순신을 그가 살았던 16세기 당대의 시선으로 그의 내면과 정신세계를 보면 어떤 이순신이 보일까? 역설적으로 이 지점에 서면 또 다른 의미의 '성학(聖學)을 추구한 무장'으로서 이순신이 새롭게 보일 수도 있다.

2) 동아시아 천명의 보편주의

'성웅 이순신'의 담론이 갖고 있는 치명적인 약점은 무엇일까? 이 담론은 이순신이 어떻게 성웅으로 성장할 수 있었는지에 대한 원인과 맥락에 대한 설명이 전혀 없다는 것이다. 이순신 개인의 탁월성과 예외성을 오히려 강조함으로써 그가 태어나고 성장한 역사와 문화를 부정하기까지 한다는 점이다. 이런 이순신관의 뿌리는 이광수의 소설 『이순신』이다. 1930년대 일제의 체제 이데올로그로 전락한 이광수는 이순신을 강조함으로써 역설적으로 이순신이 목숨으로서 지키고자 했던 조선과 조선의 백성들을 부정하고 있다. 이순신을 핍박했던 조선의 임금과 관료의 무능력을 드러냄으로써 일제의 조선 지배를 정당화하는 도구로 활용되었다.

이순신의 역사적 예외성은 이은상에서도 그래도 드러나고 있다. '민족의 태양이며 역사의 면류관'이라고 성웅으로 이순신을 떠받들고 있지만 그가 자라나고 성장해 갔던 조선 사회는 철저하게 부정하고 있다. 그는 조선 후기를 '충무공이 가신 뒤, 3세기 남짓 지나는 동안의, 우리 민족의 병들었던 정신적 몰락사'로 보고 있다. 그리고 이순신의 '정신을 본받는 여부로써, 한국민족의 역사적 생명은 좌우'될 것으로 보고 있다.[66]

그런데 그 정신의 뿌리가 어디에서 왔으며 그 내용은 무엇이었는지 전혀 설명을 못하고 있다. 성웅 이순신론은 그를 빚어낸 당대의 역사와 문화의 뿌리를 밝히지 못하고 있다. 이순신을 만들어 낸 정신적 맥락은 대항해시대였던 16세기 조선의 성학(聖學) 속에 있었다. 동아시아가 요순시대의 삼대(三代) 이래로 면면히 추구해 왔던 동아시아적 성찰과 실천이 이순신이라는 '정돈된 인격자'가 태어날 수 있게 했다. 이런 점에서 이순신을 굳이 '성웅'이라고 평가한다면 그는 조선에서 돌출적이고 예외적으로 성장한 인물이 아니라, 가장 동아시아적인 정신의 뿌리를 갖고 탄생된 인물이라고 할 수 있다. 이때 성인은 '성학(聖學)을 배우고 실천하려고 했던 무장'으로 이해될 수 있을 것이다. 이럴 때만 역사와 문화 속에 살아있는 이순신을 이해할 수 있다.

16세기 대항해시대에 동아시아 전쟁에서 이순신이 '정돈된 인격자'로서 국제전쟁의 파고를 고요한 내면적 자기성찰을 통해 도도하게 헤쳐나갔다면 지금과 같은 글로벌 시대에는 어떻게 그의 정신적 가치와 인격

---

66 이은상, 『성웅 이순신』, 185~188쪽.

이 의미를 가질 수 있을까?

16세기의 성학에서도 이 학문의 주체는 왕에 한정되는지, 아니면 사대부에게까지 확대될 수 있는지 논의가 다양했다. 원래 성학은 남송시대의 성리학에 기초하고 있었고 이는 『대학』, 『중용』, 『대학연의』에서 볼 수 있듯이 제왕학의 교과서였다. '명명덕, 신민, 지어지선'이라는 『대학』의 삼강령은 제왕에 대한 교육과 실천이 그 중심에 있었다. 여말선초에 조선 건국에 영향을 미쳤던 『대학연의』는 전형적인 제왕학의 교과서였다.

남송시대의 이 제왕학의 교과서가 국가운영의 중심원리로 채택된 것은 지금의 글로벌 시대의 문제의식과 맞닿아 있다. 몽골의 쿠빌라이는 무력으로 중국을 지배하게 되고 동서양에 걸친 세계제국을 건설하였지만 '말 위에서 국가를 운영할 수 없다'는 명확한 인식을 갖고 있었다. 팍스몽골리카나의 세계제국을 운영하는 원리가 유목 민족 몽골의 사유체계 속에 있을 리가 만무했다.

'세계제국을 어떻게 통치할 것인가?' 이 13세기 대유목시대의 쿠빌라이의 문제의식은 21세기의 우리가 '세계화 시대에 대한민국은 어떻게 대응해 나갈 것인가?'하는 문제와 일치한다. 이에 대한 해답을 『대학』과 『대학연의』가 제시하고 있다. 그 해답은 역설적이게도 국가의 구조와 법제도의 정비와 같은 거대 제도에 있는 것이 아니라, 거버넌스를 운영하는 '제왕 개인의 수기치인에 있다'는 성리학적 철학과 방법에 있다. 세상을 운영하기 위해서는 '먼저 자기를 닦고 타인과 소통한다.' 이것이 동아시아 제왕학이 제시하는 '세계화 시대를 어떻게 헤쳐 나가야 하느냐'에 대한 해답이다. '격물치지, 성의정심, 수신제가, 치국평천하'의 8조목은 이런 문제의식 속에서 세계 제국을 통치해 가는 인식과 방법으로 여말선초에 고려에 전해졌다. 천명(天命)을 받은 제왕이 인심이 아니라 도심으로 국가를 운영해야 한다는 것이 그 가르침의 정수다. 그래서 개인적인 수양을 동아시아의 제왕학은 가장 근본적인 과제로 제시하고 있다.

16세기의 조선은 제왕학의 이론을 사대부까지 확대하는 모색을 하였다. 명나라의 영향을 받긴 하였지만 조선의 성학은 제왕의 이론이 사대부까지 확장되었음을 보여 준다. 이순신은 이런 시대적 배경 속에서 태어나고 자라난 인물이었다. 그리고 무장임에도 불구하고 가장 성학적으로 성숙한 인격을 보여 주었다.

21세기 글로벌 시대에 이순신의 동아시아 리더십이 누구에게나 의미를 갖기 위해서는 '천명'으로서 도심이 왕이나 사대부 등 소수에게 한정된 정신적 가치가 아니라, 모든 사람에게 적용되는 '천명의 민주화'로 보편적으로 적용되어야 한다. 이순신 개인이 특출난 것이 아니라 누구나 뜻을 갖고 노력하면 천명에 닿을 수 있다는 가능성의 세계가 열려 있어야 한다. 서구에서도 중세 시대에는 '신의 뜻'이 사회적 계서제의 정점인 제왕에게 있고 다른 사람들은 자신의 신분에 적합한 위치에서 신분적으로 이를 받아들일 것을 강요받았다. 종교개혁과 시민혁명의 진정한 의미는 '신의 뜻'을 교황이나 황제와 같은 신의 대리인을 통해서가 아니라 모든 개인이 신과 직접 소통할 수 있다는 데 있다. 따라서 동아시아의 천명도 이러한 시민혁명과 같은 정신적 가치의 민주화가 병행되어야 한다.

성웅 이순신 담론 속에는 특출한 개인이 '천명'을 받는다는 봉건적 사유가 여전히 잠재되고 있다는 점이다. '하늘이 내린 특출한 천명을 받은' 불세출의 영웅이 민족의 태양이 되고 역사의 면류관을 쓴다는 차별적인 의식이 전제되어 있다. 자신을 갈고 닦으면 누구든지 '천명'을 알고 수기치인이 성숙한 인격으로 거듭날 수 있다는 것이 '천명의 민주화'다.

세계화 시대의 천명은 봉건시대의 것에서 시민적 영역으로 확대되듯이 그 내용도 세계적 보편주의로 그 지평이 넓게 해석되어야 할 것이다. 지금은 국가주의 시대를 넘어서 보편주의가 요청되고 있는 시대다. 세계화가 진전될수록 한 국가의 이해관계가 아니라 인류의 보편성이 더 중요해질 것이다. 글로벌 빈곤과 세계적 수준에서 불평등의 완화 등이 인류적 관심을 모으고 있다.

16세기의 동아시아는 조선, 명 그리고 왜가 국익을 우선해서 전쟁으로까지 나아갔지만, 오늘날 세계화 시대에는 동아시아의 보편주의가 어느 때보다 요청되고 있다. '동아시아의 평화' '동아시아 공동체' 등 좀 더 보편적인 요구들이 이 지역에서 점증하고 있다. 세계적 수준에서뿐만 아니라 동아시아 지역에서도 보편적 가치가 글로벌 시대의 '천명'으로 재해석하는 현실에 직면해 있다.

〈참고문헌〉

금장태, 『경전과 시대』, 지식과교양, 2012.

기시모토 미오·미야지마 히로시 지음, 김현영 · 문순실 옮김, 『조선과 중국 근세 오백 년을 가다』, 역사비평사, 2003.

김종대, 『이순신, 신은 이미 준비를 마치었나이다』, 시루, 2012.

______, 『여해 이순신』, 위즈덤하우스, 2008.

몽고메리, 버나드 로, 『전쟁의 역사』, 책세상, 1995.

박혜일 외, 『이순신의 일기』, 서울대학교출판부, 1998.

봉기종, 『대학강해』, 전학출판사, 2008.

______, 『주역이해(상)』, 전학출판사, 2006.

______, 『중용강해』, 전학출판사, 2010.

성백효 역, 『심경부주』, 전통문화연구회, 2002.

송 복, 『서애 류성룡 유대한 만남』, 지식마당, 2007.

신채호, 『이순신전』, 에세이퍼블리싱, 2014.

이광수, 『이순신』, 청포도, 2004.

이은상, 『성웅 이순신』, 햇불사, 1969.

______ 역, 『난중일기』, 현암사, 1968.

______ 역, 『이충무공전서』(상,하), 성문각, 1989.

이이 저, 김태완 역, 『성학집요』, 청어람미디어, 2007.

이태진, 「16세기 동아시아의 역사적 상황과 문화」, 『퇴계학보』 48, 1985.

______, 「국제무역의 성행」, 『한국사시민강좌』 9, 1991.

이 황 저, 이광호 역, 『성학십도』, 홍익출판사, 2012.

정민정 저, 성백효 역주, 『心經附註』, 전통문화연구회, 2006.

정재훈, 「조선 전기 『대학』의 이해와 성학론」, 『진단학보』 86, 1998.

_____, 「『성학집요』를 통해본 조선중기의 정치사상」, 『규장각』 22, 1999.

주경철, 『대항해시대』, 서울대학교출판부, 2008.

주백곤 외, 『주역산책』, 예문서원, 2011.

주희·여조겸 편, 이범학 역주, 『근사록』, 서울대학교출판부, 2004.

한명기, 「임진왜란과 명나라 군대」, 『역사비평』 54, 2001.

_____, 「임진왜란 직전 동아시아 정세」, 『한일관계사연구』 43, 2012.

Stephen, Turnbull, *Japanese Castles in Korea 1592~98*, Osprey Publishing, 2007.

찾아보기

[ㄹ]

[ㅁ]

[ㅂ]

[ㅅ]

[ㅈ]

[ㅊ]

발간사

서울대학교 국가리더십연구센터는, 우리나라가 국민들이 바라고 전 세계가 부러워하는 '모범국가'로 발전하는 데 기여하기 위해서 2013년 3월 설립되었다.

어떤 조직, 어떤 사회, 어떤 국가의 흥망과 성쇠는 지도자에 달려 있다고 해도 과언이 아니다. 한 나라가 모범국가로 발전하는 과정의 핵심도 국가의 지도자다. 국가지도자의 비전과 역량에 따라 모범국가로 나아가기도 하고, 형편없는 국가로 머물러 있거나 또는 추락하기도 한다. 그들이 무엇을 시대적 과제로 인지하고 어떤 국가의 비전을 설정하며, 그것을 달성하는 과정에서 어떻게 국민의 지지를 확보하면서 동시에 여러 가지 어려움과 저항을 극복하는지에 따라 모범국가로 나아갈 수도 있고 그렇지 않을 수도 있다. 그것도 한 세대가 아니라 세대를 이어 가면서 각 시대의 국가적 과제를 국가지도자들이 어떻게 설정하고 이를 추진하는지가 중요하다. 각 세대를 책임지는 국가지도자들이 계속해서 보다 나은 국가에 대한 비전을 설계하고 이를 잘 성취할 수 있는 지혜를 가진다면, 우리나라는 그야말로 전 세계가 부러워하는 모범국가로 우뚝 설 수 있을 것이다.

국가리더십연구센터는 바로 그러한 지혜를 연구하고 이를 미래의 지도자들에게 전수하여, 지금부터 70년 뒤에는 우리가 광복 70년 동안 이룩해 왔던 것보다 더 많은 발전을 이룩하고, 그로부터 다시 70년 뒤에는 그야말로 전 세계가 부러워하는 모범국가로 우뚝 서는 데 기여하고자 한다.

이를 위한 사업으로 국가리더십연구포럼, 역사리더십연구포럼, 정책리더십연구포럼을 각각 추진하고 있다. 첫째, 국가리더십연구포럼은 대한민국정부 수립 이후 국가의 발전과 국민의 행복에 기여한, 생존하고 있는 국가지도자들을 초청하여 이들이 격변의 과정에서 무엇을 국정목표와 가치로 설정하고, 이를 달성하기 위해서 어떤 전략과 수단을 사용하였는지, 특히 여러 가지 저항과 어려움을 어떻게 극복하였는지 그 생생한 리더십의 경험을 청취, 정리, 연구하는 동시에 이를 역사적 사료로 후세에 전달하고자 하는 사업이다. 둘째, 역사리더십연구포럼은 중요한 역사적 전환시점에 나라의 발전을 위해 헌신한 역사적 인물을 대상으로 이들이 그 시대를 어떻게 이해하고 무엇을 시대적 비전으로 설정하였으며 이를 어떤 리더십으로 달성하였는지를 연구하는 사업이다. 셋째, 정책리더십연구포럼은 각 정책분야별 역사적 변화의 궤적을 추적하고 향후 전망을 제시하는 사업이다. 대한민국이 '모범국가'로 나아가기 위해서는 우리가 어디에서 와서 현재 어디에 있으며 또 앞으로 어디로 갈지를 파악하는 것이 필요하다. '모범국가'라는 것이 고정된 것이 아니라 전 세계라는 공간과 역사라는 시간에 따라 변화되는 국가의 모양이라고 볼 때, 각 정책영역별 역사적 변동과 전망을 정리함으로써 보다 구체적인 국가발전의 방향을 설정할 수 있을 것이다. 그래서 각 정책분야별로 의미 있는 발전과 개혁이 무엇인지, 이러한 변화가 이루어지는 과정에서 추진세력은 저항세력을 어떻게 극복하는지 정치 · 경제 · 사회적 제약조건과 이를 극복하는 전략과 수단을 탐색하는 사업이다.

이러한 세 가지 포럼의 연구 성과를, 동시대와 공유하는 한편 후세에 전해 주기 위해서, 국가리더십연구총서의 형태로 지속적으로 발간하고자 한다. 많은 분들의 관심과 비판, 그리고 격려를 통하여 모범국가로 나아가는 데 조금이라도 기여를 할 수 있으면 하는 마음 간절하다.

국가리더십연구센터 소장 김병섭

필자 소개

구태훈(성균관대학교 사학과 교수)

성균관대학교 사학과를 졸업하고, 일본 쓰쿠바 대학에서 문학박사(일본사 전공) 학위를 받았다. 그동안 한국일본학회 회장, 수선사학회 회장을 역임하였으며, 현재 성균관대학교 사학과 교수, 동아시아역사연구소장으로 있다. 저서로 『일본 무사도』 등이 있다.

기타지마 만지(교리쓰 여자대학교 교수)

와세다 대학 사학과를 졸업하고 동 대학원에서 문학박사 학위를 받았다. 다카자키 경제대학 경제학부 교수, 교리쓰 여자대학 국제문화학부 교수를 역임하였다. 저서로 『朝鮮日々日記高麗日記』, 『豊臣政權の對外認識と朝鮮侵略』(1990), 『豊臣秀吉の朝鮮侵略』, 『壬辰倭亂と秀吉, 島津, 李舜臣』 등이 있고, 역저로 『亂中日記』가 있다.

김병섭(서울대학교 행정대학원 교수)

서울대학교 농경제학과를 졸업하고, 미국 조지아 대학교 정치학과에서 행정학박사 학위를 받았다. 서울대학교 대학원 원장, 한국행정학회 회장, 대통령 직속 정부혁신 지방분권위원회 위원장, 투명성포럼 공동대표 등을 역임하였다. 현재 서울대학교 행정대학원 교수로 있으며 국가리더십연구센터장을 맡고 있다. 저서로 『편견과 오류 줄이기: 조사연구의 논리와 기법』, 『정책수단론』, 『휴먼조직론』, 『장관리더십』 등이 있다.

김종대(국회공직자윤리위원장, 삼일회계법인 고문)

서울대학교 법학과를 졸업하고, 부산고등법원 수석부장판사, 창원지방법원 법원장, 헌법재판소 재판관, 시원공익재단 이사장을 역임하였다. 현재 국회공직자윤리위원장과 삼일회계법인의 고문으로 있다. 저서로 『이순신, 신은 이미 준비를 마치었나이다』, 『9인의 명사 이순신을 말하다』, 『내게는 아직도 배가 열두 척이 있습니다』가 있다.

송복(연세대학교 교수)

서울대학교 정치학과를 졸업하고, 동 대학원에서 정치사회학박사 학위를 받았다. 월간 청맥 편집장, 서울신문 외신부 기자/차장, 대통령자문 정책기획위원회 위원, 연세대 국학연구원 원장, '바른 사회를 위한 시민회의' 공동대표를 역임하였다. 현재 연세대학교 특별초빙교수/명예교수로 있다. 저서로 『사회불평등 갈등론』, 『동양적 가치란 무엇인가?』, 『위대한 만남: 서애 류성룡』 등이 있다.

임원빈(순천향대학교 이순신연구소장)

해군사관학교와 연세대학교 철학과를 졸업하고 연세대학교 대학원에서 철학박사 학위를 받았다. 해군충무공 리더십 센터 연구부장, 해군사관학교 교학처장, 평가관리실장, 교수부장을 역임하였다. 현재 해군사관학교 명예교수/순천향대학교 이순신연구소장으로 재직 중이다. 저서로 『이순신 병법을 논하다』, 『이순신 승리의 리더십』, 『살고자 하면 죽으리라』 등이 있다.

임채원(서울대학교 행정대학원 국가리더십연구센터 연구원)

서울대학교 종교학과를 졸업하고, 서울대 행정대학원 석사, 박사를 수료했다. 국회 한국의회발전연구회 연구원, 서울대 한국행정연구소에서 연구원으로 재직했고, 현재 서울대학교 국가리더십연구센터에 연구원으로 있으며 국회의장 직속 국회개혁 자문위원으로 활동하고 있다. 저서로 『보수의 빈곤과 정책담론』, 『신자유주의를 넘어 사회투자국가로』, 『사회투자국가 미래한국의 새로운 길』, 『공화주의적 국정운영』이 있다.

제장명(해군사관학교 교수)

해군사관학교와 연세대학교 정치외교학과를 졸업하고 부산대학교 대학원에서 역사학박사 학위를 받았다. 현재 해군사관학교 해양연구소 충무공연구부에 재직 중이며, (사)21세기이순신연구회 이사, 경남 역사고증 자문위원을 맡고 있다. 저서로 『이순신의 파워인맥 33(조일전쟁을 승리로 이끈 이순신의 사람들)』, 『이순신 백의종군』 등이 있다.

한명기(명지대학교 사학과 교수)

서울대학교 국사학과를 졸업하고, 동 대학원에서 문학박사 학위를 받았다. 서울대학교 규장각한국학연구원 특별연구원, 제2기 한일역사공동연구위원회 한국 측 위원, 『KOREA JOURNAL』 편집 자문위원, 동북아역사재단 자문위원을 역임하였다. 현재 명지대학교 사학과 교수로 있다. 저서로 『임진왜란과 한중관계』, 『병자호란』, 『정묘 병자호란과 동아시아』가 있다.

한문종(전북대학교 사학과 교수)

전북대학교 사학과를 졸업하고 동 대학원에서 문학박사 학위를 받았다. 일본 규슈 대학 객원연구원, 도쿄 대학 객원연구원, 한일관계사학회 회장을 역임하였다. 현재 동 대학 사학과 교수로 있다. 저서로 『조선전기 향화 수직왜인 연구』 등이 있다.